U0598782

国家社科基金重大项目"作为'艺术生产'的文学批评研究"（17ZDA271）

从『艺术生产』理论到生产性文学批评

姚文放　著

中国社会科学出版社

图书在版编目(CIP)数据

从"艺术生产"理论到生产性文学批评 / 姚文放著.
北京：中国社会科学出版社，2025.1. -- ISBN 978-7
-5227-4685-2

Ⅰ. A811.691

中国国家版本馆 CIP 数据核字第 2025PR0206 号

出 版 人	赵剑英	
责任编辑	张 潜	贾森茸
责任校对	杨 林	
责任印制	张雪娇	

出 版	中国社会科学出版社
社 址	北京鼓楼西大街甲 158 号
邮 编	100720
网 址	http://www.csspw.cn
发 行 部	010-84083685
门 市 部	010-84029450
经 销	新华书店及其他书店

印刷装订	北京明恒达印务有限公司
版 次	2025 年 1 月第 1 版
印 次	2025 年 1 月第 1 次印刷

开 本	710×1000 1/16
印 张	29
插 页	2
字 数	459 千字
定 价	168.00 元

目　　录

第一编　马克思的“艺术生产”理论
与生产性文学批评的形成

引　言

第一节　马克思"艺术生产论"的提出

"艺术生产论"为马克思所开创，马克思在论述"物质生产的发展与艺术发展的不平衡关系"的问题时作了如下表述：

> 关于艺术，大家知道，它的一定的繁盛时期决不是同社会的一般发展成比例的，因而也决不是同仿佛是社会组织的骨骼的物质基础的一般发展成比例的。例如，拿希腊人或莎士比亚同现代人相比。就某些艺术形式，例如史诗来说，甚至谁都承认：当艺术生产一旦作为艺术生产出现，它们就再不能以那种在世界史上划时代的、古典的形式创造出来，因此，在艺术本身的领域内，某些有重大意义的艺术形式只有在艺术发展的不发达阶段上才是可能的。①

这段话是人们耳熟能详的，类似说法在马克思著述中不一而足，相对集中于其政治经济学手稿之中。马克思不仅将作家称为"生产劳动者"②，而且将"一切表演艺术家、演说家、演员、教师、医生、牧师等"称为"从事各种科学或艺术的生产者，工匠或专家"，③认为他们"生产的结果是商品……如书、画，总之，所有与艺术家所进行的艺术活动相分离的艺术品"④。可见，在"生产"的意义上研究社会生活各

① 《马克思恩格斯文集》第八卷，人民出版社 2009 年版，第 34 页。
② 《马克思恩格斯文集》第八卷，人民出版社 2009 年版，第 219 页。
③ 《马克思恩格斯文集》第八卷，人民出版社 2009 年版，第417 页。
④ 《马克思恩格斯文集》第八卷，人民出版社 2009 年版，第 416—417 页。

个方面，是马克思社会理论的一个基本特点，而对于物质生产与精神生产、艺术生产之关系的研究，则是马克思社会理论的重点之一。

值得注意的是，马克思以上对于"艺术生产"的论述主要是指创作而未涉阅读和批评，与此形成鲜明对照的是，马克思的文学批评实践却显示了强大的生产性。他与恩格斯在大量著作、文章、文稿、书信中发表的文学批评，所涉对象遍及古希腊、罗马文学艺术、中世纪文学艺术、文艺复兴、启蒙主义以及 19 世纪浪漫主义、现实主义文学艺术，通过对具体文艺作品的分析，就艺术真实性、艺术典型、文学风格、艺术起源、悲剧与喜剧、批评标准等问题提出了大量富于原创性、经典性的见解，在意义生产、价值增值、知识增长、符号编码等方面远超任何一个特定的作家艺术家，使得文学批评的生产性得到了充分彰显。马克思的"艺术生产论"在理论建构与批评实践之间存在的这一背反形成了巨大的张力，为生产性文学批评的建构预留了广阔的理论空间。

第二节　"生产性文学批评"何为？

"生产性文学批评"是从马克思的"艺术生产论"出发，根据文学批评固有的生产性功能而重新加以界定的新概念，它是建立在精神生产的历史与逻辑双重基础之上，贯穿"文学批评作为'艺术生产'"的新理念而提出的新型的理论范式。

首先，"生产性文学批评"概念的提出，并不等于说还有一种分类学意义上与之对立的"非生产性文学批评"存在，而是说文学批评总是通过对于文学作品的开掘、分析、解读和阐释而显示其生产性，否则它就不足以成为文学批评，起码不足以成为好的文学批评。因此生产性乃是文学批评的本分，也是文学批评的基本特征，为了突出这一点，我们姑且以"生产性文学批评"称之。

其次，"生产性文学批评"确认，相对于文学创作和作家艺术家，文学批评也是艺术生产，批评家也是生产者。文学批评在促进文学的意义生产、价值增值、知识增长、符号编码等方面具有强大的生产性，在增进认知、促进人生、引导思想、改良社会等方面发挥独特的社会效用，从而在理论和实践两个方面都凸显了鲜明的建设性、产出性和构成性，具有重大的学术价值和现实意义。

再次，"生产性文学批评"以鲜明的审美取向和艺术归趋而迥异于一般的科学判断、道德评判和政治批判，因此它往往从具体作品的审美形式、艺术特征入手。正如弗·詹姆逊所说："如果我们在表达一种观点时仅仅是用历史学家的专业研究简单取代文学批评家的方法，那么这也是很糟糕的。"① 文学批评应尽可能地消隐自身，而采取黑格尔所说的"具象"方法，亦即审美的、艺术的"感性显现"的方法。

复次，"生产性文学批评"不仅关注文艺作品的审美特征和艺术规律，而且重视社会文化结构对文学艺术的限制和规定，从而拓展了文学批评阐释文学艺术的空间和思路，相对于那种只关注和阐发文学艺术审美特质的单一模式的文学批评，它是一种关注和发掘文学的多重意义和多重功能且具有开放性的批评。进而言之，"生产性文学批评"通过价值赋予和意义彰明使文学艺术具有了意识形态的品质，将文学活动与意识形态话语沟通起来，从而参与到当今时代的意识形态话语建构这一未竟的事业之中。如此强大的生产性功能使得生产性文学批评成为一种增殖性的批评，更是一种建构性的批评。

最后，"生产性文学批评"以丰满的感性与充实的理性而立身，因此它对文学批评的质态、品位和格调是有要求的，它以健全、进步的社会价值体系为衡量标准而对不同的批评类型给予明确的褒贬取舍，大凡涉及伦理、政治之维、历史深度、批判与反思、符号学、文化政治、审美意识形态的当属生产性批评；而一般消遣性、娱乐性、商品化的批评以及各种劣质化、庸俗化、卑琐化的批评则不属此列。为此"生产性文学批评"又具有为文学批评建立规范、制定法则的社会功效。

第三节　20 世纪以来生产性文学
批评的发展历程

20 世纪现代科技迅猛发展，信息技术、媒介技术成为无冕之王，

---

① ［美］弗雷德里克·詹姆逊：《批评的历史维度》，王逢振主编《詹姆逊文集》第 1 卷，中国人民大学出版社 2004 年版，第 166 页。

推动了社会生产力爆发式增长，从世界范围看，社会结构从"工业社会"走向"后工业社会"（丹尼尔·贝尔），从"生产型社会"走向"消费型社会"（鲍德里亚），资本主义从"自由资本主义""组织资本主义"走向"非组织资本主义"（斯科特·拉什、约翰·厄里）。与之同步，精神生产、艺术生产也取得了令人瞩目的长足发展。而生产性文学批评也应运而生。如果说生产性文学批评在 20 世纪上半叶还是"风起于青萍之末"的话，那么 20 世纪中后期直至 21 世纪，则已是一发而不可收，20 世纪生产性文学批评整合了多种理论资源，经历了曲折复杂的发展阶段，形成了多种批评模式，呈现出"乱花渐欲迷人眼"的可喜局面。

（一）本雅明与布莱希特："艺术生产论"的转机

本雅明在阐释布莱希特的戏剧实验时第一次将批评划归"生产"的范畴，指出在艺术与政治相互契合的框架内，技术手段和创作手法的更新具有引导消费者走向生产，推动批评者参与现实的重要作用。布莱希特则将戏剧批评的目标指向社会性、政治性、实践性了。而这一切在戏剧批评中发生的新变无疑都是具有建设性、增殖性、产出性的，显示了文学批评强大的生产性，这也标志着马克思创建的"艺术生产论"开始从创作活动向接受和批评活动转化了。

（二）经典文学批评：生产性文学批评的雏形

20 世纪欧美文学批评的一个显著动向就是在"艺术生产"问题上取得进展，它突破了以往将"艺术生产"限定于文学创作的理论定式，将文学阅读和文学批评纳入"艺术生产"的范畴。蒂博代、艾略特、瑞恰慈和弗莱等经典批评家在文学批评的实际操作和经验积累中发现和确认了文学批评的生产性，并试图通过科学实验的方法来验证这一事实，也力求通过概念界定对生产性批评实践进行确认，形成了生产性文学批评最初的雏形。而弗莱对于马克思的"艺术生产"理论的关注，则成为其生产性文学批评观念腾跃的画龙点睛之笔。

（三）重审接受美学：生产性批评范式的凝练

以往将德国的康斯坦茨学派的学说理论笼统称为"接受美学"是不确切的，可取的说法是将姚斯的"接受美学"与伊瑟尔的"审美反应理论"统称为"接受理论"，而将两者视为"接受理论"的两支流。

值得注意的是，接受理论的要义并不只是在于肯定文学接受使文学创作得以完成，并且通过反馈作用使文学创作得以完善和提升，更在于突破那种从创作到接受、再从接受回馈创作的封闭式的轮回，将文学接受进一步转换为新的"艺术生产"。接受理论的贡献在于表现出一种凝练批评范式的理论自觉，如姚斯的期待视野、视野交融，伊瑟尔的隐含的读者、召唤结构等概念的提出，奠定了接受理论在 20 世纪美学史、文论史上的重要地位。其中极具生长性和未来性的核心问题就是"生产""生产性"问题，与之相关的是"艺术生产"的概念，这与马克思的"艺术生产"理论不无关系。凝练批评范式乃是孕育和催生新的生产、新的作品的深层机制，其内含的反思性、批判性和建构性显示了文学批评的成色。就接受理论而言，批评范式的凝练与生产性批评的建构是相互适应的。

（四）文学生产理论：生产性文学批评的深化

马舍雷的"文学生产理论"将文学批评界定为"文学生产的科学"，其同名著作认为通常将作家视为创造者是一种误解，故力图贬黜"创造"，而以"生产"代替之。它对阐释学实行了两次超越，先是从企求返回作品本义走向借作品彰明思想，从而对古典阐释学实行了超越；后是从对已知思想的阐发走向对未知世界的探寻，从而对现代阐释学实行了超越。马舍雷受到阿尔都塞的影响但又有新的建树，他将"症候解读"理论引入文学批评，寻绎文学作品中存在的沉默和缺失并由此形成了文学批评一系列新的问题。马舍雷还通过对若干作家作品和批评理论的评论演绎了"文学生产理论"的理论宗旨，同时又反过来为"文学生产理论"提供具体评论的支撑，包括对"反映论"的重构，对意识形态构成的解读，对政治意识形态的破解等。从而演示了文学批评强大的生产性，推动"艺术生产"理论向纵深拓展。这一理论的重大创获已足以使马舍雷的"文学生产理论"在生产性文学批评的发展史上成为一个重要的节点。

（五）巴特的解构批评：生产性文学批评的后现代转折

罗兰·巴特的学术研究一生凡数变，一个重要建树就是生产性文学批评的铸成，这是随着巴特从结构主义转向后结构主义而绵延了将近 20 年的一条伏脉。它旨在认定批评写作是以某种方式打碎世界又重组世界，从而生产出新的意义来；同时肯定批评实践将人们从阅读引向写作，使读者不再成为消费者，而是成为文本的生产者，从而凝练出以生产价值为本的文学批评模式。巴特生产性文学批评的形成有着清晰的脉络：先是从推崇"零度写作"到宣布"作者死了"，昭示了"疏远作者，亲近读者"的意向；再将读者的阅读引向批评家的写作，确立了文学批评的主导地位；后又明确批评的要义在于建构，揭橥了文学批评的生产性；最后在后结构主义批评的范本《S/Z》中对以生产价值为本的文学批评模式进行了淋漓尽致的演示。巴特生产性文学批评的形成有其特定的历史语境，一是有着马克思主义的背景，二是与萨特结有不解之缘，三是显示了从结构主义到后结构主义的后现代转折。

（六）詹姆逊：审美与政治之间回环往复的"韵律"

弗·詹姆逊的生产性文学批评从创立"元评论"概念起步，以鲜明的历史主义取向和阐释的生产性为要义，而这一"批评的革命"是随着他将马克思主义文学批评向英美批评界大力推广而展开的。詹姆逊谋求"元评论"的丰富性、当代性和开放性，认为这正是"未来文化生产"虚席以待的。詹姆逊吸收戈德曼的"发生学结构主义"，指出被结构主义描述为独立自足的语言结构其实背后都有一个更大的历史结构作为支撑，从语言结构向更大的历史结构同构类推的批评模式恰恰能够生产出比文学作品的词语结构多得多的东西，对法律体系、政治意识形态、市场组织形式等方方面面产生推力，从而显示了强大的生产性、增殖性和建构性。詹姆逊上述种种探索和创新，最终目的在于建构一种新型的阐释模式，他提出了文学与其社会基础之间"三个同心框架"的理论，注重发挥文学批评的主导作用，从主体的观念出发来阐发和重建文本对象，从而达成对文本意义的倍增性产出。对于历史主义取向的强化使得詹姆逊往往十分高调地推重文学批评的政治阐释，但这并不意味着对艺术作品的审美形式和艺术规律的弃绝。他根据弗洛伊德学说提出"政治无意识"的概念，将文学定义为"社会的象征性行为"，从而确认在审美与政治之间回环往复的"韵律"乃是生产性文学批评的最佳状态。

（七）伊格尔顿：在精神领域进行的意义生产

伊格尔顿生产性文学批评的起步是从研读和述评马舍雷的《文学生

产理论》开始的，这为其日后的生产性文学批评理论的形成奠定了起点。伊格尔顿将"艺术生产"界定为在精神领域内文学批评所进行的知识生产、意义生产和价值生产。伊格尔顿的生产性文学批评理论主要在文学批评史研究中得到表述，其中尤以《文学原理引论》为要。该书的大关节目是相互关联的两大基本问题："什么是文学？""文学批评应如何？"诸多因素的叠加和互动为这两大基本问题提供了多种阐释的空间，使得知识增长、价值增值和意义生产成为可能。该书从阐释学到精神分析学，具体演绎了生产性文学批评的种种理念和方法，将"文学批评应如何？"的问题具体化了。从伊格尔顿的生产性文学批评理论的缘起和传承来看，它既与精神分析批评结有不解之缘，又与马克思主义文学批评保持着天然联系，这就使之具有很强的政治性和意识形态性，而这种强烈的倾向性又往往表现为一种"政治无意识"。这一点使得他的生产性文学批评理论有着种种与众不同之处以及不足之处。

综上所述，20 世纪欧美生产性文学批评的发展和演变显示了艺术生产随着整个社会物质生产的变动，在各个具体的时代条件和社会背景下形成的不同属性，经历了从马克思传入、经典文学批评、接受美学、结构主义马克思主义、后结构主义、再到新马克思主义的过程；形成了技术决定论、文学批评辩证法、读者中心论、文学生产理论、生产价值论、审美—政治视域、政治无意识等批评模式，在生产性意义上构成了一部源远流长、波澜起伏的文学批评史。

第四节　20 世纪以来生产性文学批评的学理源流和思想背景

通过以上对众多批评流派和批评模式的简单回顾，可以梳理和厘定20 世纪以来生产性文学批评史形成的学理源流和思想背景。

首先，马克思的"艺术生产论"始终是贯穿不同时期各种模式的生产性文学批评的一条主线。马克思作为"艺术生产论"的创始人，乃是公认的不祧之祖，后人在这一问题上取得的种种突破和进展，也总是从马克思出发。这在马克思学说的传人以及后来的"西马""新马"中固然如此，而在非马克思主义的经典文学批评和一度成为马克思主义同道人的后现代文学批评中也未曾超乎其外。

在这一点上接受美学堪称典型。姚斯曾在堪称接受美学宣言的《文学史作为文学科学的挑战》一文中，用一个长篇引言论述了马克思主义文学理论的发展和更新对于传统美学和文论提出的挑战，还直接引述马克思《政治经济学批判（1857—1858 年手稿）导言》中关于"艺术生产"的论述作为理论依据，① 进而提出了接受美学的七个论题。此论一出，旋即引起了东德批评家魏曼、特莱格尔、瑙曼等人的指责，后者出于某种批评传统和思想成见，以马克思有关文学艺术的理论往往采取生产而非接受的角度为由，对接受美学的主张表示不以为然，② 其中瑙曼的《社会—文学—阅读》（1973）一书最为突出。且不论各种分歧意见的是非曲直，这场争辩最终导致了一个结果，即迫使当时身在西德的姚斯、伊瑟尔等人回到马克思的相关著述，从中谋求生产性文学批评立论的根据，姚斯就曾对此明确表态："接受美学的视点，在被动接受与积极理解、标准经验的形成和新的生产之间进行调节"③。这样一来，恰恰为接受美学增添了一道马克思文学理论和美学的背景。

其次，在生产性文学批评发展的每一个节点上，也可以发现 20 世纪诸家"理论"交光互影的投射。包括精神分析学、现象学、阐释学以及克利斯蒂娃、德里达、拉康等人的"后学"理论。如果说马克思"艺术生产论"凝定了生产性文学批评内在的魂魄的话，那么 20 世纪诸家"理论"的浸润则造就了其不同发展节点上形神各异的风格特色。

在这一问题上，罗兰·巴特是一显例。巴特曾自称"结构主义者"，当人们也这样看他的时候，他却像变色龙一样改变了色彩，变成一个"后结构主义者"了。巴特转向后结构主义的先兆在于其本属结构主义的著作《S/Z》（1970）中出现了种种后结构主义的因素。《叙事作品结构分析导论》（1966）是巴特结构主义的代表作，此文旨在建立一套具

---

① ［德］伊瑟尔：《阅读活动：审美反应理论》，金元浦等译，中国社会科学出版社 1991 年版，第 11—25 页。
② ［美］R. C. 霍拉勃：《接受理论》，《接受美学与接受理论》，周宁等译，辽宁人民出版社 1987 年版，第 409—410 页。
③ ［德］姚斯：《走向接受美学》，《接受美学与接受理论》，周宁等译，辽宁人民出版社 1987 年版，第 24 页。

有普遍性、科学性及可操作性的叙事作品的结构分析模式。然而到了《S/Z》，却来了个 180 度的大转弯，该书作为文学批评的范本不是谋求普遍性、同一性，而是倾重特殊性、差异性了；在具体研究中不再崇奉结构主义的科学判断，而是提倡基于类型学的价值估量了；在批评文本的编排上也不再讲求系统性、有序性，而是偏好片断性、无顺序，只需将文本看成一部百科全书或一副扑克牌就可以了。巴特称之为"反结构主义的批评"①。在回顾这一尤显突兀的逆转时，巴特承认，这种变化来自德里达、克利斯蒂娃、索莱尔等得解构风气之先者的教益和开导，尽管其中不乏年轻的晚辈后学。巴特甚至确认其生产性文学批评的生成也得益于解构风气的洗礼。据记载，1973 年 7 月初，克利斯蒂娃在万森大学进行她的国家博士论文答辩，巴尔特作为答辩委员会的专家发言，他说话的口气几乎像是答辩人的学生："你多次帮助我转变，尤其是帮助我从一种产品的符号学转变到一种生产的符号学。"② 总之，受到解构风潮的熏染而从结构主义转向后结构主义，构成了巴特后期文学批评的重要背景，决定了巴特生产性文学批评的后现代性质。

再次，如果说以上探讨的是各种学理对于生产性文学批评的影响的话，那么还有一个方面，即生产性文学批评不同模式之间的相互影响也不容忽视，后者也是引起生产性文学批评的内在学理传承创新的一个重要因素。

在这里值得提起的是布莱希特，他最早将"艺术生产"的概念从作家、艺术家引向观众、批评者，并通过一系列戏剧实验和舞台创新引导观众和批评者介入戏剧矛盾、干预社会现实，使之从被动的消费者变成主动的生产者，但他又总是将对于现实社会问题的理性思考和积极干预体现在艺术创新和美学追求之中。为此罗兰·巴特给予高度评价，称之为当代戏剧第一人，认为布莱希特的戏剧并不是宣传性的，它并不是从口号和概念出发，思想的成分总是被艺术和审美重新塑造。在布莱希特的作品中不乏意识形态批评，但它并不直接进入，而是通过审美和艺

---

① ［法］罗兰·巴特：《罗兰·巴特自述》，怀宇译，百花文艺出版社 2006 年版，第101 页。

② ［法］路易–让·卡尔韦：《结构与符号：罗兰·巴尔特传》，车槿山译，北京大学出版社 1997 年版，第 198 页。

术的途径进入，形成一种间接传达的话语规则："布莱希特的整个戏剧理论都是服从于间离的一种需要，而在实现这种间离的过程中，戏剧的本质便得到了保证。"① 可见布莱希特已初步形成一种"艺术与政治相互契合"的批评模式，即借助技术更新、中断原则、陌生化效果和蒙太奇手法实现艺术处理方式的"政治进步"意义，使观众在观剧时从宣泄自我的迷狂状态中摆脱出来，转向对于现实社会问题的理性思考和积极干预。正是因为这一点，在生产性文学批评中，布莱希特的相关论述被引用的频率是最高的，给后人的影响也是最大的。

最后，对于20世纪以来生产性文学批评的学理源流的考察当然不能脱离中西文化交流的大背景，正如下文所作的展示，在这个大背景中有海德格尔对于老子《道德经》的研读移译以及借鉴老子的"道"论对于理性、精神、意义、逻各斯等终极性概念的感悟；有被誉为现代文学批评"最早的立法者"瑞恰慈的中国缘，包括对老子、孟子的学术兴趣以及在清华大学执教的经历；也有布莱希特在梅兰芳的京剧表演中发现自己所标举的"陌生化"理论竟在中国戏剧的悠久传统中觅得了知音。而这一切都切实推进了20世纪以来西方生产性文学批评的发展和建树。

这里值得注意的是，克里斯蒂娃发现了在中国学者张东荪的"阴/阳'对话'"理论与"互文性"理论之间存在着某种暗合，她将张东荪与巴赫金相提并论进行比较：

> 东西方有两位学者都指出了运用亚里士多德式的逻辑来分析语言时产生的缺陷，这绝非偶然。一位是20世纪中国哲学家张东荪，提出了一种语言学范畴（即表意字）。在那里，阴—阳"对话"取代了上帝；另一位是巴赫金，他试图在革命的社会中通过一种动态的理论建构来超越形式主义。②

---

① ［法］罗兰·巴尔特：《文艺批评文集》，怀宇译，中国人民大学出版社2010年版，第41页。
② ［法］朱莉娅·克里斯蒂娃：《词语、对话和小说》，祝克懿、宋姝锦译，《当代修辞学》2012年第4期。

张东荪（1886—1973），现代哲学家、政治活动家、资深报人，其学术活动主要在 20 世纪 20 年代至 40 年代，著有《科学与哲学》《新哲学论丛》《道德哲学》《认识论》《价值哲学》等。使张东荪引起克里斯蒂娃注意的是他发表在《社会学界》1938 年 6 月第 10 卷的《思想言语与文化》一文。该文被李安宅以《一个中国哲学家的知识论》（*A Chinese Philosopher's Theory of Knowledge*）为题的英译发表在《燕京社会学界》1939 年第 1 卷第 2 号；后又被译为法文，以《中国式逻辑》（*La Logique chinoise*）为题发表在《原样》杂志 1969 年第 38 期，这就使该文有可能进入克里斯蒂娃的视野。① 而克里斯蒂娃所称道的"阴/阳'对话'"理论就出于该文中对于中西名学之差异的辨正文字。张东荪如是说："中国人的思想是根本上不能套入于西方名学的格式内。而中国人所用的名学只好说是另外一个系统。"因此他主张将中国的名学称为"相关律名学"，或"两元相关律名学"："这种名学注重于那些有无相生、高下相形、前后相随的方面。这种思想充分表现的是《周易》。"② 张东荪进一步指出，西方人的思想始终注重"本质"，所以亚里士多德总是讨论"本体"问题，而讨论的结果总是追求清一色的纯粹性，推而言之：

> 西方人的哲学总是直问一物的背后；而中国人则只讲一个象与其他象之间的互相关系。例如一阳一阴与一阖一辟。总之，西方人是直穿入的，而中国人是横牵连的。③

对于张东荪所谓"相关律名学"或"两元相关律名学"的认同，使得克里斯蒂娃的"互文性"研究获得了中西比较的国际性视野，从而拓宽了思路也增强了底气，同时也为"互文性"理论增添了底蕴深

---

① 对于张东荪《思想言语与文化》一文的确认及对该文的"旅行"轨迹的说明，参考了祝克懿《互文性理论的多声构成：〈武士〉、张东荪、巴赫金与本维尼斯特、弗洛伊德》一文，见朱莉娅·克里斯蒂娃《主体·互文·精神分析：克里斯蒂娃复旦大学演讲集》，祝克懿、黄蓓编译，生活·读书·新知三联书店 2016 年版，第 206—207 页。
② 张东荪：《思想言语与文化》，《当代修辞学》2013 年第 5 期。
③ 张东荪：《思想言语与文化》，《当代修辞学》2013 年第 5 期。

厚、富于生机的中国哲学元素，而这一点，恰恰给克里斯蒂娃的生产性文学批评提供了有力的支撑。

第五节　20 世纪以来生产性文学批评的理论特征

（一）主体性

生产性文学批评始终谋求文学批评对文学创作的主体性，确认文学批评也是艺术，批评家也是创造者和生产者，与作家一样拥有自身的独立性。弗莱指出："文学批评的对象是一种艺术，批评本身显然也是一种艺术"，"批评是一种思想和知识的结构，这种结构本身有权利存在，而且不依附于它所讨论的艺术，具有一定程度的独立性"①。

（二）社会性

生产性文学批评认为一切批评都是社会批评，布莱希特说："陌生化效果是一个社会性的措施。"② 本雅明说："对于作为生产者的作者来说，技术的进步也是他政治进步的基础。"③ 后来人们提出的种种概念、命题、原则如"期待视野"（姚斯）、"召唤结构"（伊瑟尔）、"症候解读"（马舍雷）、"生产价值"（罗兰·巴特）、"政治无意识"（詹姆逊）、"审美政治"（伊格尔顿）等，都显示了文艺接受和文学批评的社会性。

（三）现时性

生产性文学批评强调文学批评借古鉴今、为我所用的功效。接受美学重视的"视野融合"就是显例，它确认批评家也是接受者，而且是更具反思性和理性的接受者，因此文学批评的"视野融合"更多表现出对当代性和现时性的执着，在批评家眼中，"历史视野总是包含在现

---

① ［加］诺思罗普·弗莱：《批评的解剖》，陈慧等译，百花文艺出版社 2006 年版，第 4、6 页。
② ［德］贝·布莱希特：《布莱希特论戏剧》，丁扬忠等译，中国戏剧出版社 1990 年版，第 123 页。
③ ［德］瓦尔特·本雅明：《作为生产者的作者》，王炳钧等译，河南大学出版社 2014 年版，第 20 页。

时视野中"，"传统是我们的传统"。①

（四）建构性

马舍雷在《文学生产理论》中的惊天之论莫过于这句话："本书贬黜'创造'，而以'生产'代替之。"② 它实现了文学生产在三个维度上的转移：一是从文学活动前端的创作向文学活动后端的阅读和批评转移；二是从寻绎作品本来的思想向彰明读者和批评者阐释的意义转移；三是从文学活动表层的意识向深层的无意识转移。从而显示了生产性文学批评强大的建构性功能。

（五）开放性

罗兰·巴特在宣布"作者死了"之后，对文本、读者和批评者都作了重新界定，认为读者从"文本的消费者"转向了"文本的生产者"；对读者来说文本从"可读性文本"转向了"可写性文本"；文学批评从"产品的符号学"转向了"生产的符号学"。这些转向既是巴特个人文学批评嬗变的路径，又是 20 世纪整个文学批评发展的总体趋势，就前者而言，这说明他个人文学批评呈现出后现代状态；就后者而言，则标志着 20 世纪生产性文学批评的后现代转折。而这两个方面都展现了生产性文学批评的开放性，说明生产性文学批评不是一个封闭的系统，而是向着未来敞开的。

第六节　生产性文学批评的理论问题

20 世纪以来生产性文学批评形成的主体性、社会性、现时性、建构性、开放性等理论特征，将带动诸多新的理论问题，为当今生产性文学批评的重建提供新的探索空间和创新契机。概言之，在当今生产性文学批评中可以概括出一系列理论问题，进而揭示在其价值取向对立二分的歧异和博弈中显示的新动向、新苗头：

---

① ［德］姚斯：《走向接受美学》，《接受美学与接受理论》，周宁等译，辽宁人民出版社1987 年版，第 37 页。

② Pierre Macherey, *A Theory of Literary Production*, Routledge & Kegan Paul Ltd., 1978, p. 68.

1. 学科性质：文学研究/文化研究；

2. 文本形态：文本性/互文性；

3. 阅读状况：细读/粗读；

4. 意义生成：结构/建构；

5. 解读方法：诗学模式/阐释学模式；

6. 话语秩序：考古学/谱系学；

7. 解构策略：差异/延异；

8. 功能取向：回到文学经典/服务当下现实。

具体地说，生产性文学批评就学科性质而言，是属于文学研究还是文化研究呢；就文本形态而言，是属于文本性还是互文性呢；就阅读状况而言，是属于细读还是粗读呢；从意义生成而言，是属于结构还是建构呢；从解读方法而言，是属于诗学模式还是阐释学模式呢；就话语秩序而言，是属于考古学还是谱系学呢；就解构策略而言，是属于差异还是延异呢；就功能取向而言，是回到文学经典还是服务当下现实呢？

总的来说，对于这种对立二分的选项，我们既不主张各执一端的绝对主义，也不认同无原则"此亦一是非，彼亦一是非"的中庸主义，而是采取"执两用中，适度偏重"的思想方法，即在兼顾对立两端的同时保持必要的偏离；在强调二者之间"亦此亦彼""亦彼亦此"的同时保持必要的"非此即彼"或"非彼即此"。即如福柯所说，革命性的建构往往在书写历史的"力量关系、比例的平衡和运转"的同时重建一种"稳定的不对称、适当的不平等"。[①] 总而言之，我们在兼执两端的同时更趋向于、倾重于对立二分选项的后者。

（一）生产性文学批评的学科性质

乔纳森·卡勒作出界定，文化研究与"理论"是两个可以相互置换的概念。这两者产生于文学研究但却挤压和排斥了文学研究，从而导致了方法论的转变，将文学作品解释为社会整体性的表征。于是对文学对象的阅读就有了诗学模式/解释学模式、恢复解释学/怀疑解释学、表

---

① ［法］米歇尔·福柯：《必须保卫社会》，钱翰译，上海人民出版社 2010 年版，第 146 页。

征性解释/症候性解释等多种相互对应的取向。而生产性文学批评正是通过对于这些错综复杂、欲理还乱的关系的厘定和归置，揭示了"理论"或文化研究在文学研究基础上作为一种人文学科的新文类，具有推动观念生产、知识增长和学术建构的显著功效。

（二）　生产性文学批评的文本形态

"互文性"理论从巴赫金最初奠基，嗣后在克里斯蒂娃的力倡下得到确立和深化，进而在罗兰·巴特手中达到经典化，最后在修辞学派那里走向泛化，终于铸成了一款独树一帜、影响远播的法国理论。它从马克思"生产模式"的历史观中落实了生产性文学批评的支点，其"互文性"理论的探索和开拓据此在更长更大的时空中辐射开来。巴赫金的"互文性"思想发端于"文本性"而又超越了"文本性"，已显示了"生产性"的端倪；克里斯蒂娃最初对"互文性"概念进行厘定时，就提出了"文本是一种生产力"的大胆设想；巴特在为《大百科全书》撰写《文本理论》这一词条时，将"生产力"列为条目并进行了经典性的详论；修辞学派作为巴特和克里斯蒂娃的传人，对"互文性"的生产性都予以重视而无一例外。总之，在以上从"文本性"走向"互文性"的过程中，人们对于生产性文学批评的文本形态所作出的确认已经表现出日益增强的自觉性。

（三）　生产性文学批评的阅读状态

"细读"概念是"英美新批评"的产物。随着批评实践的发展，"细读"集阅读方法、批评策略和文学观念于一身，成为"新批评"的灵魂。"新批评"以种种"谬见"说为由，力图切断文学作品的社会历史外缘，将文学变成与世隔绝的独立王国。20世纪60年代以来，一种新的批评形式代之而起，从固守文本、专注诗艺的"新批评"走向指点江山、包罗万象的"理论"，其阅读状况也为之一变，从文本阅读向社会政治分析转移，从"细读"向"粗读"腾挪。这一转换在新兴的"文学社会学"中得到充分的表现，并围绕文学社会学而得以架构。它弃置"细读"而倡导"粗读"，并在此基础上提出了"创造性背叛"的概念，重视读者在阅读中发掘、曲解、改造的反馈工作，肯定"创造性背叛"的创造、建构、生产的意义。在市场经济、商品社会的大背景下，他们对于未来文学机构中的生产、市场、消费的构想并不是纸上谈兵的空言，而是脚踏实地的实务。在对于文学社会学已有的种种构想中，他们终究对那种理论与实践共存、创造与产出并举的生产性文学批评情有独钟。

（四）生产性文学批评的意义生成

法国学者吕西安·戈德曼提出了"发生学结构主义"的批评方法，旨在构建文学作品的形式结构与一定社会集团的精神结构之间的结构化关系，进而探寻文学作品意义生成的可能性。戈德曼吸收借鉴皮亚杰关于"同化"与"顺应"循环演进、交替上升的建构理论，从对作品的内部研究到外部研究，又从外部研究转向更高层次的内部研究，如此往复转换、交互递进，推进了作品超出原有结构而指向较大结构、再指向更大结构，最终对作品的"有意义结构"形成全面把握。皮亚杰对于人的认识过程曾作出描述："认识的获得必须用一个将结构主义和建构主义紧密地联结起来的理论来说明，也就是说，每一个结构都是心理发生的结果，而心理发生就是从一个较初级的结构过渡到一个不那么初级的（或较复杂的）结构。"① 这种推进"有意义结构"往复转换、交互递进的上升过程恰恰引向了一个重要的问题，即发生学结构主义的生产性问题。

（五）生产性文学批评的解读方法

阐释学在学科意义上的发展经历了以施莱尔马赫、狄尔泰为代表的古典阐释学和以海德格尔、伽达默尔为代表的现代阐释学两个阶段，其影响至今不息。在此过程中，一个值得关注之处在于，它作为一种解读方法，从诗学模式转向了阐释学模式。这两种解读模式的碰撞与转换，激发了文学批评的观念生产、知识增长和理论建构，使得阐释学成为生产性文学批评的突出标志。这里特别值得重视的是伽达默尔，他在讨论"历史阐释学"的应用前景时提出了文学艺术的生产性问题。他指出，支配我们对某个本文理解的那种意义预期，并不是一种主观性的活动，

_____

① ［瑞士］皮亚杰：《发生认识论原理》英译本序言，《发生认识论原理》，王宪钿等译，商务印书馆 2009 年版，第 15 页。

而是由那种把我们与流传物联系在一起的共同性所规定的，"这种共同性并不只是我们已经总是有的前提条件，而是我们自己把它生产出来，因为我们理解、参与流传物进程，并因而继续规定流传物进程"①。因此，时间距离并不是必须被克服的东西，而是一种不断创新、永在开拓的可能性，它不是张着大口吞噬一切的鸿沟，而是由习俗和传统的连续性所填满的宝藏。因此对处于时间之流中的艺术作品来说，对其真正意义的汲取是永无止境的，它是一个去故存新、骎骎日进的无限过程，而艺术作品的意义永无止境地呈现乃是后来的接受者、阐释者、评论者不断重塑、创造、建构的结果，这是富于生产性的。

（六）生产性文学批评的话语秩序

福柯作为后现代理论的奠基人、现代性批判的骁将，他的一切理论探讨最初是从文学批评开始的。福柯对"作者死亡"问题做出积极解读和正面回复，肯定"话语实践的创始者"代表作者的最高境界，他们不仅生产出作品，而且生产出相关的可能与规则。福柯主张权力的功能是积极的、宽容的、丰富的，它贯穿于事物，产生事物，引发乐趣，生成知识，引起话语。应该将权力视为渗透于整个社会肌体的生产性网络，这就在生产性的意义上拨正了权力与话语之间的关系。福柯认为历史学家往往是"采用考古学的方法去完成系谱学式的研究计划"，其中考古学是工具，谱系学是目标；考古学是方法，谱系学是策略。因此考古学是谱系学的基础版，谱系学是考古学的加强版。福柯致力将批判引入启蒙的事业，一是借助波德莱尔对于现代性的英雄主义传统的张扬，二是依循考古学/谱系学的话语秩序，他满怀信心地瞻望现代性的可能性空间，肯定其生长性、超越性和未来性，从而充分展示了文学批评的生产性、建构性和开拓性。

（七）生产性文学批评的解构策略

德里达解构策略的提出，其矛头指向逻各斯中心主义。在德里达那里，解构不只是否定性、消解性的，它也是肯定性、建构性的；解构具

---

① ［德］汉斯－格奥尔格·伽达默尔：《真理与方法：哲学诠释学的基本特征》（上卷），洪汉鼎译，上海译文出版社 2004 年版，第 379 页。

有广泛的共性和普适性，所以它无所不在；解构并非简单的理论姿态，而是被赋予了充实、鲜活的历史主义内涵；文学问题对解构来说至关重要。德里达从文字学出发，对于传统语言学的痼疾提出质疑，从而解构建立在语言学之上的形而上学传统和逻各斯中心主义。以文字学颠覆语言学，这是德里达解构主义的基本策略。德里达发动的这场解构运动属于一种哲学变革，进而推动了其文学批评的后现代转折。德里达《胡塞尔〈几何学的起源〉引论》一书首次提出了"延迟"的概念，为后来"延异"一词的提出构成了始机。作为"延异"的原生词，"差异"在语言学中是一个重要的概念，它被认为是语言学价值的根源，而语词和概念只有在差异系列中才能获得意义。"延异"是德里达的生造词，它保留了"差异"一词中区分、区别、分割的意思，但又赋予它延迟、延缓、延宕的内涵。因此该词能够同时表达时空两重意义上的"差异"，它在有限的符号系统中展开无限的差异游戏，本身就是繁衍性、增殖性的，这就触及了它的一个重要特性：生产性。德里达确认，所有的文学修辞最终都是解构的，历史永无尽期、语境永在流转，而解构批评也总是与时俱进、生生不息的。正是在这种生产性文学批评中，在历史上精华所凝的经典之作才有可能持续被解读且在解读中绽放出永不枯竭的新意。

（八）生产性文学批评的功能取向

伊格尔顿在近30年中对文学批评功能持续进行研究，这在西方批评界可谓绝无仅有。伊格尔顿对"非功利性"文学批评的来历和演变进行探讨，致力解决批评如何实现实质性的社会功能的问题，从而将"生产性批评"的概念提上了文学批评功能研究的议事日程。在他看来，文学批评往往得到文学理论有力的支撑作用。一个不争的事实是，仅仅将文学理论视为文学作品的直接应对是不够的，在任何情况下文学理论的阐释都可能溢出作品本身，因此不能将文学理论贬低为作品的附庸。那么，究竟是理论应对作品、说明作品呢，还是作品触发理论、激活理论呢？理论究竟是仅限于对作品进行概括、归纳、总结呢，还是应以作品为出发点进一步去创造、建构、生产新的意义呢？回答显然是后者。因此伊格尔顿认为以下观点不应受到斥责："文学理论的存在理由并不一定都是从作品文本中来，它的实际效应能够扩展到更加广阔的表意空间和实践领域。"① 正是文学理论在学理上的援助使得"生产性批评"成为可能。关于文学批评功能的意见分歧经过几番潮起潮落，引发了关于"文学正典"的世纪之争，布鲁姆成为维护西方正典的孤独的斗士。伊格尔顿在文学批评是"回到文学经典"还是"服务当下现实"这两极中做出自己的选择：反对文学批评的"非功利性"，也不主张文学批评简单回到文学经典，而是力倡文学批评在文本性与政治性、修辞形式与历史力量的相互交融的情况下服务于当下现实。

---

① Terry Eagleton, *The Function of Criticism: From the Spectator to Post-structuralism*, London and New York: Verso, 1984, p. 95.

第 一 编

马克思的"艺术生产"理论
与生产性文学批评的形成

第 一 章

两种"艺术生产"：马克思"艺术生产"理论新探

第一节 "艺术生产"概念的提出

马克思在《政治经济学批判（1857—1858 年手稿）导言》（以下简称《导言》）中关于"艺术生产"问题有一段极其重要的论述：

> 关于艺术，大家知道，它的一定的繁盛时期决不是同社会的一般发展成比例的，因而也决不是同仿佛是社会组织的骨骼的物质基础的一般发展成比例的。例如，拿希腊人或莎士比亚同现代人相比。就某些艺术形式，例如史诗来说，甚至谁都承认：当艺术生产一旦作为艺术生产出现，它们就再不能以那种在世界史上划时代的、古典的形式创造出来；因此，在艺术本身的领域内，某些有重大意义的艺术形式只有在艺术发展的不发达阶段上才是可能的。如果说在艺术本身的领域内部的不同艺术种类的关系中有这种情形，那么，在整个艺术领域同社会一般发展的关系上有这种情形，就不足为奇了。①

这是马克思明确使用"艺术生产"（Kunstproduktion）一词的唯一之处。不过其中"当艺术生产一旦作为艺术生产出现"一说不无费解，出现了两个"艺术生产"概念的叠用，但正是这一名同实异、一词两

---

① 《马克思恩格斯全集》第三十卷，人民出版社 1995 年版，第 51—52 页。

义的两个概念的叠用，有可能透露马克思"艺术生产"理论的重要奥秘。

首先必须肯定的是，《导言》是一个未完成的文本，但又是马克思本人非常重视的文本。马克思自 1857 年 10 月起开始撰写《〈政治经济学批判〉（1857—1858 年手稿)》，但在 1858 年 5 月底中断了写作，着手重新整理材料。马克思曾拟为这部著作写一篇"总的导言"，《导言》即其初步的纲目，具体写作时间在 1857 年 8 月底至 9 月中旬，手稿的写作中断后它也随之作罢。《导言》共四个部分，第四个部分有一个很长的标题："生产。生产资料和生产关系。生产关系和交往关系。国家形式和意识形式同生产关系和交往关系的关系。法的关系。家庭关系"，但正文只是提纲式的，仅列出标题和写作时应予注意的八个要点，以及单独标示的论及"艺术生产"的一篇短文。而这篇短文正是需要重点关注的，其论述的内容与上面第六个要点"物质生产的发展例如同艺术发展的不平衡关系"相关。

虽然这篇《导言》是未完成的文本，但它却非常重要，马克思后来在《〈政治经济学批判〉序言》（1859）中曾提起这件事："我把已经起草的一篇总的导言压下了，因为仔细想来，我觉得预先说出正要证明的结论总是有妨害的，读者如果真想跟着我走，就要下定决心，从个别上升到一般。"[1] 可见马克思对于《导言》所表达的思想非常重视，认为它对于整个《资本论》的撰写具有"正要证明的结论"的意义，虽然不宜预先将其公布出来，但要达成这一结论却需要经过艰苦精进、锲而不舍的探索才有可能。所谓"从个别上升到一般"，也就是马克思在《导言》中倡导并践行的"从抽象上升到具体"[2] 的辩证思维，通过不断上升的逻辑行程，最终到达综合了众多规定的思维具体。

由于这篇《导言》是被中断和压下的，所以令人遗憾地留下了许多思考和论述的空白，譬如文中曾拟对于莎士比亚同现代的关系进行讨论，但这计划并未实现，仅仅讨论了希腊艺术，而后写作便被中止了，

---

① 《马克思恩格斯文集》第二卷，人民出版社 2009 年版，第 588 页。
② 《马克思恩格斯全集》第三十卷，人民出版社 1995 年版，第 42 页。

其他各个要点的写作也没有完成。不过《导言》在马克思的《资本论》研究乃至整个思想体系中的重要地位则是毋庸置疑的。有研究者指出，由于写作和出版的特殊遭遇，《导言》可能是受到最广泛讨论乃至质疑的部分，但它作为马克思成熟时期作品的一个主要组成部分，则不会有多大争议。①

第二节　精神生产与物质生产

《导言》开宗明义地宣称政治经济学研究的逻辑起点在于物质生产："摆在面前的对象，首先是物质生产。在社会中进行生产的个人，——因而，这些个人的一定社会性质的生产，当然是出发点。"②在这一总体框架中，人们所从事的艺术生产作为一种具有社会性质的生产，无疑也以物质生产作为出发点。关于这一点，马克思最初是从精神生产谈起的，早在《神圣家族》（1845）、《德意志意识形态》（1845—1846）、《共产党宣言》（1848）等著作中对于精神生产与物质生产的因果关系就多有论述。如"人们的想象、思维、精神交往在这里还是人们物质行动的直接产物。表现在某一民族的政治、法律、道德、宗教、形而上学等的语言中的精神生产也是这样"③。"思想的历史除了证明精神生产随着物质生产的改造而改造，还证明了什么呢？"④ 在《〈政治经济学批判〉序言》那段关于整个社会结构构成的著名论述中，马克思明确论述了物质生活对于精神生活的制约关系："物质生活的生产方式制约着整个社会生活、政治生活和精神生活的过程。"⑤ 毋庸赘言，以上关于精神生产的讨论也涵盖了艺术生产。

另一方面，马克思强调物质生产是一个历史范畴，考察精神生产与

---

① ［意］马塞罗·默斯托主编：《马克思的〈大纲〉——〈政治经济学批判大纲〉150年》，阎月梅等译，中国人民大学出版社 2011 年版，第 1 页。
② 《马克思恩格斯全集》第三十卷，人民出版社 1995 年版，第 22 页。
③ 《德意志意识形态》，《马克思恩格斯文集》第一卷，人民出版社 2009 年版，第524 页。
④ 《共产党宣言》，《马克思恩格斯文集》第二卷，人民出版社 2009 年版，第 51 页。
⑤ 《马克思恩格斯文集》第二卷，人民出版社 2009 年版，第 591 页。

物质生产的关系，必须将其当作一定的历史形式来加以审视。他在批驳古典政治经济学家昂利·施托尔希对物质生产和精神生产相互关系所持的反历史态度时指出："要研究精神生产和物质生产之间的联系，首先必须把这种物质生产本身不是当作一般范畴来考察，而是以一定的历史的形式来考察。例如，与资本主义生产方式相适应的精神生产，就和与中世纪生产方式相适应的精神生产不同。"① 如果像施托尔希那样，不是把物质生产当作特殊的历史形式来看，那就不可能理解与之相适应的精神生产的特征以及这两种生产的相互作用，也就不能超出庸俗的见解。马克思给出的结论是："从物质生产的一定形式产生：第一，一定的社会结构；第二，人对自然的一定关系。人们的国家制度和人们的观念由这两者决定。因而，人们的精神生产的方式也由这两者决定。"②

精神生产以物质生产为出发点，精神生产必须与作为一定的历史发展形式的物质生产相适应，这是马克思对于精神生产与物质生产之间关系的基本判断，但必须强调的是，千万不能据此对马克思的以上论述作一种机械的、片面的、教条主义的理解。在马克思去世以后，恩格斯对一些年轻的追随者有时过分看重经济方面对上层建筑、意识形态的制约作用，甚至认为经济因素是唯一决定性的因素的误解提出批评。他首先对自己和马克思的著作引起这一误解表示自责，坦承有一点"在马克思和我的著作中通常也强调得不够，在这方面我们两人都有同样的过错"，那就是最初把重点放在从作为基础的经济事实中探索出政治观念、法权观念和其他思想观念以及由这些观念所制约的行动，"我们这样做的时候为了内容方面而忽略了形式方面，即这些观念等是由什么样的方式和方法产生的"③。处于当时十分复杂的思想斗争的中心，马克思恩格斯常常不得不强调被论敌着力攻击的有关经济基础与上层建筑、意识形态之间关系的主要原则，并不是始终都有时间、地点和机会来给

---

① 《马克思恩格斯全集》第三十三卷，人民出版社 2004 年版，第 346 页。
② 《马克思恩格斯全集》第三十三卷，人民出版社 2004 年版，第 346 页。
③ 《恩格斯致弗兰茨·梅林》，《马克思恩格斯文集》第十卷，人民出版社 2009 年版，第 657 页。

其他参与交互作用的因素以应有的重视。因此出现以上偏颇也实属情有可原。有鉴于此，恩格斯必须对他和马克思在这一问题上的全面、完整的思想作出说明而以正视听：

> 根据唯物史观，历史过程中的决定性因素归根到底是现实生活的生产和再生产。无论马克思或我都从来没有肯定过比这更多的东西。如果有人在这里加以歪曲，说经济因素是唯一决定性的因素，那么他就是把这个命题变成毫无内容的、抽象的、荒诞无稽的空话。经济状况是基础，但是对历史斗争的进程发生影响并且在许多情况下主要是决定着这一斗争的形式的，还有上层建筑的各种因素……这里表现出这一切因素间的相互作用，而在这种交互作用中归根到底是经济运动作为必然的东西通过无穷无尽的偶然事件……向前发展。[1]

具体地说，"政治、法、哲学、宗教、文学、艺术等等的发展是以经济发展为基础的。但是，它们又都互相作用并对经济基础发生作用。这并不是说，只有经济状况才是原因，才是积极的，其余一切都不过是消极的结果"[2]，恩格斯的上述辩证和驳议并不是没有根据的，马克思生前对于上层建筑、意识形态的各种因素间的交互作用、文学艺术对物质生产的相对独立性是有所思考的，一个显例就是关于"物质生产的发展与艺术发展的不平衡关系"[3] 命题的提出，他并没有将文学艺术的水平与社会历史、物质生产和经济状况的水平看作一种如影随形的平行关系和同步发展，而是确认二者恰恰是有所背离、相对独立的。《导言》中论及"艺术生产"一文的开篇之论就是："关于艺术，大家知道，它的一定的繁盛时期决不是同社会的一般发展成比例的，因而也决不是同仿佛是社会组织的骨骼的物质基础的一般发展成比例的。"这里拿来与艺术发展作

---

① 《恩格斯致约瑟夫·布洛赫》，《马克思恩格斯文集》第十卷，人民出版社 2009 年版，第 591—592 页。

② 《恩格斯致瓦尔特·博尔吉乌斯》，《马克思恩格斯文集》第十卷，人民出版社 2009 年版，第 668 页。

③ 《马克思恩格斯全集》第三十卷，人民出版社 1995 年版，第 51 页。

对比的一是社会的一般发展，二是物质基础的一般发展。在这两者当中，马克思更加重视后者，即物质生产的发展，特别是劳动资料的发展，他称之为"社会组织的骨骼"。这一说法后来在《资本论》中有比较充分的说明："劳动资料不仅是人类劳动力发展的测量器，而且是劳动借以进行的社会关系的指示器。在劳动资料本身中，机械性的劳动资料（其总和可称为生产的骨骼系统和肌肉系统）远比只是充当劳动对象的容器的劳动资料（如管、桶、篮、罐等，其总和一般可称为生产的脉管系统）更能显示一个社会生产时代的具有决定意义的特征。"① 马克思在此处借用"骨骼系统和肌肉系统""脉管系统"等人体系统来比喻劳动资料，而不是一概而论地视之为"测量器""指示器"和"容器"，显然降低了其作为物质基础的机械性而提高了它的有机性，降低了僵硬性而提高了弹性，他指出这样更能显示社会生产具有决定意义的特征。这就在理论上为上层建筑的各种因素间的交互作用留下了空间，为论证艺术生产对物质生产不相平衡、不成比例的相对独立性成为可能。由此可见，马克思肯定经济基础对上层建筑、意识形态的根本制约作用，同时又反对"经济决定论"的辩证思维和科学态度起码是从《导言》就已奠定的。

需要明确的是，马克思是在研究政治经济学、撰写《资本论》的过程中提出"艺术生产"的概念的。"生产"在马克思的词典中是一个常用的高频词，在《资本论》及其相关手稿中随处可见，但他不仅用以说明经济学的原理，同时也习惯成自然地用以描述艺术活动，譬如把艺术活动叫作"生产"，把诗人叫作"生产者"，把艺术品叫作"产品"，如此等等。因此适时形成"艺术生产"这一崭新概念，乃是顺理成章、水到渠成之事。不过马克思在《导言》中使用"艺术生产"这一术语主要还是对艺术活动、艺术家和艺术品作一种经济学的考量，而非像一般读者和批评家进行的艺术评论。这也可以算是马克思提炼出"艺术生产"概念的语言学动因，它透露了马克思作为经济学家的思维定式和话语系统，正是它促成了他在"艺术生产"问题上的理论创新，包括关于物质生产发展与艺术发展不相平衡、不成比例之关系的创见。

---

① 《马克思恩格斯全集》第四十二卷，人民出版社 2016 年版，第 210 页。

第三节 两种"艺术生产"

接下来就是所谓"当艺术生产一旦作为艺术生产出现"这一非常特殊的表述了，其中出现了两种"艺术生产"的概念。

在以上关于艺术发展与社会发展、物质生产的发展不成比例的论述之后，马克思紧接着说明，这是拿希腊人或莎士比亚同现代人相比而得出的结论，其中特别以史诗为例论及希腊的艺术形式，而对莎士比亚的论述后来未及展开。如果联系上下文，将希腊人或莎士比亚与现代人的对比关系代入的话，那么不妨将这段话理解为：当希腊人或莎士比亚的"艺术生产"一旦作为现代人的"艺术生产"出现，那么"它们就再不能以那种在世界史上划时代的、古典的形式创造出来"。马克思由此得出的结论是："在艺术本身的领域内，某些有重大意义的艺术形式只有在艺术发展的不发达阶段上才是可能的。"在马克思看来，这一结论不仅符合艺术领域内部不同艺术种类的关系，而且符合整个艺术领域同社会一般发展的关系。

为了支撑这一结论，马克思援引大量希腊神话和史诗的典故来说明希腊人的"艺术生产"与现代社会发展之间的种种龃龉不合之处。他拿希腊（罗马）神话、荷马史诗中的神祇和英雄与现代社会的经济机制、生产企业、金融机构和现代技术进行对比，也论及了神话、史诗以及歌谣、传说等希腊艺术的现代命运，用类似于"天问"式的诘问揭晓了两者之间相互排斥、对立乃至无法并存的关系："成为希腊［神话］的基础的那种对自然的观点和对社会关系的观点，能够同走锭精纺机、铁道、机车和电报并存吗？""在罗伯茨公司面前，武尔坎又在哪里？在避雷针面前，丘必特又在哪里？在动产信用公司面前，海尔梅斯又在哪里？""在印刷所广场旁边，法玛还成什么？""阿基里斯能够同火药和铅弹并存吗？或者，《伊利亚特》能够同活字盘甚至印刷机并存吗？随着印刷机的出现，歌谣、传说和诗神缪斯岂不是必然要绝迹，因而史诗的必要条件岂不是要消失吗？"显而易见，这一连串追问所涉的对比双方有着行业上的对应性：当生产各种工具、机器和机车的罗伯茨公司出现时，希腊（罗马）神话中的火神和打铁业保护神武尔坎便偃旗息鼓了；当以金融投机活动著称的法国动产信用公司开张时，希腊神话中的商业和贸易之神海尔梅斯便销声匿迹了；在英国《泰晤士报》所在的"印刷所广场"，希腊（罗马）神话传说中的传闻女神法玛便没有容身之地了。总之，在相互对应的行业之中，现代社会与希腊艺术形同水火、格格不入，现代社会崛起之日，即希腊艺术消歇之时。马克思揭示了希腊艺术盛衰兴替的深层原因："任何神话都是用想象和借助想象以征服自然力，支配自然力，把自然力加以形象化；因而，随着这些自然力实际上被支配，神话也就消失了。"①

作为以上论述的佐证，马克思还指出，希腊神话不仅是希腊艺术的武库，而且是希腊艺术的土壤，同时也是希腊艺术的素材。总之希腊艺术的前提是希腊神话，而不是随便一种神话；希腊艺术是希腊人通过幻想用一种不自觉的艺术方式加工过的自然和社会形式，而不是随便一种对于自然和社会的不自觉的艺术加工，因此唯有希腊神话能够成为希腊艺术的土壤和母胎。但是能够成为希腊艺术的土壤和母胎的无论如何总得是一种神话，而这种古老的艺术形式在现代人那里已经不复存在了，能够造就希腊艺术在历史上曾经拥有的辉煌的时代"决不是这样一种社会发展，这种发展排斥一切对自然的神话态度和一切把自然神话化的态度；并因而要求艺术家具备一种与神话无关的幻想"②。显而易见，马克思所指称的这种不利于"艺术生产"的时代不是希腊人的时代，也不是莎士比亚的时代，而是现代，也就是资本主义时代。

马克思认为，资本主义时代并未给诗情和艺术的生长和繁荣提供适宜的条件，资本主义的生产关系和劳动形式决定了这一点。资本主义的"异化劳动"造成了诸多方面的"异化"，将劳动产品从劳动者那里异化出去，劳动从劳动者那里异化出去，人从人的类本质异化出去，人从人自身异化出去。这就使得劳动者生产的财富越多，劳动者就越贫穷，劳动者创造的价值越多，劳动者自己就越没有价值。从而造成了随处可见的对立和背反，在美和艺术领域亦复如此："劳动生产了宫殿，但是给工人生产了棚舍。劳动生产了美，但是使工人变成畸形。……劳动生产了

---

① 《马克思恩格斯全集》第三十卷，人民出版社 1995 年版，第 52 页。
② 《马克思恩格斯全集》第三十卷，人民出版社 1995 年版，第 52 页。

智慧，但是给工人生产了愚钝和痴呆。"① 这是美的沦丧、艺术的毁弃！马克思直指问题的根源："这种经济关系，即资本家与劳动者作为生产关系上的两极所具有的特征，随着劳动越来越失去它的一切的艺术性质。"② 这种经济关系必然对其上层建筑及意识形态产生制约作用，正是在这个意义上，马克思在宣称："资本主义生产就同某些精神生产部门如艺术和诗歌相敌对。"③ 他指出，如果不考虑精神生产与物质生产、艺术生产与社会发展之间的复杂关系，那就势必坠入 18 世纪法国人的臆想："既然我们在力学等等方面已经远远超过了古代人"，所以我们能够 "也创作出自己的史诗来"，于是伏尔泰以蹈袭模拟之作《亨利亚特》来代替荷马史诗《伊利亚特》。④ 真可谓等而下之、不足为训。后来恩格斯也指出，在工业革命时代，虽然人的劳动生产力达到了较高的水平，但 "统治阶级的存在，日益成为工业生产力发展的障碍，同样也日益成为科学和艺术发展，特别是文明社交方式发展的障碍"⑤。

与作为资本主义的精神生产部门的 "艺术生产" 的低迷状态恰成鲜明对照的是，在社会发展的不发达阶段中产生的希腊艺术 "至今仍然能够给人们以艺术享受，而且就某方面说还是一种规范和高不可及的范本"。要破解这一问题有相当的困难，马克思又提出了一连串的设问，肯定了人们在面对这些人类童年时代产生的艺术形式时往往会感到出自本能般的愉快，在享受其不可复返的永久魅力时往往会不由自主涌现出无尽的缅怀：

> 儿童的天真不使成人感到愉快吗？他自己不该努力在一个更高的阶梯上把儿童的真实再现出来吗？在每一个时代，它固有的性格不是以其纯真性又活跃在儿童的天性中吗？为什么历史上的人类童年时代，在它发展得最完美的地方，不该作为其永不复返的阶段而

---

① 《马克思恩格斯全集》第三卷，人民出版社 2002 年版，第 269—270 页。
② 《政治经济学批判大纲（草稿）》第二分册，刘潇然译，人民出版社 1962 年版，第 70 页。
③ 《马克思恩格斯全集》第三十三卷，人民出版社 2004 年版，第 346 页。
④ 《马克思恩格斯全集》第三十三卷，人民出版社 2004 年版，第 346、347 页。
⑤ 《论住宅问题》，《马克思恩格斯文集》第三卷，人民出版社 2009 年版，第 258—259 页。

显示出永久的魅力呢？①

　　虽然马克思最终还是将问题归结到希腊艺术由以产生的土壤和母胎，指出希腊艺术的魅力与那个不发达的社会阶段并不矛盾，倒是这个社会阶段的结果，并且是同它由以产生的未成熟的社会条件永远不能复返这一点分不开的。但他对于希腊艺术那种儿童般的天真烂漫的钟爱，对于希腊艺术那种不可复返的永久魅力的激赏，不啻是与一般艺术穿越古今、不分地域的恒久价值和普遍意义的一次深情相拥。

　　由此可见，马克思大力崇尚的希腊艺术作为人类精神生产方式的"艺术生产"已超越了特定的时空，成为一般艺术规律和审美特征的卓越体现。有论者指出："马克思把一个不发达的社会阶段的受时代限制的艺术看为人类的一个要素，并认识到正因为这样，这种艺术才能超出历史的瞬间而继续起作用，才能显示出永恒的魅力……反映出人类的一些永恒不变的特征。"② 希腊神话作为一种"土壤"、一种"母胎"、一种"武库"，为之提供了艺术创造必备的前提：艺术创造植根其中的丰富独特的社会条件、文化传统和民族风尚；艺术创作的主题、题材必备的现实生活来源；构成希腊人幻想的基础的对自然的观点和对社会关系的观点，凭借"对自然的神话态度"和"把自然神话化的态度"对自然和社会进行"不自觉"的艺术加工；推动艺术创造的绚丽多彩的"想象"和"幻想"，长期流传积淀的"古老的艺术形式"，以及对于从人类童年时代发展得最完美、最健全的精神基因中生发的那种儿童般的纯真天性和不能复返的永久魅力出自本能般的热爱和喜好等，从社会生活、文化背景、时代风尚、思想意识、心理结构、形式规律等方面铸成了希腊艺术崇高的审美品格，使之突破具体时代和地域的限围，从特殊性、暂时性走向普遍性和永久性，从而被马克思赞誉为至今仍然给人以高度精神享受的美学规范和艺术范本。

　　让我们再回到《导言》。依据以上分析和论证，对于"当艺术生产一旦作为艺术生产出现"这一说法作进一步的界定，可以认为，这句话中

---

　　① 《马克思恩格斯全集》第三十卷，人民出版社1995年版，第53页。
　　② ［德］厄·斐舍尔：《艺术的必要性，一种马克思主义的探讨》，载［英］希·萨·柏拉威尔《马克思和世界文学》，梅绍武等译，生活·读书·新知三联书店1980年版，第389页。

前一个"艺术生产"是指作为人类精神生产方式的一般艺术活动；而后一个"艺术生产"则是指作为资本主义生产体系下的精神生产部门所进行的生产劳动。前者是指体现一般艺术规律和审美特征，对于物质生产和社会发展具有相对独立性的艺术活动；而后者则是指能够将精神产品作为商品形式以创造剩余价值、实现资本增值的生产劳动。可以说，以上两种"艺术生产"相互对立又辩证统一，互补互动又相反相成，而这一点，是马克思"艺术生产"理论的重要奥秘之所在。

第四节　作为资本主义的精神生产部门的"艺术生产"

对于"艺术生产"来说，除了上述"物质生产"是其立论的出发点之外，还有一个重要依据，那就是"生产"这一范畴。"生产"是大概念，"艺术生产"是小概念，大概念涵盖了小概念，大概念的逻辑涵盖了小概念的逻辑。对此马克思早有论述："宗教、家庭、国家、法、道德、科学、艺术等等，都不过是生产的一些特殊的方式，并且受生产的普遍规律的支配。"① 这就是说，"艺术生产"作为"生产"的一种特殊方式，还得遵从"生产"的普遍规律。马克思在《导言》的前端对此作了比较详尽的说明：

> 说到生产，总是指在一定社会发展阶段上的生产——社会个人的生产。因而，好像只要一说到生产，我们或者就要把历史发展过程在它的各个阶段上——加以研究，或者一开始就要声明，我们指的是某个一定的历史时代，例如，是现代资产阶级生产——这种生产事实上是我们研究的本题。可是，生产的一切时代有某些共同标志，共同规定。生产一般是一个抽象，……不过，这个一般，或者说，经过比较而抽出来的共同点，本身就是有许多组成部分的、分为不同规定的东西。其中有些属于一切时代，另一些是几个时代共有的。[有些] 规定是最新时代和最古时代共有的。没有它们，任

---

① 《马克思恩格斯全集》第三卷，人民出版社 2002 年版，第 298 页。

何生产都无从设想……对生产一般适用的种种规定所以要抽出来，也正是为了不致因为有了统一……而忘记本质的差别。……如果没有生产一般，也就没有一般的生产。生产总是一个个特殊的生产部门——如农业、畜牧业、制造业等，或者生产是总体。……生产的一般规定在一定社会阶段上对特殊生产形式的关系……最后，生产也不只是特殊的生产，而始终是一定的社会体即社会的主体在或广或窄的由各生产部门组成的总体中活动着。①

在以上论述中出现了"生产一般""一般生产"和"特殊生产"等三个关键词，这是解读该段论述之前必须辨明、厘清的东西。在《导言》中，所谓"生产一般"，是一种哲学层面上的界定，这是一种哲学层面上的"一般"。所以说"生产一般是一个抽象"，而"最一般的抽象总只是产生在最丰富的具体发展的场合，在那里，一种东西为许多东西所共有，为一切所共有。这样一来，它就不再只是在特殊形式上才能加以思考了"②。马克思正是在"最一般的抽象"的意义上将"生产一般"用作对于"生产"概念的总体概括，《导言》的目录第一节的标题原为"生产"，后来马克思将其改为"生产一般"，就是生产总体的意思。马克思在同一个逻辑层面上使用的还有"社会一般""产品一般"等概念。

马克思是在批判吸收英国古典政治经济学的"劳动一般"概念的基础上提出了"生产一般"概念，他赞赏亚当·斯密取得的进步，指出斯密是抛开了劳动这种创造财富的活动的一切规定性，从而提炼出"抽象一般性"，它"干脆就是劳动，既不是工业劳动，又不是商业劳动，也不是农业劳动，而既是这种劳动，又是那种劳动"，这就有了"劳动一般"的概念。同时斯密也将"作为过去的、对象化的劳动"的资本纳入了"劳动一般"的范畴。③ 但是庸俗经济学家巴师夏和凯里却将"劳动一般"用作并不存在于任何具体历史阶段的一个抽象的范畴，他们以此来证明"现存社会关系永存与和谐"，以及"资本是一种一般

---

① 《马克思恩格斯全集》第三十卷，人民出版社1995年版，第26—27页。
② 《马克思恩格斯全集》第三十卷，人民出版社1995年版，第45页。
③ 《马克思恩格斯全集》第三十卷，人民出版社1995年版，第45页。

的、永存的自然关系"等谬见。① 马克思则针锋相对地指出了"生产一般"或"劳动一般"的另一重要方面，认为它不仅在理论上，而且在现实中都是创造财富的手段，因此只有作为社会的范畴，才能在这种抽象性上表现为实际真实的东西，这就使之具有了历史的、时代的规定性："劳动这个例子令人信服地表明，哪怕是最抽象的范畴，虽然正是由于它们的抽象而适用于一切时代，但是就这个抽象的规定性本身来说，同样是历史条件的产物，而且只有对于这些条件并在这些条件之内才具有充分的适用性。"② 值得注意的是，后来除了《导言》中有所提及之外，无论在马克思亲自完成的《资本论》第一卷，还是后人整理修订出版的《资本论》各卷及其相关手稿中，"生产一般"这一概念均无使用。对于这一情况唯一的解释只能是，此后马克思将关注的重点转向了对于历史层面的生产形式的研究。

这就必然推导到"一般生产"的范畴，马克思指出："如果没有生产一般，也就没有一般的生产"，但"生产一般"本身在历史过程中就是有许多组成部分的、分别有不同规定的东西，"其中有些属于一切时代，另一些是几个时代共有的。［有些］规定是最新时代和最古时代共有的。没有它们，任何生产都无从设想"③。简言之，所谓"一般生产"就是"生产一般"在不同时代所体现的生产的共同性。因此所谓"一般生产"乃是一种在历史层面上的"一般"。

然而只有历史层面上的"一般生产"还不够，它往往具体表现为"特殊生产"，正如黑格尔所说："概念的普遍性并非单纯是一个与独立自存的特殊事物相对立的共同的东西，而毋宁是不断地在自己特殊化自己，在它的对方里仍明晰不混地保持它自己本身的东西。"④ 一般生产总是根据在不同历史阶段形成的社会分工而分成一个个特殊的生产部门，如农业、畜牧业、制造业等，从而"生产的一般规定"总是根据一定的分工和界限，形成种种"特殊生产形式"，它"生产也不只是特殊的生产，而始终是一定的社会体即社会的主体在或广或窄的由各生产

---

① 《马克思恩格斯全集》第三十卷，人民出版社 1995 年版，第 26 页。
② 《马克思恩格斯全集》第三十卷，人民出版社 1995 年版，第 46 页。
③ 《马克思恩格斯全集》第三十卷，人民出版社 1995 年版，第 27、26 页。
④ ［德］黑格尔：《小逻辑》，贺麟译，商务印书馆 2009 年版，第 334 页。

部门组成的总体中活动着"①。马克思也明确将艺术生产列为"生产部门"之一，称之为"精神生产部门"或根据通常排列的"最后这个生产部门"②，肯定了艺术生产作为历史层面上的"特殊生产"的现实性。他也正是根据这一界定而作出"资本主义生产就同某些精神生产部门如艺术和诗歌相敌对"的著名判断。

　　从以上分析可见，在马克思那里，"生产一般""一般生产"和"特殊生产"这三个范畴有一个重要区别："生产一般"属于哲学层面的范畴，而"一般生产"和"特殊生产"则属于历史层面的范畴。在马克思的辩证逻辑中，哲学层面的"生产一般"概念作为逻辑起点，只是一种内涵空洞的思维抽象，而它恰恰是最终走向思维具体的必要前提，合乎逻辑，不可或缺。因此"生产一般"必须转向历史的层面，转化为历史的范畴，才能成为实际的、真实的东西。而马克思在关于"物质生产的发展与艺术发展的不平衡关系"的讨论中，强调"进步这个概念决不能在通常的抽象意义上去理解"，指出其中要说明的真正困难之点是：生产关系的一般概念怎样作为具体的社会形式进入了不平衡的发展。这里所谓"具体的社会形式"包括艺术，也包括教育、法等特殊的生产部门。③ 显而易见，马克思较之哲学层面的范畴更加重视历史层面的范畴，较之哲学层面的抽象演绎更加重视历史层面的具体转化，并据此确认只有在历史层面上展开"一般生产"与"特殊生产"之间的联系、过渡、转化和统一，这才是真正把握艺术生产与物质生产的不平衡发展真正的难点和要义之所在。特别要指出的是，这一点在马克思那里是具有明确的针对性的，他毫不隐瞒自己的观点："一开始就要声明，我们指的是某个一定的历史时代，例如，是现代资产阶级生产——这种生产事实上是我们研究的本题。"④ 将"现代资产阶级生产"作为"研究的本题"，大而言之这是马克思的政治经济学批判和《资本论》写作既定的目标，小而言之这是马克思的"生产"理论以及"艺术生产"理论一贯的宗旨。

---

　　① 《马克思恩格斯全集》第三十卷，人民出版社1995年版，第27页。
　　② 《马克思恩格斯全集》第三十二卷，人民出版社1998年版，第349页。
　　③ 《马克思恩格斯全集》第三十卷，人民出版社1995年版，第51页。
　　④ 《马克思恩格斯全集》第三十卷，人民出版社1995年版，第26页。

第五节　资本主义体系下的生产劳动与非生产劳动

尽管马克思对于艺术生产问题贡献了许多真知灼见，但耐人寻味的是，他在《资本论》写作过程中却多次声明，与艺术活动相关的问题，不在讨论的范围之中，他这样说："撇开真正的艺术家工作不说（按照事物的本性来说，这种艺术家工作的考察不属于我们讨论的问题之内）"①，像作家、演员、歌唱家的劳动，"同资本主义生产的大量存在相比是微乎其微的量。所以，可以把它们完全撇开不谈"②。马克思这样说并不是轻视文学艺术，而是将文学艺术放在资本主义生产体系和过程中加以考察所得出的结论。具体地说，又要从两个方面来看：

第一个方面，马克思指出，作为精神生产的艺术活动具有非生产劳动的性质。而这一点必须从资本主义生产的本质说起。马克思在原定的《资本论》第一卷第六章讨论资本主义生产的本质时，作了如下表述：

> 我们已经看到，资本主义生产是剩余价值的生产，而它作为这种剩余价值的生产（在积累的条件下），同时又是资本的生产，并且是整个资本关系在不断扩大的规模上的生产和再生产。但是，剩余价值只是作为商品价值的一部分被生产出来，它也表现为一定量商品或剩余产品。资本只有作为商品的生产者才生产剩余价值和再生产自己本身。③

这是马克思给资本主义体系和过程中生产劳动所作的比较全面、完整的定义，它概括了三个要义：

第一，资本主义生产是剩余价值的生产；

第二，资本主义生产是资本的生产；

---

① 《马克思恩格斯全集》第四十六卷，人民出版社 2003 年版，第 859 页。
② 《马克思恩格斯文集》第八卷，人民出版社 2009 年版，第 527 页。
③ 《马克思恩格斯文集》第八卷，人民出版社 2009 年版，第 444 页。

第三，资本主义生产通过商品生产而实现剩余价值和资本的生产和再生产。

可见马克思的《资本论》及其相关手稿讨论的是资本主义体系和过程中的生产劳动，这是其特定的论域，从而以上三大要义就成为判断人的某种活动是否属于生产劳动的标准，成为区分生产劳动与非生产劳动的分水岭。马克思说得清楚："把生产劳动同其他种类的劳动区分开来是十分重要的，因为这种区分恰恰表现了那种作为整个资本主义生产方式以及资本本身的基础的劳动的形式规定性。"①

在这三大要义中，剩余价值的生产可以说是第一要义、基本要义，马克思在《资本论》及其相关手稿中不止一次将这样的表述列为章节的标题："资本主义制度下的生产劳动是创造剩余价值的劳动""资本主义生产是剩余价值的生产。"以此为标准，自然得出以下结论："因为资本主义生产的直接目的和真正产物是剩余价值，所以只有直接生产剩余价值的劳动是生产劳动，只有直接生产剩余价值的劳动能力的行使者是生产工人，就是说，只有直接在生产过程中为了资本的价值增值而消费的劳动才是生产劳动。"② 简言之，在资本主义体系和过程中，只有能够创造剩余价值的劳动才是生产劳动，而不能创造剩余价值的劳动则不能算是生产劳动；只有直接生产剩余价值的人才是生产者，而不能生产剩余价值的人则不能算是生产者。

但只是说"生产劳动是生产剩余价值的劳动"可能还不够，资本主义的生产劳动有其物质规定性，即表现为产品生产或商品生产。马克思指出："资本主义劳动过程并不消除劳动过程的一般规定。劳动过程生产产品与商品。只要劳动对象化在商品即使用价值与交换价值的统一中，这种劳动就始终是生产劳动。"③ 马克思在另一处结合艺术作品说明这一点："生产劳动就可以归结为生产商品、生产物质产品的劳动……艺术和科学的一切产品，书籍、绘画、雕塑等，只要它们表现为物，就都包括在这些物质产品中。"④ 因此，可以将生产劳动解释为生

---

① 《马克思恩格斯文集》第八卷，人民出版社 2009 年版，第 400 页。
② 《马克思恩格斯文集》第八卷，人民出版社 2009 年版，第 520 页。
③ 《马克思恩格斯文集》第八卷，人民出版社 2009 年版，第 521 页。
④ 《马克思恩格斯全集》第三十三卷，人民出版社 2004 年版，第 158 页。

产商品的劳动。

马克思又进一步指出："只有生产资本的劳动才是生产劳动"①。可见仅仅说创造物质产品、体现在商品中的劳动是生产劳动可能也不够，作为物化劳动的产品或商品还得在使用价值与交换价值的统一中实现资本的价值增值，因此应该说劳动必须通过产品生产或商品生产实现资本的价值增值时才能算是生产劳动。也就是马克思所说："当我们考察单个商品时，在单个商品的可除部分中表现为无酬劳动的，是生产劳动，换句话说，当我们考察全部产品时，只有在商品总量的可除部分中表现为无酬劳动的，即表现为资本家没有花任何代价的产品的劳动，是生产劳动。"②

正是以上述三大要义为标准，马克思对艺术活动与生产劳动的关系问题进行了深入思考，他认为，在资本主义生产体系中，"劳动"概念是二义的，"同一内容的劳动可以是生产劳动，也可以是非生产劳动"，马克思在说明这一道理时恰恰多以作家、诗人、演员、歌唱家以及与艺术相关的人的劳动为例。例如说英国诗人密尔顿创作《失乐园》，如果他只是像春蚕吐丝一样表现个人的天性，那么他是非生产劳动者；相反，如果他为书商提供工厂式的劳动，在书商指示下生产书籍，那么他就是生产劳动者，"因为他的生产从属于资本，而且只是为了增殖资本而进行的"。再如歌女，如果她为了金钱而出卖自己的歌唱，她就只是一个雇佣劳动者或商品交易者，只是一个非生产劳动者；但是如果同一个歌女被剧院老板雇用，老板为了赚钱而让她去唱歌，她就是生产劳动者，"因为她直接生产资本"。又如，教师仅仅上课并不是生产劳动者，但如果同一个教师作为雇佣劳动者被某个学校聘用，"用自己的劳动来使贩卖知识的学院老板的货币增殖价值，他就是生产劳动者"③。总之，这些诗人、歌女和教师在从事同一劳动时，可以为产业资本家服务，也可以为自己或他人作为维持生活、谋求生计的直接消费者服务，"但在一种情况下他是生产工人，在另一种情况下他是非生产工人，因为在一种情况下他生产资本，在另一种情况下不生产资本，因为在一种情况下他的劳动构成

① 《马克思恩格斯全集》第三十三卷，人民出版社2004年版，第140页。
② 《马克思恩格斯文集》第八卷，人民出版社2009年版，第521页。
③ 《马克思恩格斯文集》第八卷，人民出版社2009年版，第526、527页。

资本自行增殖过程的要素，在另一种情况下不构成这种要素。"① 也就是说，判断诗人、歌女和教师的劳动在资本主义生产体系中是否属于生产劳动，必须视其能否创造剩余价值并在商品交易中实现资本增值，能够做到这一点的属于生产劳动，否则就属于非生产劳动。

根据以上观点，马克思对作为精神生产的文艺活动与生产劳动的关系作了进一步辨析和鉴别。首先是从创造剩余价值的要义来看，马克思指出，在资本主义生产体系中，"作家所以是生产劳动者，并不是因为他生产出观念，而是因为他使出版他的著作的书商发财，或者说，因为他是一个资本家的雇佣劳动者"②。这就是说，作家在创作活动中所进行的单纯的观念生产不能创造剩余价值，因而属于非生产劳动，除非他作为资本家的雇佣劳动者，将其作品以书籍形式出版出售，最终使其雇主获利。这就将作家创作活动中单纯的观念生产排除在生产劳动之外了。

其次是从商品生产的层面来看，马克思说：

> 生产劳动就是生产商品的劳动，非生产劳动就是生产个人服务的劳动。前一种劳动表现为某种可以出卖的物品；后一种劳动在它进行的时候就要被消费掉。前一种劳动（创造劳动能力本身的劳动除外）包括一切以物的形式存在的物质财富和精神财富，既包括肉，也包括书籍；后一种劳动包括一切满足个人某种想象的或实际的需要的劳动，甚至违背个人意志而强加给个人的劳动。③

可见对于生产劳动来说还有一层物质规定性，其产品必须以物质形态即商品形式出现。因此马克思认为："商品是资产阶级财富的最基本的元素形式。因此，把'生产劳动'解释为生产'商品'的劳动，比起把生产劳动解释为生产资本的劳动来，符合更基本得多的观点。"④可见马克思将作家艺术家的创作活动分成两种：一是进入资本运行机

---

① 《马克思恩格斯文集》第八卷，人民出版社 2009 年版，第 527 页。
② 《马克思恩格斯全集》第三十三卷，人民出版社 2004 年版，第 143 页。
③ 《马克思恩格斯全集》第三十三卷，人民出版社 2004 年版，第 159 页。
④ 《马克思恩格斯全集》第三十三卷，人民出版社 2004 年版，第 159 页。

制，将其创作以书籍形式或以表演形式作为商品出卖，以创造剩余价值、实现资本增值为目的的劳动；二是仅仅提供个人服务、满足个人消费的劳动，包括满足个人某种想象或实际需要的劳动。前者均属生产劳动，后者悉归非生产劳动。据此马克思将以商品形式出卖的创作称为"精神财富"并与"物质财富"一道纳入生产劳动的产品，而将"满足个人某种想象"的劳动与满足个人实际需要的劳动统统划归非生产劳动的范畴。

再次是从生产资本的角度来看，"生产劳动只是生产资本的劳动"，这一已经得到确认的命题一旦放在与艺术相关的具体劳动中考察，便可能得出似乎有悖常理的结论。庸俗经济学家西尼耳据此质疑该命题的正确性，他的问题是，如果用该命题来衡量，那么钢琴制造者算是生产劳动者，而钢琴演奏者却不算，但是按常理没有钢琴演奏者，钢琴也就成了毫无意义的东西，这不是岂有此理吗？马克思对这一质疑予以批驳，肯定"事实的确如此"，因为"钢琴制造者再生产出资本；钢琴演奏者只是用自己的劳动同收入相交换。但钢琴演奏者生产音乐，满足我们的音乐感，不是也在某种意义上生产音乐感吗？事实上他是这样做了：他的劳动是生产了某种东西；但他的劳动并不因此就是经济意义上的生产劳动"。得出这一结论的理由是："劳动只有在它生产了它自己的对立面时才是生产劳动。"所谓劳动所生产的"对立面"就是资本。因此马克思进一步阐述他的观点："只有生产资本的劳动才是生产劳动；因此，没有做到这一点的劳动，无论怎样有用——它也可能有害——对于资本化来说，不是生产劳动，因而是非生产劳动。"[①]

总之，马克思从不同角度对于艺术活动的非生产劳动性质所进行的考察，得出的结论是基本一致的，其中无论是作为"观念生产"，作为"满足个人某种想象"的生产，还是作为"音乐的生产"，都因有悖于上述三大要义而被排除在资本主义体系和过程中的生产劳动之外。

因此之故，马克思反对"一切职业都具有生产性"之说。这是庸俗经济学家威廉·罗雪尔、佩·罗西等人提出的"辩护论见解"，意思是所有职业都是生产性的，其执业者所做的工作都是生产，很显然，此

[①] 《马克思恩格斯全集》第四十六卷，人民出版社1979年版，第264页。

说在缺少上述三大要义的前提下，混淆了生产劳动与非生产劳动之间的界限。马克思用归谬法来批驳其理论上的谬误之处：如果照此办理，那也可以说"哲学家生产观念，诗人生产诗，牧师生产说教，教授生产讲授提纲"①，甚至连罪犯也是有"生产性"的，而且还可以将这种"生产性"延伸到文学艺术："罪犯生产印象，有时是道德上有教益的印象，有时是悲惨的印象，看情况而定；而且在唤起公众的道德感和审美感这个意义上说也提供一种'服务'。他不仅生产刑法讲授提纲，不仅生产刑法典，因而不仅生产这方面的立法者，而且还生产艺术、文学——小说，甚至悲剧；不仅缪尔纳的《罪》和席勒的《强盗》，而且《奥狄浦斯王》和《理查三世》都证明了这一点。"②不言而喻，将"生产"概念泛化到无边的程度，也就没有真正的"生产"了，其荒谬性昭然若揭，罗雪尔、罗西等人的"辩护论见解"也就不攻自破了。

　　行文至此，还不能忘记第二个方面，马克思将作为单纯精神生产的艺术活动的对应形态，即那种进入资本运行机制，将其作品作为商品出卖，从而产生剩余价值、实现资本增值的艺术活动界定为"非物质生产"，认为在资本主义的生产体系中可以对其忽略不计。在他看来，在这一特殊的领域中，资本主义生产的表现可能有两种：一是它生产的结果是以物的形式存在的商品，譬如书、画以及一切脱离艺术家的艺术活动而独立存在的艺术作品；二是它的产品与表演行为不能分离，如艺术家、演说家、演员的表演。前者的生产方式譬如一个作家在组织编写一部集体著作时，把其他作家当作雇工来加以剥削；后者的生产方式譬如戏院的老板用他的资本交换演员的劳动以发财致富。马克思指出，无论是哪种情况，在"非物质生产"的畛域内，资本主义生产都只是在很有限的规模上被应用，都还只局限于向资本主义生产过渡的形式，其现状如何并不足以改变整个事情的本质，"资本主义生产在这个领域中的所有这些表现，同整个生产比起来是微不足道的，因此可以完全置之不理"③。唯其如此，马克思在《资本论》研究中往往声称对其存而不论、置之不理，主张对其"加括号"、予以搁置。

―――――――――――――

① 《马克思恩格斯全集》第三十二卷，人民出版社1998年版，第349页。
② 《马克思恩格斯全集》第三十二卷，人民出版社1998年版，第350页。
③ 《马克思恩格斯文集》第八卷，人民出版社2009年版，第417页。

　　综上所述，马克思一方面将作为精神生产的艺术活动归入"非生产劳动"范畴，另一方面主张对作为"非物质生产"的艺术活动"加括号"，这就构成了马克思对于资本主义生产体系中的艺术活动的基本态度。英国学者希·萨·柏拉威尔主张对此作两面观：一方面，"从表面上来看，马克思的这些著作只是在文学和艺术直接触及经济问题，或者作为商品进入经济领域的时候，才讨论到文学和艺术"；另一方面，马克思把主要用于经济学的术语"生产"也用在文学和其他艺术的历史上，例如把诗人叫作"生产者"，把艺术品叫作"产品"，借此让人们不要忘记把艺术放在其他社会关系特别是物质生产关系和生产手段的框子里来观察，"只有明确了这一点之后，他才能独立地、抽象地研究艺术，才有余暇观察一下艺术领域自身"。① 足以说明问题的是，马克思关于"艺术生产"以及艺术"对世界的掌握方式"、两种生产发展的"不平衡关系"、生产与消费的辩证关系等极其重要的概念和命题都是在批判古典政治经济学、撰写《资本论》的过程中提出的。而作为精神生产方式的艺术生产的特质，则是马克思从资本主义生产体系中剥离和超拔出来的，即如"微不足道""不属于讨论范围之内""可以完全撇开不谈""可以完全置之不理"之类说法，从而与该体系内作为剩余价值生产的艺术生产形成了鲜明对照，这种对照恰恰构成了一种彰明、一种凸显、一种强调。可见对于作为精神生产方式的艺术生产的特质，恰恰应该从这种剥离和超拔中观照其相对独立的意义，把握其充分自洽的内涵。正是基于这一点，马克思在《资本论》研究以及其他著述中对于作为精神生产方式的艺术生产仍然给予了高度的关注，作出了重要的论断。

第六节　作为人类精神生产方式的"艺术生产"

　　我们需要关注的恰恰是在马克思那里被排除在资本主义生产体系和

---

　　① ［英］希·萨·柏拉威尔：《马克思和世界文学》，梅绍武等译，生活·读书·新知三联书店1980年版，第417、383页。

过程之外、纳入"非生产劳动"范畴的艺术活动，亦即作为人类精神生产方式的"艺术生产"。总的来说，它有四个特征：

其一，它不属于资本主义生产体系和过程中的劳动；

其二，它不属于创造剩余价值的劳动；

其三，它不属于以商品的物化形态在流通和交换中实现资本增值的劳动；

其四，它不属于在政治经济学研究中呈现的生产劳动。

关于前三者，上文已有较多论述，不拟赘述。对第四条要多说几句，正因为作为"非生产劳动"的艺术活动在质上并不符合资本主义生产劳动的基本要义，在量上同整个资本主义生产相比显得微不足道，所以在马克思的《资本论》及其相关手稿中并不将其作为主要的研究对象，提及之时也往往只是为了在分类学意义上廓清在资本主义生产体系和过程中"生产劳动"的边界和范围。而马克思将作为精神生产的艺术生产从在资本主义生产体系和过程中剥离出来，从以创造剩余价值为至上目标、通过商品形式的流通和交换实现资本增值的"生产劳动"中超拔出来，恰恰为其展现了广阔的理论空间。马克思对于作为人类精神生产方式的"艺术生产"作了以下界定：

首先是确认了艺术生产作为对世界的特殊掌握方式。

马克思对于文艺理论的一个重大贡献就是肯定了艺术作为人类掌握世界的一种特殊方式，这一观点为其"艺术生产"理论提供了极大的支持。马克思关于"对世界的艺术掌握方式"与"艺术生产"的概念都是在《导言》中提出的，两者有着极高的关联度。马克思说：

> 整体，当它在头脑中作为思想整体而出现时，是思维着的头脑的产物，这个头脑用它所专有的方式掌握世界，而这种方式是不同于对世界的艺术精神的，宗教精神的，实践精神的掌握的。实在主体仍然是在头脑之外保持着它的独立性；只要这个头脑还仅仅是思辨地、理论地活动着。因此，就是在理论方法上，主体，即社会，也必须始终作为前提浮现在表象面前。①

---

① 《马克思恩格斯选集》第二卷，上册，人民出版社1995年版，第19页。

　　以往在解读这段论述时人们往往将注意力集中在如何对马克思所说人类掌握世界方式的分类学意义上，乃有"一种"说、"两种"说、"三种"说、"四种"说等，而没有重视马克思这一思想提出的学科背景，这是不够的。

　　这里首先必须指出的是，马克思这段论述是在政治经济学而不是其他学科的意义上说的，千万不能忽略他在《导言》开头就说的一句话："政治经济学不是工艺学"①，其实这句话大致是可以解作"政治经济学不是文艺学"的。② 马克思关于人类掌握世界方式的论述在《导言》中也有其特定的位置和意义。现存的《导言》共四个部分，第一部分讨论"生产"概念，是为逻辑起点；第二部分讨论"生产与分配、交换、消费的一般关系"，是为研究对象；第三部分讨论"政治经济学的方法"，是为思想方法；第四部分即提纲式论列的八个要点，以及关于"艺术生产"的短文。而关于人类掌握世界方式的论述是在第三部分作为思想方法提出来的。在这一部分，马克思集中阐述了辩证思维的方法，其核心在于揭晓了逻辑的与历史的相统一、从抽象上升到具体的两大方法论要义，从而为政治经济学提供思想方法的利器。

　　从以上马克思这段论述可以见出以下几点：其一，马克思是从辩证思维的方法论出发来研究人类对世界的掌握方式的，从而在整个论述中都贯穿着辩证逻辑的力量。其二，马克思论述了辩证思维的运思过程，那就是从感性具体到思维抽象，再从思维抽象到思维具体这"两条道路"构成的螺旋式上升进程；其三，人类掌握世界的方式作为思维的产物，并不是凌驾于直观和表象之上的，而是人们对直观和表象加工的结果，客观实在总是独立于人的头脑之外的，因此在理论方法上必须始终将社会客体作为必不可少的前提浮现于直观和表象之前。其四，马克思的这段论述主要是对作为"理论活动""理论方法"的政治经济学作论证的，并未更多涉及其他。所谓"从抽象上升到具体的方法""具体之所以具体，因为它是许多规定的综合，因而是多样性的统一""从最

---

　　① 《马克思恩格斯全集》第三十卷，人民出版社1995年版，第27页。
　　② "工艺学揭示出人对自然的能动关系，人的生活的直接生产过程，从而人的社会生活关系和由此产生的精神观念的直接生产过程。"参见《资本论》第一卷，《马克思恩格斯全集》第四十二卷，人民出版社2016年版，第382页注（89）。

简单上升到复杂这个抽象思维的进程符合现实的历史过程"① 等，都是对于政治经济学的理论内涵所作的界定。至于对艺术的、宗教的、实践—精神等掌握方式有所论及，只是为了通过不同掌握方式的比较鉴别而进一步确认理论掌握方式本身的特点。因此可以认为，马克思将人类对世界的掌握方式大致分为：（1）理论的掌握方式；（2）实践—精神的掌握方式，其中又包括艺术的、宗教的掌握方式。总之，所谓"艺术的掌握方式"，属于实践—精神的掌握方式，而它与现实的生产行为恰恰结有不解之缘。

马克思在《导言》中并未对艺术的掌握方式作再多的专门论述，但从马克思其他论著的大量论述可见，他始终确认艺术的掌握方式是介乎精神与实践、介乎认识活动与实践活动的中间物，而其"实践—精神"的中介性质也就为艺术生产作为对世界的特殊掌握方式提供了可能。一方面，艺术具有认识性和真理性，也寄寓着艺术家对生活的认识、理解和思考。另一方面，艺术也具有实践性和目的性。马克思认为，艺术生产不过是一般生产的特殊的方式，受到一般生产的普遍规律的支配；人按照美的规律来建造，艺术生产体现了人类有意识的、自由自觉的活动；艺术生产的结果，在生产过程开始时就已预先存在于人的头脑之中，表现为理想、意图和预见。凡此种种，都是带有实践性、目的性的，也是具有生产性的。

但是，艺术与科学理论、实践活动之间又存在着重要的区别。一方面，科学理论以概念为核心，以概念、范畴的运动为载体，最终达成科学理论体系的建构，从而将历史发展的整个现实过程在思维中复现出来。与科学理论不同，艺术始终固守着感性具体，它始终不脱离艺术形象，并将之从感性打动直接转化为理性昭示，在这里"感觉在自己的实践中直接成为理论家"②。另一方面，艺术也不同于实践活动，实践活动的结果总是造成对象的现实形态和性质的改变，而艺术则具有假定性，它并不改变或消灭对象的物质存在以满足自己的实际功利需要，而是在想象的世界中达到创作活动的目的，因此艺术又表现为无目的性，

---

① 《马克思恩格斯全集》第三十卷，人民出版社1995年版，第42、42、44页。
② 《马克思恩格斯全集》第三卷，人民出版社2002年版，第304页。

可以说它是一种"无目的的合目的性"，正如马克思所说，它"不应当仅仅被理解为直接的、片面的享受，不应当仅仅被理解为占有、拥有。人以一种全面的方式，就是说，作为一个总体的人，占有自己的全面的本质"①。

这样，艺术便介乎实践活动和科学理论之间，兼有两者的品格而扬弃了两者的片面性，成为物质与精神、感性与理性、具体与抽象、合目的性与合规律性的和谐统一。而这一点恰恰使艺术进入了自由之境，所以康德说：艺术是一种"自由的游戏"②，黑格尔说："审美带有令人解放的性质"③。正是在这个意义上，马克思将艺术的掌握方式归入"实践—精神"的掌握方式，而与实践的掌握方式、理论的掌握方式并行不悖、相得益彰。

其次是论证了艺术生产的自由本质。

正是从艺术对世界掌握方式的特殊性出发，马克思在批驳施托尔希对物质生产和精神生产相互关系问题的反历史态度时提出了"一定社会形态下自由的精神生产"这一重要概念，马克思的原话是这样的：

> 因为施托尔希不是历史地考察物质生产本身……所以他就抽去了自己立足的基础，而只有在这种基础上，才能够既理解统治阶级的意识形态组成部分，也理解这种一定社会形态的自由的精神生产。④

在这里马克思以驳论的形式确立了一个观点：将物质生产视为一定的、特殊的历史形式，这是理解问题的基础，只有在此基础上，才能够既理解统治阶级的意识形态组成部分，也理解一定社会形态下自由的精神生产。这里值得重视的是后者，马克思提出了"统治阶级的意识形

---

① 《马克思恩格斯全集》第三卷，人民出版社 2002 年版，第 303 页。
② ［德］康德：《判断力批判》上册，宗白华译，商务印书馆 2009 年版，第 162—163 页。
③ ［德］黑格尔：《美学》第 1 卷，朱光潜译，商务印书馆 2009 年版，第 147 页。
④ 《马克思恩格斯全集》第三十三卷，人民出版社 2004 年版，第 346 页。

态"的对立面,即游离于、超脱于资本主义生产体系和过程之外的精神生产,他称之为"在一定社会形态下自由的精神生产",确认了它的自由本质。而这一点,已经触及了精神生产以及艺术生产最本质也最独特的东西。

　　精神生产以及艺术生产的自由本质来自人的自由的本质。马克思有个一以贯之的思想,那就是对于人的自由本质的确认,早在《1844年经济学哲学手稿》,他就对于"人的类特性"给出了以下定义:"一个种的整体特性、种的类特性就在于生命活动的性质,而自由的有意识的活动恰恰就是人的类特性。"① 人的自由本质首先是在与动物的比较之中确立的,在马克思看来,动物和它的生命活动是直接同一的,是不能区别开来的,因而是不自觉的;人则使自己的生命活动本身变成自己的意志和意识的对象,因此人的生命活动是有意识的,是自觉的。"有意识的生命活动把人同动物的生命活动直接区别开来""仅仅由于这一点,他的活动才是自由的活动"②。而这种自由本质也就决定了人的审美活动和艺术生产的自由本质:"动物只是按照它所属的那个种的尺度和需要来构造,而人懂得按照任何一个种的尺度来进行生产,并且懂得处处都把内在的尺度运用于对象;因此,人也按照美的规律来构造。"③因此将"艺术和文学等等,理解为人的本质力量的现实性和人的类活动"④,乃是顺理成章的事儿。

　　马克思在另一处说过:"自由确实是人的本质"⑤,但这是对于私有制社会从事精神生产的人的自由本质而言的。随着社会分工的历史性展开,形成了各种生产部门,划分出不同领域,包括农业、畜牧业、制造业等生产部门,精神生产也成为其中一个生产部门、一个领域。那么,精神生产这一生产部门或领域的特殊性何在,它是如何立足、如何发展的呢?马克思用"自由"这一概念加以界定,他指出:"为了维护甚至仅仅是为了理解某个领域的自由,我也必须从这一领域的主要特征出

----

① 《马克思恩格斯全集》第三卷,人民出版社2002年版,第273页。
② 《马克思恩格斯全集》第三卷,人民出版社2002年版,第273页。
③ 《马克思恩格斯全集》第三卷,人民出版社2002年版,第274页。
④ 《马克思恩格斯全集》第三卷,人民出版社2002年版,第306页。
⑤ [德]马克思:《马克思恩格斯全集》第一卷,人民出版社1995年版,第167页。

发，而不应当从它的外部关系出发。"① 精神生产最主要的自由就在于不要成为一种行业，将其贬低为单纯的物质手段，对于精神生产来说，物质利益恰恰是外在的，是一种外在关系，因此其他生产部门可以属于行业，而精神生产部门则不属此列，如果将其贬低到行业的水准，精神生产便不能忠于自己的特征，不能按照自己的高贵天性去活动，它也就失去了自由。当然，在资本主义经济体系下，精神生产也可以作为一种行业而存在，不过那已不是作者的事，而是出版商和书商的事了。一个简单不过的道理是，作者必须挣钱才能生活和写作，但是他绝不应该为了挣钱而生活和写作，诗一旦变成诗人挣钱的手段，诗人就不成其为诗人了。马克思认为，将作品视为目的还是手段，这是衡量创作自由与否的关键，这是截然不同的两种水准、两种境界："作者绝不把自己的作品看作手段。作品就是目的本身；无论对作者本人还是对其他人来说，作品都绝不是手段，所以，在必要时作者可以为了作品的生存而牺牲他自己的生存。"② 以自己的生命去殉创作自由，不啻是作家艺术家追求理想的最高形式，这在古今中外可谓代不乏人。

在社会历史的舞台上，人的自由本质能够得到充分的实现和发扬，往往是风云际会的结果，它往往扣合着伟大时代的脉动应运而生、待时以兴。这样的伟大时代一旦到来，人的自由本质便有可能获得全面、充分、多样化的艺术表现，从而迎来生机勃发的艺术繁荣。在马克思看来，在人类历史上，当此重任的伟大时代当推希腊罗马、文艺复兴以及未来的共产主义，在这三个伟大时代中，像一条红线贯穿始终的是"自由的精神生产"，尽管其内涵总是因时代而异。

马克思曾盛赞希腊和罗马是古代世界中"具有极高'历史文明'的国家"③，希腊的极盛时期涌现的哲学、艺术和修辞学等排斥和否定了宗教，而罗马极盛时期的哲学也就成为有教养的罗马人的宗教，当时整个社会正是随着这种人文精神对于宗教谬误的克服而取得了长足的发展。马克思和恩格斯对于文艺复兴也给予了高度评价，在这刚刚走出千年黑暗中世纪、百废待举、万象更新的"新时代"，产生过许多伟大人

---

① ［德］马克思：《马克思恩格斯全集》第一卷，人民出版社 1995 年版，第 192 页。
② ［德］马克思：《马克思恩格斯全集》第一卷，人民出版社 1995 年版，第 192 页。
③ 《马克思恩格斯全集》第一卷，人民出版社 1995 年版，第 212 页。

物，他们都是在思维能力、热情和性格方面，在多才多艺和学识渊博方面的巨人，他们还没受到分工所带来的片面化的影响。正是在这一背景下，文学艺术也蓬勃发展起来，特别是拜占庭灭亡时抢救出来的手抄本，罗马废墟中发掘出来的古代雕像等，在世人面前展示了一个新世界——古代希腊，推动了欧洲各国前所未见的艺术繁荣。

在马克思去世以后，有人请恩格斯为一本进步刊物题词，用简短的字句来表达"未来的社会主义纪元"的基本思想，恩格斯觉得除了从《共产党宣言》中摘出下列一段话外，再也找不出合适的了："代替那存在着阶级和阶级对立的资产阶级旧社会的，将是这样一个联合体，在那里，每个人的自由发展是一切人的自由发展的条件。"① 也就是说，对于马克思和恩格斯所构想的共产主义这一"联合体"来说，人的自由发展是根本宗旨和最高目标。总之，人的自由发展的要义在于知识与能力、理论与实践、智慧与诗情的完美交融和全面发展，这一点在古代希腊人那里是自发形成的，在文艺复兴时代的伟大人物那里再次得到了体现，而在马克思和恩格斯追求的未来理想中，则进入了自由和自觉的境界。这是历史发展"否定之否定"的必然环节，也是人的解放及其精神解放、艺术解放的光辉前景。

再次是肯定了艺术生产的"间接"功能。

马克思在区分生产劳动与非生产劳动、生产劳动者与非生产劳动者时曾以钢琴制造者与钢琴演奏者为例，而将划归非生产劳动者的钢琴演奏者称为"间接生产劳动者"。按此说并非马克思自创，而是吸收了其他经济学家的说法来阐发自己的观点，他这样说：

> 其他经济学家就把所谓非生产劳动者说成是间接生产的。例如，钢琴演奏者刺激生产；部分地是由于他使我们的个性更加精力充沛，更加生气勃勃，或者在通常的意义上说，他唤起了新的需要，为满足这种需要，就要用更大的努力来从事直接的物质生产。②

---

① 《共产党宣言》，《马克思恩格斯文集》第二卷，人民出版社 2009 年版，第 53 页。
② 《马克思恩格斯全集》第三十卷，人民出版社 1995 年版，第 264 页。

　　一如前述，钢琴制造者生产了资本；而钢琴演奏者则生产了音乐，满足了人们的音乐感，他是"在某种意义上生产了音乐感"，"他的劳动是生产了某种东西"。但是，"他的劳动并不因此就是经济意义上的生产劳动"，也就是说，钢琴演奏者只是生产了在剩余价值或资本之外的"某种意义""某种东西"，这只是一种观念性的"意义"和"东西"，因此钢琴演奏者所进行的只是一种"观念生产"，而不是直接的剩余价值生产或资本生产，或者说并不是直接的物质生产。但马克思认为，钢琴演奏者也能刺激物质生产，他通过音乐生产的观念性的"意义"和"东西"一是"使我们的个性更加精力充沛，更加生气勃勃"；二是"唤起了新的需要"，即审美的需要、艺术的需要。这两者都事关人的精神发展和人性提升，而这种发展和提升最终恰恰能对物质生产发挥有效的功能："为满足这种需要，就要用更大的努力来从事直接的物质生产"。在这个意义上可以说，艺术生产作为一种劳动对物质生产发挥实际效用，带有一种"间接"性质，即以精神发展和人性提升为中介的"间接"性质，而这一点恰恰是艺术生产的特殊性之所在，这是在任何时代都应该得到尊重和保证的。

　　作为非生产劳动的艺术生产其"间接"功能还表现在它具有满足个人想象的使用价值。马克思认为，生产劳动者与非生产劳动者还有一个区别，前者为购买其劳动能力的雇主生产商品；而后者为其雇主生产的只是使用价值，它可能是"想象的或现实的使用价值，而决不是商品"①。依据亚当·斯密的划分，这些非生产劳动者包括了演员、丑角、音乐家、歌唱家、舞蹈家等，他们生产的往往不是物质形态的商品，而是想象的使用价值或现实的使用价值。

　　不言而喻，艺术家所生产的想象的价值有可能变成现实的价值，那么，对于艺术生产来说，如何实现这种转变呢？马克思恩格斯早在《神圣家族》中就指出，无论是在直接的物质生产领域还是在精神生产的领域，某个物品是否应当生产，在本质上取决于生产该物品所需要的劳动时间。就精神生产而言，"如果我想合理地行动，在确定某种精神

---

　　① 《马克思恩格斯全集》第三十三卷，人民出版社 2004 年版，第 145 页。

作品的规模、结构和计划时，难道我不必考虑生产该作品所必需的时间吗?"① 如果不考虑时间，那么这种精神生产就只能永远停留在想象之中，只有想象的价值，而永远不会变为现实中的事物。顺便说一句，"劳动时间"是政治经济学的一个重要概念，乃是生产劳动的一个重要因素，马克思在此处使用这一概念，说明后来走向宏放的政治经济学的基本原理此际已经显山露水，并对艺术生产给予高度关注。总之，对于精神生产来说，通过艺术的想象来改变现实、推进现实是合理的，但它不同于物质生产的直接性，它不是直接生产物质产品，而是在谋篇布局、铺采摘文等艺术形式的营构上投入大量劳动时间。艺术的真谛不在直奔主题，不在直达目标，而在康德所说的"无目的的合目的性"，钱锺书所说的"体匿性存，无痕有味"②。而其成效也往往是"随风潜入夜，润物细无声"，是"有意栽花花不发，无心插柳柳成荫"，正如马克思所说，是一种"间接"的生产劳动。而这一点，也就决定了艺术生产的间接性、中介性。

最后是彰显了艺术生产的审美价值取向。

已如前述，马克思曾声称"真正的艺术作品"不属于《资本论》讨论的范围之内，他将艺术作品排除在政治经济学研究之外，与其在这一问题上的基本态度前后一致，但值得琢磨的是"真正的艺术作品"一说。这也让人联想到恩格斯谈到近代工业革命时，指出它在人类历史上破天荒创造了这样的可能性，"使每个人都有充分的闲暇时间去获得历史上遗留下来的文化——科学、艺术、社交方式等等——中一切真正有价值的东西"③，从而将艺术列为一种"真正有价值的东西"。合而论之，所谓"真正的艺术作品"，所谓"真正有价值的东西"，其实都关乎艺术生产问题。那么，什么是"真正的艺术生产"呢?

综合马克思的诸多论述，可以见出"真正的艺术生产"有以下几点规定性:其一，真正的艺术生产是一种观念生产。在马克思看来，作家作为生产劳动者，除了在资本主义生产体系中为资本家充当雇佣劳动者，使出版他的著作的书商发财之外，还有一个更具一般意义的功能就

---

① 《神圣家族》，《马克思恩格斯全集》第一卷，人民出版社 2009 年版，第 270 页。
② 钱锺书:《谈艺录》，中华书局 1984 年版，第 231 页。
③ 《论住宅问题》，《马克思恩格斯文集》第三卷，人民出版社 2009 年版，第 258 页。

是"生产出观念"①。而这恰恰是艺术生产更为本真、更为本职的功能。

关于"观念"，马克思曾有比较详尽的阐述：

> 因为消费创造出新的生产的需要，也就是创造出生产的观念上的内在动机，后者是生产的前提……消费在观念上提出生产的对象，把它作为内心的图像、作为需要、作为动力和目的提出来……消费对于对象所感到的需要，是对于对象的知觉所创造的。艺术对象创造出懂得艺术和具有审美能力的大众，——任何其他产品也都是这样。②

这里一是指出了"观念"乃是消费得以作为生产之前提的内在动因；二是对"观念"的内涵进行了界定，指出它是作为内心的图像、作为需要、作为动力和目的而提出来的；三是指出了对对象的消费需要往往以知觉的心理形式出现在生产之先，这一点不乏美学意味，如果将其提交到艺术生产的层面，那么"艺术对象创造出懂得艺术和能够欣赏美的大众"就是一个显例，而这恰恰印证了《1844 年经济学哲学手稿》中所说"有音乐感的耳朵、能感受形式美的眼睛……一句话，人的感觉、感觉的人性，都是由于它的对象的存在，由于人化的自然界，才产生出来的。五官感觉的形成是迄今为止全部世界历史的产物"③。从而赋予艺术生产作为观念生产巨大的历史感和确证人的本质力量的根本性。

其二，真正的艺术生产旨在满足审美需要，生产审美感受。马克思曾指出，钢琴演奏者的劳动并不属于经济意义上的生产劳动，但他生产了音乐，满足了人们的音乐感，生产了观念性的"某种意义""某种东西"。④ 马克思还拿歌唱家所提供的服务与一般商品作比较，指出了前者具有满足审美需要、提供审美享受的独特功能："例如，一个歌唱家为我提供的服务，满足了我的审美的需要；但是，我所享受的，只是同

---

① 《马克思恩格斯全集》第三十三卷，人民出版社 2004 年版，第 143 页。
② 《马克思恩格斯全集》第三十卷，人民出版社 1995 年版，第 32—33 页。
③ 《马克思恩格斯全集》第三卷，人民出版社 2002 年版，第 305 页。
④ 《马克思恩格斯全集》第三十卷，人民出版社 1995 年版，第 264 页。

歌唱家本身分不开的活动，他的劳动即歌唱一停止，我的享受也就结束；我所享受的是活动本身，是它引起的我的听觉的反应。"① 虽然歌唱家的劳动作为"非生产劳动"丝毫不改变其经济性质，但这恰恰成为人们精神享受之必需。

十分有趣的是，马克思还将音乐家与香水制造者、香槟酒制造者放在一起衡量，以晓谕音乐家劳动以其审美性质而较之后二者趣味更高。很显然，香槟酒制造者、香水制造者所从事的是生产劳动，而音乐家所从事的则是非生产劳动，因为前两者提供物质产品，后者不提供物质产品。但是，如果说喝香槟酒生产"头昏"的话，那么听音乐则留下了"回忆"，"如果音乐很好，听者也懂音乐，那么消费音乐就比消费香槟酒高尚"。② 如果说香水制造者"诱惑我的嗅觉"的话，那么音乐家则是"陶醉我的听觉"。③ 按西方美学历来认为视觉和听觉属于审美的官能，而嗅、味、触觉则等而下之，因此那种绕梁三日、让人如痴如醉的音乐感所提供的审美享受、所达到的审美境界总是较之那种处于感性层面的感官之乐高出不止一筹。

其三，真正的艺术生产张扬人的个性。这就涉及风格问题了，马克思对此曾有深入的表述。不过他本人的写作就是极具风格的，恩格斯就曾认为马克思是当代具有最简洁最有力的风格的作家之一，对此马克思自己也当仁不让，当一些德国的庸俗经济学无端指责其著作的文体风格和叙述方法时，马克思坦承："对于《资本论》文字上的缺点，我本人的评判比任何人都更为严厉。"正因为如此，他的著述恰恰博得了包括对立面在内的诸多媒体的好评，赞赏其叙述方法"使最枯燥无味的经济问题具有一种独特的魅力""除了少数太专门的部分以外，叙述的特点是通俗易懂、明确，尽管研究对象的科学水平很高却非常生动"④。相信所有《资本论》的读者都会强烈感受到马克思亲自撰写的第一卷与别人整理编辑的其他各卷迥然不同的写作风格和个性魅力。

---

① 《马克思恩格斯文集》第八卷，人民出版社 2009 年版，第 410 页。
② 《马克思恩格斯全集》第三十三卷，人民出版社 2004 年版，第 361 页。
③ 《马克思恩格斯全集》第三十三卷，人民出版社 2004 年版，第 221 页。
④ 《马克思恩格斯全集》第四十四卷，人民出版社 2001 年版，第 19 页。

　　风格问题其实就是一个精神个性的问题，马克思说："我只有构成我的精神个性的形式。'风格如其人。'"① 这里引述 18 世纪法国博物学家布封之语，指出风格是人的主观精神的独特表现。在马克思看来，风格以人为本，是由人的道德、品格、情感、趣味、爱好等所构成的总体精神风貌，具有鲜明的个性特色，是因人而异、不可重复，因而也是不能强求一致的，有什么样的作者，便会有什么样的作品，有什么样的主观精神，作品便会呈现出什么样的风格。

　　进而言之，风格不仅来自人的主观精神的个性形式，还必须与作品的表现对象相适应，风格的个性也来自对象客体的独特性。马克思说："不仅探讨的结果应当是合乎真理的，而且得出结果的途径也应当是合乎真理的。"② 他认为，作品的主观精神与表现对象相互适应的特点，既是"主体的权利"，又是"客体的权利"，二者合则并美，分则两伤，一旦这种相互适应的关系受到损害，那就只是"抽象地理解真理，把精神变成了枯燥地记录真理的裁判官"③。

　　在这里马克思还不断提到探讨真理的"途径""方式""体裁""文字"等，涉及风格的又一重要方面，那就是作品的文辞形式、体裁样式，这也是风格的重要内涵。一个显而易见的事实就是，尽管表现的是同样的主题、同样的题材，但如果采用不同的文辞形式和体裁样式，那也可能形成截然不同的风格。可见在马克思看来，风格不仅与作家的主观精神有关，而且与作品所表现的客观对象有关，不仅与作品的主题内容有关，而且与作品的表现形式有关，它是一种集主观与客观、内容与形式于一身的融合体。总之，风格的精神面貌既来自主观精神的个性，又来自表现对象的个性，还来自表现形式的个性，它是这多种因素的完美交融所表现出来的独特的个性风貌，彰显了作为精神生产方式的艺术生产的鲜明特色。

　　行文至此，如果对于马克思有关文艺的论述进行爬梳、联结、整理，则不难见出其中建立在逻辑关联之上的系统性、体系性，而且马克思在这方面也并非没有明确意识。柏拉威尔提醒："马克思一直尝试把

---

① 《马克思恩格斯全集》第一卷，人民出版社 1995 年版，第 110—111 页。
② 《马克思恩格斯全集》第一卷，人民出版社 1995 年版，第 112—113 页。
③ 《马克思恩格斯全集》第一卷，人民出版社 1995 年版，第 113 页。

文学也组织到他的完整的'人文科学'的体系中去"①,如《导言》《序言》就是样本。那么,就上述马克思揭晓的"作为人类精神生产方式的'艺术生产'"四个方面内涵而言,不妨说马克思对于"艺术生产作为对世界的特殊掌握方式"的确认构成其方法论,对于"艺术生产的自由本质"的论证构成其本体论,对于"艺术生产的'间接'功能"的肯定构成其功能论,对于"艺术生产的审美价值取向"的彰显构成其价值论。总之,马克思关于"作为人类精神生产方式的'艺术生产'"的论述并不乏系统性和体系性。

第七节　马克思"艺术生产"理论的论域

马克思"艺术生产"理论的论域有多大?对于这一问题学界历来存在不同意见。通常认为,马克思的"艺术生产"主要是就艺术创作而言的,或者说主要是指处于艺术活动过程前端的创作活动,并不涉处于艺术活动过程后端的阅读和批评活动,但对此也不乏异议。因此对于该论域的探讨至今仍处于未完成状态。

要解决这一问题,还得从马克思在《导言》中对"生产和消费"问题进行的专题讨论入手,在这里他论证了生产与消费两者之间相互矛盾、相互对立而又相互依存、相互转化的辩证关系,尽管马克思主要是在政治经济学的框架内求解,但具体论证已越出单一的学科界限而显示了普遍意义,加之马克思对于艺术和审美问题一以贯之的兴趣和热情,为探讨"艺术生产"理论的论域问题提供了重要的方法论依据。马克思指出:

> 生产直接是消费,消费直接是生产。每一方直接是它的对方。可是同时在两者之间存在着一种中介运动。生产中介着消费,它创造出消费的材料,没有生产,消费就没有对象。但是消费也中介着生产,因为正是消费替产品创造了主体,产品对这个主体才是产

① [英]希·萨·柏拉威尔:《马克思和世界文学》,梅绍武等译,生活·读书·新知三联书店1980年版,第294页。

品。产品在消费中才得到最后完成……没有生产，就没有消费；但是，没有消费，也就没有生产，因为如果没有消费，生产就没有目的。①

可见在生产与消费的辩证关系中包含了两个方面，一方面，生产生产着消费，这可以从三个方面来看：

（1）生产为消费创造材料；

（2）生产决定消费的方式；

（3）生产通过它的产品在消费者身上引起需要。因而，它生产出消费的对象、消费的方式和消费的动力。

另一方面，消费生产着生产，这可以从两个方面来看：

（1）只是在消费中产品才成为现实的产品；

（2）消费既创造出新的生产的需要，又在观念上提出生产的对象。

质言之，马克思关于"生产和消费"问题的具体论述有这样几个要点：

首先，马克思在生产与消费的辩证关系中更加重视的并不是二者相互对立、相互矛盾的差异性，而是相互依存、相互转化的同一性。尽管他明确指出生产与消费总是表现为同一个过程的两个要素，在这个过程中，生产是实际的起点，因而也是"起支配作用的要素"，而消费则是"生产活动中的一个内在要素"。但是在顺次展开的"消费生产着生产""生产生产着消费""消费和生产之间的同一性"等论题中，即便从标目亦可看出其关注之处在于生产与消费之间相互依存、转化的同一性问题，从而构成了相关论证的一个基调。这就在总体上打通了生产与消费两个原先相对独立、相互对峙的论域，具体到"艺术生产"问题，有利于对艺术活动的整个流程以及其中前后环节的互动关系达成比较全面的把握。

其次，马克思谋求生产与消费的同一性是富于新意的，虽然这并非马克思的首创，但他赋予了崭新的内涵。马克思提出了"生产的消费"与"消费的生产"这两个概念。所谓"生产的消费"是指在生

---

① 《马克思恩格斯全集》第三十卷，人民出版社1995年版，第32页。

产过程中主体与客体形成双重消费，在主体方面是能力的支出和消耗，在客体方面是生产资料的被使用、被消耗，其中生产和消费的同一性表现为消灭作用，其结果表现为消耗物自然形状和特性的丧失。不过马克思提出"生产的消费"只是为了引出"消费的生产"并显示二者的区别，他指出，所谓"消费的生产"是"第二种生产"，它是靠消灭"第一种生产"的产品引起的。如果说"第一种生产"就是在上述人的能力和生产资料的消耗中"生产同消费合一"的生产的话，那么"第二种生产"就是"消费同生产合一"的生产，例如自然界中元素和化学物质的消费转化为植物的生产，吃喝的消费形式转化为人自己身体的生产等，均属"第二种生产"或"消费的生产"。马克思还特地强调，就"消费的生产"而言，"对于以这种或那种形式从某一方面来生产人的其他任何消费形式也都可以这样说"。不言而喻，如果将这一概念引进艺术的消费方式，势必在"艺术生产"理论中留下可以大有作为的理论空间。

再次，马克思发现，在消费活动中，有观念层面上的种种因素在起作用，而且这些观念性的因素是作为动机、前提或目的支配整个消费活动的。马克思指出：

> 因为消费创造出新的生产的需要，也就是创造出生产的观念上的内在动机，后者是生产的前提。消费创造出生产的动力；它也创造出在生产中作为决定目的的东西而发生作用的对象。如果说，生产在外部提供消费的对象是显而易见的，那么，同样显而易见的是，消费在观念上提出生产的对象，把它作为内心的图像、作为需要、作为动力和目的提出来。消费创造出还是在主观形式上的生产对象。没有需要，就没有生产。而消费则把需要再生产出来。①

这就是说，消费是对于新的生产而言的，不过它并不直接介入新的生产，而是创造出一种需要、动机和目的，从而激发新的生产。它并不像前一种消费是属于物质性的，而是属于观念性的，如果说前一种消费

---

① 《马克思恩格斯全集》第三十卷，人民出版社1995年版，第32—33页。

是在外部使得生产得以完成的话，那么在这里则是在内部的观念上创造出新的生产的对象，这些观念性的因素作为动机、前提或目的拉动着新的生产，因此可以说，没有消费就没有生产。正是消费作为新的生产的前提，将内心的图像、需要和动机等再生产出来，这就使得"消费的生产"带有显著的观念性。而这一点恰恰与艺术生产作为观念生产的本质高度吻合，这就使得"消费的生产"概念进入"艺术生产"的论域成为可能。

最后，马克思关于"消费的生产"的论述并不仅仅就政治经济学而言，也涵盖了"艺术生产"问题。马克思对其心理机制作出了深入的分析，他特别强调"消费的生产"其心理机制的优质性，即脱离了它最初的自然、粗陋和直接的状态："饥饿总是饥饿，但是用刀叉吃熟肉来解除的饥饿不同于用手、指甲和牙齿啃生肉来解除的饥饿。"[①] 进而形成以需要为核心，由认知、体验和理解构成的富于创造性、生产性的心理结构，这已非常接近审美心理、艺术心理了。这就是马克思的名言："消费对于对象所感到的需要，是对于对象的知觉所创造的。艺术对象创造出懂得艺术和具有审美能力的大众，——任何其他产品也都是这样。"[②] 值得重视的是，马克思此处不仅将艺术活动中的"消费的生产"确认为一条重要的审美规律，而且确认"任何其他产品也都是这样"，将其从个别层面提升到一般层面了。如果将文学批评代入一般意义上的"消费的生产"的话，那就已经触及文学批评中的生产性问题了。

综上所述，马克思关于一般生产与消费的辩证关系的讨论已经为重新界定"艺术生产"理论的论域展现了巨大的可能性，那就是将"艺术生产"从处于艺术活动过程前端的生产（创作）活动延伸到后端的消费（阅读和批评）活动，或者说将阅读和批评也划归"艺术生产"的范畴，从而大大拓宽了"艺术生产"理论的论域，其结果就是将文学批评楬橥为"艺术生产"的重要方面。

作为以上理论突破的实践，马克思本人的文学批评恰恰显示了强

---

① 《马克思恩格斯全集》第三十卷，人民出版社 1995 年版，第 33 页。
② 《马克思恩格斯全集》第三十卷，人民出版社 1995 年版，第 33 页。

大的生产性。他与恩格斯在大量著作、文章、书信、序跋中发表的文学批评文字，所涉对象遍及欧洲从古代希腊罗马、中世纪、文艺复兴时期、17 世纪新古典主义、18 世纪启蒙运动直至 19 世纪的文学艺术，通过对于具体文艺作品的分析，就文学的真实性与倾向性、文学的审美特征与社会功能、文学典型、文学风格、艺术起源、悲剧与喜剧、批评标准、现实主义、浪漫主义等问题发表了大量富于原创性、经典性的见解，在意义生产、价值增值和知识增长等方面远远超过任何一个特定的作家艺术家，充分彰显了文学批评的生产性，从而为"生产性文学批评"这一新范式的陶铸展现了巨大的可能性和紧迫的必要性，而马克思恩格斯的文学批评实践恰恰为之提供了不可磨灭的佐证和无可辩驳的理由。

第 二 章

"艺术生产"从创作向批评的拓展：
马克思恩格斯的文学批评实践

第一节　现代辩证思维的奠基意义

马克思恩格斯的文学批评实践有一个总的指导思想，那就是现代辩证思维。现代辩证思维由黑格尔开创，而在马克思恩格斯手中得到科学的改造，成为高于人类历史上已有的原始辩证思维和形而上学分析思维的自觉的、先进的思维方式。它主要包含两个方面，一是从抽象上升到具体；二是逻辑的与历史的相统一。关于前一个方面，马克思建构了"两条道路"："在第一条道路上，完整的表象蒸发为抽象的规定；在第二条道路上，抽象的规定在思维行程中导致具体的再现。"① 理论思维正是经过这"两条道路"螺旋式上升的逻辑行程最终达成对于研究对象的本质的把握。关于后一个方面，马克思也已有明确的论述："在理论方法上，主体，即社会，也必须始终作为前提浮现在表象面前""从最简单上升到复杂这个抽象思维的进程符合现实的历史过程。""哪怕是最抽象的范畴……同样是历史条件的产物，而且只有对于这些条件并在这些条件之内才具有充分的适用性"②。但是，作为明确的概念，"逻辑的与历史的相统一"的思维方式主要是在恩格斯手中得到凝练和界定的。

1859 年 8 月，恩格斯在"人民报"连续两期发表了对马克思刚刚

---

① 《马克思恩格斯全集》第三十卷，人民出版社 1995 年版，第 42 页。
② 《马克思恩格斯全集》第三十卷，人民出版社 1995 年版，第 43、44、46 页。

出版的《政治经济学批判》一书的评论，这篇评论的第二部分是从批判官方的"黑格尔学派"开始的，恩格斯指出，这些黑格尔的不肖门徒完全抛弃了黑格尔的辩证思维方式，而黑格尔不同于所有其他哲学家的地方，就在于"他的思维方式有巨大的历史感做基础"。① 固然，黑格尔不是将世界历史作为思想发展的本源，而只是作为思想发展的验证，这就将真正的关系颠倒了，头脚倒置了，但是世界历史的实在内容却处处渗透在黑格尔的哲学之中。在《精神现象学》《美学》《哲学史讲演录》等著作中，"到处贯穿着这种宏伟的历史观，到处是历史地、在同历史的一定的（虽然是抽象地歪曲了的）联系中来处理材料的"。"这个划时代的历史观是新的唯物主义世界观的直接的理论前提，单单由于这种历史观，也就为逻辑方法提供了一个出发点。"② 因此恩格斯认为，黑格尔的方法"实质上是唯心的，而这里要求发展一种比从前所有世界观都更加唯物的世界观"③。因此对于黑格尔辩证思维的重建工作，要义在于摆脱其客观唯心主义的外壳，获取其以巨大历史感为基础的辩证法的内核。恩格斯指出，马克思过去和现在都是唯一能够担当起这样一件工作的人，他的政治经济学批判就是建立在这一方法之上。在恩格斯看来，这个方法的制定，"其意义不亚于唯物主义基本观点的成果"。④

"逻辑的与历史的相统一"思维方式的重建体现了马克思的理论担当。在恩格斯看来，古典政治经济学研究通常不外乎按照历史或者按照逻辑这两种方式，但在马克思这里，这二者是辩证统一的。总的来说，逻辑的研究方式是唯一适用的方式，因为一方面，历史常常是跳跃式地、曲折地前进的，如果处处尾随着自然历史过程走，那就势必会因许多无关紧要的材料而分散注意力，打断正常的思想进程，同时也会使工作变得漫无止境，因此只有使用逻辑的方式才是有效的。另一方面，逻辑的方式归根结底还是历史的方式，只不过它摆脱了自然历史的形式，以及在其中起着扰乱作用的偶然性而已。因此"历史从哪里开始，思

---

① 《马克思恩格斯文集》第二卷，人民出版社 2009 年版，第 602 页。
② 《马克思恩格斯文集》第二卷，人民出版社 2009 年版，第 602 页。
③ 《马克思恩格斯文集》第二卷，人民出版社 2009 年版，第 601 页。
④ 《马克思恩格斯文集》第二卷，人民出版社 2009 年版，第 603 页。

想进程也应当从哪里开始"①，逻辑的方式是思维的产物，它是以高度浓缩的、修正了的形式反映历史，这种反映是按照现实的历史过程本身的规律进行修正，以抽象的、理论上前后一贯的形式呈现出来的。这时，每一个要素可以对其完全成熟而形成典范的形式加以考察，但人们所要考察的却不是只在人脑中发生的抽象思维过程，而是确实发生过并还在发生的现实过程，这就使得在采用逻辑的方式时，"逻辑的发展完全不必限于纯抽象的领域。相反，逻辑的发展需要历史的例证，需要不断接触现实"②。因此只是到了马克思的辩证思维，历史方法与逻辑方法才相互遇合、融为一体，从而逻辑成为历史的凝缩，历史成为逻辑的展开。

作为马克思终身的志同道合者和亲密战友，恩格斯对于马克思主义所作的切理餍心的诠解和身体力行的实践使得重建辩证思维的工作成为他们共同的事业。同时，马克思恩格斯对于现代辩证思维的建构工作也为他们的文学批评打开了崭新的局面，它以丰富的辩证法和巨大的历史感为其文学批评实践提供了充足的理论前提，使之表现出刚健笃实，辉光日新的创新性、原创性和建构性。在此基础之上，马克思恩格斯在文学批评的观念、标准、理论、方法、原则等方面都取得了重大建树，生产了大量知识、话语和思想，刷新了人们的认知、经验和理性，极大地丰富了文学批评的理论宝库，从而显示了文学批评强大的生产性。

第二节　批评观念：悲剧观念

1859 年 4—5 月，马克思和恩格斯在相隔不到一个月内先后给斐迪南·拉萨尔写信，此前拉萨尔曾将他创作的悲剧《弗兰茨·冯·济金根》寄给马克思和恩格斯求教，后者在回信中分别对该剧进行了评论。无论从知识增长还是观念生产而言，这些评论都堪称生产性文学批评的范本。

拉萨尔是马克思和恩格斯在政党内的对立派，他基于机会主义的政

---

① 《马克思恩格斯文集》第二卷，人民出版社 2009 年版，第 603 页。
② 《马克思恩格斯文集》第二卷，人民出版社 2009 年版，第 605 页。

治立场发表过许多错误的观点，虽然他时常对马克思恩格斯曲意示好，但却并未真正奉行过马克思主义，倒是往往与之背道而驰。他错误的思想和行动给当时的无产阶级运动造成了重大损失，《济金根》一剧对其错误观点的宣扬就是一例。

拉萨尔创作该剧的动因用他自己的话来说是"由于一种强制的力量控制了我，使我怎么也摆脱不开才写的"。① 1848—1849 年德国革命失败以后，拉萨尔一直苦于找不到合适的方式来表达自己的看法，一个偶然的机会使他发现了济金根这个历史人物，激起了他的创作冲动，"于是，我能沉醉于愤慨和憎恨中了，我能让它们的波浪自由冲击了，最后我能吐露自己的心情了！"② 其结果就是该剧的问世。此时距 1848—1849 年革命的失败已整整十年，其间由于受到资本主义发展格局重组和欧洲民族民主解放运动的影响，德国的社会情势发生了新的变化。打破封建割据以实现国家统一，推翻封建专制以争取民主自由，成为摆在德国各种政治力量面前的两大迫切任务。但是，由谁来领导、通过什么途径、采用什么方式来完成这两大任务，却有着很大的意见分歧。在这大是大非的问题上，拉萨尔给出的答案恰恰是与马克思恩格斯相抵牾的，马克思恩格斯主张由无产阶级领导，通过自下而上的革命斗争推翻普鲁士王朝，铲除一切封建势力，建立统一的民主共和国，完成资产阶级民主革命的任务，为即将到来的社会主义革命铺平道路。拉萨尔却反其道而行之，公然宣称拥护封建势力和资产阶级的领导。

《济金根》一剧就是拉萨尔的政治主张在艺术上的表现。该剧根据 1522—1523 年德国士瓦本和莱茵地区以济金根为首的骑士叛乱的历史材料创作而成。在拉萨尔笔下，济金根被拔高为全民领袖和民族英雄，他为了谋求德国的自由和统一而与封建势力和罗马教廷分庭抗礼，但他的义举却没有博得广泛的同情和理解。于是济金根企图用武力解决问题，但他出于"狡智"犯下了一个策略性的致命错误，他诉诸骑士纷

---

① ［德］斐迪南·拉萨尔：《致马克思》（1859 年 3 月 6 日），《马克思恩格斯论艺术》第 1 卷，中国社会科学出版社 1982 年版，第 11 页。

② ［德］斐迪南·拉萨尔：《致马克思》（1859 年 3 月 6 日），《马克思恩格斯论艺术》第 1 卷，中国社会科学出版社 1982 年版，第 13 页。

争的方式,企图分头牵制对手以利于各个击破,但这种拙劣的伎俩被识破,反而促使皇室、僧侣和诸侯等上层力量为了共同的利益而结成神圣同盟,对骑士叛乱进行了加倍疯狂的报复和围剿。而济金根也因此失去了其他社会力量特别是底层的平民和农民的支持,最终陷于四面楚歌、走投无路的困境,尽管后来采纳建议向农民大军求援,但为时已晚,济金根在一次决战中身受重伤而悲惨死去。

在拉萨尔看来,济金根是因玩弄"狡智"而招致失败的悲剧人物,他的行动"构成革命的力量和热狂的思辨观念与表现上十分狡智的有限的理性之间,看起来似乎存在着某种不可解决的矛盾"。① 但在历史上因玩弄"狡智"而陷于悲剧性冲突的不乏其人,1848—1849 年德国革命也是由于撞上了"狡智"行动的暗礁而轰然倾覆的。这里需要说明一下,1848—1849 年德国革命是一场由资产阶级立宪派领导的革命,起初立宪派借助劳动群众的力量击败了封建势力,取得了国民议会的控制权,成立了立宪政府,但他们对这场社会革命抱着叶公好龙的心态,当人民群众真正起来时又心怀恐惧,甚至不惜叛变革命而对封建势力采取妥协政策,使得原先旨在以民主取代王权的革命蜕变为实质上以宪法限制王权的改良,给不甘败退的对手以重整旗鼓疯狂反扑的机会,结果不仅民主力量被残酷镇压,而且立宪派自己也被逐出议会和政府,导致风云一时的革命运动毁于一旦。总之,拉萨尔认为 1849 年立宪派的失败与 16 世纪济金根的失败有一共通之处,那就是证明了"观念的无限的目的和妥协的有限的狡智之间的辩证矛盾的现实的解决,以及这种矛盾的内在的必然性"。② 不难看出,在拉萨尔对于历次革命的悲剧矛盾的判断中,"狡智"是其关键词。

那么,"狡智"这一概念是从哪里来的呢?拉萨尔在给马克思的信中有一个明白无误的提示:"我要说明,我作这种注释的动机,是因为我的一个好朋友向我提出了意见,而且说必须要符合所谓黑格尔的

---

① [德]斐迪南·拉萨尔:《关于悲剧观念的手稿》,《马克思恩格斯论艺术》第 1 卷,中国社会科学出版社 1982 年版,第 15 页。

② [德]斐迪南·拉萨尔:《关于悲剧观念的手稿》,《马克思恩格斯论艺术》第 1 卷,中国社会科学出版社 1982 年版,第 15 页。

精神。"① 那么，是黑格尔的什么"精神"让他形成了这一悲剧观念呢？参较拉萨尔的书札，可知黑格尔"理性的狡计"一说即拉萨尔所说"狡智"之所本。黑格尔认为，"理性"作为普遍性的东西，总是通过不同特殊性事物的相互对立、分裂和斗争而达到自己的目的，在此过程中，特殊性的事物两败俱伤，都为其片面性付出了代价，而普遍理性本身却安固不动、安然无恙，并不受任何片面性之累，因此恰恰在伦理上更占上风，更显出永恒正义的胜利。这就是"理性的狡计"。黑格尔在《历史哲学》中有这样一段论述：

> "普遍的东西"是从那特殊的、决定的东西和它的否定所生的结果。特殊的东西同特殊的东西相互斗争，终于大家都有些损失。那个普通的观念并不卷入对峙和斗争当中，卷入是有危险的。它始终留在后方，在背景里，不受骚扰，也不受侵犯。它驱使热情去为它自己工作，热情从这种推动里发展了它的存在，因而热情受了损失，遭到祸殃——这可以叫作"理性的狡计"。这样被理性所播弄的东西乃是"现象"，它的一部分是毫无价值的，还有一部分是肯定的、真实的。特殊的事物比起普通的事物来，大多显得微乎其微，没有多大价值：各个人是供牺牲的、被抛弃的。"观念"自己不受生灭无常的惩罚，而由各个人的热情来受这种惩罚。②

例如索福克勒斯的悲剧《俄狄浦斯王》，主人公因自己不经意的"过失"而遭到严厉的惩罚。在黑格尔看来，就主人公所处的"情境"与主人公的"情致"而言各自都存在片面性，二者发生冲突导致了主人公的苦难和死亡，而这一悲剧结局恰恰帮助理性达到最终目的，证明了理性的永恒正义的胜利。

而拉萨尔挪用黑格尔"理性的狡计"来说事，为的是宣扬自己的悲剧观念，不过这一悲剧观念只是从先行观念出发而不是从世界历史出发，只是根据抽象概念而不是根据客观史实形成，因此他虽然师出有

---

① ［德］斐迪南·拉萨尔：《关于悲剧观念的手稿》，《马克思恩格斯论艺术》第1卷，中国社会科学出版社1982年版，第13页。
② ［德］黑格尔：《历史哲学》，王造时译，上海书店出版社2006年版，第30页。

名，号称传承了"黑格尔的精神"，但只是得了黑格尔客观唯心论的皮毛，却丢了其具有巨大历史感的辩证法的内核。他还将济金根的悲剧从个别推向一般，列举了欧洲曾经发生过的历次革命，特别是 1848—1849 年德国革命的悲剧命运，断言这种无限的革命目的与有限的狡智和妥协的外交手段之间的矛盾，乃是"在过去和未来所有的或差不多所有的革命中不断重复出现的冲突"。① 拉萨尔还通过剧中人巴尔塔扎尔对济金根的批评传达了这一悲剧观："您本来可以做出丰功伟绩来，可是在平凡小事上失败了！在大事情上使用狡诈，因此而丧命的，您不是第一个也不是最后一个。"② 拉萨尔将这一发现视为独得之秘，为此感到踌躇满志，声称通过"这种差不多在每次革命中都要重复出现的永远的冲突"，"我的目的是想写出一个出类拔萃的正式的革命观念的悲剧！"③ 话说到这个份上，拉萨尔创作《济金根》一剧的根本目的也就昭然若揭了，那就是从机会主义的政治立场出发，背离历史事实，凭空构想出一种使所有革命都陷于无法逃脱的悲剧的宿命，从而就1848—1849 年德国革命的立宪派的妥协行为为之开脱、为之招魂。

对于拉萨尔错误的政治主张及悲剧观念，马克思恩格斯在先后回信中给予了严肃的批评。马克思首先将问题的讨论提交到当下的语境之中，对拉萨尔借悲剧《济金根》来演绎 1848—1849 年德国立宪派革命的失败明确表示质疑："你所构想的冲突不仅是悲剧性的，而且是使1848—1849 年的革命政党必然灭亡的悲剧性的冲突。……但是我问自己：你所探讨的主题是否适合于表现这种冲突？"④ 拉萨尔构想出在历次革命中因"狡智"而重复出现的永远的冲突，将其视为一般规律和必然结果，但他仅凭主观臆想而概念先行地来解释 1848—1849 年革命失败的原因并不足为训，任何社会变革的发生、发展和结局，究其根源终究还是应该回到历史本身。马克思的论断可谓一针见血："济金

---

① ［德］斐迪南·拉萨尔：《关于悲剧观念的手稿》，《马克思恩格斯论艺术》第 1 卷，中国社会科学出版社 1982 年版，第 33 页。
② ［德］斐迪南·拉萨尔：《弗兰茨·冯·济金根》，叶逢植译，人民文学出版社 1976 年版，第 209 页。
③ ［德］斐迪南·拉萨尔：《关于悲剧观念的手稿》，《马克思恩格斯论艺术》第 1 卷，中国社会科学出版社 1982 年版，第 48 页。
④ 《马克思恩格斯文集》第十卷，人民出版社 2009 年版，第 169 页。

根……覆灭并不是由于他的狡诈。他的覆灭是因为他作为骑士和作为垂死阶级的代表起来反对现存制度，或者说得更确切些，反对现存制度的新形式。"① 就是说，拉萨尔笔下的济金根发动骑士叛乱，并非为了彻底推翻封建制度，而是企图返回早已过时的以骑士为主体的贵族民主制，济金根的悲剧命运实出于这种对历史发展和时代进步的严重倒退。

为了进一步说明这一问题，马克思还拿歌德 1773 年创作的悲剧《铁手骑士葛兹·冯·伯利欣根》与之进行比较。伯利欣根是 16 世纪德国历史上实有的一个没落骑士，他作为低级贵族，企图恢复往日的特权，曾参加农民起义，但又背叛了农民起义，向诸侯投降，最后死在领主军队的手中。歌德采用这一历史题材写成了《伯利欣根》一剧，为自己倡导的"狂飙突进"运动造势，但与拉萨尔的《济金根》不同的是，歌德此剧基本上还是忠实于历史的，他通过伯利欣根这个人物形象描写的是骑士的反抗、失败和死亡，而并未给其行动套上"革命"的光环，也未将其失败归诸"狡智"，尤其是并未将伯利欣根式的骑士的悲剧当作在过去和未来的社会变革中不断重复出现的冲突，以此来对历史事件进行任意的剪裁和套用。因此歌德与拉萨尔的两部作品虽然都是写的骑士的悲剧，但前者是尊重历史真实以张扬时代精神，后者是背离历史事实以演绎抽象概念。两相对照，马克思确认歌德选择伯利欣根作为该剧的主人公是正确的。

因此马克思指出，拉萨尔笔下的济金根根本就不是什么全民首领和民族英雄，而只是一个与伯利欣根并无二致的没落的骑士，如果将济金根身上那些个人特点剥去的话，那他就只是一个赤裸裸的伯利欣根了。济金根以伯利欣根的方式表现了骑士对皇帝和诸侯的反抗，他反对皇帝，但只是反对诸侯的皇帝而不反对骑士的皇帝。正是在这个意义上，马克思指认济金根"实际上只不过是一个唐·吉诃德，虽然是被历史认可了的唐·吉诃德。他在骑士纷争的幌子下发动叛乱，这只意味着，他是按骑士的方式发动叛乱的"②。如果说唐·吉诃德的行动是可笑的，那么济金根的行动则更是可笑的，其可笑之处就在于他重复了唐·吉诃

---

① 《马克思恩格斯文集》第十卷，人民出版社 2009 年版，第 170 页。
② 《马克思恩格斯文集》第十卷，人民出版社 2009 年版，第 170 页。

德，逆历史潮流而动，以骑士的名义和做派去改变前进了的现实世界。而济金根的倒行逆施，再一次印证了马克思对于黑格尔观点的补充：一切伟大的世界历史事变和人物，可以说都出现两次，"第一次是作为悲剧出现，第二次是作为笑剧出现"①。

说到底，济金根的要害在于他对底层民众的相互龃龉、格格不入，他所代表的骑士阶层与底层民众之间存在着天然的隔膜，虽然骑士制度随着时代的进步已然走向穷途末路，但他还企图恢复旧日的制度和强权，这就意味着济金根诉诸骑士纷争的"狡智"决计得不到平民和农民的支持，必然以失败而告终。正像马克思所说："如果他以另外的方式发动叛乱，他就必须在一开始发动的时候直接诉诸城市和农民，就是说，正好要诉诸那些本身的发展就等于否定骑士制度的阶级。"② 这就构成了济金根悲剧命运的一个根本原因。显而易见，戏剧中的济金根对底层民众的对立情绪其实正反映了现实中的拉萨尔自己的阶级偏见，拉萨尔在给马克思恩格斯的信中一边为自己辩解，一边仍然流露出对底层民众的鄙视和拒斥，诸如"群众正由于他们有所谓的'粗鲁'，正由于他们没有教养，所以才完全不知道妥协"③ "农民失败的外部原因，都是每个农民集团对其他集团的毫不关心、他们的利己主义、孤立状态和无与伦比的偏狭性"云云。④ 因此马克思反问拉萨尔："你自己不是也有些像你的弗兰茨·冯·济金根一样，犯了把路德式的骑士反对派看得高于闵采尔式的平民反对派这样一种外交错误吗?"⑤ 按马丁·路德是16世纪德国的宗教改革家，但最终倒向了贵族和诸侯一边，走到了底层民众的对立面。闵采尔则是同时代的德国宗教改革运动和农民起义领袖，是比较彻底的平民革命家。马克思在对这些历史人物的褒贬之间将拉萨尔与济金根划归同类，这显然戳中了拉萨尔的痛处，竟让他气得暴

---

① 《路易·波拿巴的雾月十八日》，《马克思恩格斯文集》第二卷，人民出版社2009年版，第470页。

② 《马克思恩格斯文集》第十卷，人民出版社2009年版，第170页。

③ ［德］斐迪南·拉萨尔：《关于悲剧观念的手稿》，《马克思恩格斯论艺术》第1卷，中国社会科学出版社1982年版，第16页。

④ ［德］斐迪南·拉萨尔：《致马克思和恩格斯》（1859年5月27日），《马克思恩格斯论艺术》第1卷，中国社会科学出版社1982年版，第50页。

⑤ 《马克思恩格斯文集》第十卷，人民出版社2009年版，第171页。

跳如雷。① 而马克思正是以此为鉴，将现实中方兴未艾的社会变革运动如何紧密联系工农群众的问题提上了议事日程。

正是拿拉萨尔以"狡智"说为核心的悲剧观作为对照，马克思恩格斯提出了崭新的悲剧观念，刷新了西方美学史上绵延数千年的悲剧观念。马克思恩格斯将批判的锋芒直指拉萨尔悲剧观念的要害，拉萨尔同情以骑士为代表的贵族国民运动而排斥以农民为代表的底层民众运动，并将这一错误的政治主张诉诸创作原则和艺术处理。对此马克思的批评毫不留情："革命中的这些贵族代表……不应当像在你的剧本中那样占去全部注意力，农民和城市革命分子的代表（特别是农民的代表）倒是应当构成十分重要的积极的背景。"② 恩格斯在同期给拉萨尔的信中表达的意见与马克思不谋而合："我觉得，由于您把农民运动放到次要地位，所以您在一个方面对贵族的国民运动作了不正确的描写，同时您也就忽视了在济金根命运中的真正悲剧的因素。"③ 就是说，济金根只有与农民结成联盟才能达到目标，但是骑士阶层与农民之间固有的剥削与被剥削、压迫与被压迫的严重对立使得这种结盟根本无法实现，农民不认同骑士阶层的作为，骑士阶层也不屑于与农民结盟。因此恩格斯说："据我看来，悲剧的因素正是在于：同农民结成联盟这个基本条件不可能出现，因此贵族的政策必然是无足轻重的；当贵族想取得国民运动的领导权的时候，国民大众即农民，就起来反对他们的领导，于是他们就不可避免地要垮台。"④ 在这一前提下，尽管拉萨尔并无充分根据地在该剧中假定济金根与农民确实有某种联系，但这种虚构马上就产生了这样一个悲剧性的矛盾：一方面是坚决反对过解放农民的贵族，另一方面是农民，而济金根等人却置身于这严重对立的两者之间无所适从，因此必败无疑。

在对《济金根》一剧内在的巨大矛盾进行了上述鞭辟入里的分析以后，恩格斯对悲剧概念做了具有开创性、原创性的界定："在我看

---

① ［德］斐迪南·拉萨尔：《致马克思和恩格斯》（1859 年 5 月 27 日），《马克思恩格斯论艺术》第 1 卷，中国社会科学出版社 1982 年版，第 46、53 页。

② 《马克思恩格斯文集》第十卷，人民出版社 2009 年版，第 170—171 页。

③ 《马克思恩格斯全集》第十卷，人民出版社 2009 年版，第 176 页。

④ 《马克思恩格斯全集》第十卷，人民出版社 2009 年版，第 177 页。

来，这就构成了历史的必然要求和这个要求实际上不可能实现之间的悲剧性的冲突。"① 如果对照一下马克思关于济金根的悲剧根源"并非由于'狡诈'而是在于作为垂死阶级的代表反对现存制度的新形式"的判断，那么可见两者的论断恰恰互文见义、相得益彰，共同在现代辩证思维的水平上对悲剧观念进行了崭新的意义建构和价值重建，从而将文学批评的生产性发挥得淋漓尽致。

第三节　批评标准："美学观点和历史观点"

恩格斯在给拉萨尔的信中提出了文学批评的标准。他指出："我是从美学观点和史学观点，以非常高的亦即最高的标准来衡量您的作品的。"② 此前恩格斯曾在批判名为"真正的社会主义"的政治派别时推出过这一批评标准，他在对其代表人物卡尔·格律恩的文章《从人的观点论歌德》进行批判时，围绕歌德的生平创作阐述了如何全面、正确评价作家创作的标准问题："我们决不是从道德的、党派的观点来责备歌德，而只是从美学和历史的观点来责备他；我们并不是用道德的、政治的或'人的'尺度来衡量他。"③ 由此出发，经过多年理论建构和批评实践的积累和提升，终于提出了具有划时代意义的批评标准，将从"美学观点和历史观点"进行的文学批评视为"非常高的、即最高的标准"，肯定它不同于甚至高出道德的、政治的标准，也成为逆袭那些偏颇的甚至错误的批评标准的利器。

这一批评标准的渊源在于黑格尔。黑格尔在评价法国人往往用当代精神来处理古代的历史资料时说过："我们在这里应该从历史和美学的观点对法国人提出一点批评。"④ 那么，黑格尔关于"历史和美学的观点"这一批评标准的内涵何在呢？他说得很明确："一直到现在，我们的研究对象都是艺术，而艺术的基础就是意义与形象的统一，也包括艺术家的主体性和他的内容意义与作品的统一。正是这种具体的统一才可

---

① 《马克思恩格斯全集》第十卷，人民出版社 2009 年版，第 177 页。
② 《马克思恩格斯全集》第十卷，人民出版社 2009 年版，第 177 页。
③ 《马克思恩格斯全集》第四卷，人民出版社 1958 年版，第 257 页。
④ ［德］黑格尔：《美学》第 2 卷，朱光潜译，商务印书馆 1979 年版，第 381 页。

以向内容及其表现形式提供实体性的、贯串到一切作品中去的标准。"①质言之,即在艺术家主体性的凝聚下作品的内容意义与表现形式的统一,黑格尔正是以此为标准来考察不同时代的艺术形态的。而马克思恩格斯关于 "美学观点和历史观点" 的批评标准,则是根据文学创作的审美特点、艺术规律以及文学作品由以产生的具体社会历史条件,对作品作出全面评价的要求。从中不难发现黑格尔有关思想的痕迹,也可以看出马克思恩格斯对于黑格尔客观唯心主义的框套一以贯之的否定和扬弃。

马克思恩格斯以 "美学观点和历史观点" 的批评标准来衡量拉萨尔《济金根》都不约而同从审美形式、艺术特征入手。首先,马克思肯定了该剧在结构和情节方面的长处,同时也指出它在韵律方面值得改进,剧作者应将 "韵律安排得更艺术一些"。② 恩格斯在信中对形式的讨论与其如出一辙,不过特别指出了拉萨尔在韵律方面逾越规矩、任意发挥,给阅读和上演带来很大麻烦。其次,马克思恩格斯指出,该剧不仅韵律淆乱,不便于表演,而且 "由于道白很长,根本不能上演"。③无论中西,戏剧作为一种表演艺术,历来都有文学剧与舞台剧之别、书写性与表演性之分,一般都是重舞台剧而轻文学剧,扬表演性而抑书写性。马克思恩格斯也不例外,提出了加强 "戏剧性"、改编 "舞台剧" 以吸引广大观众的建议。再次,在人物性格的描写方面,马克思指出,在该剧中看不到什么突出的东西,甚至济金根作为戏剧的主人公,"他也被描写得太抽象了"。④ 而恩格斯的评论几乎是对马克思的批评所作的说明:"主要人物是一定的阶级和倾向的代表,因而也是他们时代的一定思想的代表,他们的动机不是从琐碎的个人欲望中,而正是从他们所处的历史潮流中得来的。" 因此在戏剧创作中应该改进的就是要 "更多地通过剧情本身的进程使这些动机生动地、积极地、也就是说自然而然地表现出来"。唯其如此,才能使那些论证性的辩论逐渐成为不必要的东西,戏剧最终给予观众的不是抽象的概念,而是思想深度、历史内

① [德] 黑格尔:《美学》第 2 卷,朱光潜译,商务印书馆 1979 年版,第 374—375 页。
② 《马克思恩格斯文集》第十卷,人民出版社 2009 年版,第 169 页。
③ 《马克思恩格斯全集》第十卷,人民出版社 2009 年版,第 174 页。
④ 《马克思恩格斯文集》第十卷,人民出版社 2009 年版,第 171 页。

容和丰富生动的情节完美融合的戏剧冲突和人物性格。而那种脱离历史潮流和时代精神而仅凭某种预设的概念所作的人物性格描绘只是一种"恶劣的个性化"，一个人物性格的成功塑造"不仅表现在他做什么，而且表现在他怎样做"。这就必须诉诸完美的艺术处理，譬如"如果把各个人物用更加对立的方式彼此区别得更加鲜明些，剧本的思想内容是不会受到损害的"①。因而古代人的性格描绘在今天是不再够用了，剧作家应该更多注意莎士比亚在戏剧发展史上的意义。最后，马克思恩格斯也非常重视细节描写因其在创作中的重要作用。常言道，细节决定成败，细节描写在创作中以小见大、举重若轻的特点而往往备受关注，像恩格斯后来在讨论典型问题时就将"细节的真实"视为艺术典型的重要内涵。② 马克思在给拉萨尔的信中列举了《济金根》一剧在细节处理上的种种失误，如胡登向玛丽亚叙述自己的身世时有些回忆是完全多余的；把玛丽亚对于世界持有的天真看法变成关于权利的说教；济金根和查理五世之间的一场对话好像是公堂对质等。因此他对剧作者予以告诫："在细节方面，我必须责备你在有些地方让人物过多地回忆自己，这是由于你对席勒的偏爱造成的。"③ 在马克思看来，这些纷繁芜杂的细节描写冲淡了该剧应有的人物行动和戏剧冲突，将济金根和胡登这些"领袖"和"英雄"稀释为抽象的符号，而这一切均与拉萨尔偏爱"席勒式"的戏剧观念密切相关。

对于以上关乎形式的方面，恩格斯总结性地说明，这些还都是相对次要的事情，提到它们只不过是为了证明自己在"剧本的形式方面也用过一些心思"。④ 但从美学方面说，艺术在形式但不止于形式，最终总是通向艺术内容。其实在以上对于形式问题的讨论中，文学批评已不可避免地向艺术内容的广阔畛域延伸了，其中最突出的概念就是"莎士比亚化"和"席勒式"。

所谓"莎士比亚化"，是马克思对于艺术创作提出的最高要求，他用若干最高级的形容词厘定了它从美学观点和历史观点衡量艺术作品的

---

① 《马克思恩格斯全集》第十卷，人民出版社 2009 年版，第 175 页。
② 《马克思恩格斯文集》第十卷，人民出版社 2009 年版，第 570 页。
③ 《马克思恩格斯文集》第十卷，人民出版社 2009 年版，第 171 页。
④ 《马克思恩格斯全集》第十卷，人民出版社 2009 年版，第 175 页。

尺度和水准："在更高得多的程度上用最朴素的形式恰恰把最现代的思想表现出来，……这样，你就得更加莎士比亚化。"① 虽然此处讨论的是艺术创作，但在其背后执持的却是衡量的尺度和检验的标杆，与恩格斯提出的文学批评标准恰恰互为呼应、互相发明。几乎同时在给拉萨尔的信中，恩格斯也多次提到莎士比亚，将其奉为艺术创作的最高典范和楷模。他将"德国戏剧具有的较大的思想深度和自觉的历史内容，同莎士比亚剧作的情节的生动性和丰富性的完美融合"视为"戏剧的未来"；② 提醒艺术创作"不应该为了观念的东西而忘掉现实主义的东西，为了席勒而忘掉莎士比亚"③，如此等等。

概括地说，所谓"莎士比亚化"涵盖了戏剧的方方面面：把握时代和历史的某些本质特征；展现广阔的现实生活画面；描绘鲜活生动、有血有肉的人物性格；营构跌宕起伏、引人入胜的戏剧冲突等，举凡主题、题材、情节、细节、环境、结构、对话、韵律、形式等要素几乎囊括无遗。譬如对于莎士比亚笔下对于广阔的现实生活画面的展现，马克思恩格斯就倍加青睐，赞赏那种"五光十色的平民社会"和"福斯泰夫式的背景"，往往通过迥然不同的材料和种种惊人的独特形象，使剧本生动起来，获得不同凡响的效果。针对当时德国文学的低迷状态，甚至认为"单是《风流娘儿们》的第一幕就比全部德国文学包含着更多的生活气息和现实性。单是那个兰斯和他的狗克莱勃就比全部德国喜剧加在一起更具有价值"④。

在马克思恩格斯的美学中，"席勒式"是与"莎士比亚化"相悖的概念。马克思在批评拉萨尔错误的悲剧观念时指出："这样，你就得更加莎士比亚化，而我认为，你的最大缺点就是席勒式地把个人变成时代精神的单纯的传声筒。"⑤ 恩格斯也告诫拉萨尔不要"为了席勒而忘掉莎士比亚"。这一正反对举的鲜明褒贬正是拉萨尔在创作中对席勒的偏爱引起的。席勒是与康德、谢林、黑格尔齐名的美学家，也以大量的诗

---

① 《马克思恩格斯文集》第十卷，人民出版社 2009 年版，第 171 页。
② 《马克思恩格斯全集》第十卷，人民出版社 2009 年版，第 174 页。
③ 《马克思恩格斯全集》第十卷，人民出版社 2009 年版，第 176 页。
④ 《马克思恩格斯全集》第三十三卷，人民出版社 2004 年版，第 108 页。
⑤ 《马克思恩格斯文集》第十卷，人民出版社 2009 年版，第 171 页。

歌和戏剧作品而享誉。他曾对法国大革命寄予激情和幻想，也曾与歌德
等人一起发动过"狂飙突进"运动，但如火烈烈的法国大革命给他带
来的只是失望和恐惧，这种消极情绪使之背离实际生活而逃向康德的
"理想"世界。从而追求理想成为他美学研究和艺术创作的最高原则，
人们在他后来的著述中读到的往往是这样一些文字："理想的艺术必须
脱开现实，必须堂堂正正地大胆超越需要""事实上，在实际中也不会
有纯粹的审美作用……因而一部杰出的艺术作品只能是更接近于那种纯
粹的审美理想"①。作为至交，歌德曾这样总结席勒："席勒特有的创作
才能是在理想方面"，"贯串席勒全部作品的是自由这个理想"。② 按席
勒的"自由理想"实际上也就是康德的"绝对命令"，而"绝对命令"
乃是康德在《实践理性批判》中使用的概念，指的是根据理想的最高
原则在伦理问题上所作出的绝对必须遵守的、指导意志行为的判断。③
席勒这一哲学偏向不能不对其艺术创作产生影响，在歌德看来，席勒对
哲学的倾向损害了他的诗，因为这种倾向使他把理念看得高于一切自
然，甚至消灭了自然。④ 后来海涅也与之所见略同："席勒是一个猛烈
的康德主义者，他的艺术观点便孕育着康德哲学的精神。康德哲学由于
它那抽象的枯燥性曾给文学和艺术带来了很大损害。"⑤

　　席勒的偏至使之成为马克思恩格斯在文学批评中经常拿来说理的参照
物，恩格斯早在批判卡尔·格律恩时就对歌德与席勒的为人为文散发出的
德国式的鄙俗气进行过比较，歌德虽无力战胜德国的鄙俗气，但他的气质、
他的精力、他的全部精神意向都把他推向实际生活，但席勒却"逃向康德
的理想来摆脱鄙俗气"，而"这种逃跑归根到底不过是以夸张的庸俗气来代
替平凡的鄙俗气"。⑥ 正是在这个意义上，恩格斯初步形成了"从美学和历

---

　　① ［德］席勒：《审美教育书简》，冯至、范大灿译，北京大学出版社 1985 年版，第 13、
112 页。
　　② ［德］爱克曼辑录：《歌德谈话录》，朱光潜译，人民文学出版社 1978 年版，第 108 页。
　　③ ［德］爱克曼辑录：《歌德谈话录》，朱光潜译，人民文学出版社 1978 年版，第 110 页
注（2）。
　　④ ［德］爱克曼辑录：《歌德谈话录》，朱光潜译，人民文学出版社 1978 年版，第 13 页。
　　⑤ ［德］海涅：《论德国宗教和哲学的历史》，海安译，张玉书选编《海涅文集》（批评
卷），人民文学出版社 2002 年版，第 306 页。
　　⑥ 《马克思恩格斯全集》第四卷，第 256 页。

史的观点"的批评标准，可见当时恩格斯对那种德国式的庸人习气的责备不仅是针对歌德的，同时也是针对席勒的。后来恩格斯在给敏娜·考茨基和玛格丽特·哈克奈斯的信中对席勒也多有评骘，正是包括席勒的作品在内的德国的"倾向诗""倾向小说"图解概念、主题先行的弊端，引起了恩格斯关于倾向性在文学艺术中存在方式的思考和阐发。

第四节　批评理论：典型理论

在致敏娜·考茨基和玛格丽特·哈克奈斯的信件中，恩格斯应约先后对两位女作家作品的成败得失予以评论，其中集中讨论了典型、典型性、典型化、典型环境、典型人物等一系列问题，构成了一个带系统性的"典型理论"。恩格斯将之确立为现实主义的重要内涵，在批评实践中显示了突出的创造性、创新性和原创性。

哈克奈斯的《城市姑娘》讲述的是生活在当时贫穷落后的伦敦东区的年轻缝纫女工耐丽被资产阶级绅士阿瑟·格兰特始乱终弃的悲惨遭遇，在恩格斯看来，对于无产阶级姑娘被资产阶级男人勾引这样一个"老而又老的故事"，虽然作者采用简单朴素、不加修饰的手法表现出来，但因为没有反映出那个工人运动风起云涌时代的历史真实，所以并未赋予作品以新的意义，因此这部小说还不能算是充分的现实主义的。针对这一重大缺陷，恩格斯提出了典型问题："您的人物，就他们本身而言，是够典型的；但是环绕着这些人物并促使他们行动的环境，也许就不是那样典型了。"就是说，小说中描写的工人阶级是以落后群众的形象出现的，恩格斯承认，在文明世界里，任何地方的工人群众确实不像伦敦东区的工人群众那样不积极地反抗，那样消极地屈服于命运，但是现今从自己作为一个参加无产阶级斗争差不多五十年之久的人看来，这样的描写就不可能是正确的了："工人阶级对他们四周的压迫环境所进行的叛逆的反抗，他们为恢复自己做人的地位所作的剧烈的努力——半自觉的或自觉的，都属于历史，因而也应当在现实主义领域内占有自己的地位。"正是在这个意义上，恩格斯提出了经典之论："据我看来，现实主义的意思是，除细节的真实外，还要真实地再现典型环境中的典型人物。"①

与之构成呼应，恩格斯在稍早时候给敏娜·考茨基的信中对其小说《旧人和新人》的评论就已论及典型问题。恩格斯认为该作品能够用鲜明的个性描写手法将人物刻画出来，在这个意义上可以说，"每个人都是典型，但同时又是一定的单个人，正如老黑格尔所说的，是一个'这个'，而且应当是如此"②。但恩格斯又明确指出，由于作者对于小说主人公阿尔诺德过于偏爱，以致将其塑造得太过完美无缺了，甚至使之成为"扬善惩恶"道德原则的化身。可见如果作者过分欣赏自己的主人公，那就难免造成偏差，而在阿尔诺德这个人物身上，"个性就更多地消融到原则里去了"。③

上述两部小说的缺陷正好构成在典型理论上的两种极端情况。个性化与概括化构成典型问题唇齿相依、不可分割的两个方面，个性化以概括化为背景，概括化则以个性化为目标。只有妥善把握这两者的辩证关系，才能创造出优秀的艺术典型来。一旦将两者对立起来、割裂开来，就既破坏了个性化，又无助于概括化，最终导致典型化的失败。以上两部小说在这个问题上各有偏失，一是脱离概括化的个性化，为个性化而个性化，这就是《城市姑娘》对于耐丽以及伦敦东区落后的工人群体的描写。作品中描写的人物也许是够典型的，但由于没有正确、全面地表现环绕人物并促使人物行动的特定环境，不是把人物放到时代的、历史的大格局、大潮流中去刻画，而是将人物置于某一个狭隘的范围里来表现，因而仍是缺乏典型性的。二是用概括化取代个性化，导致个性化的消融，这就是《旧人和新人》对于作为道德原则化身的阿尔诺德的刻画。作者将普遍性、共同性视为外在于、压倒于个性的东西，将个性看成普遍生活现象的附加物，将人物个性消融到原则里去，势必导致人物形象的公式化、概念化。恩格斯在典型理论上还提出另一个要求，那就是"现实主义的真实性"，包括人物的真实、环境的真实、叙述的真实和细节的真实等。以此衡量下来，大凡违反典型性的人物形象从根本上说也是缺乏真实性的。

---

① 《马克思恩格斯文集》第十卷，人民出版社 2009 年版，第 570 页。
② 《马克思恩格斯文集》第十卷，人民出版社 2009 年版，第 544 页。
③ 《马克思恩格斯文集》第十卷，人民出版社 2009 年版，第 545 页。

　　典型理论还有一个要义，那就是作家的倾向在作品中如何表达的问题。恩格斯指出，敏娜·考茨基在人物描写上暴露的公式化、概念化的缺点，其原因在于她力图在小说中公开表明自己的立场、证明自己的信念。恩格斯申明，他决不是反对"倾向诗"本身，他所推崇的各个时代的众多作家均为有倾向的作家，他要说的是："倾向应当从场面和情节中自然而然地流露出来，而无须特别把它指点出来"；同时"作者不必把他所描写的社会冲突的历史的未来的解决办法硬塞给读者"。恩格斯从中引出的结论是："如果一部具有社会主义倾向的小说，通过对现实关系的真实描写，来打破关于这些关系的流行的传统幻想，动摇资产阶级世界的乐观主义，不可避免地引起对于现存事物的永恒性的怀疑，那么，即使作者没有直接提出任何解决办法，甚至有时并没有明确地表明自己的立场，我认为这部小说也完全完成了自己的使命。"①

　　恩格斯在评论《城市姑娘》时也有类似的表述，他申明自己决不是责备哈克奈斯没有写出一部直截了当的社会主义的小说，一部像德国人所说的"倾向小说"，来鼓吹作者的社会观点和政治观点，而是认为"作者的见解越隐蔽，对艺术作品来说就越好"，进而言之，"现实主义甚至可以不顾作者的见解而表露出来"②。恩格斯以此致敬巴尔扎克，称之为比过去、现在和未来的一切左拉都要伟大得多的现实主义大师，而他的《人间喜剧》给人们提供了一部法国社会特别是巴黎上流社会的卓越的现实主义历史。巴尔扎克在政治上属于正统派，但在他的作品中显示的政治立场却往往与之相左，他对他所深切同情的贵族男女往往给予空前尖刻的嘲笑和辛辣的讽刺，而他经常毫不掩饰地加以赞赏的人物却正是他政治上的死对头，那些代表人民群众的共和党人。这样，巴尔扎克在作品中就不得不违反自己的阶级同情和政治偏见："他看到了他心爱的贵族们灭亡的必然性，从而把他们描写成不配有更好命运的人；他在当时唯一能找到未来的真正的人的地方看到了这样的人"。恩格斯将这种艺术的力量对作者既有立场的扭转和修正称为"现实主义的最伟大胜利之一。"③

---

　　① 《马克思恩格斯文集》第十卷，人民出版社 2009 年版，第 545 页。
　　② 《马克思恩格斯文集》第十卷，人民出版社 2009 年版，第 570 页。
　　③ 《马克思恩格斯文集》第十卷，人民出版社 2009 年版，第 570 页。

　　恩格斯创造性地总结出个性化与概括化的关系、艺术真实性、倾向性的表达方式等艺术规律和审美规范，对典型理论进行开掘和阐发，显示了文学批评强大的生产性，对生产性文学批评具有示范意义。他对于艺术规律和审美规范的理性建构无疑具有超越具体文学作品和特定文艺现象的普遍性和普适性，然而文学艺术的内在规律不仅具有超越性，而且具有中介性，它能够通过一系列中介发挥实际效用，转变为社会价值。马克思说："理性向来就存在，只不过它不是永远以理性的形式出现而已。因此，批评家可以把任何一种形式的理论意识和实践意识作为出发点，并且从现存的现实本身的形式中引出作为它的应有的和最终目的的真正现实。"① 以上正是恩格斯针对两部作品的重大缺陷，通过典型理论的建构积极引导文学创作为时代潮流立言，为现实斗争正名，为当时风起云涌的工人运动鼓与呼，进而动摇对资本主义世界的乐观主义。而这一切则是通过文学批评所达成的知识增长、意义生产和论域拓展得以实现的，从而为生产性文学批评确立了理论蓝本和操作规范。

第五节　批评方法：社会学方法

　　马克思恩格斯高度重视方法论，其理论研究始终表现出方法论的自觉性和坚定性，这一点可谓其来有自，他们对于辩证思维方式的凝练就是从具体学科的方法论做起的，马克思在《导言》中就专门讨论过"政治经济学的方法"，不过其创获已超出政治经济学的论域，显示了一般方法论的意义。正是在这一雄浑的背景下，他们的文学批评往往带有浓郁的方法论色彩，只不过与更高层次的辩证思维方式相比，它更主要是指具体操作层面的批评方法。在马克思恩格斯的文学批评中能见出多种方法论的运用，如系统论方法、价值论方法、人类学方法、比较方法等，但最常用的是社会学方法。

　　恩格斯对于"希腊悲剧之父"埃斯库罗斯的《奥列斯特》三部曲的阐释，可谓运用社会学方法进行文学批评、正确解读古代文学遗产的一个显例。对于埃斯库罗斯的《奥列斯特》三部曲历来有许多不同的

---

① 《马克思恩格斯全集》第一卷，人民出版社 1956 年版，第 417 页。

解释，其中值得重视的是 1861 年瑞士学者巴霍芬《母权论》一书的出版，该书对《奥列斯特》三部曲做了崭新的解释，认为该剧是用戏剧的形式来描写没落的母权制与新的父权制之间的斗争。《奥列斯特》的故事情节是这样的：古希腊迈锡尼国王阿加米农刚从特洛伊战争凯旋，便被其妻克丽达妮斯特拉杀死，奥列斯特是阿加米农和克丽达妮斯特拉的儿子，为了替父报仇，奥列斯特杀死了其母和其母的情夫，并因此而遭到维护母权制的复仇女神依理逆斯的追杀，后来奥列斯特逃到雅典城，请求倾向于父权制新秩序的雅典娜女神的庇护，雅典娜女神立即召集阿雷奥帕格法庭开庭审判，投票表决时主张宣告无罪和主张有罪的票数相等，最后雅典娜女神以审判长的身份投了关键的一票，宣告奥列斯特无罪。巴霍芬认为，这一结果标志着父权制最终战胜了母权制。恩格斯对此给予了充分肯定，指出"对《奥列斯特》三部曲的这个新的但完全正确的解释，是巴霍芬全书中最美妙精彩的地方之一"。[①] 但是恩格斯又指出，虽然巴霍芬得出这一正确结论，但在巴霍芬看来，宗教具有决定世界历史的杠杆作用，并不是人们的现实生活条件的发展，而是这些条件在人们头脑中的宗教反映，引起了男女两性之间社会地位的这种历史性变化，即相信是由神在英雄时代创造了奇迹，推翻了母权制而代之以父权制，这就滑向了纯粹的神秘主义。

与巴霍芬的宗教神秘主义相左，恩格斯主张从社会的经济条件、物质基础和所有制关系出发来考察父权制取代母权制这一历史过程。他指出，在较早的群婚家庭中，一个男子可以有若干妻子，一个女子也可以有若干丈夫，这就造成子女只知其母不知其父的情况，于是家庭的世系只能从女系亦即从母亲方面来确定，这也就保证了妇女能够在家庭中占据崇高的社会地位。然而在这种母权制形式中已经存在着一个问题，即按照家庭分工，男子负责获得食物以及为此所必需的劳动工具，同时也就成为食物和劳动工具的所有者，因此一旦离婚，他将带走这些属于他的东西，子女便无法继承他的财产。在生产所得仅够维持消费，尚无更多余裕时，这一矛盾还不明显，但当生产力水平提高，随着畜牧、金属加工、纺织和田间耕作的采用，财富逐步增加，财产的私有性日益突出

---

① 《马克思恩格斯文集》第四卷，人民出版社 2009 年版，第 21 页。

时，男子在家庭中所占据的地位变得越发举足轻重，财产的继承问题变得越发不容忽视，但这个问题在母权制形式中是无法得到解决的，这就必然要求废除母权制，而母权制也就合乎逻辑地被废除了，代之而起的是按男系计算世系的办法和父系继承权的最终确立，人类社会由此跨入了父系制的崭新时代。因此恩格斯指出，那种表现为一夫一妻制的父权制是"不以自然条件为基础，而以经济条件为基础，即以私有制对原始的自然产生的公有制的胜利为基础的第一个家庭形式。丈夫在家庭中居于统治地位，以及生育只可能是他自己的并且确定继承他的财产的子女——这就是希腊人坦率宣布的个体婚制的唯一目的"①。由此可见，虽然恩格斯同意巴霍芬对于《奥列斯特》三部曲的最后结局的解释，但与巴霍芬有一个重要区别，即他是运用社会学方法从"人们的现实生活条件"而不是从宗教的角度去考察这一结局，从而既达到了对于社会历史发展的科学认识，又达到了对于古代悲剧作品的准确解读。

恩格斯在这里所采用的社会学方法有着深厚的背景。虽然作为一门系统完备的学科的社会学形成于晚近，但是社会学方法在文艺批评方面的运用却可以追溯到久远的古代，从柏拉图、亚里士多德、贺拉斯到达·芬奇、卡斯忒尔维屈罗、莎士比亚，都曾论述过文艺作为现实生活的"模仿""镜子"和"蓝本"的问题，一代启蒙思想家伏尔泰、卢梭、狄德罗、莱辛、赫尔德等人也曾考察过风俗、政体、民族、历史、地理、气候、物产等与文艺的关系，而这一切都成为1800年斯达尔夫人创立文艺社会学和稍后丹纳提出著名的"种族、环境、时代"三元素论的滥觞。但是传统的社会学方法有一个共同的缺陷，即忽视了物质生产、经济运动和所有制关系的根本意义，因此往往难以获得科学的结论。传统社会学方法的弊端恰恰为恩格斯所补救，法国学者雅克·莱纳尔德说："从19世纪开始，马克思主义就给了文学方面的社会学研究一个很好的出发点。"② 从以上对于《奥列斯特》三部曲的精辟阐释不难见出，恩格斯正是抓住了物质生产、经济运动和所有制关系这一根底，对传统的社会学方法进行了改造和充实，奠定了这一重要方法论的新的

---

① 《马克思恩格斯文集》第四卷，人民出版社2009年版，第77—78页。
② ［法］雅克·莱纳尔德：《艺术社会学方法》，《现当代西方文艺社会学探索》，海峡文艺出版社1987年版，第353页注④。

出发点。

如果说恩格斯对于古希腊悲剧《奥列斯特》三部曲的解读是以社会学的方法驱除了宗教神秘主义的迷雾的话，那么他后来对于"斯堪的纳维亚文学中的妇女"问题的持论则是以社会学的方法维护了历史唯物主义的原则。19世纪八九十年代，德国兴起了一股译介挪威剧作家易卜生作品的热潮，遂使其"社会问题剧"所提出的种种社会问题引起了文学界的普遍关注，其中关于"斯堪的纳维亚文学中的妇女"的问题成为讨论的焦点。其间文学界圈内人保尔·恩斯特和海尔曼·巴尔就此发表了不同的意见，前者认为妇女问题属于社会问题，但将斯堪的纳维亚妇女的问题归结为德国式小市民阶层的问题；后者则认为妇女问题归根结底是性的问题，而不是社会问题。争论中恩斯特致函恩格斯希望得到声援，并且要求假以马克思的名义。鉴于恩斯特所持观点的谬误以及篡改马克思相关观点的企图，恩格斯断然拒绝其非分的要求，并在回信中给予严厉的批评。

针对恩斯特所说用唯物主义方法处理问题的尝试，恩格斯首先提出了一个原则问题："如果不把唯物主义方法当作研究历史的指南，而把它当作现成的公式，按照它来剪裁各种历史事实，那它就会转变为自己的对立物。"① 而恩斯特恰恰在这一原则问题上陷入了谬误，他想当然地将整个挪威所发生的一切都归入小市民阶层的范畴，接着又把自己对德国小市民阶层的看法强加在挪威妇女身上。这一违反历史事实的做法使之在讨论中寸步难行。

从世界史的角度看，在当时北欧所处的历史发展节点上，挪威人与德国人是截然不同的两种人，挪威的小资产阶级与德国的小市民阶层也并不属于同一个范畴，在恩格斯看来，这样的区别来自这两个国家不同的国情。恩格斯概括了他和马克思在以往诸多论著中对德国小市民形象的描述：德国小市民阶层是16世纪反封建的宗教改革和农民战争遭到失败的产物，是被打断和延缓了的历史发展的结果，他们经历了像"三十年战争"这样的动乱岁月，生活在由于封建割据而变得支离破碎、分崩离析的国度，这就导致其性格的畸形发展，变得胆怯、狭隘、

---

① 《马克思恩格斯文集》第十卷，人民出版社2009年版，第583页。

束手无策、毫无首创能力。而此时几乎所有的其他民族都在蓬勃发展，将德国小市民远远地甩在了后面。此后无论受到任何历史运动的冲击，德国的小市民阶层都十分顽强地保留着这种性格，以至成为一种根深蒂固的国民性，甚至这种庸人性格也传染给了德国的其他阶级。对此恩格斯投以辛辣的嘲笑："德国的小市民阶层并不是一个正常的历史状态，而是一幅夸张到了极点的漫画。"①

然而挪威人就不一样了，挪威国民的成分主要由小农、小资产阶级和部分中等资产阶级构成，这在好几个世纪以来都是正常的社会结构。挪威人没有经历过那种阻断社会进程、导致历史倒退的失败的运动和连年的战争。这个国家的地理条件和自然条件较差，但却完全适合它正常的生产状态。只是到较晚时期才零星地出现了一些大工业的萌芽，可是还没有出现像交易所这样的集聚资本的强有力的杠杆。海外贸易的迅速扩展使得海上运输应运而生，也正是因为落后和保守，所以在世界各地汽船都在排挤帆船的时候，挪威却在大规模地扩大帆船航行，从而拥有世界上数一数二的帆船队，而这些船只大部分都为中小船主所有。这样一来，多年来处于停滞状况的经济运动毕竟开始了。另外，挪威的农民从来都不是农奴，挪威的小资产者是自由农民之子，在这种情况下，他们比起堕落的德国小市民来是真正的人。同时，挪威的小资产阶级妇女比起德国的小市民妇女来，也简直是天壤之别。正如在易卜生的戏剧中所描绘的那个"虽然是中小资产阶级的、但与德国相比却有天渊之别的世界。在这个世界里，人们还有自己的性格以及首创精神，并且独立地行动"。②

这一切经济的、政治的、社会的、思想的特殊性集中于文学，终于推动了挪威文学的繁荣。18世纪七八十年代的挪威文坛可谓洪波涌起、星汉灿烂，一时风云际会，涌现了以易卜生、比昂逊、约纳士·李、基兰德"四杰"为代表的剧作家、小说家和诗人的群体。他们以饱蘸着思考的批判锋芒直指随着资本主义发展而形成的新的人际关系和社会问题，揭露其文明进步背后的黑暗和丑恶。仅仅易卜生就创作了《社会

① 《马克思恩格斯文集》第十卷，人民出版社2009年版，第584页。
② 《马克思恩格斯文集》第十卷，人民出版社2009年版，第585页。

栋梁》《玩偶之家》《群鬼》《人民公敌》等多部"社会问题剧",对于法律、宗教、道德、妇女、家庭、婚姻等社会问题投以犀利的批判。胡适曾称之为"易卜生主义":"易卜生的人生观只是一个写实主义。易卜生把家庭社会的实在情形都写出来,叫人看了动心,叫人看了觉得我们的家庭社会原来是如此黑暗腐败,叫人看了觉得家庭社会真正不得不维新革命——这就是'易卜生主义'。"[①] 尤其是这一作家群体坚持用挪威的通用语言写作,取材于本国的民族历史和民间传说,努力塑造自己独特的艺术风格,从而开创了现代挪威的本土文学,在当时的世界文坛成为令人瞩目的一枝奇葩。其影响之大,波及整个欧美国家,在中国也引起强烈反响。唯其如此,恩格斯将其视为堪与挪威宣布独立并拥有自己的宪法相提并论的重大事实:"挪威在最近 20 年中所出现的文学繁荣,在这一时期除了俄国以外没有一个国家能与之媲美。这些人无论是不是小市民,他们创作的东西要比其他人所创作的多得多,而且他们还给包括德国文学在内的其他各国的文学打上了他们的印记。"[②]

总之,恩格斯秉持社会学的方法,不仅驳斥了巴尔关于妇女本性的无稽之谈,同时也告诫恩斯特,将唯物主义方法作为研究历史的指南才是人间正道,而"按照德国的样子来公式化地理解小市民阶层,并把这种理解搬到这个国家来,这是违反历史事实的"[③],势必不能真正揭示斯堪的纳维亚文学所揭示的种种社会问题的根源与症结,也就无法由此出发推进社会的变革和进步。

第六节　批评原则:"现实价值原则"

从上述马克思恩格斯所建构的批评观念、批评标准、批评理论、批评方法等方面看,始终贯穿着一条红线,即如何看待历史的问题。一般说来,马克思恩格斯对于历史是从两面去看的:一方面,历史总是为现实的发展提供了无可回避的既定条件;另一方面,现实总是在改变了的

---

① 胡适:《易卜生主义》,原载《新青年》第 4 卷第 6 号(1918 年 6 月 15 日),《胡适全集》第 1 卷,安徽教育出版社 2003 年版,第 612 页。
② 《马克思恩格斯文集》第十卷,人民出版社 2009 年版,第 583—584 页。
③ 《马克思恩格斯全集》第二十二卷,人民出版社 1965 年版,第 96 页。

条件下接受历史，进而以新的方式来创造历史。但在此前提下，马克思恩格斯更看重后者。他们说："历史不外是各个世代的依次交替。每一代都利用以前各代遗留下来的材料、资金和生产力；由于这个缘故，每一代一方面在完全改变了的环境下继续从事所继承的活动，另一方面又通过完全改变了的活动来变更旧的环境。"① 这一历史观构成了马克思恩格斯的文学批评的一个出发点。

马克思恩格斯曾经揭示了这样一条规律：人们对于历史的把握不会原封不动地回到历史本身，而总是出于当下的需要而对历史所作的一种为我所用的"曲解"，虽然这种曲解与原有的历史事实不尽一致，但它却是一种为社会普遍接受的认识形式。马克思在评价被 17 世纪新古典主义戏剧奉为圭臬的"三一律"时指出：

> 毫无疑问，路易十四时期的法国剧作家从理论上构想的那种三一律，是建立在对希腊戏剧（及其解释者亚里士多德）的曲解上的。但是，另一方面，同样毫无疑问，他们正是依照他们自己艺术的需要来理解希腊人的，因而在达西埃和其他人向他们正确解释了亚里士多德以后，他们还是长时期地坚持这种所谓的"古典"戏剧。……被曲解了的形式正好是普遍的形式，并且在社会的一定发展阶段上是适于普遍应用的形式。②

从文学史上看，17 世纪新古典主义所恪守的"三一律"实在是一个以讹传讹的概念，它所尊奉的立法者亚里士多德在《诗学》中只提出"情节整一"亦即"行动整一"的问题，后来文艺复兴时期的意大利美学家钦提奥根据亚氏《诗学》第 5 章中"悲剧力图以太阳的一周为限"这句话制订了"时间整一律"，在此基础上意大利美学家卡斯忒尔维屈罗又进一步提出了"地点整一律"，但是这在亚氏《诗学》中是找不到根据的。这样，所谓"三一律"在文艺复兴时期终于作为一条重要的美学原则得以确立。如果说在文艺复兴时期人们总结艺术创作的

---

① 《马克思恩格斯文集》第一卷，人民出版社 2009 年版，第 540 页。
② 《马克思恩格斯全集》第三十卷，下册，人民出版社 1974 年版，第 608 页。

规律，提炼出某些艺术法则是必要的话，那么 17 世纪法国新古典主义将"三一律"僵固化、教条化、政治化，将其奉为神圣不可侵犯的金科玉律，使之为路易十四封建王权的需要服务，那就是借古人之名为现实需要服务的有意曲解了。而且在 1692 年法国语言学家安得列·达西埃在他为亚氏《诗学》所作的注释中已经指明了这一点以后，新古典主义及其追随者仍然大力鼓吹和固守"三一律"，那就更是出于某种需要而有意为之了。

这种"曲解"在欧洲近代的历次宗教改革和社会革命中也不乏其例："他们战战兢兢地请出亡灵来为自己效劳，借用它们的名字、战斗口号和衣服，以便穿着这种久受崇敬的服装，用这种借来的语言，演出世界历史的新的一幕。"① 在 16 世纪的宗教改革中，马丁·路德摇身一变换上了使徒保罗的服装。在法国大革命中，人们都改头换面穿起了罗马的服装，讲起了罗马的语言。17 世纪英国资产阶级则在宗教的外衣下进行革命，当时的革命领袖克伦威尔经常引用《旧约》作为说话和行动的根据。而诗人弥尔顿也曾借用《圣经》的题材写下了充满革命激情、向往革命理想的长诗《失乐园》和《复乐园》。他们这样做，并非为了发思古之幽情，而是为了完成现实斗争的任务，用马克思的话来说："在这些革命中，使死人复生是为了赞美新的斗争，而不是为了勉强模仿旧的斗争"，因此"19 世纪的社会革命不能从过去，而只能从未来汲取自己的诗情。它在破除一切对过去的迷信以前，是不能开始实现自己的任务的"②。

马克思恩格斯这种为我所用的"曲解"和借古喻今的"借用"的历史观受到黑格尔的影响，黑格尔在《美学》第 2 卷的结语部分讨论艺术如何处理历史材料时这样说：

> 面对着这样广阔和丰富多彩的材料，首先就要提出个要求：处理材料的方式一般也要显示出当代精神现状。……只有现在才是新鲜的，其余的都已陈腐，并且日趋陈腐。我们在这里应该从历史和

① 《马克思恩格斯文集》第二卷，人民出版社 2009 年版，第 471 页。
② 《马克思恩格斯文集》第二卷，人民出版社 2009 年版，第 473 页。

美学的观点对法国人提出一点批评,他们把希腊和罗马的英雄们以及中国人和秘鲁人都描绘成为法国的王子和公主,把路易十四世和路易十五世时代的思想和情感转嫁给这些古代人和外国人。假如这些思想和情感本身比较深刻优美些。这种转古为今的办法对艺术倒还不致产生那样恶劣的影响。与此相反,一切材料,不管是从哪个民族和哪个时代来的,只有在成为活的现实中的组成部分,能深入人心,能使我们感觉到和认识到真理时,才有艺术的真实性。①

不难看出,黑格尔虽然声称"从历史和美学的观点对法国人提出一点批评",其实他对用当代精神来处理古代的材料这种"转古为今"的办法是明贬实褒的。已如前述,此处黑格尔所持的"从历史和美学的观点"的批评标准正是后来马克思恩格斯重建的同题批评标准之所本,这一点恰恰可证马克思恩格斯借古喻今、为我所用的历史观与黑格尔之间的精神联系。

据法国历史学家雷蒙·阿隆研究,这种"转古为今"、将历史材料转化为"活的现实中的组成部分"的思想在晚近德国思想界非常流行,甚至一度成为主导的观念。尼采持"非现实的考虑"论,其主旨是,重建历史并不是目的本身,它总是受到现实利益的推动,它有一个现实的目的。人们在历史中并非寻求知识欲的满足,而是寻求某种精神的充实或吸取某种教训。马克斯·韦伯持"利益中心"论,认为人们研究历史总是选择那些存在利害关系的东西,总是以现在向过去提出的问题为指导,与那些有启发意义的变化相关联。李凯尔特则持"参考体系"论,他认为历史中只有那些可资"参考"或可供"咨询"的东西才有价值,才值得加以保留和阐释,因此人们只有在历史与现时之间建立一种价值联系,才能使历史上那些至今仍被遮蔽的奥秘得到彰显。一旦肯定这一简单的事实,那么对于历史的解释就得引进一种全新的原则。鉴于以上对于历史科学的回顾,雷蒙·阿隆认为,"如果对于过去的探究,是由现实利益、价值体系所引起和确定方向的,那么在所有的历史

---

① [德]黑格尔:《美学》第 2 卷,朱光潜译,商务印书馆 1979 年版,第 380—381 页。

解释中，难道不就会呈现出某种哲学来吗？"① 在他看来，马克思主义乃是唯一合格的历史哲学，"它是根据一种形而上学，对人类的过去唯一从其整体去作出的解释"。②

据此可以认为，马克思恩格斯的历史观遵循一种"现实价值原则"。按照通常的理解，历史是存在于以往的岁月之中的，属于过去，它只是影响现在，而不受现在的影响。这一理解显然带有很大的片面性。具有生命力的历史总是内含着某种现实价值，对现在的需要说话，在这个意义上说，真正的历史便是在过去与现在之间所展开的一场对话，在这场对话中，现在始终保持着主动性，唯其如此，历史才会时时被人提起，不断翻出新意，呈现出以往人们所没有发现的现实价值，因此不妨说，是现在反过来规定历史，给予历史以某种意义和目的性，现在总是把历史看成是朝着自己延伸的各个阶段，于是历史似乎成了现在的产物，这就是现在对于过去的逆向规定作用。而这一作用规律也是马克思最早发现的：

> 对人类生活形式的思索，从而对这些形式的科学分析，总是采取同实际发展相反的道路。这种思索是从事后开始的，就是说，是从发展过程的完成的结果开始的。③
>
> 历史发展总是建立在这样的基础上的：最后的形式总是把过去的形式看成是向着自己发展的各个阶段……④

那么，现时何以能够对过去产生逆向规定作用呢？马克思恩格斯进一步指出，这是因为现时已经比过去上升到了更高的历史阶段，人类的生活形式和思维方式更加成熟，也更加完备。密涅瓦的猫头鹰总是在黄昏起飞，当理论思维站在更高的历史制高点上反观过去，便有可能以总

---

① ［法］雷蒙·阿隆：《历史哲学》，《现代西方史学流派文选》，上海人民出版社1982年版，第102页。
② ［法］雷蒙·阿隆：《历史哲学》，《现代西方史学流派文选》，上海人民出版社1982年版，第109页。
③ 《马克思恩格斯全集》第四十四卷，人民出版社2001年版，第93页。
④ 《马克思恩格斯全集》第三十卷，人民出版社1995年版，第47页。

揽全局的眼光捕捉到那些后来发展起来、蔚为大观但过去只是表现出某种征兆、常常为人们所忽略的东西，从而形成透辟的理解，给予正确的说明。马克思说："人体解剖对于猴体解剖是一把钥匙。反过来说，低等动物身上表露的高等动物的征兆，只有在高等动物本身已被认识之后才能理解。"① 对于人类社会的认识亦然，对于现代社会的理解是理解古代社会的一把钥匙，不理解现代资产阶级社会便无法真正理解以往的古代社会，不理解资本便无法真正理解地租。

这一"现实价值原则"也适用于文学批评。马克思在论述法国革命在思想史上的意义时指出，近代浪漫主义运动的兴起与启蒙运动和法国革命有关，他说：

> 在人类历史上存在着和古生物学中一样的情形。由于某种判断的盲目性，甚至最杰出的人物也会根本看不到眼前的事物。后来，到了一定的时候，人们就惊奇地发现，从前没有看到的东西现在到处都露出自己的痕迹。对法国革命以及与之相联系的启蒙运动的第一个反应，自然是用中世纪的、浪漫主义的眼光来看待一切，甚至像格林这样的人也不能摆脱这种看法。第二个反应是越过中世纪去看每个民族的原始时代，而这种反应是和社会主义趋向相适应的，虽然那些学者并没有想到他们和这种趋向有什么联系。于是他们在最旧的东西中惊奇地发现了最新的东西，甚至发现了连蒲鲁东看到都会害怕的平等派。②

近代浪漫主义的一个源头深埋在古代民间文学之中，它注重吸收古代民间文学的营养，借鉴古代民间文学的题材、主题、形式和风格，甚至它的命名都与此有关，在浪漫主义运动兴起之初，作家主要模仿流传于中世纪的"浪漫传奇"（romance）诸如英雄史诗、骑士传奇和抒情诗而写作，从而这一运动被称为"浪漫主义"（romanticism）。但是在浪漫主义运动中人们开始注意到中世纪民间文学乃是受到启蒙运动特别

---

① 《马克思恩格斯全集》第三十卷，人民出版社 1995 年版，第 47 页。
② 《马克思恩格斯文集》第十卷，人民出版社 2009 年版，第 284 页。

是法国革命的启发，由于近代启蒙运动和法国革命的思想家站在较高的历史阶段上，所以能够反过来在前人习以为常的古代民间文学中发现与其进步思想相一致的民主性精华及其艺术表现方式，这就好比文艺复兴时期人们从拜占庭的废墟中发掘出古希腊文化的遗迹残简，从而发现了一个灿烂辉煌的古代世界一样。海涅曾对此有过非常详尽而又生动的描述，他说当时人们找到了《尼伯龙根之歌》《英雄唱本》、亚瑟王传说、圣杯传说，以及《提吐累尔》《派西伐尔》和《洛恩格林》这中世纪的"三大名诗"等大量的民间文学作品，发现了诸如伊魏恩、朗彻洛、维迦洛阿等史诗中描写的英雄人物，而在这些作品里"还笼罩着基督教以前的思想方式、感觉方式，粗野的蛮力还没有软化成骑士气质，北方刚勇的斗士还像石像似的挺身屹立，基督教柔和的光芒和道德的气息还没有穿透他们的铁甲"，在这些传说中"充满了最潇洒的风度，最文雅的教养，最富于冒险意味的战斗精神"。① 马克思所提到的"格林"，即格林兄弟，《格林童话》的作者，属于浪漫派作家和学者，他们毕生致力于民间文学包括童话、民歌、传说和神话的搜集和整理，与当时站在倒退立场上改编民间文学并用以宣扬封建思想的消极浪漫派阿尔尼姆、布伦塔诺等人不同，他们主要伸张民间文学中保留的下层民众的民主性、道义感，对劳动人民表示同情，对封建势力表示不满，崇尚下层民众那种质朴、纯真、机智、幽默的审美趣味，并赋予古代民间文学作品以崭新的理解，从而对德国的浪漫主义运动起到了推波助澜的作用。正是由于启蒙运动和法国革命站在较高的历史水准之上发现了古代民间文学，古代民间文学才作为一种传统为后人所了解、接受和继承，成为后来浪漫主义运动从中借鉴主题、题材和形式，汲取诗情、幻想和灵感的母体。在这个意义上说，古代民间文学作为一种传统，恰恰是现时与过去对话的结果，是被启蒙运动和法国革命的进步思想逆向规定的。

第七节　文学批评对 "艺术生产" 理论的拓展

综上所述，马克思恩格斯从现代辩证思维出发，通过以批评观念、

---

① ［德］海涅：《论浪漫派》，人民文学出版社 1979 年版，第 10—11 页。

批评标准、批评理论、批评方法、批评原则等方面构成的文学批评实践，演绎了"艺术生产"从文学创作向文学批评延伸和开拓的进程，有力推动了文学批评的观念更新、思想提升和视野扩展，促进了文学批评的知识增长、意义生产和价值增值，从而拓展了"艺术生产"理论的论域，使得生产性文学批评的确立成为可能。而在其生产性文学批评实践中，处处矗立着马克思恩格斯的人格形象，透露着马克思恩格斯的精神气质。

第一，必须明确的是，马克思恩格斯并非专业的文学批评家，并非有计划、成系统地从事文学批评，也不曾有过专门的文学批评论著，只是偶尔应约对某些个人创作进行评说，或在理论研究中援例对某些作品片段进行分析，其批评文本也以信函、序跋居多，即使在论著中偶有所涉，但也鲜有系统周全的长篇大论。但是，其评论却具有很强的专业性，显示了优质的文学素养和深厚的美学造诣，他们对于文学史、艺术史和美学史的熟悉程度已到了如数家珍、随手拈来的地步。

第二，马克思恩格斯的文学批评实践具有很强的结构性，但表现形式不一，他们创建的概念、命题和论断有的是有明显的结构性的，如悲剧观念、典型理论、现实主义等；有的则是草蛇灰线式的隐性结构，上述文学批评的观念、标准、理论、方法、原则五个方面的架构就是如此，譬如其中所谓"历史和美学的观点"与"转古为今的办法"在其渊源黑格尔那里早有交集。不仅如此，而且所谓"曲解"问题是马克思在1861年7月22日给拉萨尔的信中提出的，与他们此前对拉萨尔褐櫫"美学观点和历史观点"的二信相隔不久。可见其批评标准与批评原则之间原本结有不解之缘。由于现实斗争及其重大理论创建耗费了他们大量的时间和精力，使之无暇在文学批评方面进行系统垦拓，所以在他们那里看到的文学批评往往是零散、片断、非结构性的，但就其诸多问题的有机联系而言，完全可以通过理论建构还原其内在的结构性。

第三，马克思恩格斯几乎每一篇批评文字都是直面具体的文学作品和文学现状而不失时机地发表自己的主张和观点，及时介入当下的思想斗争和理论争辩的，带有很强的批判性和论战性，如对拉萨尔的机会主义路线的斥责，对保尔·恩斯特违背唯物主义原则的驳议，对敏娜·考茨基和哈克奈斯错误思想观点的纠正等。因此人们在马克思恩格斯的文学批评中看到的往往不仅是议论、评说、阐释、解读，更是质疑、告诫、驳斥、抨击，一改以往经院式批评的行文风格，以鲜明的反思取向和强烈的批判精神为文学批评开创了新文风、新话语。

第四，马克思恩格斯的文学批评实践往往是为当时的现实斗争服务的，甚至要求批评家"把我们的批判和实际斗争结合起来，并把批判和实际斗争看作同一件事情"①，表现出很强的目的性。但同时他们又将这种强烈的目的性融合在审美的、艺术的无目的性之中，譬如给拉萨尔有关《济金根》的二信都是先从形式问题谈起，如韵律、对话、结构、情节、细节、舞台性、戏剧冲突等，然后引向关于悲剧观念的重大主题。这种将内容与形式的完美融合悬为最高境界的批评逻辑显示了很高的专业水准、先进的研究方法和严谨的学术规范。

第五，马克思恩格斯的文学批评实践突出地表现出开创性、创新性和原创性，但其提出的问题、取得的重大发现和重要进展，往往是有出典的，在其身后矗立着欧洲特别是德国本土的文学遗产、艺术传统和美学资源的雄浑背景。在其文学批评中处处可见康德、歌德、席勒、黑格尔等人代表的德国古典美学传统的投影，不过，马克思恩格斯对于德国古典美学传统的继承无不是在对于这一传统的批判、扬弃的前提下进行的，同时也是以强大的创造性、建构性和生产性将其精髓大力向前推进的。

第六，还有个"度"的问题。对于文学批评来说，做到恰如其分、进退适度是最见功夫的，阐释不足与阐释过度都不可取，例如，马克思对于历史进行为我所用的"曲解"问题的把握还是留有余地的，他在提出这一问题之前就已设置了一个前提，提醒对此不能作绝对化、极端化的理解，"否则，就可以说，每个前一时期的任何成就，被后一时期所接受，都是被曲解了的旧东西"②。就是说，对于"曲解"问题必须杜绝那种偏狭的实用主义态度，而以现时性与历史性、科学性与进步性的辩证统一为谨守勿逾的基本准则。

---

① 《马克思恩格斯全集》第一卷，人民出版社 1956 年版，第 417—418 页。
② 《马克思恩格斯全集》第三十卷，下册，人民出版社 1974 年版，第 608 页。

　　总之，以上诸多方面，显示了马克思恩格斯的文学批评实践的科学性、先进性和专业性，以原创性、经典性的思想成果充实了文学批评的生产性，为"艺术生产"从文学创作向文学批评的拓展，将批评实践楬橥为"艺术生产"的重要方面提供了充足的理由和有力的支撑，也为"生产性文学批评"的建构和确立展现了广阔的前景。

第 二 编

生产性文学批评的历史发展

第三章

本雅明与布莱希特："艺术生产论"的转机

第一节 "艺术生产论"的开创及其预留空间

"艺术生产论"为马克思所开创，马克思在论述"物质生产的发展与艺术发展的不平衡关系"的问题时作了如下表述：

> 关于艺术，大家知道，它的一定的繁盛时期决不是同社会的一般发展成比例的，因而也决不是同仿佛是社会组织的骨骼的物质基础的一般发展成比例的。例如，拿希腊人或莎士比亚同现代人相比。就某些艺术形式，例如史诗来说，甚至谁都承认：当艺术生产一旦作为艺术生产出现，它们就再不能以那种在世界史上划时代的、古典的形式创造出来，因此，在艺术本身的领域内，某些有重大意义的艺术形式只有在艺术发展的不发达阶段上才是可能的。[①]

这段话人们是耳熟能详的，需要指出的是，这是马克思使用"艺术生产"概念的唯一之处。不过类似说法在马克思著述中不一而足，相对集中于其政治经济学手稿之中。马克思在"巴黎手稿"中写道："宗教、家庭、国家、法、道德、科学、艺术等都不过是生产的一些特殊的

---

① 《马克思恩格斯文集》第八卷，人民出版社 2009 年版，第 34 页。

方式，并且受生产的普遍规律的支配。"① 在另一手稿中，马克思不仅将作家称为"生产劳动者"②，而且将"一切表演艺术家、演说家、演员、教师、医生、牧师等"称为"从事各种科学或艺术的生产者，工匠或专家"，③ 认为他们"生产的结果是商品，……如书、画，总之，所有与艺术家所进行的艺术活动相分离的艺术品"④。显而易见，马克思上述关于"艺术生产"的论述主要是就艺术创作而言的，或者说主要是指处于艺术活动过程前端的创作活动，而并非指处于艺术活动过程后端的阅读和批评活动。

值得注意的是，与马克思的"艺术生产论"未涉阅读和批评形成鲜明对照，马克思恩格斯的文学批评实践却显示了强大的生产性。他们在大量著作、文章、文稿、书信中发表的文学批评，所涉对象遍及古希腊、罗马文学艺术、中世纪文学艺术、文艺复兴、启蒙主义以及 19 世纪浪漫主义、现实主义文学艺术，通过对具体文艺作品的分析，就艺术真实性、艺术典型、文学风格、艺术起源、悲剧与喜剧、批评标准等问题提出了大量富于原创性、经典性的见解，在知识增长、认知拓展和思想提升方面远超任何一个特定的作家艺术家，使得文学批评的生产性得到了充分彰显。马克思的"艺术生产论"在理论建构与批评实践之间存在的这一差异形成了巨大的张力，为生产性文学批评的建构预留了广阔的理论空间。

马克思之后，其传人拉法格、梅林、葛兰西在"艺术生产"研究方面并无大的进展，偶涉"艺术生产""文学生产""诗歌生产"等话题也一般都在艺术创作的意义上讨论而别无他意。这一状况在本雅明和布莱希特那里有了转机，他们对于"艺术生产"的理解开始从创作活动转向接受和批评活动。

---

① 《马克思恩格斯文集》第一卷，人民出版社 2009 年版，第 186 页。
② 《马克思恩格斯文集》第八卷，人民出版社 2009 年版，第 219 页。
③ 《马克思恩格斯文集》第八卷，人民出版社 2009 年版，第 417 页。
④ 《马克思恩格斯文集》第八卷，人民出版社 2009 年版，第 416—417 页。

第二节 本雅明与布莱希特

本雅明1934年4月27日在巴黎"法西斯主义研究学院"发表了题为《作为生产者的作者》的演讲，事后他在给友人的信中，称这是一场很容易引起争议但水平很高的演讲，同时也提及此前在1931年发表的与之成为"姐妹篇"的《什么是史诗剧?》一文，指出演讲体现了该文所做的尝试。① 仅从标题看，该演讲显然是从马克思"艺术生产论"获得灵感，然而在这篇被他推重的演讲及其"姐妹篇"② 中，对于艺术生产的论述已然出现了新的亮点、新的动向。

非常特别的是，在本雅明这些文章中所表述的种种见解主要建立在对于德国戏剧家、诗人布莱希特的戏剧实验的理解、分析和阐发之上，本雅明一度几乎成了布莱希特戏剧观念的宣讲者和阐释者。而此时正是本雅明对布莱希特的艺术宗旨和戏剧实践日益着迷的阶段。本雅明与布莱希特于1924年结识，但到1929年前后两人聚首柏林时，接触才密切起来。布莱希特将一些全新的思想因素特别是马克思主义引进了本雅明的生活，也给予本雅明的美学思想和艺术观念以重要的影响。本雅明对布莱希特表示景仰和激赏，将布莱希特的戏剧实验引为典范，反复加以引用和肯定，在他看来，与布莱希特结交使自己受益良多。他声称："理解布莱希特的创作，确立了我全部看法中最为重要、最为充分的一点。"③ 而在布莱希特那里情况便很不一样，在他的论著中几乎不提本雅明，即便偶有提及，也颇有微词。但有一件事见出布莱希特对这位朋友仍怀有足够的尊重，据称1940年他在收到本雅明的死讯时说，"这是希特勒给德国文学首次造成的真正损失。"④

---

① ［美］理查德·沃林：《瓦尔特·本雅明：救赎美学》，吴勇立，张亮译，江苏人民出版社2008年版，第159页。

② 按本雅明《什么是史诗剧?》一文在1931年发表了第一版，后来在1939年发表了第二版，这两个版本有连续性但在内容和形式上又有明显差异。本书视论述的需要，对这两个版本进行比对和鉴别。

③ ［德］斯文·克拉默：《本雅明》，鲁路译，中国人民大学出版社2008年版，第102页。

④ ［德］汉娜·阿伦特编：《启迪：本雅明文选》导言，张旭东、王斑译，生活·读书·新知三联书店2008年版，第22页。

1933 年希特勒上台，德国纳粹盗取了政权，遂使布莱希特和本雅明在戏剧创作和学术研究方面设想的宏大计划化为泡影，在流亡期间，他们已无法正常开展工作。布莱希特虽然尚未完全中断戏剧创作，但基本上没有观众；本雅明一度还用笔名发表文章，但其作为政论家的生涯已告结束。他们之间虽偶有接触，但终因在某些政见的龃龉而分道扬镳。

鉴于本雅明与布莱希特二人经历、交往和著述的特殊性，我们的探讨主要从本雅明的阐释入手，而将布莱希特的有关论述作为佐证。

第三节 艺术与政治的契合

本雅明关注政治很早，在 1921 年发表的论文《论暴力批判》中，就表现出这种出自本能似的政治情结，其间本雅明甚至还有过写一本政治类书籍的念头。在艺术与政治的关系上，本雅明提倡二者的相互融合，反对割裂二者的内在联系，主张通过艺术实践来改良和推进政治实践，但对如何找到一条促进艺术与政治相契合的路子，却尚未有定论，正在此时他遇上了布莱希特，从其戏剧实验中发现了他所需要的创作模式，这真是天赐良机！本雅明在 1929 年 6 月致友人的信中难掩心中之喜："贝尔托特·布莱希特和我缔结了友谊，你肯定会很有兴趣了解此事，我对他的兴趣不是出于他的作品……而是出于对其当下计划的根本兴趣。"① 这里提到的布莱希特的"当下计划"，是指关于史诗剧的实施计划，当时该项戏剧革新正处于形成的关键阶段，本雅明对此感到痴迷。

本雅明进入布莱希特的史诗剧首先碰到的是艺术与政治的关系问题，他的《什么是史诗剧?》第一版（1931）开宗明义地指出，戏剧作为公共舞台，其本质就在于膺有"公共宣传机构"的职责，史诗剧亦然："舞台和公众、剧本和表演、导演和演员之间的功能性关系几乎保持不变。史诗剧在一开始就打算把一种根本性的变化引入这些关系之中。"② 后来《什么是史诗剧?》第二版（1939）对此作了必要的补充，

---

① ［美］理查德·沃林：《瓦尔特·本雅明：救赎美学》，吴勇立、张亮译，江苏人民出版社 2008 年版，第 148 页。

② Walter Benjamin, *Walter Benjamin Gesammelte Schriften*, II, Unter Mitwirkung von T. W. Adorno und G. Scholem, Suhrkamp Verlag, 1977, p. 520.

指出史诗剧的概念首先说明，它是宣传，是教育，但绝不是说教，它使观众感到轻松，像内行一样对戏剧感兴趣，即便不采用那种单纯说教的方式，也完全"可以实现一种政治意图"。他还以布莱希特的作品为例，说明在史诗剧这种表演方式中，"艺术的利益与政治的利益是多么协调一致"。①

在《作为生产者的作者》这一演讲中，本雅明对于艺术与政治的关系问题的思考，已经被赋予了如何推进法西斯主义研究这一迫切的现实任务。本雅明在演讲一开始就提出了一个受到普遍关注的问题：就一部作品而言，在政治倾向和艺术质量这两个因素之间究竟存在怎样的关联？他明确地表达了自己的看法：一部具有正确政治倾向的作品其艺术质量必然能够得到保证。对此他作出如下论证：

> 只有当一部作品的倾向在文学上也是正确的，它才可能在政治上是正确的。这就是说，政治上的正确倾向包含了文学倾向。马上补充一点：这种文学倾向或隐或明地包含在每个正确的政治倾向中——这种文学倾向，而不是别的，决定了作品的质量。因此一部作品的正确的政治倾向包含了它的文学质量，因为它包含了作品的文学倾向。②

现在看来，本雅明此处关于政治倾向、文学倾向、作品质量之间的因果关系和整体关联的论断显得简单、武断，但如果联系当时法西斯主义甚嚣尘上、肆虐横行的特定语境来考量的话，也在情理之中，循此也就可以读懂本雅明后来在《机械复制时代的艺术作品》（1936）结尾所作的宣告："共产主义用'艺术的政治化'来回敬法西斯主义的'政治的审美化'。"③但对于本雅明来说，一桩更重要的事是，如何为这种政

---

① ［德］瓦尔特·本雅明：《什么是史诗剧?》，张黎编选《布莱希特研究》，中国社会科学出版社1984年版，第11、17页。

② ［德］瓦尔特·本雅明：《作为生产者的作者》，王炳钧等译，河南大学出版社2014年版，第5页。

③ ［德］斯文·克拉默：《本雅明》，鲁路译，中国人民大学出版社2008年版，第106页。

治倾向和艺术质量的相互契合找到艺术的支撑，而这一点他也在布莱希特的史诗剧中找到答案，那就是布莱希特戏剧实验中采用的各种艺术处理方式，包括技术更新、中断原则、陌生化效果和蒙太奇手法等。本雅明充分肯定了这些艺术处理方式的 "政治进步" 意义，那就是指借助上述艺术处理方式，使得观众在观剧时从宣泄或净化的迷狂状态中摆脱出来，转向对现实社会问题的理性思考和积极干预。

本雅明据此认为，政治倾向还只是艺术作品组织功能的必要条件，但绝不是充分条件。艺术作品的组织功能还要求作者具有教育人引导人的行为方式。这一点在今天比起以往任何时候都更加重要。那么，要做到这一点，关键何在呢？作为回答，本雅明说了一段非常重要的话：

> 关键是生产的典范特点，它首先是能够引导别的生产者进行生产，其次能够为他们提供一种经过改进的机器。而且这个机器能引导越多的消费者走向生产，简言之，能够使读者或观众成为参与者，那么这个机器就越好。我们已经具有这样一个典范，但在这里我只能略作提示。这就是布莱希特的史诗剧（das epische Theater）。①

这段话起码表达了以下几层意思：首先，提出了 "生产的典范特点"，这就将 "生产" 问题提上了议事日程。其次，指出了 "生产的典范特点" 的一大要义在于它能够引导别的生产者进行生产。所谓 "别的生产者" 显然不是指作者，而是指消费者或读者和观众。换言之，它能够引导消费者或读者和观众走向生产，成为参与者，不管他们是职业的还是非职业的批评家，发表的是专业的还是非专业的批评意见，他们在观剧过程中的阐释、议论和评价都成为一种生产性的活动。再次，指出了 "生产的典范特点" 的另一要义在于它能够为读者和观众提供一种不断改进的生产机器，这个机器越是能够使读者和观众成为参与者和生产者，那么这个机器就越好。最后，本雅明再次确认，对于 "生产的典范特点" 的构想来说，已经具有一个样本，那就是布莱希特的

---

① ［德］瓦尔特·本雅明：《作为生产者的作者》，王炳钧等译，河南大学出版社 2014 年版，第 26 页。按译文依原意有所改动。

史诗剧。

总之，在这里本雅明第一次将批评划归"生产"的范畴，而且指出了先进机器引导消费者走向生产、推动批评者参与现实的重要作用，意义十分重大。当然，从先进机器的引领、推动作用到文学批评作为艺术生产发挥实际功能，这二者在逻辑上还悬隔着若干环节，而这正是本雅明需要上下求索的。

第四节　技术手段的意义

正因为本雅明高度重视先进机器对于艺术生产的作用，所以他在《作为生产者的作者》这一原本讨论文学的演讲中大谈特谈技术问题便不足为怪了。机器是技术的载体，技术是机器的灵魂，因此技术、工艺、机器、机械等在本雅明的著作中是可以互证互换的同类概念。总的说来，本雅明在该演讲中讨论的主要是现代科学技术运用于文学创作而铸成的介乎物质与精神、认知与实践之间的技术手段和创作手法，本雅明称之为文学技术或创作技术，其中技术手段包括印刷技术、电影技术、摄影技术、广播技术、音乐技术、报纸、书籍、唱片、胶片制作的技术等，本雅明也将其称为机器，如生产机器、舞台机器、出版机器等。

本雅明对于文学技术或创作技术的研究是他对于政治倾向与艺术质量之间关系的思考的延伸。在本雅明看来，如果将文学创作置于一定时代的社会关系和生产关系之中来加以考察的话，那么最终都将直接指向作品的创作技术。技术概念作为一个辩证的切入点，能够使内容与形式之间的对立得以克服，进而对政治倾向与艺术质量之间的关系给予正确的引导。如果此前认为一部政治倾向正确的作品就已包含了它的文学质量的话，那么现在可以进一步认为："文学的倾向可以存在于文学技术的进步或者倒退之中。"[1] 本雅明对于技术问题的本体论认定被认为表

---

① ［德］瓦尔特·本雅明：《作为生产者的作者》，王炳钧等译，河南大学出版社2014年版，第7页。

现了"技术决定论"的倾向,① 这一点原本来自马克思在《〈政治经济学批判〉序言》中对生产力和生产关系之间关系的经典性论述。区别只在于马克思把经济生产力确立为绝对基础,而本雅明则试图将技术生产力视为逻辑起点。

本雅明以苏联作家、苏俄未来主义代表人物谢尔盖·特列季亚科夫为例来说明这一道理,即正确的政治倾向和进步的文学技术在任何情况下都依赖于作家的行动。特列季亚科夫将行动的作家与提供信息的作家区分开来,认为"作家的使命不是报道,而是斗争;不是扮演观众的角色,而是积极进行干预。他通过对自己的活动所做的陈述来确定自己的使命"②。因此特列季亚科夫经常为了创作而深入底层,亲力亲为地召集群众会议,筹集款项,视察阅览室,办墙报,主编报刊,给媒体提供报道,推广收音机和流动电影院,等等。本雅明以此说明文学创作"必须从一个多么广阔的视野出发,来借助我们今天形势下的技术条件重新思考有关文学形式或体裁种类的观念,以便找到构成当前文学活力切入点的表达形式"③。

本雅明也从现代派摄影中发现了将摄影技术引进文学形式的可能性,如德国的"照片蒙太奇"艺术家约翰·哈特菲尔德,他运用摄影技术使书籍的封面变成了一种政治工具。如果追踪其摄影历程的话,那会看到它变得越来越精细,越来越时髦,对日常生活中的普通事物进行美化;又如德国"新写实派"摄影家雷格尔-帕茨,在他的摄影画册中成功地使日常生活现象成为欣赏的对象。二人的共同之处在于发挥了摄影技术的一种政治功能,那就是对现存的世界从内部进行更新,如果将其引进到文学领域,那么文学形式中许多革命的内涵将通过"照片蒙太奇"的技术而得到拯救。这就对于那种提供生产机器而不去改变它的保守立场提供了一个强有力的反证,改变生产机器便意味着重新破

---

① [美]理查德·沃林:《瓦尔特·本雅明:救赎美学》,吴勇立等译,江苏人民出版社2008年版,第262页。

② [德]瓦尔特·本雅明:《作为生产者的作者》,王炳钧等译,河南大学出版社2014年版,第8页。

③ [德]瓦尔特·本雅明:《作为生产者的作者》,王炳钧等译,河南大学出版社2014年版,第9页。

除一种障碍，克服一种对立，消除那些束缚作家进行生产的障碍，把文学形式从惯常的损耗中解救出来，赋予它政治的使用价值。在作家跨界涉足于摄影技术时，理应格外强调这一点。由此可以得出结论："对于作为生产者的作者来说，技术的进步也是他政治进步的基础。"①

　　本雅明的论述重点还是在布莱希特的史诗剧。他指出，尽管平常总是不断有新的戏剧问世，但它使用的却是老旧的舞台机器（Bühneapparat）。本雅明在《什么是史诗剧？》第一版中曾以传统剧场乐池的设置来说明这种过时的舞台机器的消极作用，它像一条鸿沟似的把演员与观众分隔开来，虽然它能够增强戏剧的神圣感，但这恰恰促成了观众的陶醉和共鸣，使之无法产生震惊的感受。在这种情况之下，观众无法检验自己对剧中人物的感情是否合理，也不能判断人物的行动所带来的后果的对错，而且将这种过时的舞台机器当作天生固有、永恒不变的。在布莱希特看来，这种情况后果严重，"在剧场中看似是人掌控了机器，实际上是机器掌控了人，这样的机器看似是服务于生产者的工具，实际上已经成为压制生产者的手段"②。而布莱希特的史诗剧填平乐池、拆除壁垒，正是对这种抱残守缺的做法的抗击。

　　本雅明提出的"文学技术"概念，其实就是布莱希特关于"戏剧文学化"的主张，即在戏剧中加入文学说明和文学表现手法，以增强戏剧中理性的因素和思考的成分。就像布莱希特的剧作《三毛钱歌剧》的舞美设计那样，在舞台装饰中加上投影、图片、海报、指示牌、文字说明，在剧本写作中引入类似读书的成分，如加标题、加脚注的方法以及回头检查某个要点的习惯，在表演中加入文学表述等，反正只要能使表演打破耸观耸听、故作惊人之状的常规，改变观众观剧的旧习，那么任何来自文学领域的方法，都是完全可以采用的。③

　　随着现代技术的发展，如何将广播、电影等新媒体或新艺术形态的

---

　　①　[德]瓦尔特·本雅明：《作为生产者的作者》，王炳钧等译，河南大学出版社2014年版，第20页。

　　②　Walter Benjamin, *Walter Benjamin Gesammelte Schriften*, Ⅱ, Unter Mitwirkung von T. W. Adorno und G. Scholem, Suhrkamp Verlag, 1977, p. 519.

　　③　Walter Benjamin, *Walter Benjamin Gesammelte Schriften*, Ⅱ, Unter Mitwirkung von T. W. Adorno und G. Scholem, Suhrkamp Verlag, 1977, pp. 524 – 525.

技术因素吸收到戏剧中来，便顺理成章地成为本雅明关注的焦点。在《什么是史诗剧?》第一版中，本雅明就肯定"史诗剧的形式与作为新技术的电影、广播相类似，史诗剧适应于现代的技术水平。因为在电影中，观众在任何时候都应该能够参与其中"①。反观以往那种由复杂的机器、庞大的阵容和精湛的效果构成的戏剧，它们之所以沦为压制生产者的手段，一个重要原因就在于它与新兴的电影和广播相对立，试图在争夺市场之战中与这些新媒体、新技术一决高下，其实这是徒劳的。而史诗剧采取的是另一种策略，它不是与广播、电影等新媒体、新技术相对抗，而是利用它们，向它们学习，对它们进行探讨。它以对新媒体、新技术的学习、探讨和利用作为自己的事业，"就当前电影和广播的发展状况来看，这是合时宜的"②。

在探讨文学艺术与政治的契合关系时，本雅明对于技术和机器问题表现出异乎寻常的热衷或与他的个人经历不无关系，他曾担任过报纸文艺专栏的撰稿人，也曾多年供职于电台，从 1927 年最初入职直至后来流亡异国他乡，电台工作是他的本业。本雅明为法兰克福西南德意志电台制作文艺频道的广播节目，同时也为柏林电台制作儿童与青少年广播节目。他的活动并没有限定在制作人身份上，在入职早期，他还做过部门负责人、播音员、主持人的工作，甚至做过广播剧演员的工作。这段经历，使得他在探讨文学生产时将对于技术手段和生产机器的考量放在了突出的位置，并从而形成独树一帜的理论特色。

第五节　创作手法的更新

本雅明所称文学技术或创作技术除了技术手段之外还有另一个重要方面：创作手法。本雅明早在《什么是史诗剧?》第一版中就已对布莱希特的史诗剧创作手法的更新进行了探讨。

其一是"中断"。本雅明指出："对于戏剧动作的中断是关于史诗

---

① Walter Benjamin, *Walter Benjamin Gesammelte Schriften*, II, Unter Mitwirkung von T. W. Adorno und G. Scholem, Suhrkamp Verlag, 1977, p. 524.

② [德] 瓦尔特·本雅明:《作为生产者的作者》，王炳钧等译，河南大学出版社 2014 年版，第 27 页。

剧的一个原则"，"史诗剧彰显的是中断的辩证法"。① 布莱希特在史诗剧中加入了自然感人的歌曲，它的作用就在于造成戏剧动作的中断，而不是推进戏剧动作。因为史诗剧不是再现环境，而是揭露环境，而这种揭露唯有在持续间断的过程中才能引发观众的思考。

其二是"震惊"。本雅明指出，震惊"完全应该被视为一种能力，它能够为人们所学习"②，它不是将戏剧动作接近观众，而是将戏剧动作疏离观众，当观众发现戏剧动作发生的空间就是他们所处的真实环境时，他们就不会像以往观戏那样感到满足，而是感到震惊。

在《什么是史诗剧?》第二版中，本雅明对于史诗剧在创作手法的更新方面的理解就更加深入了。本雅明首先从一个重大的理论问题说起，指出布莱希特创立的史诗剧是建立在与西方戏剧史上历来奉为法典的亚里士多德悲剧观念的分庭抗礼之上的，布莱希特因此将史诗剧称为"非亚里士多德式戏剧"，其主旨在于废止亚氏悲剧理论中的"卡塔西斯"说，亦即那种借悲剧引起的怜悯与恐惧来使这种情感得到陶冶的功能，进而消除观众对戏剧主人公的命运所产生的共鸣，在与角色相疏离的状态下对戏剧主人公的命运作出审视和反思。

本雅明据此对布莱希特史诗剧的主旨作了进一步的阐释，指出史诗剧的演出使观众感到舒缓和轻松，它不会引起大起大落的强烈情感共鸣。如果说亚里士多德的悲剧是力图通过陶冶或宣泄使观众产生共鸣的话，那么史诗剧只是让观众感到震惊。进而言之，史诗剧的任务不在展开情节，而在揭示状况，让观众了解主人公的生存状态。而揭示状况恰恰是通过中断情节发展来实现的，这就造成了陌生化的效果。

本雅明还指出，史诗剧的上演就像电影画面一样分片断来呈现，就像在完整的情节中打进了楔子，使剧中一个个场面成为界限分明、断断续续推进的，而歌唱、字幕和表演程式则在其中起到间隔的作用。这样，在史诗剧中，充斥着中断、间隔、陌生化和震惊感，而这些创作手法的更新，旨在抑制观众的移情幻觉，阻止观众的情感共鸣，使观众保

① Walter Benjamin, *Walter Benjamin Gesammelte Schriften*, Ⅱ, Unter Mitwirkung von T. W. Adorno und G. Scholem, Suhrkamp Verlag, 1977, pp. 521 – 530.

② Walter Benjamin, *Walter Benjamin Gesammelte Schriften*, Ⅱ, Unter Mitwirkung von T. W. Adorno und G. Scholem, Suhrkamp Verlag, 1977, p. 531.

持对于戏剧本身的批评态度，包括对于角色塑造和表演方式的批评态度。"至于表演方式，史诗剧演员的任务是在他的表演中向观众表明，他保持着清醒的头脑。就是对他来说，共鸣也几乎是不适用的。"①

然而到了《作为生产者的作者》，本雅明所理解的史诗剧引起观众审慎反思和批评态度的效果则发生了转移。本雅明曾声称该篇演讲"体现了我试图将在《什么是史诗剧?》一文中为舞台所做的事情推广到文学中去的尝试"。② 时过境迁，其观点在该演讲对于《什么是史诗剧?》的推广中，已然有了新的内涵。

本雅明在《作为生产者的作者》后半段关于史诗剧的中断、震惊感等创作手法的论述概括了《什么是史诗剧?》中的论述，不过其中也有新的变化，那就是将当时在电影、广播、报界和摄影等行业中十分时髦的蒙太奇手法增列其中，使得这一在此前尚无以名之的创作手法有了明确的概念。所谓"蒙太奇"（Montage）在法语中是"剪接"的意思，是电影艺术中与"长镜头"相对应的概念，它是关于电影中镜头组合的技巧，它揭示了电影艺术的一个重要规律，即当不同的镜头组接在一起时，往往会产生各个镜头单独存在时所不具有的含义。布莱希特的史诗剧借取电影中的这一手法旨在促成观众反思和批评的观剧态度。然而此处要说的并不是这个，而是本雅明在理解史诗剧观众的反思和批评的取向方面有了重要的进展。

本雅明首先将史诗剧包括它在技术手段和创作手法方面所作出的创革如蒙太奇手法的运用提高到"人的活动"高度上进行认识，指出史诗剧作家以先进的戏剧实验与整个戏剧作品相抗衡，通过新的方式与古老而伟大的戏剧传统对话，但史诗剧独树一帜之处在于，"处于他的尝试中心的是人"。③ 然而值此纳粹铁幕下的艰难时世，人恰恰被缩减、被冷落，因此人理应成为理论兴趣所了解、考察、鉴定的对象。由此得

① ［德］瓦尔特·本雅明：《什么是史诗剧?》，张黎编选《布莱希特研究》，中国社会科学出版社1984年版，第16页。

② ［美］理查德·沃林：《瓦尔特·本雅明：救赎美学》，吴勇立，张亮译，江苏人民出版社2008年版，第159页。

③ ［德］瓦尔特·本雅明：《作为生产者的作者》，王炳钧等译，河南大学出版社2014年版，第30页。

出的结论是，不是通过其他途径，只需在严格的习惯性的过程中，通过理性和训练而使事情发生变化，而史诗剧的本意则是从戏剧动作这种最小、最简单的事情做起。在本雅明看来，"它的手段比传统话剧要简朴；它的目的也是如此。它的目的并不在于让观众充满情感，哪怕是激昂的感情，而是以持续的方式，使观众通过思考疏离他们生活于其中的状况"①。此处可见本雅明仍一以贯之地强调应该像史诗剧那样，使观众在观剧时以审慎的反思取代移情幻觉和情感共鸣，但是他所谋求的已不是对于戏剧本身诸如角色塑造和表演方式等方面的批评态度，而是对现有生活的批评反应了，它直接引向对于现实生活、现存世界的疏离和反抗。如果说这一点恰恰体现了文学批评的生产性的话，那可以说这种生产性不仅贯穿于舞台这个小社会，而且施展于社会这个大舞台了。

第六节　布莱希特与本雅明的对应与不对应之处

本雅明与布莱希特在戏剧理论上是一种"剪不断、理还乱"的关系，已如上述，本雅明一度成为布莱希特戏剧观念的宣讲者和阐释者，但如果认真加以辨析，则不难发现二者之间存在着对应之处与不对应之处。就从本雅明说，可细分出四种情况：一是本雅明对布莱希特的论说和观点的直接引用，如对于布莱希特关于陈旧的舞台机器造成"机器掌控人，机器成为压制生产者的手段"等说法的引述；二是本雅明对布莱希特艺术观念和美学主张的概括和总结，如他对于布莱希特提出的"非亚里士多德式戏剧"的阐释；三是本雅明从布莱希特的理论出发进而形成自己的观点，如从对"舞台机器"的考量推及对"机械复制时代艺术作品"的论衡。如果说以上三种情况都可以归入二者相互对应一类的话，那么第四种情况就属于二者之间不对应一类了，那就是布莱希特在 20 世纪 30 年代后期以及 1940 年本雅明辞世以后正式发表而本雅明未涉的论著，其中表达的戏剧观点往往从本雅明已有研究的水准又

---

① ［德］瓦尔特·本雅明：《作为生产者的作者》，王炳钧等译，河南大学出版社 2014 年版，第 30 页。

向前发展了。

这里特别要提出讨论的是布莱希特关于戏剧批评的生产性的论述。

首先，布莱希特倡导的戏剧实验具有明确的社会目的和政治动机，它是通过运用各种技术因素和表现手法使得观众的观剧心态发生变化，增加了理性、反思、批判的成分，通过戏剧批评来积极地干预现实、改造社会。他说："观众在剧院里被作为伟大的改造者受到接待，他能够插手干预自然界发展过程和社会发展过程，他不再仅仅忍受世界的一切，而是要主宰这个世界。剧院不再企图使观众如醉如痴，让他陷入幻觉中，忘掉现实世界，屈服于命运。剧院现在把世界展现在观众眼前，目的是为了让观众干预它。"①

其次，布莱希特指出史诗剧具有重大的社会历史意义，其本质是实践性、政治性的，这些属性有着经济—政治关系的背景，它要通过戏剧批评去改变已有的经济—政治关系。他说："史诗剧主要是对人与人之间有重大社会、历史本义（典型性）的关系感兴趣……因此必须找到可供实践的模式，这就是说要找到那些使人感兴趣的社会进程的模式，并通过使用这些模式反过来能干预这些社会进程。这说明了史诗剧的兴趣完全是具有实践性的。在史诗剧中表现了人的态度行为是可以改变的，人一方面依附于一定的经济—政治关系，另一方面又有能力去改变经济—政治关系。"②

再次，布莱希特还对陌生化效果的社会性功能作了充分的论述，他强调"陌生化效果是一个社会性的措施"。③ 而史诗剧所要达到的目的也就在于此，它转而面向社会的人，而这一点正是通过陌生化手法达到的，它借助各种技术手段和创作手法造成的陌生化效果让观众看到的剧中人物也是一个社会的人，他的命运也是一种社会现象，它失去了"自然事件"的属性而成为一种社会性的事件，从而成为观众注意的

---

① ［德］贝·布莱希特：《布莱希特论戏剧》，丁扬忠等译，中国戏剧出版社1990年版，第63页。

② ［德］贝·布莱希特：《布莱希特论戏剧》，丁扬忠等译，中国戏剧出版社1990年版，第311页。

③ ［德］贝·布莱希特：《布莱希特论戏剧》，丁扬忠等译，中国戏剧出版社1990年版，第123页。

焦点。

最后，特别令人感到兴趣盎然的是，布莱希特1935年在莫斯科观看了梅兰芳的京剧表演后大为赞赏，他发现自己所追求的陌生化手法在中国戏剧中作为悠久传统有着淋漓尽致的表现，它充分展示了戏剧重新阐释社会的开阔空间，大力助推了戏剧的社会批判意义和社会改造功能，对于戏剧批评的生产性作出了充分的肯定。他这样说："在阐明一些新的艺术原则和创立一些新的表演方法的时候，我们必须从被历史时代更替所支配的任务出发，看到重新阐释社会的可能性和必要性正在出现。人与人之间发生的一切事情都应受到检验，一切都应从社会的立场出发加以考察。在各种艺术效果里，一种新的戏剧为了完成它的社会批判作用和它对社会改造的历史记录任务，陌生化效果将是必要的。"①

从以上分析不难得到一个突出的观感，在文学批评的生产性问题上，如果说当年本雅明的有关论述还只是空谷足音的话，那么后来在布莱希特则是大张旗鼓了；如果说本雅明当年引领了戏剧批评从演员现场表演转向观众生存现状的话，那么布莱希特则公然将戏剧批评的目标指向社会性、政治性、实践性了。而这一切在戏剧批评中发生的新变无疑都是具有建设性、增殖性、产出性的，显示了文学批评强大的生产性，这也标志着马克思创建的"艺术生产论"开始从创作活动向接受和批评活动转化了。

---

① ［德］贝·布莱希特：《布莱希特论戏剧》，丁扬忠等译，中国戏剧出版社1990年版，第202页。

第 四 章

经典文学批评：生产性
文学批评的雏形

    20 世纪被称为"批评的世纪"，文学批评古已有之，但在此时风云际会蔚成一门显学。韦勒克曾总结 20 世纪文学批评的兴起有两大标志：一是文学批评取得了国际性的地域扩展。二是文学批评获得了一种自我意识，形成了许多新的价值观念和研究方法，最终引起了自身的一场革命。① 可以认为，这场革命的一个重要方面就是在"艺术生产"问题上取得进展，它突破了以往将"艺术生产"限定于文学创作的理论定式，将文学阅读和文学批评纳入"艺术生产"的范畴。它开始将关注的重点从文学活动的前端移到后端，亦即从文学创作移到文学阅读和文学批评，它并不否认创作活动的基本规定性，但已开始重视阅读和批评的地位和作用，强调阅读和批评在促进知识增长、价值增值和观念提升方面强大的生产性功能。在这里作品与读者的关系发生了逆转，作品不再是让读者被动消费的对象，而成为供读者生产意义的客体；读者不再是作品的被动消费者，而成为作品意义的积极的生产者。更值得重视的是，批评家也是读者，而且是更高水平的读者，他能够依据层出不穷的文学现象，借助众多阐释模式，采用各种批评方法，更加自觉、更加理性地实现这种意义生产。它所取得的多方面进展标志着生产性文学批评的发轫。

    要在 20 世纪林林总总、学派蜂起的文学批评流派中厘清"生产性

---

① ［美］勒内·韦勒克：《20 世纪文学批评的主潮》，《批评的诸种概念》，丁泓等译，四川文艺出版社 1988 年版，第 326 页。

文学批评"的头绪是困难的，只能在几位世称"批评大师"的经典著作中寻找和发现端倪，他们就像浮现于云海之中的山峰，参差错落地呈现出整个时代文学批评的概貌，也刻度着整个时代文学批评的标高。

第一节 蒂博代：在美中有所生产

首先是法国文学批评家阿尔贝·蒂博代（1874—1936）。蒂博代在20世纪二三十年代活跃于法国文坛，他的批评文字以宽容、稳妥和亲切而享誉。他在1922年连续作过六次有关文学批评的讲演，1930年以《批评生理学》为名结集成书，后来中译本取名为《六说文学批评》。该书为学界熟知的是将文学批评分为三个区域：自发的批评、职业的批评和大师的批评，后来经常被引作区分不同批评人群的依据。其实该书还有一个重要的内容，即对于文学批评的生产性的揭扬，而这一持论也是建立在分类法之上的，不过这回主要是对批评功能进行区分，分为欣赏性批评、建设性批评和创造性批评三种，与上述三个批评区域或批评人群大致相对应，而其自身的各种功能也构成相互递进的关系。

公众自发的批评往往是凭借判断和趣味说话，人们更加愿意将这种批评视为欣赏，因此可以称之为欣赏性批评。但在欣赏中判断只是理性的一种决定，它并不生产什么；趣味无争辩，它也不创造什么。还有一点颇为紧要，这种批评往往众口哓哓但述而不作，伏尔泰称之为"不动笔的文学家"，这也是使之在理论上无所作为的一个原因。因此虽然欣赏有助于批评者提高理性、明确趣味，但它最终还是以提供享受、享乐见长，因此它还应有更高的进取。蒂博代这样说："毫无疑问，趣味应该是批评的主要组成部分，但是批评家不仅要欣赏，他还要理解和创造。"①

建设性批评的特点是"从历史中抽出一些普遍的原因，法则的表象，作家和时代的面貌特征"②，人们在这一批评领域内可以看到四个

---

① ［法］阿尔贝·蒂博代：《六说文学批评》，赵坚译，生活·读书·新知三联书店2002年版，第165页。

② ［法］阿尔贝·蒂博代：《六说文学批评》，赵坚译，生活·读书·新知三联书店2002年版，第173—174页。

顺序，亦即四种思想体系，它们衍生出各异的批评形态。蒂博代将其概括为：同类顺序、传统顺序、同代顺序和地方顺序。第一种以对体裁的看法为中心，第二种以对传统的看法为中心，第三种以对同一代人的看法为中心，第四种则以对某一地区的看法为中心。① 它们就像四根立柱，撑起了建设性批评的大厦，如果归纳一下的话，其中体裁和区域为静止的、空间的观念，传统和同代人为运动的、时间的观念，前者是逻辑的方法，后者是编年的方法，它们恰恰整合成一个结构紧密的、有生命的、活跃的机体。蒂博代认为，建设性批评始终受到其"生产和建设观念的需要的引导"，遵循"鉴赏，分类，解释"② 的逻辑而得以建构。

这样，建设性批评的抽象概括与欣赏性批评的趣味爱好就构成了两极，它们并不相互排斥，毋宁说更是互补相济的，蒂博代说："在批评中，没有任何东西比建设更能感到自满自足了。建设者，如果他缺乏趣味，只不过是一个泥水匠罢了，有趣味的人，如果他不懂建设，则只不过是一位票友罢了。有趣味而又懂得建设的人，才能无愧于建筑师的称号。"③ 进而言之，如果这位建筑师的趣味是有助于建设的，那么他的建筑活动便进入更高的创造性境界。而文学批评就是如此，正是这种创造性因素使之得以仰高行远。

这就转向了创造性批评。蒂博代指出，有一种普遍的看法，艺术家是创造者，而批评家却不创造任何东西，他的职责在于观看，判断，特别是赞扬他人的创造；但另一方面，人们所能给予一位大批评家的最高赞誉是说批评在他手中真正成为一种创造。④ 这两种看法非常矛盾，症结在于对"创造"的见解各异，那么，"创造"究竟是什么呢？

蒂博代仍以建筑师为喻，他认为，建筑师互有差等，普通的建筑

---

① ［法］阿尔贝·蒂博代：《六说文学批评》，赵坚译，生活·读书·新知三联书店2002年版，第174页。

② ［法］阿尔贝·蒂博代：《六说文学批评》，赵坚译，生活·读书·新知三联书店2002年版，第193、91页。

③ ［法］阿尔贝·蒂博代：《六说文学批评》，赵坚译，生活·读书·新知三联书店2002年版，第195页。

④ ［法］阿尔贝·蒂博代：《六说文学批评》，赵坚译，生活·读书·新知三联书店2002年版，第196页。

师可以"建设"一座外观漂亮的房子，而米开朗琪罗则"创造"了圣彼得大教堂的圆顶，其中的差距不啻天壤之别！所谓"建设"更多将心思用于筹划材料的使用、计划的实施、力学的应用等，而"创造"却"意味着参与自然本身的力量，意味着通过与自己的才能类似的才能，制造出和自己一样的有生命的存在"。建设性批评更多倚仗抽象概括，所以它建造的可以是抽象的建筑、雄辩的大厦，但决计不可能是大师级的不朽之作。伟大的批评家与平庸的批评家之间的区别在于，"前者能够给这些重要的概念以生命，能够用呼吸托起它们，并时而通过雄辩，时而通过精神，时而通过风格，给它们注入一种活力，而对后者来说，这些概念始终是没有生气的技术概念，总之，不过是概念而已"①。

　　以上的比较内涵丰富，揭扬了"创造"活动深厚的人文底蕴，它与人的自然本性相通，与人的生命存在攸关，它应和着创造者呼吸的节奏、脉搏的跳动，从而显示出生气蓬勃、活力四射的精神风貌和艺术风格。创造性批评正是以其丰富的人文底蕴而立身，涵盖了欣赏性批评和建设性批评并将其吸纳于自身，从而将文学批评推向更高境界。蒂博代选择了若干义项来定义"创造"这一概念："哪里有风格，独创性，强烈而富于感染力的真诚，哪里就有创造。"② 对于其中各个义项，蒂博代进一步作了具体的论证，一是创新性、独创性："批评应该在这种创造中意识到自己是一种具有独创性的顽强的创造力量。"③ 二是抽象概括能力："批评家，即一个像炼金术士那样千方百计提取精华的人。"④ 又如创造冲动："一种创造冲动的批评，应该走得更远些。"⑤ 三是情感交流："批评只有吸取了感情交流的力量才能变为

_____

① ［法］阿尔贝·蒂博代：《六说文学批评》，赵坚译，生活·读书·新知三联书店2002年版，第197页。

② ［法］阿尔贝·蒂博代：《六说文学批评》，赵坚译，生活·读书·新知三联书店2002年版，第197页。

③ ［法］阿尔贝·蒂博代：《六说文学批评》，赵坚译，生活·读书·新知三联书店2002年版，第197页。

④ ［法］阿尔贝·蒂博代：《六说文学批评》，赵坚译，生活·读书·新知三联书店2002年版，第199页。

⑤ ［法］阿尔贝·蒂博代：《六说文学批评》，赵坚译，生活·读书·新知三联书店2002年版，第202页。

创造性的批评"①，如此等等。这些义项原本为艺术家的创作活动之所必备、创作过程之所必至，如今却构成了创造性批评的内涵，这就意味着创造性批评以流为源，也变成了一种创作活动，一种批评家的创作活动，凸显了创造性批评较之一般艺术创作毫不逊色的建构性、增殖性和产出性。

在蒂博代看来，在这里还必须突出一点，那就是对于美的追寻，而这种追寻乃是生产性的。他有一句名言："创造性批评并不满足于欣赏文学的美，它还要在美中有所生产。"② 这就明确标举了"生产"的概念，将文学批评的生产性问题提上了议事日程。其间法国批评界有一时尚，即把文学批评分为"求疵的批评"和"寻美的批评"。在前一种批评中，批评者就像一名检疫员，履行检查病疫的天职，他总是用挑剔的目光去审视文学作品，在他眼里没有一位作家是完全健康的。而在后一种批评中，批评者则是抱着理解和同情的态度来阅读作品，努力从中发现美、阐发美，从而自己也成了美的创造者，他的兴趣不在批评分析，而在审美创造，这是他创造本能的自然流露。而蒂博代本人更倾向于"寻美的批评"。

蒂博代引用同期的法国批评家法盖的话说："求疵的批评是批评家创造的，而寻美的批评是感到需要被人欣赏的作家发明的。"③ 这里所说"感到需要被人欣赏的作家"应该也包括寻美的批评家在内，已如上述，此时批评家作为美的创造者，在一定程度上已经转化为作者了。寻美的批评家与艺术家是相互理解、彼此同情的，他延续了艺术家的创造工作，更是完善了艺术家的创造工作。蒂博代用了一个形象的比喻说明之："在这里，通常的关系被颠倒了：作者不再是橡树，批评也不再是攀援植物了，批评对后世而言成了橡树。"④ 批评家并不是艺术家的

---

① [法] 阿尔贝·蒂博代：《六说文学批评》，赵坚译，生活·读书·新知三联书店2002年版，第208页。
② [法] 阿尔贝·蒂博代：《六说文学批评》，赵坚译，生活·读书·新知三联书店2002年版，第209页。
③ [法] 阿尔贝·蒂博代：《六说文学批评》，赵坚译，生活·读书·新知三联书店2002年版，第125页。
④ [法] 阿尔贝·蒂博代：《六说文学批评》，赵坚译，生活·读书·新知三联书店2002年版，第214页。

攀附物，批评家也是艺术家，他在文学批评中显示的建构性、生产性并不亚于一般艺术家，寻美的批评家尤其如此。

不过在蒂博代看来，寻美的批评家的高明之处不仅在于抛弃那些毫无价值的作品和理解杰作，而且在于把握这些杰作中所包含的新颖的、充满生机活力的东西，将其作为进一步建构和生产的起点。在这方面，寻美的批评比求疵的批评更加成功。"他接触到了一种新现实，这种新现实简单地说就是天性"，这里指的并不仅仅是个人的天性，而是一种体裁，一个时代和一种宗教内在的深刻而活跃的天性。"熟悉天性，热爱和敬重天性，并由此而产生热情，这就是这种批评真正必不可少的东西。"① 虽然蒂博代对于所谓"天性"的崇尚带有基督教教义的神秘主义色彩，但他在时代风尚和文学发展的生长点、未来性中落实生产性文学批评的出发点，则是完全可取的。

第二节　艾略特：有效的阐释

T. S. 艾略特（1888—1965）为 20 世纪文学批评贡献了若干篇经典性的论文，如《传统与个人才能》（1917）、《批评的功能》（1923）、《批评的界限》（1956）等，其中就已涉及文学批评的"生产性"问题。

起初艾略特在文学批评问题上偏于保守，这方面的论述集中在《批评的功能》一文中。在该文中，他延续了其成名作《传统与个人才能》的理念，主张批评应将关注的中心落在作家和作品身上，反对批评者凭借一己之见而妄断是非，并将这一基本主张悬为文学批评所应遵循的目的和方法。在他看来，批评有一明确的目的，那就是"解说艺术作品，纠正读者的鉴赏能力"②，因此名副其实的批评家，本来就必须努力克服他个人的偏见和癖好。但有的批评家却固执己见、强作

---

① ［法］阿尔贝·蒂博代：《六说文学批评》，赵坚译，生活·读书·新知三联书店 2002 年版，第 127 页。按"天性"一词的汉译根据原意有所更改，参见郭宏安为该书写的《代译本序》《读〈批评生理学〉》，见该书第 27 页。

② ［英］T. S. 艾略特：《批评的功能》，王恩衷编译《艾略特诗学文集》，国际文化出版公司 1989 年版，第 62 页。

解人，为此"我们不得不将这一类的批评家排除出去"。① 人们都推崇文学的创造性，那么，文学批评是否具有创造性，是否存在一般意义上的创造性批评呢？回答是肯定的，只不过在他看来，批评家可以将批评融化在创作里，却不能将创作融化在批评中，"批评活动只有在艺术家的劳动中，与艺术家的创作相结合才能获得它最高的、真正的实现"②。

艾略特将文学批评的创造性局限于文学创作的范围内的理由是，批评家在阐释某一作家作品时，往往会夹带自己的理解，这种理解虽然不无道理，也能给人启发，但却无法在作家作品那里找到有效的根据。这种仅凭批评者的主观发挥所作的阐释不足为训，只有根据作品中的客观事实作出的阐释才是合理和可信的。这就像解剖尸体，"比较和分析只要把尸体放到解剖台上就成，而阐释则始终必须从容器内取出身体各种部分并按原位把他们拼装"③。就是说，文学批评可以采用比较、分析等方法，但真正合理的批评只是通过这些方法对作品进行还原，而不允许凭借先入之见对作品作出任意的臆测和虚构。

然而到了 33 年以后，艾略特写了《批评的界限》（1956）一文，一开篇就表达了悔其少作的遗憾："最近我又重读了这篇论文（按指《批评的功能》），感到十分茫然，真不知我当时絮絮叨叨都说了些什么……发现自己无法想起当时我大发厥词是处在一种什么样的背景下。"④ 此时艾略特所持的批评观点已经发生了 180 度的转变。他认为，文学批评对诗本身的理解往往与对诗人的理解并不相干，可以认为，在所有伟大的诗中，不管我们对诗人的了解有多么全面，总会存在某些无法解释的东西，并且是至关重要的东西，在一首诗写成之后，这种新东西就产生了，这是以往任何经验都无法完全解释的东西。对于这种新东

---

① ［英］T. S. 艾略特：《批评的功能》，王恩衷编译《艾略特诗学文集》，国际文化出版公司 1989 年版，第 62—63 页。
② ［英］T. S. 艾略特：《批评的功能》，王恩衷编译《艾略特诗学文集》，国际文化出版公司 1989 年版，第 68 页。
③ ［英］T. S. 艾略特：《批评的功能》，王恩衷编译《艾略特诗学文集》，国际文化出版公司 1989 年版，第 70 页。
④ ［英］T. S. 艾略特：《批评的界限》，王恩衷编译《艾略特诗学文集》，国际文化出版公司 1989 年版，第 286 页。

西的解释，"就是我们所谓的'创造'的意义"。① 不难见出，他此时对于"创造"的意义的界定已经从以往对作家作品的理解转向对作家作品的解释了。

导致艾略特发生这一转变的缘由是，他注意到英国文学批评中的一种新动向，即从以往关注诗人转向了关注诗本身，他将这种转向称为"健康的反动"②。他是在先前出版的名为《阐释》的一书中发现这种进展的，这本书是十二个年轻的批评家合写的论文集，他们从 16 世纪直到当时的诗歌中每人挑选一首著名的诗作，在不涉及作者和其他背景的情况下，对这首诗进行逐节逐行的分析，通过提炼、挤榨、梳理，尽力把其中的每一点滴意义都挤压出来。其中每个批评家都按照自己的套路来做这件事，艾略特称之为"榨柠檬汁批评派"。他们对作品所作评论的共同特点是，"并不是试图去寻找它的根源，无论是文学中的还是我（按指作者）私生活的最隐秘的根源，而是试图找到这首诗的真实含义"③。而最后得出的结果十分有趣，虽然稍显紊乱，但都是苦心孤诣。可以猜想，如果那些已故的作者地下有知的话一定会颇感惊讶，而艾略特本人作为其中唯一健在的被选者，也对自己的作品被这些晚辈解读出来的含义感到惊诧不已。尽管如此，但艾略特对于这一做法仍然予以充分认同："不管那是否我的本意。在这一点上我是很感激的。有几篇论文给我留下了很好的印象。"④

艾略特由此省思，作为一名教师，他有责任告诫学生在阅读作品时规避种种危险，一是假定作为整体的一首诗只有一种解释，而且这种解释必须是正确的；二是假定有效的解释一定是对作者的创作意图和创作过程进行描述。这些假定都属于伪问题，而他寄希望于学生的，则是在对诗进行了认真、仔细的研究和分析之后能够欣赏这首诗。凑巧的是，

---

① ［英］T. S. 艾略特：《批评的界限》，王恩衷编译《艾略特诗学文集》，国际文化出版公司 1989 年版，第 295 页。
② ［英］T. S. 艾略特：《批评的界限》，王恩衷编译《艾略特诗学文集》，国际文化出版公司 1989 年版，第 295—296 页。
③ ［英］T. S. 艾略特：《批评的界限》，王恩衷编译《艾略特诗学文集》，国际文化出版公司 1989 年版，第 296 页。
④ ［英］T. S. 艾略特：《批评的界限》，王恩衷编译《艾略特诗学文集》，国际文化出版公司 1989 年版，第 296 页。

他再一次使用了曾经用过的比喻，声称这就"好像有人拆散了一台机器，让我重新组装那些部件一样"。不过他这回对于那种对作品进行纯粹还原式的批评持否定态度，而主张对拆散的部件进行重新组装了。这一立场的翻转基于以下信念："阐释的很大一部分价值是，并且应该是我自己的阐释""有效的阐释同时必须是对我读诗时所产生的感情的阐释。"① 艾略特据此对于文学批评的功能重新划定界限：如果说他 33 年前是主张文学批评旨在"澄清艺术作品和纠正鉴赏情趣"的话，那么如今则是肯定文学批评旨在"促进对文学的理解和欣赏"了。② "创造"也好，"促进"也罢，其实都是对于文学批评的生产性的认定。

第三节　瑞恰慈：有趣的陷阱

艾·阿·瑞恰慈（1893—1979）的《文学批评原理》（1924）是欧美文坛第一本关于文学批评的系统理论专著，他因此而被称为现代文学批评最早的立法者。该书针对当时各种批评观念纷繁芜杂、漫无定论的状况，尝试对文学批评所涉的问题作一系统分析，以求对这些问题形成全面、立体的看法。当时作为一位年轻的大学教师，他声称，这并不完全是为了著书立说，而是为读者提供一种新型有效的教学工具。

该书讨论的一个重要问题就是如何对文学作品形成有效的价值判断，或者说如何对一首诗给出合适的定义。其实这也就是批评标准的问题，不过他主要是在文学经验的范围内讨论这一问题。瑞恰慈首先肯定，借助文学批评这一载体，批评家有充分理由使其评论成为对一首诗的价值的有效判断。但实际上这类情况恰恰是相对鲜见的，批评家对一首诗的价值的评判未必都是有效的，这就助长了一种误解，似乎存在着某种客观性的东西，只要掌握它，所有的读者都可以对这首诗作出判断。但由于各师成心，其异如面，结果常常是谁都不明白他们在说什么。于是瑞恰慈提出一条思路，认为文学批评大多是诉诸感情的，而伴

---

① ［英］T. S. 艾略特：《批评的界限》，王恩衷编译《艾略特诗学文集》，国际文化出版公司 1989 年版，第 297 页。

② ［英］T. S. 艾略特：《批评的界限》，王恩衷编译《艾略特诗学文集》，国际文化出版公司 1989 年版，第 297—298 页。

随着感情它就将出现四种歧义：一是根据艺术家的经验；二是根据合格的读者的经验，三是根据理想而完美的读者可能产生的经验，四是根据我们自身的客观经验。① 在他看来，这四种经验各不相同，相互间的交流也不尽完美。其中只有第二、第三两种经验可取，前者即"合格的读者的经验"，这是"我们应当不受限制地去体验的，或者说是我们有可能亲身经历的最好的经验"；后者即"根据理想而完美的读者可能产生的经验"，这是"我们应当根据客观情况去体验的，或者说是我们能够期望的最好的经验"。② 可见瑞恰慈看好的主要是读者根据情感反应所获得的体验和经验，区别只在前者是现实的，后者是理想的；前者是亲历的，后者是期望的。也就是说，瑞恰慈将能够对一首诗作出有效的价值判断的希望寄托于读者。与之形成对照，瑞恰慈排除了第一、第四两种经验，即"艺术家的经验"和"我们自身的客观经验"，理由是，根据前者并不能解决问题，因为除了艺术家本人外无人真正了解其个人经验；而根据后者所作出的个人判断又往往见仁见智、莫衷一是。

根据以上取舍，瑞恰慈概括了确认文学作品价值的方法的若干要点，他认为，尽管可能看起来奇怪而又复杂，然而这却是最为方便的，这是界定一首诗唯一可行的方式：其一，"我们不能把任何单独的经验作为一首诗来看待；我们倒是应该具有或多或少相似的一个经验类别"③。诗人创作一首诗并非将某种个别的客观经验形诸笔端，而往往是表达某种共同的经验类别，他的诗句触发了某一类经验，在一定限度内与此类经验并无差别。那么凡是有过同类经验的人，我们都可以说他已经读过这首诗。

其二，任何经验类别都不会是铁板一块，不免会有各种差异和变化，因此必须认真细致地审视、辨析和琢磨一定经验类别中允许存在的变异范围，在此基础上制定一个关于诗的定义。

---

① ［英］艾·阿·瑞恰慈：《文学批评原理》，杨自伍译，百花洲文艺出版社 2010 年版，第 216 页。
② ［英］艾·阿·瑞恰慈：《文学批评原理》，杨自伍译，百花洲文艺出版社 2010 年版，第 216 页。按瑞恰慈此处对第二、三种经验的论述似排序有误，兹正之。
③ ［英］艾·阿·瑞恰慈：《文学批评原理》，杨自伍译，百花洲文艺出版社 2010 年版，第 217 页。

其三，虽然在某一经验类别中，上述差异和变化总是在允许范围内显示其特殊性和异质性，但它仍需以某个标准经验作为参照，"在沉思完成的作品的时候，我们可以把诗人的有关经验作为这种标准经验"①。无论如何，作者的创作经验仍是讨论作品价值的起点。不过关于这一点，瑞恰慈显得犹豫不决，首鼠两端，他以柯尔律治的创作经验为例证之，后者声称写作《忽必烈汗》一诗无非是"一次心理上的好奇"，一次"梦境经验"罢了，②并不具作为标准经验的确定性。

其四，凡是能够做到以上几点的批评者将以某种经验类别为依据而对一首诗作出判断，同时他也获得了一种资质，即能够就别的批评家对这首诗作出的判断是否合理、是否准确而作出评判。

其五，瑞恰慈觉得，制定一个关于诗的定义，"这对于任何一位具有心理学知识的文学逻辑学家都是一项有趣而又有益的工作。这些经验肯定显然是包括读解那些在节奏和音调上有着相当密切的对应关系的文字"③。瑞恰慈对于文学批评原理的探讨中始终贯穿着他所热衷的现代心理学和现代语义学的方法，这就使之对有效的价值判断的探讨带有鲜明的方法论色彩。

瑞恰慈的以上论述在概念界定、理论论证、语言畅达等方面瑕疵多多，让人解读起来特别费劲，但如果联系他此际若干年间所进行的一项著名的实验的话，对其试图说明的问题、揭示的学理和厘定的概念的了解和把握可能会更加清晰、准确一些。

瑞恰慈认为，在文学阅读中有一条规律，不同读者对于同一作品的解读各异，有的是歧路亡羊，有的是殊途同归，但不管哪种情况可能都与作品的实际情况相左。在他看来，这种分歧不是作品的本身因素决定，而是读者的主观因素使然，阅读中主观因素的存在对于重新认识文学批评的本质具有重要意义。

---

① [英] 艾·阿·瑞恰慈：《文学批评原理》，杨自伍译，百花洲文艺出版社 2010 年版，第 218 页。

② [英] 艾·阿·瑞恰慈：《文学批评原理》，杨自伍译，百花洲文艺出版社 2010 年版，第 218 页。

③ [英] 艾·阿·瑞恰慈：《文学批评原理》，杨自伍译，百花洲文艺出版社 2010 年版，第 217 页。

为了验证读者主观因素的作用，瑞恰慈做了一项著名的实验，将一组诗隐去题目和作者分发给学生，让他们在没有任何暗示的情况下自主地对这些诗作出评价。最后得出的结果出乎意料：原先声名显赫的诗人遭到差评，而名不见经传的作者却受到追捧。这一心理测试的结果证明了一个事实，即通常对于一件作品的阅读总是会牵扯到读者心中先入为主的观点和情感，这些主观因素的掺入势必导致对于作品感受和评价的差异。他将造成这种歧异的主观因素比作"陷阱"，认为"那些批评上的陷阱则更迷惑人，也更有趣。每当一首诗看起来牵扯或实际上牵扯到在读者心中已是很现成的观点、感情时，这些机关陷阱就有了作用的机会，这样，出现什么结果看来就是读者的事而不是诗人的事了"①。依照通常理解，在阅读中作者与读者、批评者之间是一种主从关系，但当这种主从关系发生易位甚至逆转时，那就必须对其中可能隐伏的陷阱有所警惕了。通常人们采取的办法是避开这一陷阱，瑞恰慈认为这并非明智之举，在此不必从一个极端走向另一个极端，"避开这个陷阱与陷入这个陷阱的人都同样可能犯判断不公的错误"②。就像批评中的"滥情"与"制情"问题，只是一个情感反应的分寸问题，"对二者中任何一个都不能孤立地加以考虑"。③他承认在阅读和批评中夹杂主观因素不无偏颇之处，但也并未决然加以否定，反而觉得这种主观因素的发挥更加有趣、更有意义，甚至在阅读和批评中起到主导作用。这就为阅读和批评的增殖性、生产性留下了充分的余地。

第四节　弗莱：放飞的风筝

加拿大学者诺思罗普·弗莱（1912—1991）的批评理论表现出显著的自觉性和建设性，其代表作《批评的解剖》（1957）为文学批评建

---

① ［英］艾·阿·瑞恰慈：《〈实用批评〉序言》，赵毅衡编选：《"新批评"文集》，百花文艺出版社2001年版，第420页。

② ［英］艾·阿·瑞恰慈：《〈实用批评〉序言》，赵毅衡编选：《"新批评"文集》，百花文艺出版社2001年版，第421页。

③ ［英］艾·阿·瑞恰慈：《〈实用批评〉序言》，赵毅衡编选：《"新批评"文集》，百花文艺出版社2001年版，第421页。

立了一套颇具可操作性的方法，使文学批评走向了规范化和学科化。在此基础上，弗莱将文学批评的生产性研究又向前推进了一步，他已明确使用"艺术生产""文学生产""精神生产"等概念，并试图将辩证法运用于文学批评。

弗莱在《批评的解剖》开篇就对文学批评举足轻重的地位进行了确认，指出文学批评涉及文学的全部学术研究和鉴赏活动，属于文科教育、文化或人文学科研究的范围，它不仅仅是这一更大活动的一部分，而且还是它的主要部分。同时弗莱对一些对文学批评的误解也进行了鉴别，通常人们认为文学批评的对象是一种艺术，因此文学批评本身也是一种艺术。他认为这一判断是有欠缺的，它有可能造成一种错觉，似乎批评成为寄生于艺术的附庸，从而对其创造性不屑一顾。这种把批评家视为寄生虫或无能的艺术家的观念至今仍非常流行。

有鉴于此，他力陈了文学批评为什么必须存在的若干理由：其一，批评能够说话，艺术却是无言的。绘画、雕塑或音乐是不说话的；而诗歌往往以超然的态度使用语言，一旦它说出其中的寓意来开导读者，那诗歌也就变成说教，等而下之了。其二，批评是一个享有自主性的活动领域，其自主性一方面表现在，批评是按照一种特定的观念框架来论述文学的，但这并非就等同于文学自身的框架，否则它又沦为艺术学科的寄生物了。另一方面表现在，批评又不外在于艺术学科，否则它同样会丧失自主性，消融在其他学科之中了。这就不是从文学内部去为批评寻找观念的框架，而是将批评隶属于文学以外的形形色色的框架了。有一条道理再清楚不过了：文学批评的原理是无法从神学、哲学、政治学、科学等学科中照搬过来的。其三，从研究方法来说，如果批评按照某种观念框架来考察文学，那么这种观念框架则是从对文学的阅读和考察中归纳出来的，而归纳法的运用意味着这种观念框架已经拥有了一定的科学程序。这就使得批评既是一门艺术又是一门科学，表现出双重性、复合性，从而它与像自然科学那样"纯粹的"或"精确的"科学就有所区分。而在文学批评中，正是这种科学要素，使之既避免沦为文学的寄生物，又避免遭到其他观念框架的强制，从而确保其学科的完整性不受外来的侵犯。正是基于以上理由，弗莱强调，为了捍卫批评得以存在的权利，就应该确认如下的前提："批评是一种思想和知识的结构，这种结构本身有权利存在，而且不依附于它所讨论的艺术，具有一定程度的独立性。"① 进而言之，批评之于艺术，恰如史学之于行动，哲学之于智慧。史学家用历史观点思考一切，哲学家从哲学角度思考一切，而"批评家同样应善于构筑起一个自己的观念世界并生活在其中"。② 文学批评与许多相邻学科毗连，但它务必在确保自身独立性的前提下与之建立起睦邻友好关系，这一前提就像一个阿基米德点，批评家依靠它才能去撬动整个文学批评，从而表现出强大的创造性和生产性。

　　弗莱在《批评的解剖》中所展开的精神历险旨在揭橥文学批评的创造性和生产性，其突出的贡献在于开创了"原型批评"的模式，并以此为核心，为整个西方的文学研究和批评实践搭建了一个新的架构，具有显著的知识增长、观念生产和价值增值的意义。该书的主干部分由四篇论文组成，分别从文学模式的嬗变、象征与意义、神话研究、修辞和文体等角度来建构历史批评、伦理批评、原型批评、修辞批评四种批评模式。弗莱力图借此确立一种"全面的文学批评观"③，对现有的各种批评派别提供一个总体性视角。在他看来，上述各派文学批评本身都是卓有成效的，将其中任何一派排除于文学批评之外都是愚不可及的。他无意去抨击其中任何一种批评方法，只要它决意推倒矗立在不同批评方法之间的障碍。这种由门户之见所造成的隔阂往往使批评家偏守一隅、自闭排他；又往往导致批评家不是首先与其他批评家沟通，而是反认他乡是故乡，求助于文学批评以外的各种学科，以至消融了自身。

　　弗莱认为，在推倒这些障碍的过程中，"原型批评应起到中心作用，因而赋予它以突出的地位"。④ 那么，原型批评何以能做到这一点呢？弗莱曾为之正名：

---

① ［加］诺思罗普·弗莱：《批评的解剖》，陈慧等译，百花文艺出版社2006年版，第6页。

② ［加］诺思罗普·弗莱：《批评的解剖》，陈慧等译，百花文艺出版社2006年版，第16页。

③ ［加］诺思罗普·弗莱：《批评的解剖》，陈慧等译，百花文艺出版社2006年版，第505页。

④ ［加］诺思罗普·弗莱：《批评的解剖》，陈慧等译，百花文艺出版社2006年版，第506页。

"原型"（archetype），也即是一种典型的或反复出现的形象。我所说的原型，是指将一首诗与另一首诗联系起来的像可用以把我们的文学经验统一并整合起来。而且鉴于原型是可供人们交流的象征，故原型批评所关心的，主要是要把文学视为一种社会现象、一种交流的模式。这种批评通过对程式和体裁的研究，力图把个别的诗篇纳入全部诗歌的整体中去。①

以上关于原型批评的定义来自弗莱对文学发展的周期性律动的发现，他将其归结为由四种原型相互转换的循环运动，有如自然界的周而复始大致经过四个阶段，一天有晨、午、晚、夜，一年有春、夏、秋、冬，一生有青年、成年、老年、死亡，而文学则有喜剧、传奇、悲剧、嘲讽，文学这四种叙事结构恰恰与天地万物循环往复的各个阶段一一对应、同步前进。因此弗莱指出："人们经常用有机体的'创造'这样的隐喻来形容艺术生产。"② 这就为文学的总体性、程式化研究提供了便利，人们可以预测在某个阶段就必然会有某种原型出现并成为主流，从而原型对于文学发展的潜在支配作用成为一种有规律、可预见的东西。今天人们普遍认同这一观点，如果说将中世纪视为西方文化的青年期的话，那么当今时代则处于老年期，在命定的轮回中势必向早期古典文化复归了，像卡夫卡的《变形记》、乔伊斯的《尤利西斯》、加缪的《西西弗斯故事》等，不仅内容，就连取名也来自古代希腊罗马的神话传说。

在以上原型批评所建构的纵横交错的对应关系中，以显著的结构性、构成性形成了总体性研究的取向，促进文学经验和批评模式的交流、容纳、整合、统一，也成为清除文人相轻、门户之见等弊端的利器，从而以一种新的架构彰显了弗莱力主的"全面的文学批评观"的创造性和生产性。

正是根据原型批评总体性研究的宗旨，弗莱对于某些关于文学批评的谬见提出了异议，进一步论证了文学批评的生产性。其一，文学批评

---

① ［加］诺思罗普·弗莱：《批评的解剖》，陈慧等译，百花文艺出版社2006年版，第142页。

② ［加］诺思罗普·弗莱：《批评的解剖》，陈慧等译，百花文艺出版社2006年版，第508页。

的起点在于对作品文本的研究，但起点不等于全程，更不等于终点，如果始终用作品文本来牵制评论，就像用手中的线牵制风筝那样，是远远不够的。因为文学批评往往是由多重评论构成的，先是围绕着作品明显的意义展开第一批评论，接着又可围绕其无意识的意义写出第二批评论，然后再就一部诗的创作程式及与外在的关系产生第三批评论，如此推演，以至无穷。这种做法，并非仅限用于现代作家，也适用于古代作家。弗莱指出："这样的方法有助于层层扩展文学评论，并防止把每首诗变成孤立的学术研究的一个单独的中心。"① 可见除了弗莱所说第一批评论受到作品文本的制约之外，第二批、第三批以至无穷的评论当具有充分发挥的余地，当然这种发挥也不是任意的，手中放飞的绝不是"断线的风筝"。

其二，在文学批评中还有一种误解，意思是如果能够推测诗人有意识往诗篇中写进了什么，那么批评家就不必多管闲事，只需将诗中那些东西准确地挖掘出来就够了："这种荒谬的理论断定批评家不具有任何观念的框架：他们唯一的任务，便是拿起一首诗来，自得其乐地将诗人勤勤恳恳地塞进去的那些特定的产生美妙效果的东西逐个地抠唆出来。"② 弗莱将这一理论斥之为愚昧无知，指出人们根本无法满足那种寻找艺术品原始功能的要求，从而必须确立这一认识："艺术批评的任务之一在于重新发现功能，当然不是指不可能办到的恢复原始功能，而是在新的背景下对其功能进行再创造。"③ 弗莱以克尔恺郭尔为例说明之，后者曾写过一本题为《重复》的小册子，书中建议用"重复"这个名称去取代三千年前柏拉图的"回忆"（anamnesis）一词，这不是简单重复原始经验，而是对原始经验重新创造，从而使之再度获得重生，正如克尔恺郭尔启示录式的宣告："瞧，我能使万物更新。"对于文学批评的这种创造性和生产性，弗莱充满激情也充满信心："这时我们所

---

① ［加］诺思罗普·弗莱：《批评的解剖》，陈慧等译，百花文艺出版社 2006 年版，第507 页。

② ［加］诺思罗普·弗莱：《批评的解剖》，陈慧等译，百花文艺出版社 2006 年版，第25 页。

③ ［加］诺思罗普·弗莱：《批评的解剖》，陈慧等译，百花文艺出版社 2006 年版，第511 页。

见到的不是我们从前的生活，而是我们当今生活的整个文化形态。不仅是诗人，而且连读者也都理应执行'使历史更新'的义务。"①

第五节 生产性文学批评最初雏形的生成

从以上蒂博代、艾略特、瑞恰慈和弗莱这四位经典批评家的论述来看，他们已经在文学批评的实际操作和经验积累中发现和确认了文学批评的生产性，并试图通过科学实验的方法来验证这一事实，也力求通过概念界定对生产性批评实践进行确认，形成了生产性文学批评最初的雏形。

上述经典批评家对于文学批评生产性的把握并不来自既定的观念，而主要是凭借长期的批评实践、创作经验和教学实务而自然生成的。不过就这几位批评大师而言，其身份、职业、思想背景、学术师承、理论路径、研究方法都迥然不同，很难加以综括和归类，唯一的共同之处在于他们均为 20 世纪文学批评开一代风气之人，在批评界开宗立派、立言成说的先驱。蒂博代对批评形态的界定至今仍未过时，艾略特、瑞恰慈从各自的角度开启了风靡一时的"新批评"派，弗莱则是"原型批评"的集大成者，他们都从自身的长项入手发现并确认了文学批评生产性的存在以及生产性文学批评的可能性且将其纳入了自己的理论视野。

这些经典批评家各有自己的思想背景和学术传承，蒂博代是柏格森的弟子，深受生命哲学的熏陶；艾略特是白璧德的学生，赓续了新人文主义的血脉。特别要说一下的是，瑞恰慈的中国缘很深，对中国哲学特别是老子、孟子抱有浓厚兴趣，还撰写过相关著述。关键在于这些背景传承恰恰在他们对生产性文学批评的认定中起到了促成的作用。蒂博代提出"达成同情"说，他认为，生命是运动，文学也是运动，文学的运动是在生命力的推动下持续的生成和创化。这也是对文学批评的要求，他呼吁，让"批评家"这一称谓"表示一种深刻的含义，充满冲

---

① ［加］诺思罗普·弗莱：《批评的解剖》，陈慧等译，百花文艺出版社 2006 年版，第511—512 页。

动和创造意识"，让文学批评从内部认识文学，"和它的活跃的绵延重合"，与它的真谛"美学地、直觉地达成同情"。① 艾略特关于"非个性化"和"客观对应物"等诗评概念的提出，折射出白璧德倡导的新人文主义运动及反浪漫主义诗学的光。瑞恰慈 1929 年至 1931 年在清华大学外文系任教授，在讲授课程中"文学批评"是重头戏，时任清华外文系主任的叶公超先生曾对其相关授课内容作出评价："瑞恰慈的目的，一方面是分析读者的反应，一方面是研究这些反应在现代生活中的价值。"② 此说可谓知言之论。

这些经典批评家的一个长项在于研究方法的现代性和科学性，其中影响较大的是采用心理学的方法来探讨文学批评的规律，为后来的批评界津津乐道的一项心理测试即前述瑞恰慈所做的教学实验，将批评文本略去作者，让学生在不受任何限定的情况下自主地对文本进行评判，为学生的阅读和评判打开了建构性、生产性的空间。这一方法后来几乎成为审察文学批评动向、发现文学批评规律的通用手段，艾略特在所谓"榨柠檬汁批评派"的一项类似的心理测试中发现了英国文学批评中从关注诗人转向关注诗本身的新动向，从而改变了此前对于何为文学批评的创造的看法，进一步重视读者和批评者的作用，促成了他对文学批评的生产性的认定。此项心理测试后来还引起特里·伊格尔顿的关注，伊格尔顿认为这项测试还存在一个缺陷，忽视了那些被试学生的出身对其测试结果的支配作用，他们基本上是 20 年代在私立学校受教育的年轻的、白色皮肤的、上层或中上层阶层的英国公民，其批评意见受到他们出身阶层的偏见和信仰的影响，"一种无意识评价的共同性竟强烈地支配着这些具体的意见分歧"。而同样作为一名年轻的、白色皮肤的、中上层阶层的剑桥大学男性学监，瑞恰慈竟没有充分认识到"价值评定的局部的'主观'差异是在一种特殊的、受社会制约的观察世界的方式中产生的"③。其实伊格尔顿此说有一点是与瑞恰慈一致的，即二者

_____

① 郭宏安等：《二十世纪西方文论研究》，中国社会科学出版社 1997 年版，第 29 页。
② 叶公超：《〈科学与诗〉序》，见徐葆耕编《瑞恰慈：科学与诗》，清华大学出版社 2003 年版，第 6 页。
③ ［英］特里·伊格尔顿：《文学原理引论》，刘峰译，文化艺术出版社 1987 年版，第 19 页。

都是试图在文学批评中弱化作者的意义而强化读者和批评者的作用，将研究的重点从作者和文本转向读者和批评者。只不过瑞恰慈偏重读者批评者的个人阅读心理，而伊格尔顿偏重读者批评者的出身、人种、阶级等社会背景而已。在这个意义上说，伊格尔顿对瑞恰慈心理测试的訾议毋宁说恰恰是一种援助和深化。

在上述所有经典批评家的著述中，弗莱使用与"艺术生产"相近或相关的概念是最多的。如果通览弗莱的《批评的解剖》一书的话，还可以发现，在全书的"结论"中这些概念的使用率大大超过开头的"导言"，譬如艺术生产、文化生产、精神的生产力、生产经典、生产者、生产力等，虽然大多还是指称创作活动，但也不乏用于批评活动的例证，如"人们经常用有机体的'创造'这样的隐喻来形容艺术生产"一说就包含了对文学批评的要求在内。特别值得注意的是，弗莱还直接援引马克思主义关于"统治阶级的思想是统治思想"① 的经典理论来支撑其论述并作进一步发挥，他指出，晚近的一些社会思潮"都把文化也当作人类的一种生产力，这种生产力从前像其他生产力一样，被统治阶级所利用，而如今则对它重新评价以利于一个更美好的社会"②。如果要追问一下弗莱何以至此，一个可能的答案是，弗莱在《批评的解剖》的撰写过程中，更多接触了马克思的"艺术生产"理论，这对于其生产性文学批评观念的腾跃可谓画龙点睛之笔。

不过正如任何事物草创之际总不免稚嫩一样，上述经典批评家在总体上关于生产性文学批评的观念还不尽稳定、明确和全面，不无模糊、摇摆、片面之处。再者，他们关于生产性批评的创见往往只是只言片语、吉光片羽，也不够集中，散落在纷繁的论述之中，尚未形成自觉的、系统的理论体系，而在对于具体文学作品的评论实践中尚未提炼出稳定的理论范式。这些不足之处，都有待于生产性文学批评的进一步成熟和提升。

---

① 参见《马克思恩格斯文集》第一卷，人民出版社 2009 年版，第 550—551 页。
② ［加］诺思罗普·弗莱：《批评的解剖》，陈慧等译，百花文艺出版社 2006 年版，第512 页。

第五章

重审接受美学：生产性
批评范式的凝练

第一节　接受美学抑或接受理论

　　首先必须甄别的一个问题是，如何界定 20 世纪 60 年代兴起于德国的康斯坦茨学派的学说理论？一般称之为"接受美学"，其根据可能来自姚斯 1983 年出版的英文版《走向接受美学》一书。该理论于 20 世纪 80 年代中期开始影响中国学界，当时正值"方法热"方兴未艾之际，不过在诸多译介和研究国外新方法、新思潮、新学科的著述中，称其为"接受美学"者有之，称其为"接受理论"者有之，也有将其标注为"接受美学"（接受理论、接受研究）的。① 面对这种名目不一的情况，有效的办法是回到原作者本身，尊重原作者的说法。姚斯自己将其学说称为"接受美学"，略无歧义；但伊瑟尔就不同了，他不同意将自己归入"接受美学"一脉，还特地将自己的代表作取名为"审美反应理论"。他在此书中开门见山地作了正名："本文论述的是审美反应理论（Wirkungstheorie）而非某种接受美学的理论（Rezeptionstheorie）。"② 他的"审美反应理论"恰恰是以接受美学为参照而力求建立一种新的批评范式的。可见如果一概称之为"接受美学"势必无法涵

---

　　① 据不完全统计，这类著述包括江西省文联文艺理论研究室等编《外国现代文艺批评方法论》（1985）、冯黎明等编《当代西方文艺批评主潮》（1987）、张廷琛编《接受理论》（1989）、朱立元著《接受美学》（1989）等。

　　② ［德］伊瑟尔：《阅读活动：审美反应理论》，金元浦等译，中国社会科学出版社 1991 年版，"作者序言"第 2 页。

盖伊瑟尔的"审美反应理论"。对此国外有学者提出过合理的解决办法，即将姚斯的"接受美学"与伊瑟尔的"审美反应理论"统称为"接受理论"，而将两者视为"接受理论"的两支流。美国学者 R. C. 霍拉勃的《接受理论》一书就是如此，用他的话来说："接受理论的双璧①在德国的接受情况大致相似，但我们并不能混淆他们之间的基本区别。"② 他借此很好地解决了通常在康斯坦茨学派的理论上称谓混乱的困难，值得肯定。

本文依此对于姚斯和伊瑟尔的接受理论进行界定。

第二节　接受理论的兴起与生产性内涵的凝练

1967 年，姚斯在康斯坦茨大学作了一次著名的就职演讲，后定名为《文学史作为文学科学的挑战》出版，遂使"接受美学"声誉鹊起。两年后，伊瑟尔在康斯坦茨大学发表了题为《文本③的召唤结构》的演讲，其冲击力也足以成就其作为康斯坦茨学派主要成员的地位。这两篇成名作后来分别被收入他们的代表作，前者成为姚斯《走向接受美学》（1983）的第一章；后者的精义则在伊瑟尔《阅读活动：审美反应理论》（1976）中得到全面展开和详尽论述。其突出的贡献在于表现出一种凝练批评范式的理论自觉，如姚斯的期待视野、视野交融，伊瑟尔的隐含的读者、召唤结构等范畴的提出，分别为二者的理论建构搭建了必要的平台，从而奠定了接受理论在 20 世纪美学史、文论史上的重要地位。其中极具生长性和未来性的核心问题就是"生产""生产性"问题，与之相关的是"艺术生产""文学生产""审美生产"等概念。

接受理论关注的"艺术生产"问题与马克思的"艺术生产"理论不无关系。当时身在西德的姚斯在其一举成名的演讲中论及大量马克思的相关理论，其中要点就是马克思《政治经济学批判（1857—1858 年

---

① 按指汉斯·罗伯特·姚斯（1921—1997）和沃尔夫冈·伊瑟尔（1922—2007）。

② ［美］R. C. 霍拉勃：《接受理论》，《接受美学与接受理论》，周宁等译，辽宁人民出版社 1987 年版，第 366 页。

③ 按对于英文 text 的中译有两种："文本"或"本文"，为避免行文的歧异，本书统一采用"文本"一词，并对不同译本中的相关译法作相应的更动。

手稿）导言》中关于"艺术生产"的论述，姚斯的演讲据此褐橥了接受美学的宗旨，对时兴的新马克思主义（卢卡契、布莱希特、本雅明、阿多诺等）和俄国形式主义（什克洛夫斯基、穆卡洛夫斯基、雅可布逊、艾亨鲍姆等）提出挑战。此论一出，旋即引起了东德批评家的指责，出于在意识形态方面的相互龃龉，后者以马克思有关文学艺术的理论主要采取生产角度而非接受角度为由，对接受美学的主张提出异议，其中瑙曼的《社会—文学—阅读》（1973）一书颇具代表性。然而不争的事实是，马克思恰恰十分重视接受问题，即便在上述《导言》中，就曾以古希腊艺术和史诗为例，讨论过"艺术的享受""永久的魅力"等属于接受范畴的问题，也曾提出过"艺术对象创造出懂得艺术和能够欣赏美的大众"① 的重要命题，尤其是他对于一般生产/消费的辩证关系的思辨构成了接受理论之先声。且不管在这个问题上孰是孰非，这场争辩最终导致了一个结果，即迫使争辩双方回到马克思的相关著述，从中谋求接受理论立论的根据，而这样一来，恰恰为接受理论增添了一道马克思主义文学理论和美学的背景，并深化了对于"艺术生产"问题的认识。

　　就思想渊源而言，姚斯、伊瑟尔关于"生产""生产性"思想最早并不来源于马克思，姚斯得之于其师伽达默尔，伽达默尔在《真理与方法》中已经使用"生产""生产性"以及"艺术生产"等概念，带有新康德主义"目的论"和海德格尔"存在论"的色彩。② 但姚斯在这一点上与之有着很大不同，姚斯的接受美学经历了马克思主义文学理论的洗礼③，特别是他在与东德批评家的论争中对于马克思"艺术生产"理论由生而熟、由疏而密，境界有所提升，正如论者评说，这为接受理论"提供了一个马克思主义的基础"。④ 更重要的是，在论争双方充满火药味的论争中经历的争辩、较量与调整、矫正也不无磨合之效，使其

　　① 《马克思恩格斯全集》第四十六卷，上册，人民出版社1979年版，第49、29页。
　　② 见汉斯－格奥尔格·伽达默尔《真理与方法：哲学诠释学的基本特征》（上卷），洪汉鼎译，上海译文出版社1999年版，第2版序言，第4页。
　　③ ［德］姚斯：《走向接受美学》，《接受美学与接受理论》，周宁等译，辽宁人民出版社1987年版，第11—25页。
　　④ ［美］R. C. 霍拉勃：《接受理论》，《接受美学与接受理论》，周宁等译，辽宁人民出版社1987年版，第412页。

接受理论的某些命题和概念得到了补救和完善。伊瑟尔所重视的生产性问题可以溯源到胡塞尔，作为英加顿的学生，伊瑟尔可以算是胡塞尔的再传弟子，在德国哲学的总体背景下，伊瑟尔受到现象学的影响乃是顺理成章的事儿。在东西德批评家的论争中他并非被攻击的主要对象，但他的一些学理性较强的观点倒是较多为对手所吸收和采用。

姚斯、伊瑟尔与东德批评家还有一个重要歧异，即文学接受的功能问题。瑙曼等人所理解的接受理论仍停留在从文学创作到文学接受、再从文学接受回馈文学创作的循环运动之上，只是强调文学接受对于文学创作的反哺作用，而对其更加开阔的生产空间却视若无睹。瑙曼一再重复这样的观点：一方面，文本在脱离作家的创作之后，只是一种"未完成状态"，只是一种潜在的作品，它只有在接受过程中才能真正完成，只有与读者结合在一起，才能变成现实的作品。①另一方面，"如果他们（读者）的阅读结果以固定的语言的形式表达出来的话，比如以对话、讨论发言、读者来信、书评和批评的形式，总之以论述文学的文本的形式……反馈到作者那里，它就能产生文学生产的作用……因此，读者的接受美学的能动性可以以这种方式转换为作者的生产美学的首创性"②。瑙曼的观点具有代表性，以往学界对于接受理论的认识往往止步于此。

肯定文学接受使文学创作得以完成，并且通过反馈作用使文学创作得以完善和提升，这并不错，但接受理论的要义并不仅止于此，更在于突破那种从创作到接受、再从接受回馈创作的封闭式的轮回，将文学接受进一步转换为新的"艺术生产"。试想《红楼梦》评论、莎士比亚评论生产了多少新思想、新观念？这些新思想、新观念分明已溢出了创作和作品的内涵本身，况且今天的读者对作者和创作的反哺就古人而言根本就无从实现，即便是对当代作家的回馈其实也大都收效甚微，在文学阅读中实现的接受活动更重要的功能在于对作品意义的重新发现和建构。固然读者对作品不能任意为之，他的解读总是受到作品本身从内容

---

① ［德］瑙曼等：《作品、文学史与读者》，范大灿编，文化艺术出版社1997年版，第63—64页。

② ［德］瑙曼等：《作品、文学史与读者》，范大灿编，文化艺术出版社1997年版，第149—150页。

到形式的总体框架的制约，但这并不妨碍读者在敏锐发现、深入开掘、锐意创新和重新建构中达成新的生产，显示强大的生产性。马克思从莎士比亚对黄金的描绘中读出了货币的本质，恩格斯从古希腊悲剧中雅典娜女神在雅典法庭投下关键一票，宣告了俄瑞斯特斯无罪的情节中读出了古代社会男权制对于女权制的胜利，岂不都是在尊重原作的基础上达成的"新的生产"吗？姚斯和伊瑟尔对此并不乏明确表述，姚斯说："接受美学的视点，在被动接受与积极理解、标准经验的形成和新的生产之间进行调节。"① 伊瑟尔说，文学作品的理解"它本身不是一个消极的接受过程，而是一个生产性的反应"②。这些崭新的提法无疑彰明了接受理论的精髓。

第三节　姚斯："期待视野"的生产性

姚斯认为，以往的文学批评有一个重大失误，那就是只重视作家和作品，对读者却往往视而不见。这样做使得文学丧失了一个重要的维度，即文学的接受之维，这个维度与作家之维、作品之维同样不可分割，在作者、作品、读者的三角形之中，读者并不是一种消极、被动的部分，恰恰相反，它本来就是一种能动的因素，作者、作品的概念如果没有读者的积极参与是不可思议的。因为只有读者介入传递过程，作品才进入一种"连续性变化的经验视野"，即"在阅读过程中，永远不停地发生着从简单接受到批评性的理解，从被动接受到主动接受，从认识的审美标准到超越以往的新的生产的转换"③。其中读者通过信息与接受、疑问与回答、问题与解决的相互关系产生某种新的经验，从而构想出某种新的作品。姚斯认为这一观念变革意义重大，如果循着这一思路达成向新的生产的转换的话，那么过去那种在封闭状态中讨生活的文学

---

① ［德］姚斯：《走向接受美学》，《接受美学与接受理论》，周宁等译，辽宁人民出版社1987年版，第24页。

② ［德］伊瑟尔：《阅读活动：审美反应理论》，金元浦等译，中国社会科学出版社1991年版，第161页。

③ ［德］姚斯：《走向接受美学》，《接受美学与接受理论》，周宁等译，辽宁人民出版社1987年版，第24页。

研究就必须向接受美学开放，而被割断的过去的文学现象到现在的经验之间的线索，则又被重新连接起来。

总之，一部文学作品的意义往往是在接受过程中不断重构的，文学史家无法回避作品意义在重构过程中的历史发展。而对于文学接受这种生产性的确认，不啻是文学史向文学科学发起的挑战。姚斯将这一挑战归结为七个论题。其中值得关注的是"期待视野"概念。姚斯是在第一个论题中提出这一概念的，他这样说：

> 文学的连贯性，使一种事件在当代及以后的读者、批评家和作家的文学经验的期待视野中得到基本的调节。能否按其独特的历史性理解和表现这一文学史取决于期待视野能否对象化。①

所谓"视野"是带有浓厚德国色彩的哲学概念，往上可以追溯到伽达默尔、海德格尔、胡塞尔乃至尼采，另外，科学哲学家卡尔·波普尔和社会学家卡尔·曼海姆等人也使用过这一概念。用伽达默尔的话来说："视野就是看视的区域，这个区域囊括和包容了从某个立足点出发所能看到的一切。把这运用于思维着的意识，我们可以讲到视野的狭窄、视野的可能扩展以及新视野的开辟等。"② 质言之，"期待视野"就是指读者事先拥有并作为标准和框架投入接受活动的全部经验和知识的总和。姚斯的贡献在于将这一概念引进了接受美学，并将其视为接受美学的顶梁柱。

首先，文学作品并不是一个独立自足、向每一时代的每一读者呈现同样面貌的既定客体，文学的历史性并非建立在种种事后人为编造的"文学事实"之上，而是存在于读者对作品的接受过程之中，与读者的期待视野密切相关。"满纸荒唐言，一把辛酸泪。都云作者痴，谁解其中味？"并不是每部作品都能提供确凿无疑的"文学事实"，也不是每部作品都能获得准确无误的解读和阐释。姚斯认同柯林伍德的意见：

---

① ［德］姚斯：《走向接受美学》，《接受美学与接受理论》，周宁等译，辽宁人民出版社1987年版，第27页。

② ［德］汉斯－格奥尔格·伽达默尔：《真理与方法：哲学诠释学的基本特征》（上卷），洪汉鼎译，上海译文出版社2004年版，第391页，译文按原意有所改动。

"历史什么也不是，只是在历史学家的大脑里，将过去重新制定一番而已"①，如果说讲求实证考据的历史学都是如此的话，那么诉诸想象虚构的文学就更不在话下了。姚斯对此作了一个十分形象的比喻，说一部文学作品，"它不是一尊纪念碑，形而上学地展示其超时代的本质。它更多地像一部管弦乐谱，在其演奏中不断获得读者新的反响，使文本从词的物质形态中解放出来，成为一种当代的存在"②。乐谱是既有的，而演奏则是当下的，这个演奏者就是读者。文学作品是以语词作为媒介的，它不是自言自语的，它需要一个能够理解它的对话者，将它从那种拒绝读者、屏蔽阅读的封闭状态中解放出来，因此作品的意义在很大程度上是靠读者来重新阐释的，而这种重新阐释是读者根据自己的期待视野作出的，它使作品产生新的意义。例如读者在阅读白居易的《长恨歌》时，一般不会将其作为帝王与后妃的宫闱之事来认知，而是将其作为普通男女委婉动人的爱情故事来解读的。正如何其芳所说："由于诗人用自己的想象和感情去丰富了这个故事，就赋予了它以一般的意义，使它在某些方面和其他描写古代的普通男女的不幸恋爱的故事具有相同之点了。"③ 进而言之，读者的凭借当下的期待视野所作出的解读还能赋予作品以某种当代意义。而这一切无疑都显示了强大的生产性。

其次，读者在接受过程中的能动作用表现在"期待视野"的"对象化"，亦即读者将自己的期待视野加诸作品之上。其中包含着复杂微妙的心理活动，在姚斯看来，哪怕是刚刚问世的文学作品，也不可能是在信息真空中以崭新的姿态呈现出来的，它总是通过公开或隐蔽的信号、熟悉或陌生的暗示发出预告，将读者引向一种特殊的接受方式。它唤醒读者以往的阅读记忆，将他带入特定的情感状态之中。并且从开始就唤起读者对"过程与结局"的期待，这种期待将根据不同文类的形式规律或保持，或变化，或转移，或消失。总之，在读者的期待视野

---

① ［英］R. G. 柯林伍德：《历史思想》，见姚斯《接受美学与接受理论》，周宁等译，辽宁人民出版社 1987 年版，第 26 页。

② ［德］姚斯：《走向接受美学》，《接受美学与接受理论》，周宁等译，辽宁人民出版社 1987 年版，第 26 页。

③ 何其芳：《关于写诗和读诗》，《中国青年》1953 年第 23 期。

中，接受一篇作品的合理过程，绝不是一种仅凭主观印象的任意罗列，而是在某种信号指令的引导下形成特定的感知定向，这种感知定向可以根据作品形成的动机及其引发的信号得以理解，也可以通过作品的语言来加以描述。

可见无论是在读者个人的阅读经历或是读者群体的阅读史中，"期待视野"都是一个不断延续、变化、修正和重构的过程，它决定了某个作品与形成系列的后续作品之间的关系。如果说读者的期待视野是变动不居的，那么相应的作品系列也是变动不居的；如果说读者的期待视野是生产性的，那么相应的作品系列也是生产性的。在这个意义上可以说，文学史就是一部建基于读者期待视野之上的接受史，它总是生生不息的，总是富于生产性的。姚斯从形形色色的文学接受中，归结出通往期待视野对象化的三条途径：一是读者熟悉的文学标准或文学类型；二是文学史背景中熟悉的作品之间的隐秘关系；三是虚构和真实之间、语言的审美功能与实践功能之间的互动。他看好的是第三条途径，因为它显示了这样的可能性："一部新作品的读者能够在较为狭窄的文学期待视野中感知它，也能在更为广阔的生活的期待视野中感知它。这样，我们又回到了这一视野的结构上来，回到了在文学和生活实践的关系的讨论之中，回到了通过问答诠释方法对象化的能力上来。"① 其中的核心能力就是读者的期待视野不断修正、改变、重构和生产的能力。

再次，任何作品的阅读，都是作品与读者两种期待视野相互碰撞、抗衡、适应、融会的结果，此时阅读不会完全采取前者或仅仅选择后者，而是在两种视野相互吸引、争夺与妥协、平衡的张力中重新定向，姚斯将这一过程称为"视野交融"。他明确告白这一概念来自伽达默尔，而他的相关论述也大量采纳了伽达默尔的原话作为佐证。

伽达默尔从现代阐释学的意义上对包括文学在内的精神科学的接受方式作出了开创性的论述，为后来的接受理论铺平了道路，特别是关于"视野交融"的生产性的论述，给了姚斯深刻的影响，他指出，"视野交融"具有强大的生产性，它所达成的共同性并不是固有的前提条件，

---

① ［德］姚斯：《走向接受美学》，《接受美学与接受理论》，周宁等译，辽宁人民出版社1987年版，第31页。

"而是我们自己把它生产出来，因为我们理解、参与流传物进程，并因而继续规定流传物进程"①，这种理解和参与"就不只是一种复制的行为，而始终是一种创造性的行为"。②

姚斯将"视野交融"概念从阐释学移植到接受美学之中，对其富于历史性蕴含的过程进行了详细的描述：

> 第一个读者的理解将在一代又一代的接受之链上被充实和丰富，一部作品的历史意义就是在这过程中得以确定，它的审美价值也是在这过程中得以证实。在这一接受的历史过程中，对过去作品的再欣赏是同过去艺术与现在艺术之间、传统评价与当前的文学尝试之间进行着的不间断的调节同时发生的。③

可见"视野交融"其实总是那些历来被误认为是独自存在的视野的融合过程，在此过程中读者的期待视野与对象的期待视野相互叠加、归并和融会，使得双方的视野都突破了已有的水平和限阈而得到提升，而在融合过程中读者与对象双方并不势均力敌，往往读者更加强势也更加主动，是读者激活了对象，并赋予对象以当代活力。

但是，在"视野交融"的问题上，姚斯也有不同于伽达默尔的地方，姚斯对于伽达默尔在这一问题上固守传统、崇尚古典的倾向持有异议，按伽达默尔借助"视野交融"以解决"文本与现在的张力关系"④的宗旨原本是以"为权威和传统正名"⑤为出发点的，姚斯认为，从黑格尔那里流传下来的这种古典主义倾向势必导致在创新与守旧问题上的颠倒，伽达默尔如此站位恰恰与其发表的诸多新锐观点自相矛盾。在姚

---

① ［德］汉斯－格奥尔格·伽达默尔：《真理与方法：哲学诠释学的基本特征》（上卷），洪汉鼎译，上海译文出版社2004年版，第379页。

② ［德］汉斯－格奥尔格·伽达默尔：《真理与方法：哲学诠释学的基本特征》（上卷），洪汉鼎译，上海译文出版社2004年版，第383页。

③ ［德］姚斯：《走向接受美学》，《接受美学与接受理论》，周宁等译，辽宁人民出版社1987年版，第25页。

④ ［德］姚斯：《走向接受美学》，《接受美学与接受理论》，周宁等译，辽宁人民出版社1987年版，第25页。

⑤ ［德］汉斯－格奥尔格·伽达默尔：《真理与方法：哲学诠释学的基本特征》（上卷），洪汉鼎译，上海译文出版社2004年版，第357页。

斯看来，伽达默尔热衷的古典主义"摹仿说"已无法成为接受美学的普遍基础，如果说这一概念对于古希腊的艺术是有效的，那么后来在中世纪就已失效了，对于我们的现代就更无关系了。如今模仿美学大势已去，中世纪的本体论形而上学也随之灭亡了。然而，对于艺术规律的探讨并没有随着以往时代的结束而结束，有一点是明确的，对艺术规律的把握绝不能囿于古典主义而作茧自缚，而应通过"视野交融"对新旧两种视野进行调节，从而探索未来的经验，构想未经检验的感知与行为模式，对新出现的问题作出回答。

正是基于这一立场，姚斯特别倾重读者的当代视野在"视野交融"中的主导作用，确认在读者的解读过程中，"历史视野总是包含在现时视野中"①；历史问题不能依赖其自身而存在，对当代人来说，"传统是我们的传统"②；"历史接受中的现实化"③ 乃是作品的潜在意义不断展开的过程；只是当文学生产在"视野交融"中得到全面的贯彻时，文学史的任务才算完成，如此等等。因此他积极主张，在文学接受中，对于过去作品的欣赏总是在"过去艺术与现在艺术之间、传统评价与当前的文学尝试之间"④ 进行着的不间断的创新、重构和新的生产。

复次，姚斯坦称，波普尔关于"期待视野"的理论为其接受美学所作的尝试提供了一个比较的基础，使之对文学接受形成了一个新的观察角度。波普尔从"证伪"理论出发，指出科学研究往往以某种假说作为前提，借此构成预先进行观察的期待视野，使得观察具有意义并得到提升，而其推动科学进步的重要契机就在于"期待的失望"。波普尔这样解释："虽然起初我们不得不坚持我们的理论——如果没有理论，我们甚至不能开始，因为没有别的东西可依照——随着时间的推移，我们就能对理论采取一种更为批判的态度。如果我们借助于理论

① ［德］姚斯:《走向接受美学》,《接受美学与接受理论》,周宁等译,辽宁人民出版社1987年版,第37页。
② ［德］姚斯:《走向接受美学》,《接受美学与接受理论》,周宁等译,辽宁人民出版社1987年版,第37页。
③ ［德］姚斯:《走向接受美学》,《接受美学与接受理论》,周宁等译,辽宁人民出版社1987年版,第38页。
④ ［德］姚斯:《走向接受美学》,《接受美学与接受理论》,周宁等译,辽宁人民出版社1987年版,第25页。

已经了解它们在何处使我们失望，那么我们就能试图用更好的理论代替它们。因此就可以出现一个科学的或批判的思维阶段，而这个思维阶段必然有一个非批判的阶段作为先导。"① 这就像盲人只有碰到障碍才能体验到障碍的存在，科学研究只有通过假说才能接触现实，从中获得实证经验，并据此纠正以往的错误。总之，科学研究的完整过程是从建立假说的期待视野开始，以"期待的失望"为转折，由此形成批判和证伪的态度，最终以更新的理论取代已有的假说，从而实现科学的进步。

姚斯认为，这种"期待的失望"恰恰有助于彰显文学在社会存在中的功能，因为在读者经历了种种假说给他们造成的"期待的失望"以后，在相反相成、相克相生的意义上获得了某种优长之处，正如波普尔所想象，他们从现实中获得新的经验时不会遇到新的障碍。在这个意义上说，读者在阅读中获得的经验使之得以重新认识事物，将他们从传统习惯、思维定式和先入之见的钳制中摆脱出来，以新的期待视野刷新旧的期待视野："在这种实践中，它赋予人们一种对事物的新的感觉，这一文学的期待视野将自身区别于以前历史上的生活实践中的期待视野。"② 它不仅储存已有的经验，而且也预期可能的经验，为文学接受开辟新的要求、愿望和目标，从而打开通往未来经验之路。

最后，"期待视野"的生产性是从接受过程的不同环节、不同群体显示出来的，姚斯在提出七个论题之始就对此予以阐发："审美生产是文学文本在接受者、反思性批评家和连续生产性作者各部分中的实现。"③ 可见他是将一般读者、批评家和根据阅读进行再创造的作家这三者均纳入接受者的范畴，认定他们都是从事审美生产的生产者，并特别指出，他们的生产性在于能够在文学的演变更替中调节"过去的事

---

① ［英］卡尔·波普尔：《无穷的探索——思想自传》，邱仁宗、段娟译，福建人民出版社 1984 年版，第 59 页。

② ［德］姚斯：《走向接受美学》，《接受美学与接受理论》，周宁等译，辽宁人民出版社 1987 年版，第 51 页。

③ ［德］姚斯：《走向接受美学》，《接受美学与接受理论》，周宁等译，辽宁人民出版社 1987 年版，第 26—27 页。

件与后继的接受"①，从而推进革故鼎新的历史性变更。但是姚斯对于批评家的审美生产实践更为重视，认为在形成期待视野的多种途径中，生产性的途径"对于那些把阅读作为比较的反思性读者尤为适用"② 所谓"反思性读者"即指批评家，他甚至将其直接称为"反思性批评家"。细绎之，姚斯更加重视文学批评的生产性，其原因在于批评家较之一般读者更多反思性和建构性，也更擅长对这种反思性和建构性作出富于理性内涵且不乏文采和诗情的表达。

姚斯的观点已然成为接受理论的共识，伊瑟尔也认为，批评家也是读者，而且是更重要的读者，"是谁规定了这些标准的理想性，作品体现的客观性或阐释的准确性？自然是批评家，但批评家也是读者，他的所有的判断都建立在他的阅读上。"③ 上述观点甚至也影响了东德的批评家，瑙曼将现实的读者分为三类：作为读者的作家；最大量的一般读者；批评家和文学研究工作者。他认为，在形成一种社会接受方式方面，批评家和文学研究工作者具有一种特权地位并能够影响其他读者。④ 诸多论述，都揭示了在文学接受中批评家的生产性超出一般读者的深刻有力之处，为生产性批评的确立提供了充分的理论依据。

第四节　伊瑟尔："召唤结构"的生产性

据伊瑟尔所述，他在崭露头角之际，就与"接受美学"划清界限，挑出了"审美反应理论"的大旗，从而开辟了接受理论的又一片天地。而二者的区别在于接受美学倾重于读者，而审美反应理论植根于文本。⑤ 但他这样说并不是不要读者，只是说文本只是一种潜在的效能，

① ［德］姚斯：《走向接受美学》，《接受美学与接受理论》，周宁等译，辽宁人民出版社1987年版，第42页。

② ［德］姚斯：《走向接受美学》，《接受美学与接受理论》，周宁等译，辽宁人民出版社1987年版，第31页。

③ ［德］伊瑟尔：《阅读活动：审美反应理论》，金元浦等译，中国社会科学出版社1991年版，第32页。

④ ［德］瑙曼：《接受美学问题》，宁瑛编译，《世界艺术与美学》第九辑，文化艺术出版社1988年版，第83—84页。

⑤ ［德］伊瑟尔：《阅读活动：审美反应理论》，金元浦等译，中国社会科学出版社1991年版，作者序言，第3页。

其意义只有在读者的阅读活动中才能真正得到实现，因为审美反应
"尽管由文本造成，却唤起了读者的想象与感知能力，促使读者调节甚
至改变自己的倾向。"① 但是这也并不意味着事情就完全取决于读者，
因为读者本身"也是被文本构成的"，"读者通过文本中内在固有的结
构的实现来参与意义集合，其倾向必然受文本的制约"。② 概言之，审
美反应既非只是文本的成果，亦非只是读者的成果，而是二者相互叠加
和融通的产物，伊瑟尔引用了诺斯洛普·弗莱一个形象的说法：阅读就
像一顿野餐，作者带语词，读者带意义。③ 总之，伊瑟尔所主张的审美
反应理论只有从文本出发且全面把握文本与读者的互动关系才能成立。
按"审美反应理论"和"接受美学"在接受问题上的歧异与伊瑟尔和
姚斯两人的不同理论背景有关，相对于姚斯主要得之伽达默尔现代阐释
学的传承，伊瑟尔主要上接英加顿阅读现象学的余绪。这种学术渊源的
差异，致使二者对于文学批评范式的凝练又各有千秋。

　　伊瑟尔在晚年总结其批评范式的建树时说过一句话："我本人的审
美反应理论则集中探讨文学作品如何对隐含的读者（implied reader）产
生影响，并引发他们的反应。"④ 按伊瑟尔早期的成名作有两篇，一是
《文本的召唤结构》（1970）；二是《隐含的读者》（1974），这两篇文
章有一共同特点，即都以他提出的新概念为名，虽然这两个概念渊源有
自，按伊瑟尔的"召唤结构"概念可追溯到海德格尔，"隐含的读者"
概念则吸收了韦恩·布斯的概念，但命名就是权力，当年伊瑟尔一举成
名当与之不无关系。不过吊诡的是，他在这两篇文章中恰恰对这两个概
念语焉不详，只是到后来完成的专著《阅读活动：审美反应理论》
（1976），才给出了比较明确的说法，其要义集中在以下这段话中：

　　　　不言而喻，任何有关文学文本的理论，如果不引进读者，都不

---

　　① ［德］伊瑟尔：《阅读活动：审美反应理论》，金元浦等译，中国社会科学出版社1991
年版，作者序言，第2页。

　　② ［德］伊瑟尔：《阅读活动：审美反应理论》，金元浦等译，中国社会科学出版社1991
年版，第181、183页。

　　③ 见伊瑟尔《阅读活动：审美反应理论》，金元浦等译，中国社会科学出版社1991年
版，第35页。

　　④ ［德］伊瑟尔：《怎样做理论》，朱刚等译，南京大学出版社2008年版，第68页。

会取得长足的进展。而人们一旦开始研究文本的语义或实用潜势，就必须将读者纳入新的参照构架。问题是引入什么样的读者？……眼下还找不到一个更妥当的名词儿，姑且先称之为隐含的读者①。隐含的读者包含着一部文学作品实现其效应所必需的一切规定。文本的规定取向并不是由某种外在的经验现实设置的，而是由文本自身设置的。隐含的读者作为一种概念，深深地植根于文本的结构中，隐含的读者是一种结构，而绝不与任何真实的读者相同……隐含的读者的概念是一种文本结构，它期待着接受者的出现，但又不解释他：隐含的读者预先结构了每一位接受者的角色，即使文本有意忽视或排斥其可能的接受者，也不例外。因此，隐含的读者的概念设置了一个召唤反应的结构网，促使读者去把握文本。②

值得注意的是，在以上论述中贯穿的是现象学的理念，运用的是现象学方法，他是在现象学的意义上对"隐含的读者"及其相关概念所作的本体论界定：

首先，伊瑟尔认为，隐含的读者包含着文学作品实现其效应所必需的一切规定。可见他对于审美反应理论的现象学研究信心满满。在他看来，隐含的读者总是立足于文本并以文本为起点去调动读者的阅读活动，但文本仅仅是一种潜在的效应，只有调动读者在阅读活动中通过想象和感知对文本进行加工，才能将潜在的效应变成实际的效应。伊瑟尔总是将文本与读者联系在一起来考量文学作品的整体效应，但他所说"读者"包括"真实的读者"与"假设的读者""当前的读者"与"理想的读者"等概念，这些在现象学中被界定的"读者"既是在阅读活动中确实存在的，又是不能与现实中形形色色的读者一一对应和互换的。不过一旦将文本与之联系起来，便能显示产生效应的多种可能性。伊瑟尔将这些现象学意义上的"读者"悉归于"隐含的读者"概念，

---

① ［德］伊瑟尔的《阅读活动：审美反应理论》有三个中译本，很多基本概念译法不一，本书对 implied reader 的译法一律采用"隐含的读者"。

② ［德］伊瑟尔：《阅读活动：审美反应理论》，金元浦等译，中国社会科学出版社1991年版，第43—44页。

当不失为一种有效的策略，它建构了一种适用于阅读理论的普遍性模式，这恰恰是囿于枝枝节节区分各种类型的读者或解释某个具体读者的个别性模式难以企及的。

其次，伊瑟尔认为，隐含的读者有两个方面，一是作为文本结构的读者，二是作为结构活动的读者，二者因阅读行为而得到联结。作为文本结构的读者主要诉诸文本中各种视点交错渗透、殊途同归的结构网络，从而彰显文本的意义。不过仅仅描述作为文本结构的读者仍是不够的，只有引起读者的结构活动，阅读行为才能算作彻底完成，因此必须导向作为结构活动的读者。后者主要诉诸阅读行为的心理结构，因为阅读行为并不仅仅凭借语言，它更多凭借想象和感知，这是文本结构影响读者的心理动力，文本的引导和语言的暗示刺激了大脑，唤起了冲动，从而在阅读过程中形成一系列的心理活动，"由于新的提示不断积累，不仅不同的形象间相互递接取代，而且主导观点也不断变异，造成了形象构筑过程中各种态度的不同"。[①] 在这一切心理活动的结构性影响下，读者将不由自主地进入文本世界。

再次，在现象学的意义上，"隐含的读者"概念带有很强的比喻性质，它不是指任何实际的读者，而是指一种文本结构。在这个问题上，伊瑟尔提出了"两极论"：

> 文学文本具有两极，即艺术极与审美极。艺术极是作者的本义，审美极是由读者来完成的一种实现。从两极性角度看，作品本身与文本或具体化结果并不同一，而是处于二者之间。不可任意将其归结为文本的现实性或读者的主观性。作品是功能性的，作品的动力就在于这种功能性中。读者经验了文本提出的不同观点，将不同观点相互联系成特定模式，这样不仅发动了作品，也发动了读者自身。[②]

---

① ［德］伊瑟尔：《阅读活动：审美反应理论》，金元浦等译，中国社会科学出版社1991年版，第45页。
② ［德］伊瑟尔：《阅读活动：审美反应理论》，金元浦等译，中国社会科学出版社1991年版，第29页。

伊瑟尔借助"两极论"从"文本"概念推导出"读者"概念。他指出，"艺术极"属于作者一方，"审美极"属于读者一方，前者承载作者的本义而构成"文本"，后者依靠读者的接受心理而构成"作品"，因此"文本"是客观性的，"作品"是功能性的，这两者并不是一回事，不容混淆。读者在阅读过程中经历了从"艺术极"到"审美极"的转变，将文本中由不同视点盘根错节交织而成的结构网络加以具体化，这一特定的模式便是"作品"的生成之地。因此无论是偏重作者的本义还是偏重读者的心理，都无法揭示阅读过程的要害所在，只有兼顾双方，方能得其奥旨。也只是在这个意义上，才能理解什么是作品、什么是读者。但是无论在作者一方以文本形式出现，还是在读者一方以作品形式出现，它们均属于"文本"性质，并非实有其人，人是被"加括号"的，是被搁置的。这里伊瑟尔力图通过现象学的"还原法"以把握文本的本体性和一般性。

复次，伊瑟尔认为，隐含的读者预先结构了每一位读者的角色，它期待着读者的出现，但又不解释他。这一说法非常费解，但是如果循着他对于"文本"内在构成的分析和厘定往前寻绎，便大致能够了解个中旨意。伊瑟尔觉得有必要为文本建立必要的惯例和成规，所谓惯例，他称之为"保留剧目"，即人们熟悉的传统作品及其社会历史规范和文化背景；所谓成规，他称之为"策略"，即组织安排"保留剧目"所使用的艺术技巧，如小说的叙事技巧、诗歌的语言模式等，但值得关心的并不在技巧本身，更在技巧背后潜在的结构。总之"策略"的基本功能就是将熟悉的东西陌生化，这类似结构主义批评设置接受障碍的"偏离"范式。不过无论是"保留剧目"还是"策略"，它们都提供了一个文本与读者的交汇点，"保留剧目"虽说是文本惯例，但它却是作为一种开放的事件展示给读者且暗示着进行选择的可能性；"策略"虽说是文本成规，但它却始终力图刷新组织安排"保留剧目"的艺术技巧和结构方式以吸引读者。总之"保留剧目"和"策略"都是指向读者、对读者有期待的，只不过其中的读者都是被结构的，只是一种理论构造，不可将其等同于实际的读者。其实在伊瑟尔这里，不仅文本的惯例/成规，而且如上所述的文本结构/结构活动、艺术极/审美极，无不是在文本形式中预先结构了读者的角色的，只不过往往是在不言之中、未予详论的。

　　最后，说在伊瑟尔那里读者的概念作为一种理论构造，而不可将其等同于实际的读者，这可能只说对了一半，因为任何理论构造都不是无目的。"隐含的读者"亦然，它是以实际的读者为指向的，这就使之与实际的读者并非了无干系，而是关系重大。在隐含的读者概念中其实已预设了一个召唤结构的网络，其功能就在于召唤读者去把握文本。在隐含的读者研究的结论部分，伊瑟尔将问题归结到召唤结构的网络，虽然此处他并未直接使用召唤结构的概念，但对照上下文，有关论述无不是在向之归结：其一，召唤结构实现的意义既不是文本中既定的外在现实的再现，也不是读者的自我世界的表现，而是有待读者通过感知去实现的某种东西。其二，召唤结构实现的意义自身并不具有实在性，它是精神性的，与之对应的是读者的感知心理，因而"文本结构创造出一系列精神形象，将文本引入读者的意识"①。其三，读者的现有经验构成感知心理的背景，而上述"这些精神形象的实际内容无不打上读者现有经验的烙印"②，有了这个背景，召唤结构才能在想象中生成那种迥然不同甚至一新耳目的文本意义。其四，在召唤结构中，意义的生成是通过读者的感知活动转化为其个人经验的过程，而"隐含的读者"概念则为这一过程提供了适当的描述方式。

　　由此可见，所谓"召唤结构"与"隐含的读者"均属于文本的范畴，只不过二者的偏重不同，前者偏于界定文本的网络结构，包括文本中不同视点的联结之网，文本策略组织参照的联结之网，文本产生效应的多种可能性的联结之网等；而后者则偏于界定读者的存在方式，包括"真实的读者""假设的读者""当前的读者"和"理想的读者"等。总之，"召唤结构"是一个显性概念，"隐含的读者"是一个隐性概念。就"召唤结构"而言，它在文学阅读中展开了艺术极/审美极、作者/读者、作品/文本、文本的现实性/读者的主观性、文本的图式性/作品的功能性之间的巨大空白，召唤读者用自己的经验和知识去将它填满，

---

　　①　［德］伊瑟尔：《阅读活动：审美反应理论》，金元浦等译，中国社会科学出版社1991年版，第48页。

　　②　［德］伊瑟尔：《阅读活动：审美反应理论》，金元浦等译，中国社会科学出版社1991年版，第48页。

从而赋予作品确定的意义，使之以特有的面貌进入实际生活，就是题中要义了。对此伊瑟尔借用了英伽登提出的"具体化"① 概念来加以界定："文本仅仅提供'图式化的外表'，作品的主体事件从中产生，而文本的生成却在于具体化活动"，"如果作品的生成位置在于文本与读者之间，文本的具体化便明显是二者相互作用的结果"。②

但此"具体化"非彼"具体化"，伊瑟尔借此提出了生产性问题，而这一点在英伽登那里是未及的、阙如的。伊瑟尔在这方面的论述可谓丰富极了，这恰与英伽登绝口不提生产性问题形成鲜明的对照。从总体上说，伊瑟尔对于生产性问题的论述主要还是围绕文学阅读之中文本与读者的相互作用而展开的，随着论述的展开，他是将生产性问题作为解决文本与读者之间的"主体间性"③ 的钥匙来使用的，而这正是贯穿于上述"召唤结构"与"隐含的读者"等范畴中的主旨。首先，在生产活动中文本与读者融为一体、不可分割，伊瑟尔说："文本信号和读者意识便在一种生产活动中融合一致，而生产活动则不能被引向其复合部分的任意一方。"④ 其次，生产活动有其心理基础，它决定着阅读的生产方式。伊瑟尔借用胡塞尔的术语称之为"被动综合"，这是自发地产生在意识阈限以下的接受和构成过程，所以不能像意识阈限以上的论证和判断那样系统地下结论，只能在阅读过程中连续不断地生产出来，"被动综合是先在论断，因为它们是潜意识，而我们则是通过不断的阅读来生产它们的"⑤。再次，在文学阅读中，文本提供的只是图式，而不是"事实"，但它具有刺激读者自己去建立这些"事实"的功能。所

---

① 按英伽登在分析文学作品的层次结构时，提出了"未定点"/"具体化"这对概念，指出在作品的图式化观相层，包含着许多"未定点"，它们有如一个个空白，等待着读者用自己的想象去将它们填满，这种填补空白的过程，就叫作"具体化"。伊瑟尔也经常借用这对概念，但后来提出"空白"/"否定"这对概念取而代之，加强了文学接受的反思性、批判性和建构性的内涵。详后。
② ［德］伊瑟尔：《阅读活动：审美反应理论》，金元浦等译，中国社会科学出版社 1991 年版，第 29 页。
③ 见伊瑟尔《阅读活动：审美反应理论》，金元浦等译，中国社会科学出版社 1991 年版，作者序言，第 3 页。
④ ［德］伊瑟尔：《阅读活动：审美反应理论》，金元浦等译，中国社会科学出版社 1991 年版，第 139 页。
⑤ ［德］伊瑟尔：《阅读活动：审美反应理论》，金元浦等译，中国社会科学出版社 1991 年版，第 163 页。

谓"事实"，即指读者在文学阅读中构想的形象系列。"毫无疑问，文本的图式展现了与'事实'的关系，但这些图式不是'既定的'——我们还必须去发现它们，更准确地说，还必须去生产它们。"① 复次，当文学阅读的生产从共时性转向历时性，"沿着阅读时间轴生产的结果联结起来"时，读者构想的形象就从文本林林总总的各个方面涌现出来，进一步得到连接、得到凝聚，"这样，文本和读者便连接起来，互相渗透。我们发挥自己的综合能力来处理不熟悉的现实，发掘出那一现实的意义，从而进入一种有根据的创造状态。"② 最后，文本与读者的相互作用还有一个度的问题，如果处于恰到好处的适度状态时，文本与读者便可共享这种想象力游戏的审美快乐，反之则将丧失这种快乐。在这里读者的参与意识是有限度的，如果文本结构过于明白，那将使读者或因缺乏想象余地而忽忽生厌；反之，如果文本结构过于晦涩，则将使读者根本无从想象而过度紧张，这两种对立的极端情况都无法使得读者与文本达成完美的交融。总之，"读者的欣赏始于其自身的审美生产开始之时，即文本接纳他以自身诸感官进入交融之时"③。有论者将这层意思概括为"只有读者自己开始生产，才能产生快感"④，不管这一理解是否准确，有一点是可以肯定的，只有在文本与读者的相互作用中展开的成功的、完满的生产、创造和建构，才是文学阅读的最佳状态和审美境界。

第五节　接受理论批评范式的反思性与建构性

综观姚斯、伊瑟尔的接受理论，显示了 20 世纪文学批评大潮中众多批评流派积极凝练批评范式的共同特点，他们通过观念变革、方法论

① ［德］伊瑟尔：《阅读活动：审美反应理论》，金元浦等译，中国社会科学出版社 1991年版，第 170 页。
② ［德］伊瑟尔：《阅读活动：审美反应理论》，金元浦等译，中国社会科学出版社 1991年版，第 181 页。
③ ［德］伊瑟尔：《阅读活动：审美反应理论》，金元浦等译，中国社会科学出版社 1991年版，第 128 页。
④ ［美］R. C. 霍拉勃：《接受理论》，《接受美学与接受理论》，周宁等译，辽宁人民出版社 1987 年版，第 384 页。

更新和概念范畴的重铸，对于传统的批评范式提出了挑战，并将这一追求贯穿于理论建构之始终。

姚斯初出茅庐就以题为"文学史作为文学科学的挑战"的演讲而饮誉学界，但他所说的"文学史"并非以往那种只见作者不见读者的文学史，而是以读者为中心的新的文学史。他宣称："现在必须……把作品自身中含有的历史连续性放在生产与接受的相互关系中来看。换言之，只有当作品的连续性不仅通过生产主体，而且通过消费主体，即通过作者与读者之间的相互作用来调节时，文学艺术才能获得具有过程性特征的历史。"① 可见在生产与接受、生产主体与消费主体、作者与读者的相互作用中彰显历史的连续性，成为姚斯致力重建文学史的不二法门。这一重大转折使得读者主体、文学阅读和接受活动进入了文学史的视野，使人不仅触碰到在作品、读者和接受的过程性联系中构想新的作品的巨大可能性，而且发现了在文学接受本身的连续性变化中向新的生产转换的机缘，其中从简单接受到批评性的理解，从被动接受到主动接受，从恪守固有标准到超越固有标准的新变乃是孕育和催生新的生产、新的作品的深层机制，其内涵的反思性、批判性和建构性显示了文学批评的成色。由此可见，就接受理论而言，批评范式的凝练与生产性批评的建构是相互适应的。

正是这一逻辑关系，使得生产性问题与姚斯重塑文学史的宗旨得到关联，如果说姚斯的宗旨是"因"的话，那么生产性问题就是"果"。这种因果关系在姚斯搭建的"期待视野""视野交融"等概念范畴的平台上得到充分体现。

在姚斯看来，文学接受是一个不断改变和建立期待视野的过程，一部新作的出现会唤起读者固有的期待视野，但这种从过去的阅读中形成的期待视野却因时而动处于不断变化、修正、重建，甚至再生产之中，在对这部新作的阅读中，变化和修正决定着作品内容的范围，重建和再生产则决定着作品意义的边界。在文学接受中，期待视野始终是与时俱进、除旧布新的："读者的期待视野由传统的流派、风格或形式形成，

---

① ［德］姚斯：《走向接受美学》，《接受美学与接受理论》，周宁等译，辽宁人民出版社1987年版，第19页。

却又只是为了一步步地摧毁它"①，这样做并不只是为了达到某种批评的目的，而是为了获取自身的文学效果。姚斯举例，当年塞万提斯或许只是为了迎合读者喜爱骑士小说的期待视野而写出了《堂吉诃德》，但后来这部作品在读者眼里却成了一部嘲弄骑士制度的滑稽之作。狄德罗的《幸运者雅克》当初意在唤起关于"流浪小说"或"浪漫传奇"的期待视野，如今在读者的期待视野中却呈现了一种非浪漫的"历史的真实"。

伊瑟尔对于凝练批评范式也抱有极大的热情，这可以从他为"审美反应理论"定调子的一段话见出："我在此倒无意于急着证明我的理论的有效性。比较起来，我倒更关心如何设立一种模式，以囊括、指导对读者反应的经验研究。"② 不过他的这一设想却是针对接受理论内部，建立在对于姚斯接受美学的反思和重构之上的。

已如上述，伊瑟尔针对姚斯的接受美学的"读者中心论"的偏颇而倡导"文本中心论"，提出了审美反应理论的批评范式，大大丰富了接受理论的内涵。他本人是将此举视为反思性、建构性的："任何理论都必然是创建性的。这一点也同样适用于眼下我对产生于阅读过程中的审美反应的描述。"③ 在他看来，任何反思性、建构性的批评如果追溯其逻辑归宿的话，都会碰到许多人们迄今几乎没有考虑到的问题，从而开辟新的理论探索空间，因此正是从姚斯接受美学的读者中心论转向审美反应理论的文本中心论，"我们才不能把文学作品当作现存事件或过去事件的文献记录，而是作为对已经阐述过的现实的再阐述"④。从而激发新的批评范式的生产性。

与姚斯如出一辙，伊瑟尔凝练批评范式的努力，也是在他所打造的概念范畴平台上实现的。就说"召唤结构"，伊瑟尔所论颇多，但作为

① ［德］姚斯：《走向接受美学》，《接受美学与接受理论》，周宁等译，辽宁人民出版社1987年版，第30页。
② ［德］伊瑟尔：《阅读活动：审美反应理论》，金元浦等译，中国社会科学出版社1991年版，作者序言，第3页。
③ ［德］伊瑟尔：《阅读活动：审美反应理论》，金元浦等译，中国社会科学出版社1991年版，作者序言，第3页。
④ ［德］伊瑟尔：《阅读活动：审美反应理论》，金元浦等译，中国社会科学出版社1991年版，作者序言，第2页。

替代用得更多的是 "图式" 概念。这一概念也来源于英伽登，但伊瑟尔进一步强调，就文学而言，文本图式是一个空框结构，在文学阅读中它召唤着读者将自己的知识和经验填充其中。他以菲尔丁的小说《约瑟夫·安德鲁斯》的一个细节为例说明之，小说表现布比太太的惊讶，但并未对此作详细的描写，只是提供了若干图式，即人们熟知的产生惊奇效果的文史典故，以此帮助读者来想象布比太太惊讶的模样，尽管这些图式与小说的主题毫无关系，就小说的细节而言是一个空白，但却有效地起到了引导作用，召唤读者用既有的知识和经验去填满这些空白。据此伊瑟尔对 "图式" 给出定义："就好像图式是一个空框，在邀请读者倾其知识库存。这样，社会标准、同时代人和文学引喻便共同构成了赋予所唤起的知识和记忆以形式的图式。"[1] 总之，文本图式是个筐，什么都可以往里装，当然读者装进什么，仍然受到既有文本结构的制约。

对召唤结构来说，文本图式除了 "空白" 之外，还有一个与之对应的 "否定" 概念，也称之为 "否定性图式"。伊瑟尔意义上的 "否定" 概念，是指一种指向性的反思立场和批判态度，"它只是否定先前还存在着问题的那些方面，这样来对旧标准进行再评价。……但仍保留它作为意义再评价稳定进行的背景"[2]。不言而喻，任何文本在阅读过程中总是被重构的，重构的起点就在于文本图式的空框结构，它需要通过读者的知识和经验在这空框结构中填充意义、生成主题。此际就需要一种导向性的力量对文本意义的重构加以规制，而 "否定性图式" 恰恰以其反思性、批判性的构想起到了补救作用："通过空白，否定呈现出生产性的力量，陈旧的否定的意义在附加了一种新的意义时便转化为这种意识心理。"[3] 这样，空白与否定两种图式在同一个平台上按照各自不同的方式控制着交流过程：一方面，空白使得文本中各种视点、参

---

① ［德］伊瑟尔：《阅读活动：审美反应理论》，金元浦等译，中国社会科学出版社 1991 年版，第 173 页。

② ［德］伊瑟尔：《阅读活动：审美反应理论》，金元浦等译，中国社会科学出版社 1991 年版，第 256 页。

③ ［德］伊瑟尔：《阅读活动：审美反应理论》，金元浦等译，中国社会科学出版社 1991 年版，第 260 页。

照和可能性之间的联结保持开放，以招邀读者来协调这些方面，从而引导读者完成其基本运演；另一方面，否定对于确定或不确定之物、熟悉或不熟悉之物的选择取舍，作为背景、基础和评价都将影响读者的接受态度。总之，"文本与读者间的不对称激发了读者构成的能动性；文本中的空白和否定给出了一个特殊的结构，这一结构控制着相互作用的过程"①。这里需要补充说明一下，在文本与读者之间，由于时代、环境和参照系等语境缺少共同的代码，往往造成二者的不对称性、不平衡性，这恰恰构成了文本与读者之间交流、互动的能量和动因，在这里"语境是转化着的视点的产物，生产者是读者本人"②，而空白与否定相辅相成的图式化结构其内在张力则居间起着不可或缺的反思和重建的作用。

---

① ［德］伊瑟尔：《阅读活动：审美反应理论》，金元浦等译，中国社会科学出版社 1991 年版，第 204 页。

② ［德］伊瑟尔：《阅读活动：审美反应理论》，金元浦等译，中国社会科学出版社 1991 年版，第 121 页。

第 六 章

马舍雷 "文学生产理论"：
生产性文学批评的深化

第一节 是 "创造" 还是 "生产"

　　马舍雷的 "文学生产理论" 在 20 世纪中期独树一帜，它作为生产性文学批评的重要一翼，推动了整个 "艺术生产" 理论的进一步深化。马舍雷的理论进取是从关于 "什么是文学批评?" 的讨论开始的，他的《文学生产理论》（1966）一书开篇就直奔主题，指出这一看似简单其实不然的问题的难点在于，"批评" 这一概念一直存在着模糊性。它一方面作为 "谴责式批评"，对批评对象持消极的拒斥立场，表现出谴责和批判的姿态；另一方面作为 "解释式批评"，对批评对象持积极的认知态度，表现出对于文学活动的条件和可能性的确认。然而在实际操作中，批评者往往在这两种偏向之间首鼠两端、无所适从，或者是从一个极端转向另一个极端，或者是顾此失彼、自相矛盾，使得文学批评这门学科长期处于含混和悖谬之中。这一混乱状况要求人们寻求更加积极、合理的区分方法，马舍雷提议将文学批评分为 "欣赏的批评"（审美教育）与 "认知的批评"（文学生产的科学）①，前者是规范性的，呼唤规则；后者是推测性的，制定规则。前者是艺术，是技术；而后者则是一门科学。

　　在马舍雷看来，二者必居其一：文学批评要么是一门艺术，它完全由该领域既定的对象即文学作品决定，并在探索真理的过程中最终达成

---

　　① Pierre Macherey, *A Theory of Literary Production*, Routledge & Kegan Paul Ltd. , 1978, p. 3.

与文学作品的重合，在这种情况下，文学批评没有自主性，一切以文学作品为转移；要么是一种认知形式，它也是有明确对象的，但这对象并不是文学作品既定的，而是批评本身的产品。马舍雷倾向后者。他认为，作为一种认知形式，文学批评发生了某种形式的转换，它不是对文学作品进行模仿和复写，而是在认知与对象之间保持一定的疏离和间距，留出足够的空间，以保证认知的话语能够得到充分施展。而这里的认知话语并不是用以复述作品而是用以激活作品，从而唤醒那些作品尚不自觉、尚未被意识到的东西。在这种认知形式中，批评对作品说些什么与作品本身说些什么永远不会混淆。因此马舍雷认为，作者与批评家之间的差异从一开始就应该被确认，"确切地说，作者的作品并不成为批评家照本宣科的对象。我们姑且可以说，批评家利用一种全新的话语，通过展示作品自身的特异之处，在作品内部生产出不止它本身所具有的东西"[1]。这里一个重要发现就是，尽管文学批评以作家作品为评论对象，但批评家说什么、怎么说，却未必听命于作家，也未必为作品所匡范。

　　马舍雷在界定"认知的批评"时提出了"文学生产的科学"的概念，但对于"文学生产"问题，马舍雷有着与众不同的理解，理由是，人们通常都将作家视为创造者，其实这是一种误解，它忽视了作品的生产劳动性质。马舍雷拿文学与宗教进行比较，指出文学不是人类的创造物而只是一个劳动产品，因为它不是靠宗教活动中的幻觉、魔法、迷狂之类无法控制的情绪创造出来的产物，而是靠实实在在的生产劳动获得的成果，所谓"创造"过程实际上应是一种生产劳动。因此马舍雷宣称："本书贬黜'创造'，而以'生产'代替之。"[2]

　　进而言之，这里所谓"生产"并不限于文学活动的前端，同样也存在于文学活动的后端，我们的关切有必要从作家的创作活动向读者的接受和批评活动延伸："作品起初存在于它自身，然后存在于别人的阅读中。事实上，文学生产的研究不可避免要遭遇文本传输的问题"[3]。

---

[1]　Pierre Macherey, *A Theory of Literary Production*, Routledge & Kegan Paul Ltd., 1978, p. 7.

[2]　Pierre Macherey, *A Theory of Literary Production*, Routledge & Kegan Paul Ltd., 1978, p. 68.

[3]　Pierre Macherey, *A Theory of Literary Production*, Routledge & Kegan Paul Ltd., 1978, p. 69.

也就是说，文学作品并非作者创作出来就完事的，除非藏之名山，终将传之其人，它势必进入接受和批评的过程，在读者手中被重新解读和阐释。尽管文学作品来自作家不可知的冲动和灵感，但它终将变成读者通过阐释和批评而生产出来的产品。马舍雷援引马克思关于希腊艺术的永久魅力的论述，确认荷马史诗虽不是以虚构的永恒面目呈现在公众面前，但对它的玩味和解读却远没有结束。在他看来，这一点正是马克思对文学批评的生产性所作出的肯定："马克思给出的这个答案中的思想意识是非常明显的：作品可以超越其最初假定的受众的局限，自发的阅读是无所限的。"①

第二节　对阐释学的两次超越

这样，马舍雷的 "文学生产理论" 就闯进了阐释学的领地。

在绵延了新旧两代的阐释学中，马舍雷更多认同海德格尔、伽达默尔的现代阐释学，而将施莱尔马赫、狄尔泰的古典阐释学视为过气的、老旧的学问。在他看来，两相比较，长短高下颇为分明：古典阐释学主张回到作品，而现代阐释学则力图彰明意义，前者以作品为中心，后者以意义为内核；前者是照着讲，后者是接着讲；前者解决 "是什么?" 的问题，后者给出 "应如何?" 的答案；前者是 "知其然"，后者是 "知其所以然"。马舍雷这样说：

> 与旧式的文本解释决裂后，倾向于深度的批评开始以意义的确定作为目标：从广义上而言，它把自己定义为 "阐释"。用 "阐释"（旨在回答：为什么要做这项工作?）来代替 "说明"（旨在回答：这项工作是什么?），其意义首先在于，从对单纯的 "方法" 研究到对终极目标、基本问题等的探索，这似乎扩大了研究的范围，它不再只拘泥于对作品形式的研究，而且开始关注其意义。②

---

① Pierre Macherey, *A Theory of Literary Production*, Routledge & Kegan Paul Ltd., 1978, p. 71.

② Pierre Macherey, *A Theory of Literary Production*, Routledge & Kegan Paul Ltd., 1978, p. 75.

这里所谓"旧式的文本解释"是指古典阐释学，所谓"倾向于深度的批评"是指现代阐释学。很显然，马舍雷这里揭扬的是现代阐释学的批评原则，它以意义彰显为指归。而它采取的策略则是，确认阐释处于批评和文本的中间位置，居间对两者进行转换，对既定的作品给出一套等值但又互异的术语以变换表达方式，"当阐释者将自己的阐释艺术应用于文学作品时，他用作品的意义替代了作品本身"。① 与其说这是将作品变为评论，毋宁说这是将作品作为批评的起点和由头，阐释通过评论话语的转换而使作品中被遮蔽的部分得以敞开。此时阐释就成为一种净化式的奇特重复，它用精练的语言表达更多的内容，最终揭晓作品内部隐藏的真正含义，这就像冶炼矿石从中提取珍贵的精华一样。为了对作品隐而不彰的真实含义进行转换，也为了将作者迂回曲折的表达用直接的方式呈现出来。此时它要做减法，要对作品进行拆解、剥离和删减，从而揭晓作品的同质性表达中所包藏的异质性内涵。它在这转换过程中剥去了遮蔽作品本质的种种装饰和俗套，但增强了作品的真实性和深刻性，它看似使作品更抽象更干燥，但却使思想更丰富更深刻。因此阐释所进行的这种思想穿透和理性提升意义重大，它通过删繁就简、去芜存菁的提炼过程，从文学作品中提取出思想的精义，当人们此时再回头反观作品时，反倒会觉得作品本身显得贫乏，而那些伪饰和俗套则更是显得多余了。总之，批评中的阐释总是比作品中的显示更加透彻和澄明，它直接通往作品的精致的主题，对阅读起到引导作用，譬如列宁称"列夫·托尔斯泰是俄国革命的镜子"，此说成为马舍雷本人把握托尔斯泰作品的重要依据。正是在这个意义上，马舍雷提出这一说法："批评教会我们读懂这些符号"②。

然而马舍雷认为现代阐释学的这一批评原则还远远不够。因为根据常识，批评的最深刻之处不是对已知内容的阐发，而是对未知世界的探寻，不是对在场之物的指认，而是对不在场之物的求索。现代阐释学对于古典阐释学所做的改造和修正仍限于已知内容和在场之物，并不涉未

① Pierre Macherey, *A Theory of Literary Production*, Routledge & Kegan Paul Ltd., 1978, p. 75.

② Pierre Macherey, *A Theory of Literary Production*, Routledge & Kegan Paul Ltd., 1978, p. 133.

知世界和不在场之物。现代阐释学的这一局限乃是所来有自,海德格尔、伽达默尔对于弗洛伊德的精神分析学始终持有异议,在其著述中基本不提弗洛伊德,两人所说"无意识"也不是精神分析学意义上的。伽达默尔明言,自己所做的工作与弗洛伊德根本不是一回事,甚至说对心理分析学需要再一次进行阐释学的反思。① 马舍雷对此表示质疑,认为现代阐释学批评原则的不足反证了在文学批评中建立另一套新规则的必要性,而新规则超出前者之处就在于它对于未知世界和不在场之物有话要说。马舍雷声称:"我们必须就作品自身来对它进行阐释,必须说出它没有说和不能说的内容"②,在他看来,事实并不像坚果的果仁就在果壳中一样存在作品之中,它是内在的,可又是缺席的。如果批评不是面对如此艰深玄奥之事并必须解决之的话,那就得承认,作品是不可知的、不可思议的、神秘的,而批评则是徒劳无功的。

应当说,任何作品本身都可能是不完整的,文学批评揭晓这种不完整性,恰恰是达成其完整性的必由之路,在这个意义上说,我们必须重视作品的不完整性,正是它成就了作品的完整性。关于这一点,可以笛福的《鲁滨孙漂流记》为例说明之,该小说叙述的是主人公鲁滨孙·克鲁索海上遇险、困居荒岛的遭遇,改造环境、征服自然的故事,但小说情节结构和人物关系的安排恰恰暴露了原始积累时期新兴资产阶级的冒险精神和殖民意识。尽管这一点在作品中是沉默的、缺失的,也不能说当时作者就有这方面的自觉意识,但小说中确实有这个东西,而文学批评揭示这一点也实属理所当然,不应归之为过度阐释,更不应斥之为捕风捉影。因此文学批评的锋芒所指,成就了一种"在场的缺席"、一种"雄辩的沉默",③ 而这恰恰构成了巨大的生产性,可以说在这一点上文学批评丝毫不比文学创作逊色。有理由赞成马舍雷的以下说法:"作品并不是由某种意图创造出来,而是在某种特定的条件下被生产出

---

① [德]汉斯-格奥尔格·伽达默尔:《哲学解释学》,夏镇平等译,上海译文出版社2004年版,第118、43页。

② Pierre Macherey, *A Theory of Literary Production*, Routledge & Kegan Paul Ltd., 1978, p. 77.

③ Pierre Macherey, *A Theory of Literary Production*, Routledge & Kegan Paul Ltd., 1978, p. 79.

来的。"① 由此可见，作家依靠天才和灵感进行创造的一统天下正在被打破，而批评家作为生产者的身份已经代之而起，他们凭借自己特有的规程和方法在以往作品沉默和缺失之处有所发现、有所创造，而文学批评正是这种生产性活动得以一显身手的用武之地。

不难见出，马舍雷关于文学批评生产性的讨论总是围绕一个核心问题，那就是他反复说到的沉默和缺席问题，与之相当的有无言、空白、缺失、遗漏等说法。马舍雷曾对此发出一连串"天问"式的诘问：

> 我们能说沉默被隐藏了吗？沉默到底是什么？一个存在的条件？出发点？方法论的起点？根本基础？理想的顶点？揭示终极意义的原点？还是联系的方法或形式？我们能使沉默说话吗？没有说出的是什么？它是什么意思？对说话方式的掩饰到了何种程度？被隐藏的可不可以被召唤出场？沉默是表达的源头，我是真正地在说我没有说出的东西吗？②

马舍雷对于上述设问作出如下思考和解析：其一，文本的言说来自一定的沉默，因此文本不是自给自足的，它必然伴随着某种缺席；其二，没有这种缺席，文本也将不存在，因此对文本的认知必须将这一缺席考虑在内；其三，在文本中，所有的"明确"都需要"暗示"的辅助，因为无论何种说明，肯定都包裹着没有说出的东西；其四，在这个意义上可以说，缺席造就了文本的话语，沉默形塑了作品的表达，其实沉默和缺席还提供了其他资源，它圈定了话语的确切位置，标示了言说的适用范围，指出了语言表达的消失点，等等；其五，话语事实上并没有更多的东西要告诉我们，所以我们必须研究沉默，因为只有沉默才会说话。③

---

① Pierre Macherey, *A Theory of Literary Production*, Routledge & Kegan Paul Ltd. , 1978, p. 78.

② Pierre Macherey, *A Theory of Literary Production*, Routledge & Kegan Paul Ltd. , 1978, pp. 85 – 86.

③ Pierre Macherey, *A Theory of Literary Production*, Routledge & Kegan Paul Ltd. , 1978, pp. 85 – 86.

综上所述，马舍雷的"文学生产理论"对阐释学实行了两次超越，先是从企求返回作品本义走向借作品彰明思想，从而对古典阐释学实行了超越；后是从对已知思想的阐发走向对未知世界的探寻，从而对现代阐释学实行了超越。

进而言之，马舍雷与此前阐释学的根本区别在于他对于沉默和缺失不是在显在的意识领域探讨之，而是在潜在的无意识领域寻绎之，他将这种寻绎的工作与弗洛伊德的学说联系起来，从中取得理论的支持。他这样说：

> 弗洛伊德把这种"某些语词的缺失"归入到一个新的领域，他是第一个探索这一新领域之人。而且，他自相矛盾地把这一领域命名为：无意识。①

这段话透露了一个重要信息，即马舍雷批评观念的渊源不仅与弗洛伊德有所涉及，而且与阿尔都塞相关。

第三节　与"症候解读"理论的渊源关系

马舍雷是阿尔都塞在巴黎高等师范学校的学生，也是阿尔都塞的编著《读〈资本论〉》的合作者，其《文学生产理论》关于基本概念的理论阐述部分是听从阿尔都塞的建议写入的。该书吸收了阿尔都塞的理论并将其用于文学批评研究，据该书的英译者杰弗里·沃尔称："在对文学文本的复杂的物质性叙述中，马舍雷悄悄借鉴了弗洛伊德的无意识理论，尤其是'症候解读'这个概念，使我们能够区分出差距和沉默、矛盾和缺席。"② 虽然马舍雷在该书中始终未提"症候解读"一说，但这并不妨碍对于两者之间渊源关系的认定。

---

① Pierre Macherey, *A Theory of Literary Production*, Routledge & Kegan Paul Ltd., 1978, p. 85.

② Pierre Macherey, *A Theory of Literary Production*, Routledge & Kegan Paul Ltd., 1978, Ⅷ. 国内相关著作对阿尔都塞"症候解读"一词有多种译法，本书为保持该词用法的统一性起见，均使用"症候解读"这一译法。

"症候解读"一说的提出是阿尔都塞的创新，他在研究马克思《资本论》时发现了这一思想方法，从而借助由弗洛伊德开创后经拉康改造的精神分析学原理，将其建构为"症候解读"理论。所谓"症候解读"，意指无论在理论还是文学的文本中，总是隐含着某些空白和缺失，表现为沉默、脱节和疏漏，读者必须像医生诊断和治疗病患一样，从这些"症候"入手，去解读出这些文本背后隐秘的、缺场的东西，去发现更大、更重要的问题。阿尔都塞在《读〈资本论〉》一书中给出了如下定义："所谓症候解读就是在同一运动中，把所读的文章本身中被掩盖的东西揭示出来并使之与另一篇文章发生联系，而这另一篇文章作为必然的不出现存在于前一篇文章中……在新的阅读方法中，第二篇文章从第一篇文章的'失误'中表现出来。"① 下面这段话可以与之互文见义：

> 在某些时候，在某些表现出症候的地方，这种沉默本身在论述中突然出现，并且迫使这种论述不自觉地像闪电一样产生出真正的但是在字面上却是看不见的理论上的缺陷……单纯的字面上的阅读在论证中只能看到论述的连续性。只有采用"症候解读"才能使这些空白显示出来，才能从文字表述中辨别出沉默的表述……②

可见，阿尔都塞所说的"症候"，是指文本中无意识地暴露出来的思想的隐身、理论的缺失、言说的沉默和表达的脱节，而这些空缺和脱漏恰恰将深层次的更大问题呈现在反思面前，而"症候解读"正是发现和把握更大问题的入口和起点。

阿尔都塞指出，马克思在阅读亚当·斯密、大卫·李嘉图的著作时，发现了他们关于工资、利润、地租、利息等问题的表述存在着沉默和缺失，造成了这些著述无意识但又意识形态地在剩余价值这一实质性问题上的失语。马克思在查验和诊断古典政治经济学这一"症候"的基础上，将工资、利润、地租、利息等问题放在剩余价值的范畴中加以

---

① ［法］路易·阿尔都塞、艾蒂安·巴里巴尔：《读〈资本论〉》，李其庆等译，中央编译出版社 2001 年版，第 21 页。

② ［法］路易·阿尔都塞、艾蒂安·巴里巴尔：《读〈资本论〉》，李其庆等译，中央编译出版社 2001 年版，第 94 页。

考量,据此提出了剩余价值理论,进而建立了马克思主义的政治经济学。阿尔都塞充分肯定了"症候解读"的生产性,认为它涉及了本来意义上的"生产"概念,一方面将原先隐藏的东西彰显出来,另一方面使原先固有的东西得到改变。在这个意义上可以说:"在政治经济学的新的回答所使用的有缺陷的术语中,它生产了一个新的问题。"① 正像牛顿以前的物理学家对万有引力、拉瓦锡以前的化学家对氧气视而不见一样,马克思以前的经济学家对于剩余价值问题也视而不见。正是"症候解读",使得马克思能够从古典政治经济学的缺失中生产出剩余价值理论,正像牛顿从以往物理学的缺陷中生产出万有引力定律,拉瓦锡从以往化学的缺陷中生产出氧气的概念一样。这是一种被前人的缺失倒逼出来的知识增长,由旧说的不足触底反弹的理论提升,不啻是有力推动科学发展的认知生产。不过阿尔都塞这里所说的"生产",已经与以往有很大不同,它不是指处于知识生产过程前端的创作和书写,而是指处于这一过程后端的阅读和批评了。

阿尔都塞的"症候解读"理论受到与之同时代的波普尔"证伪"理论的激活②,波普尔在"证伪主义纲领"的结论中指出:"衡量一种理论的科学地位的标准是它的可证伪性或可反驳性或可检验性。"③ 他认为,任何知识都只是一种假说,它必须被证伪。一种知识是否科学,不是依据其可证实性,而是依据其可证伪性。一种知识的可证伪度越高,它便越符合科学,也越具有知识增长的意义。因此知识增长的前提在于证伪,求知的过程就是不断证伪的过程。阿尔都塞还将"症候解读"的知识增长意义看成是一个不断递进的过程,他不仅高度赞赏马克思在《资本论》中对于古典经济学所作的"症候解读",而且主张对于马克思本人的著作也可以进行"症候解读",从而由"第一种解读"进入"第二种解读"。而这种层层递进的"症候解读"也就是层层递进

---

① [法]路易·阿尔都塞、艾蒂安·巴里巴尔:《读〈资本论〉》,李其庆等译,中央编译出版社2001年版,第16页。

② [法]路易·阿尔都塞:《来日方长:阿尔都塞自传》,蔡鸿滨译,上海人民出版社2013年版,第257、397页。

③ [英]卡尔·波普尔:《猜想与反驳——科学知识的增长》,傅季重等译,上海译文出版社1986年版,第52页。

的证伪过程，借此将不断推进知识增长和思想提升，显示强大的生产性功能。不过阿尔都塞的"症候解读"理论与波普尔"证伪"理论还有明显的不同之处，它不像"证伪"过程是从已有科学结论的可见、可言、可知之处指谬辨正，而是从已有文本所暴露的"症候"着眼，从其不可见、不可言、不可知之处而看出漏洞、抓住破绽，进而发现和解决其背后更大的问题。

第四节 对"反映论"的重构

马舍雷受到阿尔都塞的影响但又有新的建树，那就是将"症候解读"理论引入文学批评，寻绎文学作品中存在的沉默和缺失并由此形成了文学批评一系列新的问题，从而将"艺术生产"理论向纵深拓展了。《文学生产理论》一书分为两个部分，主干部分即对于基本概念的理论阐述，附属部分是对于若干作家作品和批评理论的评论。主干部分试图通过对基本概念的系统论证以建构"文学生产理论"的框架，附属部分的批评实践则演绎前者的理论宗旨，同时又反过来为前者提供具体评论的支撑。

首先，马舍雷运用"症候解读"的方法对于列宁的"反映论"进行了重构，在肯定该说的历史唯物主义取向的前提下赋予其新进的前沿内涵和开阔的探索空间，而这一进展是建立在对于文学艺术的审美特征及其无意识背景的确认之上的。马舍雷的这番理论探讨主要在《列宁，托尔斯泰的批评家：镜子中的形象》一章中展开。

众所周知，列宁在1908—1911年关于俄国作家列夫·托尔斯泰小说创作撰写了一组评论文章，其中最重要的是第一篇：《列夫·托尔斯泰是俄国革命的镜子》。列宁在该篇中提出了文学批评的重要原则，留下了许多后来被学界引为圭臬的金句，列宁的重要论述有："如果我们看到的是一位真正伟大的艺术家，那么他在自己的作品中至少会反映出革命的某些本质的方面"；"托尔斯泰观点中的矛盾，的确是一面反映农民在我国革命中的历史活动所处的矛盾条件的镜子"。① 这就延续了西方传统文论中的"镜子说"，标志着关于文学艺术本质的"反映论"

---

① 《列宁全集》第十七卷，人民出版社1988年版，第181、185页。

的熔铸。

但马舍雷对托尔斯泰的小说创作却持有进一步的看法,他指出,列宁的批评原则是,文学作品只有按照它与一定历史时期的关联来考虑,才具有意义。但托尔斯泰的作品却并未为这一点提供支撑。托尔斯泰通过作品对他所处的时代能够告诉读者的,与他对那个时代所作的分析能够告诉读者的,完全是两码事。其实托尔斯泰的作品既揭示了他的时代的矛盾,又暴露了他本人对那些矛盾的偏见的缺陷。马舍雷认为,造成这一局面的原因在于托尔斯泰卷入了他面临的时代运动,即1861—1905年俄国的农民资产阶级革命,但他采取的卷入方式却阻碍他对这场革命作出一个完整的叙述。他是以文学方式卷入这场运动的,但作为一位作家,他不可能也没有义务表达对一个时代的完整看法,毋宁说他只是给予人们一个图像,一个无与伦比的特殊的一瞥。即如常言道,作家的任务就是通过文学叙述将历史状况生动形象、栩栩如生地表现出来。虽然他所表达的观点可能是矛盾的,但却依然不失文学价值。

另一方面,托尔斯泰出身于地主贵族,但他的作品并不代表地主贵族的看法,而是吸收了一些并非天生属于他自己的思想,他关注农民,并由此出发与当时的历史建立了一种新关系,提出了所谓"托尔斯泰主义"的哲学,这种哲学事实上更切合于农民阶级。列宁曾说过:"在托尔斯泰伯爵之前,文学中没有真正的农民。"马舍雷也称道:托尔斯泰"拥有一颗农民的心""一种农民的思想习惯"。① 正是这种宗法式的农民的意识形态,将托尔斯泰推向了时代的风口浪尖,而他的小说则成为由如此复杂的意识形态所把握的历史进程的一种"反映"。不言而喻,托尔斯泰小说的"反映",并不是像平常照镜子那样的机械直观的"反映"。

马舍雷并没有就此停步,在他看来,所谓"俄国革命的镜子"这个说法仅仅是进一步分析的开始:"托尔斯泰的作品不能被简化为作品所包含的意识形态,它所包含的内涵更加丰富。"② 那么,这更加丰富的内涵有哪些呢?马舍雷指出了两点:一是意识形态必须以文学的手段

---

① Pierre Macherey, *A Theory of Literary Production*, Routledge & Kegan Paul Ltd., 1978, p. 114.

② Pierre Macherey, *A Theory of Literary Production*, Routledge & Kegan Paul Ltd., 1978, p. 116.

加以表达，否则它在作品中便不能占一席地；二是如果一种意识形态在某些方面是不完整的，文学的表达方式却能使之趋于完整。文学如此强大的构造能力来自它一方面是信息和思想材料的传达手段；另一方面又是某些资料的贮藏库，在这贮藏库中长期积累的观察和感知构成当下判断的基础。而对后者的追溯其实已经触碰到无意识的作用了。在文学表达中无意识不仅能让不完整的东西趋于完整，而且能将不正确的加以纠正。文学的方式何以能够做到这一点呢？列宁曾经说过这样的意思，认为这是由于思想上的潜意识抑制力搁置了一些它原来所拥有但又是它所反对的现实事物，如阶级地位、经济状况等。这就构成了一种"逆反的现实主义"：在文学中作者本应维护的恰恰成了他所批判的，而作者本应反对的恰恰成了他所赞叹的。因为"政治意识形态的幻觉被它试图压制的现实所渗透"。① 这一现象在文学史上屡见不鲜，托尔斯泰则是又一例证。

有鉴于此，马舍雷觉得，必须用一个新的观点来重新分析列宁的托尔斯泰评论，所谓镜子、反映、表现，这些都是列宁的评论文章中的关键词，列宁用这些关键词来定义文学，主张文学作品是一面反映世界的镜子。但是人们往往只关心这面镜子反映外在事物，但并不关心这面反映外在事物的镜子本身。其实每一面镜子都是按照自己的特殊方式来反映外在事物的，它可以是平面镜，也可以是凸面镜、凹面镜，甚至可以是一面破碎的镜子。而作为一面"镜子"，托尔斯泰显然不了解他的时代，也不了解他卷入的革命运动，因此无论是就他本人的观点来说，还是作为时代思想的发言人来说，在他的作品中呈现的印象就不可能是复制或模仿意义上的那种"反映"，而只是一种片断、局部、不连贯、不均匀的"反映"。如果认为它是浑然一体、一以贯之的整体，那只是理想化的看法。基于这一思考，对于托尔斯泰到底是一面什么样的镜子，马舍雷开始的持论还表现出应有的谨慎："难道它能是一面破镜子吗？"但是通过求证于弗洛伊德的无意识理论而得出的结论则是十分肯定的："托尔斯泰的作品本身就是一个集合体。正如弗洛伊德认为梦必须被拆

---

① Pierre Macherey, *A Theory of Literary Production*, Routledge & Kegan Paul Ltd., 1978, p. 118.

解为其各个构成因素之后才能被解释一样。"① 正是这样一种心理背景，使得托尔斯泰小说的"反映"往往是不连贯、不均衡的，这个镜子不只有一个面，它所映射出的也不只一束单纯的光。

马舍雷进一步指出，文学作品这面镜子的不连贯性和不均衡性，它内在的矛盾和冲突都是沉默的、无言的。关于沉默和无言的意义，马舍雷建议参看阿尔都塞《保卫马克思》一书。② 这就是说，通过阿尔都塞式的"症候解读"可以发现，从那些文学文本或理论文本的沉默和无言中，往往可能捡拾更多的东西，甚至发现重大的意识形态问题。对此马舍雷说得很形象，说托尔斯泰作品中的沉默和无言之处就像一个无底的深渊，"意识形态就建立在这个深渊之上，就像一个行星围绕着一个不存在的太阳旋转，这种意识形态是由它并未提及的东西构成的"。就是在这个意义上，列宁就能够说："托尔斯泰的沉默是雄辩的。"③ 可能这才是列宁把托尔斯泰的作品称作"俄国革命的镜子"的真义所在，或者说列宁将托尔斯泰的作品称为"俄国革命的镜子"原本就包括了这种"雄辩的沉默"在内。由此可见，马舍雷对托尔斯泰作品这面"镜子"所作的心理分析恰恰演绎了阿尔都塞式的"症候解读"的生产性功能。

第五节　对意识形态构成的解读

其次，马舍雷认为，文学作品中的沉默、缺失等种种"症候"最终都通向意识形态，而这一点必须借助"症候解读"得到揭扬。关于这一点，马舍雷主要在题为《儒勒·凡尔纳：错误的叙述》的一章中进行了探讨。

在马舍雷看来，文学作品总是存在"说出的与未说出的"两个方面，所以它往往是一个文本牵涉两个问题，隐含两层含义，这就导致一

---

① Pierre Macherey, *A Theory of Literary Production*, Routledge & Kegan Paul Ltd., 1978, p. 122.

② Pierre Macherey, *A Theory of Literary Production*, Routledge & Kegan Paul Ltd., 1978, p. 130.

③ Pierre Macherey, *A Theory of Literary Production*, Routledge & Kegan Paul Ltd., 1978, p. 132.

种判断性的"寓言"产生。这种"寓言"的命运由作品中可见与盲目、显示与隐蔽、言说与沉默的双层结构决定，它期待着读者进行不断掘进的解读。这就区分出两类批评者，一类是普通的读者，他只是根据作品显意识层面的言说所表达的实在性、真实性进行判断，但这种判断只是止步于第一个问题，与全面、合理的判断相去甚远；另一类是真正的批评者，他从第一个问题出发，进一步对作品无意识层面的沉默和缺失提出了第二个问题，并在两个问题构成的迷宫中对真相与假象做出判断和取舍，从而探寻走出迷宫的途径和出口。

这就是马舍雷所谓"两个问题"（The Two Questions）的理论。如果说在这里处于显意识层面的第一个问题是"问题"的话，那么处于无意识层面的第二个问题就是"问题中的问题"，它总是在第一个问题中被提出并始终贯穿其中。第二个问题是潜在的，但它有自身的历史空间，其中包含着它在特定历史中形成的认知，只不过在较长时段中经过心理活动的积累、沉淀和转化潜入了无意识层面而已。文学批评对这"问题中的问题"的了解和认定必须求助于作品文本中的无意识，听取无意识对这一潜在认知的告白和指引。如果说对文学创作来说无意识并非配角和附庸的话，那么同理，对文学批评来说无意识也不会以一个替补演员的身份出现，不会成为旁枝末节，它始终是一个主角、一种大关节目、一个本质性的东西。正是在这个意义上，马舍雷确认："批评的任务并不简单：它必须揭示两个问题的重叠。"① 这里有三个要点：其一，"两个问题"的关键之处在于这两者的结合点上，对"两个问题"作出区分并非为了显示二者的不同，而在寻求二者的结合点；其二，肯定上述结合点的关键性并不意味着这"两个问题"之间就不存在断裂，恰恰相反，其中对于这种断裂的关注和说明甚至更加紧要，领会这一结合点就是要接受断裂、建构断裂；其三，"两个问题"的这种联结与断裂并举的复杂性并不是自发呈现的，它是文学批评的追踪和探寻的结果。

马舍雷以儒勒·凡尔纳科幻小说的意识形态构成状况为例来说明上

---

① Pierre Macherey, *A Theory of Literary Production*, Routledge & Kegan Paul Ltd., 1978, p. 90.

述道理。他指出,在其众多的科幻小说中,凡尔纳无疑是以代言人的身份出现的,但他不会成为某种既定的意识形态的代言人,他只会成为他所处的总体条件下的意识形态的代言人,他的作品表达了这种选择。凡尔纳的"寓言"所包含的"两个问题"在作品中共存于一体,它们保持着连贯性和一致性,因此我们不应该尝试去寻找两个儒勒·凡尔纳,或者虚构一个自己偏爱的儒勒·凡尔纳。这种意识形态双重性、复合性的构成在凡尔纳所有的作品中均有所展示,即使有时只是一种暗示而已。马舍雷这样概括凡尔纳科幻小说的"两个问题":

> 第一个问题:作品源于一个有待解释的秘密;
> 第二个问题:作品的意义在秘密的揭示中得以实现。①

　　但既然是两个方面的问题,也就意味着二者之间存在着一种片刻的断裂,一种连续性中的细微的不同,而我们要研究的正是这一断裂。

　　儒勒·凡尔纳的《地心游记》《海底两万里》《环游地球八十天》《从地球到月球》《环游月球》等科幻小说构想出人类凭借现代科技探索地球和太空的历程,在19世纪后叶就以超前的科技知识、大胆的科学想象和精准的科学预见描写了人类活动对于未知宇观世界的挺进,曾被鲁迅赞曰:"学术既覃,理想复富。"② 然而马舍雷恰恰从中读出了其意识形态的构成状况,他指出,通常认为,凡尔纳的作品展示了人类对自然的征服和掠夺,这就构成了其特定的意识形态主题。但这仅仅是根据当时的历史条件作出的判断,它"过于注重作品的语境,作品便被过于简单地加以处理,它成为一个意义的场所,而其真正的复杂性则被置之不理"③。这种人类借助工业革命征服自然的意识形态主题只是表浅层次的,很容易辨识。在马舍雷看来,在文学中,仅仅从显意识层面的描述无从发现矛盾,只有从无意识层面的表征才能真正发现矛盾。所

---

① Pierre Macherey, *A Theory of Literary Production*, Routledge & Kegan Paul Ltd., 1978, p. 95.
② 《鲁迅大全集》第11卷,长江文艺出版社2011年版,第9页。
③ Pierre Macherey, *A Theory of Literary Production*, Routledge & Kegan Paul Ltd., 1978, p. 160.

谓"表征"，是指无意识的投射，只不过它投射出来的只是变异的形象。无论它们是显性的还是隐性的，都显示着内在的变异，而这种变异与更为宏大的历史空间的关联并不是无迹可求的。例如小说中对宇宙的探索与历史上法国殖民帝国的对外征服、小说中对处女地的垦拓与法国殖民者开发苏伊士运河的史实之间的对应关系，都透露了凡尔纳的科幻小说与法国的种种历史事件不无关系。这并不是说凡尔纳的作品对这些历史性的浩大工程反映了什么，相反，它表达的是一种意识形态的构成在推进过程中所呈现的不同意义，而需要我们加以解释的正是这些不同的意义。

这样，凡尔纳的作品超越了历史，其超越性来自无意识的主导地位，没有这个主导地位，特定的意识形态主题就成了空中楼阁，无意识是意识下面巨大的冰山底座，是人的整个思维活动稳定的压舱石，也是意识形态主题的精髓所在。因此仅仅将凡尔纳科幻小说的意识形态主题归结为人类利用工业革命征服自然是不够的，必须追溯到其无意识层面，这种无意识层面往往与较长时段意识形态的精神气候相关联。不过，作家表现的意识形态主题与他身处的意识形态背景往往并不构成严丝合缝的对应性，甚至有可能是背离的，有可能是可疑的，也有可能是需要调整的。总之，为了完整、确切地把握意识形态的构成状况，我们必须将这些复杂因素考虑在内。

如果说以上理解是合理的话，那么在审视凡尔纳的科幻小说时，会发现其意识形态构成状况的秘密："劳动和征服的概念成为他作品的中心。……因为真正的劳动是异化的，而完美的征服不可避免地受到从前殖民地化条件的制约。这些是资本主义意识形态的真正局限。"[1] 但这背后的异化劳动和殖民意识并未以意识形态主题的面目出现，只是成为沉默和缺席的东西。而马舍雷的评论恰恰借助"症候解读"的方法，揭示了凡尔纳作品中"征服自然"/"异化劳动和殖民意识"双重变奏式的意识形态构成状况的复杂性，并为文学批评的生产性和建构性下了一个绝妙的注脚。

---

[1]　Pierre Macherey, *A Theory of Literary Production*, Routledge & Kegan Paul Ltd., 1978, p. 237.

第六节　对政治意识形态的破解

再次，马舍雷认为，在文学的意识形态主题中更值得关注的是政治意识形态，而具体作家的政治意识形态的构成也需要依靠"症候解读"来进行破解。这一问题在该书的《巴尔扎克的〈农民〉：一个与众不同的文本》一章中得以聚焦。

在马舍雷看来，巴尔扎克的构思在小说中的表达不是简单的而是分裂的，它往往沿着几条散开的线索同时推进，巴尔扎克在写书时似乎经常想一次说几件事情，甚至有的事情并不一定就是他打算写的。那么，对于文学批评来说，重要的是了解他的作品是如何承载这种多样性的。而作为样本，几种不同类型的陈述交错出现在巴尔扎克的《农民》中，使之成为一个与众不同的文本。这一做法自有其合理性，不妨说正是这些不同类型的论述的差异和对照成全了这本小说。

马舍雷指出，在巴尔扎克那里比较突出的是二元论的新形式，巴尔扎克曾宣称要建立一个新体裁，一个处于政治意识形态和文学之间的体裁形式。在《农民》一书的"献词"中，他声称："我正在研究我的时代的前进步伐，于是就发表了这部著作。"[①] 此说透露了巴尔扎克将原来彼此独立的政治意识形态与文学这两种事业联结起来，将与意识形态有关的小说转换成了社会风俗小说的努力。这就将文学作品的生产纳入了"研究"的范畴，用小说的形式表达"研究"的结果，但是这一做法远远超出了小说的疆域。为此巴尔扎克称自己是社会历史学家而不仅仅是小说家，因为他的写作往往为历史性的思考所引导，而他只是给这种思考披上了文学的形式而已。如果我们信任巴尔扎克宣称的目的，那就可以说其中的政治内容应该是最重要的，它赋予作品以一致性和独创性。因此只有在他成为一个思想理论家之时，他才能同时成为小说家和历史学家。巴尔扎克在《人间喜剧》的"前言"中宣称：

---

① ［法］巴尔扎克：《〈农民〉献词》，《巴尔扎克论文艺》，艾珉等选编，人民文学出版社 2003 年版，第 426 页。

作家的信条，作家之所以成为作家，之所以不亚于、甚至还优胜于……政治家，就在于他对人间百事的某种决断，对某些原则的忠贞不二。①

马舍雷指出，恩格斯非常了解巴尔扎克的作品，不过恩格斯认为，作家是提出问题而却不作回答的人。②但巴尔扎克却认为，作家提出问题的目的就是能够回答它们。巴尔扎克强迫自己"给出答案"的一个重要理由是，《人间喜剧》的"前言"所说"作家的信条"乃是卓尔不群的，它不仅适用于巴尔扎克自己，而且适用于保皇派和民主派作家。这并不是将意识形态强行植入文学作品，而是一种客观需要。所有的文学作品都是由它与意识形态的关系所决定的，一个意识形态缺失的人能够成为好的小说家是令人难以置信的，虽说小说家是用虚构的手法来表达意识形态，他的长处在于想象虚构的功夫，但就巴尔扎克而言，"他在意识形态自治的前提下实现了文学的功能，没有意识形态就不会有虚构的实践，甚至可能也不会有小说的存在。"③

但马舍雷认为，作为一个作家，仍应守持文学的本分。在他看来，"巴尔扎克的'思考'只有在作为文学产品的一个元素时才是有趣的"④，尽管巴尔扎克十分看重作品的意识形态品质，但我们对它应该抛弃那种排他性、还原性的阅读方式，那种直奔主题、图解概念的做法只能败坏对于作品的解读。如果说巴尔扎克的"思考"有自己的意义的话，那它也已在文学中经过了转化和置换，搁置和淡化了任何实际需要。因此那种排他性、还原性的阅读并不能抵达作品的原始意义，其解读结果的原创性是值得怀疑的，尽管看似自成一说，其实只是拾人唾

①　［法］巴尔扎克：《〈人间喜剧〉前言》，《巴尔扎克论文艺》，艾珉等选编，人民文学出版社2003年版，第260页。

②　参见《致敏娜·考茨基》，《马克思恩格斯文集》第十卷，人民出版社2009年版，第545页；《致玛格丽特·哈克奈斯》，《马克思恩格斯文集》第十卷，人民出版社2009年版，第570页。

③　Pierre Macherey, *A Theory of Literary Production*, Routledge & Kegan Paul Ltd., 1978, p. 262.

④　Pierre Macherey, *A Theory of Literary Production*, Routledge & Kegan Paul Ltd., 1978, p. 262.

余,"它并没有定义文学生产这一事业,对作品的认知并不能恢复作品的原状,也不能对构成作品的文学元素进行研究"。① 总之,巴尔扎克作品中的文学元素是不可分离的,否则的话,作品也就失去了它真正的复杂性。

行文至此,细心的读者当不难发现,《农民》的"献词"提供了双重含义。一是精确的表达,它属于认知层面;二是通过前者将一个简单明了的意图表现出来,它属于意图层面。这一意图并不含糊,但它却是沉默不语的,只是远距离地显现出来。它有两个特点,其一,"它是无意识的、隐秘的";其二,"它表达了作者的政治选择"。② 值得注意的是,巴尔扎克的《农民》中,认知层面与意图层面之间是断裂的,读者对该书在认知层面获得的印象与在意图层面形成的理解往往是错位的、背反的,因此马舍雷提醒读者:"巴尔扎克的写作是反民众的:意识不到这一事实并把《农民》的作者与'民主'作家维克多·雨果和乔治·桑等相提并论是不现实的,巴尔扎克自己也不愿与他们发生联系。"③ 马舍雷进一步提出,与巴尔扎克小说的双重意义相对应的是双重阅读:一是还原性阅读,它只关注作品内容的明确性;二是解释性阅读,它寻求有利于意图表达的条件,按马舍雷的意思,它对作品的阅读行为不是一种还原,而是一种解释,而这种解释既包含显意识的表达,又包含无意识的投射。总之,真正的阅读正是在这两者既相对自主又相互关联的复杂关系中达成了对作品的整体把握。

对于上述道理仅仅通过理论分析可能显得纷繁缠绕,但只要接触具体实例就很好理解了:作为政治上的保皇派,巴尔扎克在意图层面保持了对官方意识形态的辩护;但作为作家,他在认知层面却往往流露出对于工人运动的同情,甚至表现出比其他作家更加激进的倾向。这在《农民》一书中是表现得够典型的:"尽管巴尔扎克并不鼓励工人起义,

---

① Pierre Macherey, *A Theory of Literary Production*, Routledge & Kegan Paul Ltd., 1978, p. 262.

② Pierre Macherey, *A Theory of Literary Production*, Routledge & Kegan Paul Ltd., 1978, p. 264.

③ Pierre Macherey, *A Theory of Literary Production*, Routledge & Kegan Paul Ltd., 1978, p. 265.

但在表现工人起义，或起义怎样被镇压这一点上，巴尔扎克比雨果更接近马克思，虽然途径不同、方法不一，难道他没有说过和马克思一样的话吗？"① 值得注意的是，以上种种思想断裂和逻辑悖论正是该小说的"症候"所在，这在巴尔扎克那里是无意识的，是沉默和缺席的，但它又是有迹可循、真实有效的。因此马舍雷指出："巴尔扎克小说的存在意义就在于它们扎根于这一双重的表达中。我们不应该竭力逃避这种心口不一的表达，而是应该对它进行解释。"② 从而充分肯定了"症候解读"的必要性，也是对文学批评的生产性、建构性功能做出又一次致敬。

第七节　在文学批评中进行的有效艺术生产

综上所述，马舍雷吸收了弗洛伊德的"无意识"理论和阿尔都塞的"症候解读"理论，形成了自己的一套"文学生产理论"，不仅搭建了系统的理论构架，而且通过对具体文学作品以及批评理论的沉默失语之处进行问诊号脉，获得了较之通常阅读更加丰富、深刻的意义，从而演示了"症候解读"强大的生产性。它让人发现，这是一种非常特别但又是真实有效的"艺术生产"，它不只是在文学创作过程中发生，同时也在文学批评环节中进行，这就将研究的重点从文学活动前端的创作延伸到文学活动后端的阅读和批评。但这种阅读和批评并非旨在回溯作品本来的思想，而是旨在彰明读者和批评者阐释的意义。进而言之，这种阐释的意义又不像一般阐释学那样直接解释作品中显意识的意义，而是力图形成一种新的对话，让作品无意识中的沉默和失语"说话"。因此这种"症候解读"的"生产"与通常所说的"文学生产"隔了三层。虽然超乎常规、出玄入奥，但它不仅不虚妄，而且意义重大。对此特里·伊格尔顿给予了高度的评价："这本书是对一些最神圣不可侵犯的

---

① Pierre Macherey, *A Theory of Literary Production*, Routledge & Kegan Paul Ltd., 1978, p. 265.

② Pierre Macherey, *A Theory of Literary Production*, Routledge & Kegan Paul Ltd., 1978, p. 265.

文学批评的大规模的进攻","它的论点具有波澜不惊的颠覆性"。① 尽管马舍雷在论证过程中往往未能免除与弗洛伊德—拉康—阿尔都塞一脉共同的缺陷,在"无意识""症候解读"等问题上仍需进一步加强科学实证的支撑,但以上重大创获已足以使之在生产性文学批评的发展史上成为一个重要的节点。

---

① ［英］特里·伊格尔顿、［英］马修·博蒙特:《批评家的任务:与特里·伊格尔顿的对话》,王杰等译,北京大学出版社 2014 年版,第 116 页。

第七章

巴特的解构批评：生产性文学批评的后现代转折

　　罗兰·巴特的传记作者乔纳森·卡勒指称，人们大概会把巴特誉为"学科的创立者""方法的倡导者"，其学术研究先后涉及"一种关于文学的科学，一种符号学，一种关于当代神话的科学，一种叙事学，一种关于文学的含义的历史，一种关于各个门类的科学，一种关于本文的乐趣的类型学"，然而任何一种学科或方法一旦被创立和倡导，巴特便旋即转向其他方面。这种永在标新立异而不甘停息的运动状态造就了巴特的百变形象，也使之因在学术上缺乏一贯性而饱受诟病。[①] 但是巴特的学术并不是碎片化、无序化的，而是陈仓暗度、有迹可循的，不管巴特怎样花样翻新，百变中总有不变者在，片段中总有秩序在，这一点可以在其后期对于"分散的整体""片断的系统化"[②] 一再表示兴趣中见出端倪。一个重要建树就是生产性文学批评的铸成，这是随着巴特从结构主义转向后结构主义、绵延了将近 20 年的一条伏脉。它旨在认定批评写作是以某种方式打碎世界又重组世界，从而生产出新的意义来；同时肯定批评实践将人们从阅读引向写作，使读者不再成为消费者，而是成为文本的生产者，从而揭橥了以生产价值为本的文学批评模式。

　　罗兰·巴特的学术研究一生凡数变，他在《自述》（1975）中划分

---

　　① ［美］乔纳森·卡勒：《巴尔特》，孙乃修译，中国社会科学出版社 1992 年版，第 5—6 页。

　　② ［法］罗兰·巴特：《罗兰·巴特自述》，怀宇译，百花文艺出版社 2006 年版，第 8—10 页。

为四个阶段：一是社会神话阶段；二是符号学阶段；三是文本性阶段；四是道德观阶段。① 巴特的生产性文学批评形成于第三个阶段，而其发端则是在第一、二个阶段就已显山露水了。

第一节 "写作的零度"

《写作的零度》（1953）是罗兰·巴特的第一本著作，当时他对文学批评的生产性的认识尚不明确，但从后来该理论的形成往前寻绎，最早可以追溯到其关于"零度写作"的研究，因此可以说，该书构成了巴特生产性文学批评的逻辑起点。在该书中，巴特的文学批评最初选择从语言结构出发，其中有一个特殊原因，此时他受到了索绪尔语言学的濡染。据巴特自己及好友回忆，巴特是在1949年至1951年读到索绪尔的，② 而这恰恰是巴特酝酿《写作的零度》之时。在该书中也随处可见对于索绪尔语言学基本概念的具体运用，如语言/言语、横组合/纵聚合、历时性/共时性等，尽管他此际用得还不自如不圆熟。

《写作的零度》标志着巴特结构主义的起步，即便从巴特言必称"语言结构"的热乎劲儿也可以见出端倪。该书开宗明义："语言结构是某一时代一切作家共同遵从的一套规定和习惯"，"语言结构含括着全部文学创作"。③ 巴特喻称语言结构就像天空、大地和天地交接线，它构成了人类栖居的生态环境。不过，语言结构更像地平线，既是一方

---

① ［法］罗兰·巴特列表分述自己的四个阶段：第一个阶段，在萨特、马克思、布莱希特的影响之下进行"社会神话"研究，代表作为《写作的零度》（1953）、关于戏剧的文章和《神话学》（1957）；第二个阶段，在索绪尔的影响之下进行"符号学"研究，代表作为《符号学基础》（1965）和《服饰系统》（1967）；第三个阶段，在索莱尔斯、克里斯特娃、德里达、拉康的影响之下进行"文本性"研究，代表作为《S/Z》（1970）、《符号帝国》（1970）和《萨德，傅立叶，罗耀拉》（1971）；第四个阶段，在尼采的影响之下进行"道德观"研究，代表作为《文本的快乐》（1973）和《罗兰·巴特自述》（1975）。根据译者怀宇整理，上述第一个阶段在1950—1957年，第二个阶段在1958—1967年，第三个阶段在1968—1972年，第四个阶段在1972年以后。参见《罗兰·巴特自述》，怀宇译，百花文艺出版社2006年版，第99页，《导读》第1页。

② ［法］路易－让·卡尔韦：《结构与符号：罗兰·巴尔特传》，车槿山译，北京大学出版社1997年版，第96页。

③ ［法］罗兰·巴特：《写作的零度》，李幼蒸译，中国人民大学出版社2008年版，第7页。

栖息地又是一条界线，再熟悉不过但又可望而不可即。

在巴特看来，文学有两大要素，一是语言结构，二是风格。但二者的存在方式不同，语言结构凝结在文学之内，而风格则几乎置身于文学之外，如形象、叙述方式、词汇等，它们从作家的身体和经历中产生，后来才逐渐变成了普遍的艺术规律。这两者的区别还在于，语言结构呈现为言语流的运动，与时间的延续有关，因而是水平性的；风格则是生物性、本能性、私人性的，它是作家发于内而现于外的，因而是垂直性的。这两者纵横交错构成了作家的本质，使之无偏于其中任何一方。作家游走于语言结构的限定性与风格的必然性之间，将自己的性情与言语行为结合起来，在语言结构中发现了历史的亲和性，在风格中发现了个人经历的亲和性。因此语言结构与风格都秉有一种自然属性、一种亲和关系，这就为这两者在文学空间中各据一方提供了合法性。

巴特进一步认为："'形式'也都是一种'价值'，所以在语言结构和风格之间存在着表示另一种形式性现实的空间：这就是写作。"[1] 在他看来，语言结构与风格是一种盲目的力量，写作则是一种具有历史关联性的行为；语言结构与风格是对象性的，写作则是功能性的。因而写作是存在于创造性与社会之间的关系，是被社会性目标改变了的语言，是束缚于人的意图中的形式，也是与历史的重大变故联系在一起的形式。

因此在本质上说，写作虽然依据不同的社会性场景，但它总是为一种"形式伦理"所左右，它必须在"形式伦理"的范围内来思考文学写作的问题，谋求一种语言的自由。而要做到这一点，作家必须回到"言语的根源处"，求助于"工具性根源"。在巴特看来，作家的写作总是情境性的，受制于一定的历史语境，因此总是在历史和传统的压力之下得到确立的，因此存在着一种写作史。在写作中充满了对以往的惯用法的记忆，言语活动从来不是纯净的，以往惯用的词句总是会通过记忆的通道神秘地延伸到新的意指之中。"写作正是一种自由和一种记忆之间的妥协物，它就是这种有记忆的自由"[2]，当然，这只是在选择的姿

---

① ［法］罗兰·巴特：《写作的零度》，李幼蒸译，中国人民大学出版社 2008 年版，第 10 页。

② ［法］罗兰·巴特：《写作的零度》，李幼蒸译，中国人民大学出版社 2008 年版，第 13—14 页。

态中才是自由的。今天的作家完全可以为自己选择某一种写作方式，并在选择的姿态中达成这种自由。

依据对于语言结构的本原性，巴特对写作进行了分类，运用排除法对那些在他看来不足以成为真正写作的类型进行了剔除。巴特将写作分为政治写作、小说写作、诗的写作等，他以"言语的自由"为最高标准，先是将政治写作和小说写作剔除出去；再将诗的写作分为古典诗和现代诗，从而将古典诗排除在外，又将现代诗中属于"艺匠式写作"的部分撇开；最后明确其意旨，将"零度写作"奉为理想的写作方式。

巴特将"零度写作"称为白色写作，指出这是在某些语言学家构建的诸如单数与多数、过去时与现在时等二项对立之间的一个第三项，一个中项或零度，是在小说写作的虚拟式与政治写作的命令式之间存在的非语式（amodale）写作和直陈式写作。它类似那种纯客观的新闻式写作，不用祈愿式或命令式的言语，对于充斥着各种呼吁和裁决的环境身处其中但并不介入。它是一种"不在"（absence）、一种超脱，因此它是一种毫不动心的写作、纯洁的写作。在他看来，这种"零度写作"在加缪的《局外人》中得到了充分的运用，使之形成了一种"不在"的风格："在其中一种语言的社会性或神话性被消除了，而代之以形式的一种中性的和惰性的状态。因此思想仍保持着它的全部职责，而并不使形式附带地介入一种不属于它的历史。"① 以往的匠艺式写作，像福楼拜、马拉美、普鲁斯特等人的写作，都以各自的方式谋求一种社会性的存在，语言的运用都以表达某种社会问题为前提，导致了形式的不透明性，相比之下，零度写作实际上重新找到了古典艺术的首要条件，即工具性。但是这一工具不再像古典艺术那样只是成为被利用的手段，而是作家面对新的情境以沉默来表达的存在方式。它放弃了对于典雅风格或华丽风格的依赖，因为这二者往往陷于时间的纠缠而将历史的情境重新引入了写作。

然而巴特又将写作向古典艺术的工具性的回返称为"悲剧性的逆转"②，

---

① ［法］罗兰·巴特：《写作的零度》，李幼蒸译，中国人民大学出版社2008年版，第48—49页。

② ［法］罗兰·巴特：《写作的零度》，李幼蒸译，中国人民大学出版社2008年版，第12页。

因为如果写作当真是中性的，达到了数学方程式的纯粹形式，那么文学就被征服了，人的问题也就被解决了，作家也就不失为真诚了。然而实际上没有什么比这种白色写作更不稳定的了，一旦作家沿袭古典艺术的工具性套路，那么他就会在对前人的模仿中又落入某种历史情境的窠臼。但是，文学的写作始终是热切向往着语言的至善境界的，语言的新颖性、完美性对于写作来说是一个永远的梦，在语言创新的理想境界中，充满生机的写作永在召唤着全新的文学。由此可见，文学理应成为语言的乌托邦。①

综上所述，巴特关于"零度写作"的整个推论过程中什么都不缺，唯独缺失了作者。依巴特之见，在文学中更为重要的是语言结构，它是作者的栖身之所，也是作者必须共同遵守的规则和惯习，此其一；其二，在文学的两大要素中，语言结构像是一种自然属性，内在于文学之中，而风格则出自作者的性情，几乎外在于文学；其三，巴特重视的写作是处于语言结构与风格之外的"第三空间"，它与社会性有关，又与形式性、工具性有关，但却与作者无关；其四，写作的自由只是一种语言的自由、形式的自由，而不是作者的自由，作者并未被赋予在一种非时间性、非历史性的文学形式库存中进行选择的自由，作者有可能在写作中进行创造，但他总是在历史和传统的压力之下重新沦为"'形式的神话'之囚徒"②。唯其如此，巴特才将"零度写作"视为一种纯客观、无关心的写作，一种中性的、惰性的写作。用巴特的话来说，在其中作者"不在"，作者只是一个"局外人"。总之，巴特"零度写作"的提出，已经对作者进行了搁置和消解。

这里有一现象值得注意，结构主义从一开始就是拒斥作者的，个中缘由说来也简单，因为结构主义旨在通过语言/言语、横组合/纵聚合、历时性/共时性等"二项对立"构建一个纵横交错的语言结构，以此作为自己的立身之本，但有一个必要的前提，即这一语言结构必须具有弃绝一切外部联系的独立自足性或自律排他性。而在传统文学观念中，维

---

① ［法］罗兰·巴特：《写作的零度》，李幼蒸译，中国人民大学出版社 2008 年版，第55 页。

② ［法］罗兰·巴特：《写作的零度》，李幼蒸译，中国人民大学出版社 2008 年版，第49 页。

系语言结构与外部世界的交集点就在于作者，因此巴特将作者视为妨碍这一意图实现的绊脚石，必欲除之而后快，而在《写作的零度》中对作者进行搁置和消解，也就不难理解了。然而这一负面立场恰恰构成了巴特的批评理论曲折迂回的绵延过程的一个起点，为其日后生产性文学批评的生成奠定了一个解构性的基础。有学者认为，在《写作的零度》甚至更早的文章中，巴特对于不介入写作、不及物写作的倾重，已经触碰到了他多年后风生水起、横绝一时的理论主张，由此看来，"也许，他天生就是一个解构分子"。直到后来在德里达、克利斯蒂娃等人的熏陶之下，巴特的生产性文学批评从解构性生成走向后现代转折，根本的动因仍然可以追溯到这一解构背景，就此而言，"解构对他就不是一种哲学、一种知识、一种学说，它就是他的气质、他的本能、他的自我。"①

第二节 "不及物写作"

关于作者在写作中的缺席问题，巴特后来在《作家与写家》（1960）一文中作了进一步的阐释。

巴特将从事写作的人分成两种："作家"与"写家"（écrivants），认为他们是历史的产物，以法国大革命为界，前此只有"作家"，而此后出现了"写家"。巴特对两者的言语活动进行比较，指出"作家"的言语活动是被结构化的，它要服从语言的使用规则、体裁规则和构成规则；而"写家"则是一些将作家的语言占为己有而用来达到某种目的的人，对他来说，语言规则仍然存在，但其功能发生了变化，变成了一种服务于其他意图的工具。因此可以说："作家在完成一种功能，写家在完成一种活动"②。

先说作家。作家的工作专注于作为对象和工具的言语活动，作家是精心加工言语的人。他的工作包含着两种规范：一是构思、体裁、写作等技巧规范，一是勤奋、耐心、修改、完善等职业规范。作家专注于言

---

① 汪民安：《谁是罗兰·巴特》，江苏人民出版社 2005 年版，第 28、177 页。
② ［法］罗兰·巴特：《作家与写家》，《文艺批评文集》，怀宇译，中国人民大学出版社 2010 年版，第 173 页。

语活动，因此他的工作看似是封闭性的，但又不乏开放性，它所涉及的问题不可谓不开放，诸如"世界的存在是为了什么？""事物的意义是什么？"等。但作家将文学构想为目的，而文学只是提出问题，但不提供答案。

再说写家。写家提出一种目的，例如证实、阐释、讲授等，相对而言，言语只不过是一种手段。对于他们来说，言语承载着一种作为，但它并不构成这种作为。于是，言语活动就变成了一种交际工具、一种思想载体。写家在某种程度上也关注写作，但这种关注从来不是本质性的。写家的言语运用不涉任何语言技巧。写家的写作作为一种政治写作，每个群体都有自己的共同语言，从而可以区分出不同的社会专属用语，但是很少能区分出不同的文学风格。因此巴特指出，就其社会动机、政治目的而言，写家是一种"及物的"人。

通过以上巴特采用"比较类型学"方法所作的分析可见，总之，作家与写家的取径正好相反，如果说写家的写作是"及物写作"的话，那么作家的写作则是"不及物写作"。正如巴特所说："对于作家而言，写作是一个不及物动词"。[1] 就作家的"不及物写作"的内涵而言，不难看出它与巴特数年前提出的"零度写作""白色写作""中性写作"等概念之间的渊源关系，这完全是一种结构主义的概念。

进而言之，就像在"零度写作"中作者遭到缺失一样，在"不及物写作"中，作者也失去了自己。巴特认为，言语既不是一种工具，也不是一种载体，它是一种结构。但是，"从定义上讲，作者是唯一在言语的结构中失去自己结构和世界结构的人"[2]。原因在于，文学言语是一种被精心加工的材料，它有点像超言语，还原世界的真实性对它来说从来就是一种借口。文学言语从来就不能阐释世界，即便当它似乎在阐释世界的时候，也只是在传达一种含混性。因为它的阐释被局限在一部精雕细刻的作品之中，所以它只是做到对于世界真实的一种含混的表达，它只是有距离地与世界真实联系在一起。总之，文学一直就是非现

---

① ［法］罗兰·巴特：《作家与写家》，《文艺批评文集》，怀宇译，中国人民大学出版社2010年版，第174页。

② ［法］罗兰·巴特：《作家与写家》，《文艺批评文集》，怀宇译，中国人民大学出版社2010年版，第174页。

实的。然而，这种非现实的特点恰恰使之能够对世界提出一些很好的问题。譬如巴尔扎克，他的写作从来不直接提出问题，但他最终做到的恰恰是对世界提出质问。因此文学言语不是理论学说，也不是法律证词，如果文学像理论学说和法律证词那样直接提出问题的话，那就失去了自身。巴特指出，文学言语作为一种结构，"一旦它不再严格地是及物的，它便使真实和虚假中性化。但是，言语活动所明显地赢得的，是动摇世界的能力"。① 正是由于文学言语的这一特殊的结构性功能，使得作者失去了自己的个人结构，犹如世界结构在其中同样遭到缺失一样。在此巴特触及了一条重要的艺术规律，即在文学写作中，无论是作者的个人结构，还是世界的客观结构，都必须服从于语言结构。在这个意义上说，作者个人结构在语言结构中的缺失恰恰是保证文学写作遵循艺术规律的一个前提。如果作者的个人结构过于强势，以至完全控制语言结构的话，那倒是恰恰做了一件违反艺术规律的事。因此越是有才能的作者，便越是能够自觉地放弃这种控制权以顺应语言结构的要求。所以巴特说："文学并非一种恩惠，它是引导人只在言语中自我完善（也就是说，以某种本质化的方式）的一套设想与决定：想成为作家的人，才是作家。"② 这就是说，在文学写作中，作者的个人结构和职业结构在语言结构中的缺失，正是作者趋于自我完善的重要标志。

从 "零度写作" 到 "不及物写作"，巴特对于作者的搁置和消解既是一以贯之的，但又是不无差异的，毕竟两者发生在巴特学术研究的不同阶段，前者是在 "社会神话" 阶段，后者是在 "符号学" 阶段，二者的主旨存在差异可谓顺理成章：前者更多讨论在写作中语言结构对于作者的限定；后者更多阐述在写作中艺术规律对于作者的要求。不过巴特的学术研究像变色龙似的一直在变，当他在此后的 "文本性" 阶段宣告 "作者的死亡" 时则又是一大变，而前面从 "零度写作" 到 "不及物写作" 对于作者的解构恰恰构成了一种必要的前奏。

---

① ［法］罗兰·巴特：《作家与写家》，《文艺批评文集》，怀宇译，中国人民大学出版社2010年版，第175页。

② ［法］罗兰·巴特：《作家与写家》，《文艺批评文集》，怀宇译，中国人民大学出版社2010年版，第176页。

第三节　"作者的死亡"

巴特的《作者的死亡》（1968）这篇随感式的短文推出了巴特关于文学批评的一系列异见，在巴特看来，古代并没有"作者"的概念，"作者"只是一个近现代人物，当此际整个西方社会连带英国经验主义、法国理性主义以及人们对于宗教改革的信仰脱离中世纪时，发现了个人的魅力。而在文学方面，作为资本主义意识形态的概括和结果的实证主义也有助于"作者"博得高度的关注，这就使得人们总是将作品的形成归于"作者"的个人、历史、爱好和激情方面，对于作品的解释总是从"作者"一端寻找根据，譬如说波德莱尔的作品是其个人的失败记录，凡·高的作品是其疯狂的记录，柴可夫斯基的作品是其堕落的记录，似乎作品都成了作者个人秘闻的实录。如今尽管"作者"的王国仍然强大，但一些先锋派作家的创作实践已经动摇了这一王国。譬如马拉美主张取消作者而崇尚写作，认为是言语在说话，而不是作者在发言。瓦莱里要求文学主要考虑词语的条件，而对作家的任何求助在他看来都纯粹是一种迷信。普鲁斯特赋予现代写作以新的观念，作者不是把自己的生活放入小说之中，而是把自己的生活经历变成了一种创作，而他的小说则成了这种创作的样板。而超现实主义发明了"自动写作法"，让手尽可能快地书写连脑袋都不知道的事情，它还肯定那种多人共同写作的原则与经验，此时作者个人的激情、性格、情感、印象都不再具有意义，这就使得作者的形象失去了神圣性。另外，语言学也为上述结论提供了有力的支撑，从语言学上讲，作者从来就只不过是写作的人，言语活动只认"主语"，而不认"个人"。

凡此种种，都使得"疏远作者"成为大势所趋，它不只是一种历史事实或一种写作行为，它还彻底地改变了现代文本。人们认识到，任何文本都不是从一个先验的意思抽绎出来的，而是"由一个多维空间组成的，在这个空间中，多种写作相互结合，相互争执，但没有一种是原始写作：文本是由各种引证组成的编织物，它们来自文化的成千上万个源点"①。其

----

① ［法］罗兰·巴特：《作者的死亡》，《罗兰·巴特随笔选》，怀宇译，百花文艺出版社2005年版，第299页。

次，作家往往只是进行模仿而非原创，他所能做的就是混合各种写作，他要表达的东西就像包罗万象的字典，其中所有的字都只能借助于其他字来解释，如此下去，永无止境。再次，一旦疏远作者，以往文学批评的弊端也就暴露无遗了，它往往以在文本中发现作者方面的主观或客观动因如社会，历史，心理，自由等为己任，一旦有所发现，批评家就算大功告成了。时至今日，这种陈旧的批评王国也被动摇了。

巴特进一步指出，今后最好把文学称为"写作"，这样更能彰显文学的完整性，因为一个文本是由多重写作构成的，这些写作来自不同的文化源头，它们相互对话、模仿、争执，最终汇聚到一点，但这一点不是以往人们所关注的作者，而是读者。在巴特看来，读者具有三个特点：其一，写作源自不同文化，读者则是写作的所有引证部分的最终归结之点和落脚之处；其二，一个文本的整体性不存在于它的起因之中，而存在于它的目的之中，如果说起因在作者一侧的话，那么目的则在读者一侧；其三，这种目的性是非个体性的，读者是一个无历史、无生平、无心理的概念，他仅仅代表一定历史条件下的某个群体身份，只是将构成作品的所有痕迹汇聚在一起的某个人。巴特指出，虽然读者具有如此重要的地位，但以往古典主义的批评从未过问过读者，在这种批评眼中，文学中没有别人，只有作者。现在人们不再受这种颠倒的欺骗了，"我们已经知道，为使写作有其未来，就必须把写作的神话翻倒过来：读者的诞生应以作者的死亡为代价来换取"[1]。

巴特此论的来历也可作为佐证。他对于"作者死了"的宣告显然是尼采"上帝死了"的翻版，同样旨在对于某种统驭一切的本体和本源的颠覆，二者的套路也如出一辙，如果说尼采在埋葬了老上帝之后随即又创造了一个新上帝——超人的话，那么巴特在驱逐了作者这一老的文学主宰之后立马又迎来了一个新主宰——读者。但巴特所说的读者更是指批评家，因为批评家首先是读者，但他却能打破一般读者述而不作的沉默状态，通过写作发出自己的声音，那就是批评文本的产生。巴特引用当时的一项最新研究成果，说明古希腊悲剧的构成存在着模棱两可

---

① ［法］罗兰·巴特：《作者的死亡》，《罗兰·巴特随笔选》，怀宇译，百花文艺出版社2005年版，第301页。

性，其文本的意义往往具有双重性，每个人物都可以从不同的方面去理解，但却有人能对于这种模棱两可性作出恰到好处的解读，这个人就是读者或听众。① 这里所说的读者或听众就是指批评家——当然是巴特赞赏的批评家。而揭晓这一点正是巴特稍早出版的《批评与真理》（1966）一书的主旨。

综上所述，从"写作的零度"到"不及物写作"、再到"作者的死亡"，巴特历数了作者在写作中所处的消极地位：对于语言结构来说，作者只是一种"不在"，一个"局外人"，在语言结构中，作者既丧失了个人结构、又丧失了职业结构，从而作者的神圣性和个人魅力也都值得怀疑了。这就构成了一个巨大的否定，对于历来被赋予统驭创作的本体性和本源性力量的解构，从而使得疏离作者而亲近读者，疏离创作而亲近批评成为必然。用巴特的话来说：一旦如此，"作者就会步入他自己的死亡，写作也就开始了"②。这就扭转了长期以来人们在文学中只见作者不见读者的偏颇，从而肯定读者在文本意义的实现中所起的作用，进而将一般阅读引向批评写作，达成对于文本意义的充分彰显。由此可见，巴特一直在对于他所称的"古典主义批评"进行证伪，借助证伪过程的科学性和必要性来重建一种新型模式的文学批评的可能性。应该说，任何证伪过程都是一种解构性生成的机制，它是一种纠谬机制、一种校正机制，通过倒逼和反推的力量实现知识增长和意义增殖，从而具有强大的生产性，文学批评也不例外。到了这个份上，一种新的文学批评模式已经呼之欲出了：那就是生产性文学批评的诞生。

第四节　"批评生产意思"

从 1963 年起，巴特陆续发表文章评说法国文坛的两种文学批评流派，一是传统的学院派批评，二是新兴的"新批评派"③。前者主张批

---

① ［法］罗兰·巴特：《作者的死亡》，《罗兰·巴特随笔选》，怀宇译，百花文艺出版社2005 年版，第 300—301 页。

② ［法］罗兰·巴特：《作者的死亡》，《罗兰·巴特随笔选》，怀宇译，百花文艺出版社2005 年版，第 295 页。

③ 按此为法国现代批评派别，也称"新'新批评'"。

评应尊重作者赋予文本的本义而排斥读者的主观阐释；后者提倡"阅读法"，认为批评是作者与读者两者共同的创作活动，应准许读者参与。巴特倾向于后者，从而受到了学院派的攻讦。巴特予以反驳并重申自己的观点，乃有《批评与真理》（1966）的问世。该书的第二部分大力肯定文学批评将阅读引向写作的真理性，从而彰显了文学批评的生产性。

在该书中，巴特首先廓清了批评与阅读的诸多区别：其一，虽然批评也必须从阅读开始，但批评是一种深刻的、清晰的阅读，它能在作品中发现某种可理解的东西。其二，一般读者往往不了解如何就一个作品发话，而批评家却必须发表意见，而且是以一种言之有物、观点鲜明的书写作出论断。其三，如果说阅读是以眼睛来触及文本的话，那么批评则是以写作来触及文本，这就使得两者之间悬隔着一道鸿沟，其距离之大有如任何意指在能指与所指之间存在的鸿沟，这道鸿沟必须靠写作来跨越。唯有写作，才是批评家与普通读者的真正差异之所在，也是作为批评家最困难、最见功力的地方。其四，批评家的写作其要义在于对文本意义的重建，巴特指出："写作，便是以某种方式打碎世界（书籍）和重组世界。"① 批评家既是一个传递者，伴随他工作的是过去的材料；他又是一个操作者，他必须重新分配和整合作品的各个组成部分，以赋予它某种理解、某种历史感。其五，从阅读到批评，是从一种欲望过渡到另一种欲望，阅读是欲求作品，而批评则是欲求言语活动。历来因阅读有感而欣然命笔的作家还少吗？为了从事写作而热衷于阅读的批评家还少吗？他们共同为言语活动的欲望所驱使，使得书本的创作与批评两端、符号的阅读与写作两面得以结缘，因此"批评仅仅是我们正在进入的一种历史的某一时刻，这种历史正把我们引向写作的统一性即其真理"②。总之，文学批评的真理性在于批评更富于理性色彩，它需要言说并通过写作来表达这种言说，从阅读到写作乃是言说者发自内心的欲望的迁移。

---

① ［法］罗兰·巴特：《批评与真理》，《罗兰·巴特随笔选》，怀宇译，百花文艺出版社2005年版，第145页。

② ［法］罗兰·巴特：《批评与真理》，《罗兰·巴特随笔选》，怀宇译，百花文艺出版社2005年版，第147页。

不过文学批评真理性的最精要之处在于文学批评的建构性。巴特对此作了充分的论述："批评家所认可的，不是作品的意思，而是他所说的东西的意思。"① 他认为，批评家面对的对象不是作品，而是他自己的言语活动，他以此来显示批评的主观性。批评家将其言语活动补加到作者的言语活动之中，将其象征符号补加到作品的象征符号之中。所谓"补加"，即既不否定作家和作品的既有存在，但又有权赋予作品新的"意思"，最终导致其象征符号不断翻新。这就是所谓"说不尽的莎士比亚""有一千个观众就有一千个哈默莱特"的现象。

对于文学批评建构性的肯定势必导致文学批评具有生产性的结论，《批评与真理》在讨论文学批评时开宗明义提出文学批评的生产性问题，巴特指出："批评不是科学。科学探讨意思，批评生产意思。"② 按此处所说"科学"是指"文学科学"，亦即文学理论。正如通常理解，文学批评介乎文学理论与文学阅读之间，其宗旨并不在于解读作品，因为没有什么比作品本身更加明确了。批评所能做的，就是借助对于作品的分析生产出某种意义来。用巴特的话来说，批评"构想一种意思网络……使一种第二级言语活动即符号的一种协调性浮现在作品的第一种言语活动之上"。③ 这里批评作为第二级言语活动对于作品的第一级言语活动的叠加，无疑是生产性的。在此，巴特首次将文学批评与"生产"概念联系起来，提出文学批评的生产性问题，这就为后来在《S/Z》一书中的相关论述铺平了道路。

第五节　"生产价值"作为评估标准

巴特的《S/Z》（1970）的书名就像一个谜的谜面，它的谜底既可以解作巴尔扎克的小说《萨拉辛》中两位主要人物萨拉辛（Sarrasine）

---

① ［法］罗兰·巴特：《批评与真理》，《罗兰·巴特随笔选》，怀宇译，百花文艺出版社2005 年版，第 137 页。

② ［法］罗兰·巴特：《批评与真理》，《罗兰·巴特随笔选》，怀宇译，百花文艺出版社2005 年版，第 135 页。

③ ［法］罗兰·巴特：《批评与真理》，《罗兰·巴特随笔选》，怀宇译，百花文艺出版社2005 年版，第 135 页。

与赞比内拉（Zambinella）的对应关系，这两人姓名中字首大写字母 S
对 Z 在字形上构成一种镜像关系，这也可以解作主人公性别的男女对应
关系。此外，这一谜面还可以根据姓名中的字母解作巴特（Barthes）
与巴尔扎克（Balzac）在阅读中的对应关系，如此等等。这种一谜多解
的解读方法原本就是文学批评的常态，只是人们往往意识不到而已。因
此巴特将创作与阅读的功能作了区分："创作引导意义或结论；阅读则
是相反……它驱散，播撒。"① 而该书正是旨在通过"S/Z"这一古怪的
书名揭示文学批评的开放性、扩散性和增殖性，使得文学批评从一个文
本生产出多种意义成为名正言顺的事儿。

这一方法论有助于对文学批评的重新估价。佛经有言："一花一世
界，一叶一如来。"巴特认为以往西方批评理论的主导意见就像佛经所说
那样，谋求一个全息性、普适性结构，用一个大一统的结构框架来套用
古往今来数不胜数的所有文本，从而消弭各个文本千差万别的个性特质，
这一做法不切实际也不被普遍认可。因此二者必选其一：要么将所有文
本置于结构主义的同一科学审视之下；要么根据类型学的界说对个性特
质各别的每一篇文本作出评估。而对于二者的弃取，巴特则以是否具有
"生产价值"为标准，据此衡量下来，唯有后者即根据类型学的界说对
个性各异的文本所作的评估符合标准。进而言之，"我们的估价只能与
一种实践相连接，这种实践便是写作的实践"②。就是说，对于文本的
评估应以写作实践为中心。然而我们阅读的文本可以分为两类：一是
"可读性文本"，它只供人阅读、供人消费，但它脱离了写作实践，巴
特认为这就是传统的"古典文本"；二是"可写性文本"，它引人写作、
引人生产，它顺应时世不断激发新的写作实践，而这正是巴特所提倡的
文本。巴特明言，可写性文本是我们认同的价值所在，因为文学工作的
目的，在于"使读者不再成为消费者，而是成为文本的生产者"③。但

---

① ［法］罗兰·巴特：《写下阅读》，见《S/Z》，屠友祥译，上海人民出版社 2000 年版，
第 52 页。

② ［法］罗兰·巴特：《S/Z》，《罗兰·巴特随笔选》，怀宇译，百花文艺出版社 2005 年
版，第 152 页。

③ ［法］罗兰·巴特：《S/Z》，《罗兰·巴特随笔选》，怀宇译，百花文艺出版社 2005 年
版，第 152 页。

是以往相沿成习的文学机制总是将文本的制造者与使用者、主人与顾客、作者与读者切割开来，使得读者脱离了写作实践，放弃了写作的意愿和快乐，只是被动地接受文本，冷漠地对文本表态，而不是以新的写作实践作出积极的回应。巴特则反其道而行之，重视阅读，但更加重视阅读之后的写作实践。

巴特着重对于可写性文本的性质、构成和功能进行了具体的分析，首先是生产性。巴特强调，可写性文本"它的模式是生产性的"①，而不是描绘性的，因此它重新写作的文本，只能是扩散文本，即在无限差异的领域中生成的分散文本。其次是现时性。可写性文本永远处于现在时，任何结论性言语都不能在此存身，因为一旦下结论，立刻就将文本变成了过去时，这就要求我们一直留驻于写作过程之中而非置身于写作结束之后。对于开端的多重性、网络系统的开放性和言语活动的无限性的执持，使得可写性文本便是正在写作中的我们自己，因此"可写性文本，就是无小说的故事性，无诗歌的诗意，无论述的随笔，无风格的写作，无产品的生产，无结构的结构化"②。相对而言，可读性文本便只是产品，而不是生产。再次是多元性，可写性文本犹如一个能指的银河系，而不是所指的牢笼。它既无开头可言，亦无结束之时；我们可从许多入口进入文本，但没有一个入口是主要的；它所使用的编码无穷无尽，但难以认定决定性的信码；在这种多元的文本中可以发现其意义系统，但它从来不是封闭的，因为用以寻绎意义的语言活动是无限的。上述林林总总，无非是对于可写性文本的生产价值的认定和解释，而这种认定和解释则是建立在消解总体性、中心性、整一性、确定性的后现代趣味之上的。

《S/Z》一书原为巴特在巴黎高等研究院授课的讲稿，带有"文学概论"的性质，它是彰明其批评理论的著作，也是演示其批评方法的个案，总之成为巴特的批评观念转向后结构主义的风向标。用他的话来说："至于被选定的文本，那便是巴尔扎克的《萨拉辛》"，"因此，我

---

① ［法］罗兰·巴特：《S/Z》，《罗兰·巴特随笔选》，怀宇译，百花文艺出版社 2005 年版，第 153 页。

② ［法］罗兰·巴特：《S/Z》，《罗兰·巴特随笔选》，怀宇译，百花文艺出版社 2005 年版，第 153 页。

便陷入了一种转写之中，对于这种转写，我将借助于文本自身来隐约地察看其整个空间"。① 在这个意义上说，《S/Z》既是对《萨拉辛》的阅读，又是对《萨拉辛》的转写，更是对《萨拉辛》的重构。巴特认为，任何小说文本都是由五种编码构成，即情节编码、义素编码、文化编码、阐释编码、象征编码。他通过这五种编码将《萨拉辛》按照含义排列出 93 个章节，按照概念分割为 561 个语义单位，二者构成了一个纵横交错的网状坐标，从而按照标注的数字即可找到文本中每一个符号和形象的定位。巴特的这一做法显然带有结构主义的习惯和定式，他对于《萨拉辛》的故事情节、人物关系、结构框架等要素的深究细察又分明流露出新批评"细读"的旧习，但他无论各个章节和语义单位的设置还是在每个部分的具体论述都表现出很强的随意性和偶发性，也颇多自相矛盾、不合逻辑、缺少规范甚至不知所云之处，这恰恰对于结构主义讲究整一性和规范性、保持稳定性和一致性的旨趣起到了消解作用。这种后结构主义的取向为文学批评展示了无限的可能性，大大拓宽了文学批评的创造性和生产性空间。此时阅读和批评并不完全依据原先的文本，要说二者仍有某种关联的话，那就是原先文本只是作为一种触媒和引信而起作用，它所引发的是经过解体与重组已经面目全非的东西。此时阅读和批评所作的改造和重组完全可以自行其是，它不需要对于原有文本负责，只需对于自己的创造性、生产性负责。总之，巴特的上述理论探讨和个案分析都力图在后结构主义的框架中，通过对于可写性文本/可读性文本二者的臧否取舍，褐橥以生产价值为本的文学批评模式。

综上所述，巴特的生产性文学批评显示了从解构性生成到后现代转折的清晰脉络：先是从推崇"零度写作"到宣布"作者死了"，昭示了"疏远作者，亲近读者"的意向；再将读者的阅读引向批评家的写作，确立了文学批评的主导地位；后又明确批评的要义在于建构，褐橥了文学批评的生产性；最后在后结构主义批评的范本《S/Z》中对于以生产价值为本的文学批评模式进行了淋漓尽致的演示。可能概括这一演绎过

---

① ［法］罗兰·巴特：《S/Z》，《罗兰·巴特随笔选》，怀宇译，百花文艺出版社 2005 年版，第 165 页。

程只需寥寥数语，但对巴特来说却用了将近 20 年时间！可以将此演绎过程概括为若干相互对应的概念：作者/读者、创作/阅读、文学/写作、文本/批评，斜线之前的均属作者一方，斜线之后的悉归读者一方，巴特分明偏向后者。进而言之，巴特对于读者一方还有进一步的导向：将阅读引向批评，将接受引向建构，将消费引向生产，它们共同铺设了通往生产性文学批评的路径。

行文至此，有必要对于巴特的批评理论作一检点了。不言而喻，巴特的批评理论经不起推敲的偏误多多、漏洞多多，举其荦荦大者，例如他关于"写作的零度""不及物写作"直至"作者的死亡"的立论，都是建立在这一偏见之上：但凡与外部社会、历史、现实、政治沾边的都不属真正的写作，但凡抱有社会的、政治的实际意图而写作的人都不属真正的作者，真正的作者所从事的真正的写作应是纯净的、透明的、不带任何杂质的。于是他横一刀、竖一刀，在文学的案板上将那些他认为不属于真正写作的类型加以切割和剔除，剩下的只是极其有限和单薄的被他称作"语言乌托邦"式的文字。巴特的上述写作观带有深厚的结构主义色彩，从而具有某种虚幻性。结构主义的开创人索绪尔、雅可布逊等人用横组合/纵聚合、隐喻/转喻编织纵横交错的语义关系网，其初衷在于确证文学写作独立于外部世界的独立自足性，但在这一点上事与愿违，恰恰埋下了日后使自己遭到颠覆的种子，文学写作在纵横两根意义轴上建立的语义关联往前延伸无不通向外部世界。乔纳森·卡勒的一段话揭晓了结构主义的宗旨："为了理解一种现象，人们不仅要描述其内在结构——其各部分之间的关系，还要描述该现象同与其构成更大结构的其他现象之间的关系。"① 这里所谓"更大结构"不就是外部的社会、历史、现实、政治吗？看来，这一"更大结构"不啻是文学写作跳不出的如来佛手掌心。

巴特的批评理论影响最大的莫过于他对于"作者死了"的宣告，它在学术界引起的震动殆可与尼采宣布"上帝死了"比肩。他以这种尼采式的宣告而开启了立论的表达方式，然而此风一开，在西方批评理

---

① ［美］乔纳森·卡勒：《文学中的结构主义》下卷，伍蠡甫、胡经之主编《西方文艺理论名著选编》，北京大学出版社 1987 年版，第 533 页。

论眼中似乎什么都 "死了": 不仅 "上帝死了", 人也 "死了", 不仅 "作者死了", 读者也 "死了"。然而这种故作惊人之语的宣告只是一种学术时髦而缺乏严谨的科学性和逻辑性。福柯曾对此提出异议: "仅仅重复作者已经消失了的这种空洞的肯定是远远不够的。同样, 不断复述 (尼采之后) 上帝与人类的死亡是相同的也是不够的。"① 实际上巴特宣布 "作者死了" 乃是对 20 世纪西方文学批评的总体流变所表达一种观感, 后者经历了从 "作者中心论" (精神分析学、原型理论) 到 "文本中心论" (俄国形式主义、英美新批评) 再到 "读者中心论" (接受美学、阅读理论) 的变迁, 形成了作者告退、文本消隐, 读者兴起、批评入主的大趋势、大格局, 而巴特则是站在从结构主义转向后结构主义的节点上对此作出回应, 加之受到生产性文学批评一脉之中马歇雷 "文学生产理论" 的影响②, 在将这一历史的观感转换成理论的认定时, 将作者与读者、批评家此消彼长这一过程性状态坐实为天道自然、不证自明的公理。有必要辨正的是, 这里巴特所说 "死亡" 并非通常的 "死去" "灭亡" "消亡" 之意, 而是丧失中心地位和核心作用, 不复成为权威和经典之意。乔纳森·卡勒的解释值得参考: "他所说的 '作者的死亡' ——即把这个人物从文学研究和批评思维的中心地位取消。"③ 因此巴特这一引起学界极大震动和疑虑的惊天之论, 无非是揭晓曾经由作者长期占据的中心地位将被读者和批评家取而代之的动向, 表达疏离作者而亲近读者, 疏离创作而亲近批评的意旨而已, 只不过他仿效尼采故作惊人之语, 将事情夸大了、扭曲了。

然而巴特暴露出种种偏误和疏漏并不妨碍其建构新的批评理论模式。学术史上不乏其例, 如康德的批判哲学建立在目的论之上, 黑格尔的精神现象学建立在 "绝对理念" 之上, 程朱理学依据 "理本论", 陆王心学执持 "心本论", 自然是颇多偏误和疏漏, 而其理论建树则是以

---

① [法] 米歇尔·福柯:《什么是作者?》, 王岳川、尚水编《后现代主义文化与美学》, 北京大学出版社 1992 年版, 第 291 页。

② 马歇雷 "文学生产理论" 认为, "文学生产" 不是在文学创作过程中进行, 而是在文学阅读和批评过程中发生。见 Pierre Macherey, *A Theory of Literary Production*, trans. Geoffrey Wall, London and Boston: Routledge & Kegan Paul Ltd., 1978, p. 70.

③ [美] 乔纳森·卡勒:《巴尔特》, 孙乃修译, 中国社会科学出版社 1992 年版, 第 4 页。

此为起跳板而达成对于真理性、科学性的把握。对于巴特在生产性文学批评方面的创获也应作如是观。

第六节　巴特生产性文学批评形成的历史语境

巴特以生产价值为本的文学批评模式有着马克思主义的背景。巴特早期曾受到马克思的影响，在萨特的引荐下，他阅读了马克思的部分著作，直到晚年还时常翻阅这些著作。马克思著作的批判锋芒和变革取向不能使他无动于衷，但他从中获得的却是一种非政治性的形式主义乐趣。他的好友曾这样评价："他始终遵守当前的所有主义：需要的时候，他就是马克思主义者，随后是符号学家，再随后是结构主义者。他在这些系统内部烹制他的菜肴。"① 因此在巴特的著作中不乏以马克思的方式思考问题、用马克思的话语表达思想之处，但他往往将其纳入他所专注的语言结构、文本符号而进行重新编码，"生产价值"当是一例。在马克思学说的传人中对于巴特的批评理论影响较大的是布莱希特，巴特曾将布莱希特与萨特一道视为使之接受马克思主义的引路人。巴特借用其"间离效应"理论来阐释"疏远作者，亲近读者"的主张，以此支撑"作者死了"的论断。巴特还吸收了布莱希特区分两类戏剧观众的做法，将可读性文本的读者与可写性文本的读者区分开来，得出了文学的目的在于"使读者不再成为消费者，而是成为文本的生产者"的洞见。巴特生产性文学批评也受到信奉马克思主义的法国学者马歇雷的启发，尽管巴特本人对此讳莫如深。有论者根据大量研究指出，罗兰·巴特所谓"作者死了"的宣告继承了马歇雷的"文学生产理论"但采取了更加激进的立场，而马歇雷《文学生产理论》一书则是对于罗兰·巴特的《S/Z》最有影响的先声之一。②

其次，巴特与萨特结有不解之缘。巴特的《写作的零度》是紧贴着萨特《什么是文学?》（1947）的思路而表示异议的，甚至讨论的问

---

① ［法］埃尔韦·阿尔加拉龙多：《罗兰·巴尔特最后的日子》，怀宇译，中国人民大学出版社 2012 年版，第 12 页。

② ［英］凯瑟琳·贝尔西：《批评的实践》，胡亚敏译，中国社会科学出版社 1993 年版，第 171、133 页。

题都是相互对应的，尽管当时作为籍籍无名的晚学，巴特并未对萨特这位已名重一时的大家直接发难，但是在义理上却大异其趣了。萨特的《什么是文学?》写于"二战"刚刚结束之时，虽然该书在论述问题和使用概念时都作了普遍化、一般化的处理，但对于法西斯主义的批判和抨击仍是锋芒毕露的，萨特"介入文学"的概念就是在这一背景下提出的。这原本无可厚非，但它恰恰助推了激进思潮的泛滥，而当时左翼思想界、文学界不同派别之间出现的争论也造成了思想和理论上的种种混乱。这一局面迫使巴特另辟蹊径，寻找适合自己的思想和理论的栖息地。就巴特的生性气质而言，他不会像萨特那样热衷于出场、战斗、揭露、改造之类的介入方式，而是守持零度、中性、沉默、缺席的内敛路线；不是像萨特那样鼓吹道义担当、社会责任，力图干预现实、改造社会，而是在语言结构、写作惯例、文学形式、审美规律中谋出路、求变革。两人都主张为自由而写作，但萨特所说的"自由"是指通过写作来介入现实、改造社会而实现的自由，投入战斗、争取解放而获得的自由，这是一种存在主义意义上的人的自由，即自我选择的自由和对自己的行为完全负责任的自由。而在巴特这里，所谓"自由"就只是一种言语的自由，形式的自由，如果要说选择的话，那就只是一种言语的选择、形式的选择，与萨特所谋求的社会、现实、政治、伦理的自由完全是两码事儿。

时过15年后，共同的命运又将巴特与萨特两人推到了历史的风口浪尖上。巴特的《作者的死亡》一文发表于1968年，这正是"五月风暴"爆发之年，这一时间上的耦合对于巴特批评理论的后现代转折恰恰构成了一个绝妙的隐喻。"五月风暴"这一发生在巴黎并蔓延整个欧洲的社会风潮改变了西方现代思想的原有状况和发展路向，为各种思想派别的除旧布新、改弦更张带来了难得的历史机遇。此际这两位曾经的同道和对手又在同一个历史现场不期而遇：一是作为"青年导师"的萨特，二是作为"结构主义大师"的巴特，二者以各自特有的方式对于这一剑指现存体制的社会运动作出了积极的回应。萨特是重操旧业以"介入文学"的姿态对文学外部的资本主义秩序和官僚制度发起攻击，而巴特则是通过宣告"作者之死"对文学内部的语言结构、文本构成的结构主义程式进行解构。可见巴特与萨特虽然在研究取向和学术观点上相互龃龉，但在对于那些老旧僵固的体制性、制度性和规范性的东西发起冲击和实行消解这一点上，二人恰恰是桴鼓相应、殊途同归。

再者，巴特曾自称"结构主义者"，当人们也这样看他的时候，他却像变色龙一样改变了色彩，变成一个"后结构主义者"了。巴特转向后结构主义的先兆在于其本属结构主义的著作中出现了种种后结构主义的因素，而以《S/Z》到达极致。巴特自陈在他的《叙事作品结构分析导论》与《S/Z》之间存在着一个断裂，作为巴特结构主义的代表作，《叙事作品结构分析导论》（1966）旨在构建叙事作品的功能层、行动层、叙述层之间的结构关系，建立一套具有普遍性、科学性及可操作性的叙事作品的结构分析模式。然而到了《S/Z》（1970），却来了个180度的大转弯，该书作为文学批评的范本不是谋求普遍性、同一性，而是倾重特殊性、差异性了；在具体研究中不再崇奉结构主义的科学判断，而是提倡基于类型学的价值估量了；在批评文本的编排上也不再讲求系统性、有序性，而是偏好片断性、无顺序，认为只需将文本看成一部百科全书或一副扑克牌就可以了。巴特称之为"反结构主义的批评"。① 在回顾这一尤显突兀的逆转时，巴特承认，这种变化来自德里达、克利斯蒂娃、索莱尔等得解构风气之先者的教益和开导，尽管其中不乏年轻的晚辈后学。巴特甚至确认其生产性文学批评的生成也得益于解构风气的洗礼，据记载，1973 年 7 月初，克利斯蒂娃在万森大学进行她的国家博士论文答辩。巴尔特作为答辩委员会的专家发言，他说话的口气几乎倒像是答辩人的学生："你多次帮助我转变，尤其是帮助我从一种产品的符号学转变到一种生产的符号学。"② 总之，从结构主义到后结构主义，构成了巴特生产性文学批评的重要语境，决定了巴特标举的生产价值这一评估标准的后现代倾向。

产品的符号学/生产的符号学，这是巴特用符号学的概念对文学批评所作的界说，所谓"产品的符号学"，是指以作者及其创作的作品为中心的文学批评，其中作者创作或生产产品是文学批评关注的重点；所

---

① ［法］罗兰·巴特：《罗兰·巴特自述》，怀宇译，百花文艺出版社 2006 年版，第 101 页。

② ［法］路易-让·卡尔韦：《结构与符号：罗兰·巴尔特传》，车槿山译，北京大学出版社 1997 年版，第 198 页。

谓 "生产的符号学"，则是指以读者、批评家为中心的文学批评，其中读者和批评家对于意义的生产成为文学批评聚光的焦点。在这个意义上说，从产品的符号学到生产的符号学，勾勒出巴特个人文学批评逆转的路径。就此而言，学界有各种界定，他本人也有各种说法，如后结构主义、反结构主义、解构主义等，要完全厘清这几个概念是困难的，因为它们之间的边界本来就不很清晰；但如果将它们归为一体，那也是不可思议的，因为它们的内涵又各有千秋，因此根本无法将巴特划归其中某一概念而完全排除与其他概念之间的干系。看来合理的做法是将 "生产的符号学" 视为一种后现代状态，在去系统、非中心、不确定、无顺序的后现代语境中收获文学批评的生产性。罗兰·巴特曾说过："对于片断的喜爱由来已久……我总是按照一种短的写作方式来写的，即以片断、小幅图画、冠以标题的段落，或以条目来写的——在我的生命中的一个阶段. 我甚至只写短文，而没有写成本的书。这种对于短的形式的喜爱，现在正在系统化。"① 正是这种片断的、零散的、随机的、即兴的批评，恰恰能够爆发出新的思想火花和学术灵感，显示出强大的生产性；而在巴特那里这些短小、片断的写作方式的 "系统化" 趋势，恰恰使得生产性文学批评这一伏脉在经历了将近 20 年曲折迂回的绵延过程之后终于得以彰显。

----

① ［法］罗兰·巴特：《罗兰·巴特自述》，怀宇译，百花文艺出版社 2006 年版，"导读" 第 8 页。

第八章

詹姆逊：审美与政治之间回环
往复的"韵律"

第一节　批评的革命

弗雷德里克·詹姆逊的生产性文学批评起步于1971年，该年他在同题演讲中创立了"元评论"的概念。这是针对苏珊·桑塔格《反对解释》一书的主旨而发，桑塔格认为人们对于艺术作品的把握往往是诉诸"整体感觉"而不是诉诸意义解释，从而对于文学批评的作品意义解释持反对意见。詹姆逊认为桑塔格此论只是为了维护那种不可解释的、似乎没有确定内容的现代主义艺术，而不适用于一切艺术，文学批评理应拥有对艺术的内容进行解释的权利，不过詹姆逊对于文学批评有与众不同的理解。他在论及文学批评时指出：

> 关于解释的任何真正有意义的讨论的出发点，绝不是解释的性质，而是最初对解释的需要。换句话说，最初需要解释的，不是我们如何正确地解释一部作品，而是为什么我们必须这样做。一切关于解释的思考，必须深入阐释环境的陌生性和非自然性；用另一种方式说，每一个单独的解释必须包括对它自身存在的某种解释，必须表明它自己的证据并证明自己合乎道理：每一个评论必须同时也是一种评论之评论。①

---

① ［美］弗雷德里克·詹姆逊：《元评论》，《詹姆逊文集》第2卷，王逢振主编，中国人民大学出版社2004年版，第4页。

所谓文学批评中 "有意义的讨论" 出发点在于解释的需要, 即必须考察解释的动机, 而这种原初的需要和动机无不是在其所处的历史语境之中产生的。每一种解释只有说明了它所处的历史语境, 才能证明自身的合法性和合理性, 也才能真正理解它的含义, 可见任何解释实际上都包含对自身的解释。因此可以说, 任何文学批评都是一种 "评论之评论"。詹姆逊将这种 "评论之评论" 称为 "元评论", 在他看来, 任何真正的文学批评都是 "元评论"。詹姆逊非常赞赏黑格尔关于 "密涅瓦的猫头鹰只在黄昏才起飞" 的说法①, 此处显然是化用这一比喻, 将 "元评论" 界定为一种反思活动和理性思维, 一种 "认识之认识", "思想之思想"。詹姆逊从中得出 "元评论" 的两条原则, 一是历史主义原则, 即 "真正的解释使注意力回到历史本身, 既回到作品的历史环境, 也回到评论家的历史环境"②。这种回归 "双历史环境" 的主张特别耐人寻味, 它赋予了文学批评强烈的历史主义取向, 而这种历史主义取向不仅指向作者, 而且指向批评者。此论与中国古代文论中关于 "以意逆志" "知人论世" 的批评观念不谋而合, 孟子曰: "说《诗》者, 不以文害辞, 不以辞害志; 以意逆志, 是为得之", "颂其诗, 读其书, 不知其人, 可乎? 是以论其世也"③, 细绎之, 同样不仅是对作者而言, 也是对批评者而言。二是生产性原则, 即 "任何不需要解释的情况本身就是一个亟待解释的事实"。④ 正因为文学批评被赋予了鲜明的历史主义取向, 它所解读的作品总是在一定的历史语境中才获得意义, 一旦语境变化, 意义也必将随之改变, 因此在文学批评中往往会出现这样的情况, 曾经的盲区在今日看来恰恰别有洞天, 以往失之交臂的东西在今日恰恰不期而遇。因此有论者指出: "对詹姆逊来说, 真正的问题并不在于是否解释某个给定的作品, 这更是一个历史的问题。我们需要做的

① 见 [美] 弗雷德里克·詹姆逊《马克思主义与形式》, 李自修译, 百花洲文艺出版社1995 年版, 第 308 页等。

② [美] 弗雷德里克·詹姆逊:《元评论》,《詹姆逊文集》第 2 卷, 王逢振主编, 中国人民大学出版社 2004 年版, 第 4 页。

③《孟子·万章上》,《孟子·万章下》。

④ [美] 弗雷德里克·詹姆逊:《元评论》,《詹姆逊文集》第 2 卷, 王逢振主编, 中国人民大学出版社 2004 年版, 第 7 页。

乃是将文化制品历史化，将它的可能性条件展露出来。"① 这种"可能性条件"的展现，不啻是文学批评的生产性了。

詹姆逊"元评论"的提出包含着一种批评史的眼光，那就是对于20世纪上半叶形式主义批评的回顾和反思。詹姆逊以俄国形式主义和结构主义为例，指出它们将语言结构视为文学之为文学的终极理由并加以永恒化和神秘化；在对于语言结构的共时性研究中对社会历史"加括号"；囿于从语言的能指/所指、隐喻/转喻的二项对立来理解文学作品；在对古代神话和中世纪传奇的结构分析中将其仅仅当成一种语言系统，而无视集体无意识的存在，如此等等。由此可见形式主义"不可避免地缺乏真正的元评论"②，它缺少"元评论"作为"评论之评论"的反躬自审精神和自我评估态度，搁置了文学批评应有的对历史语境的考量，以致步入了非历史主义乃至反历史主义的歧路，从而丧失了批评的生产性。詹姆逊反其道而行之，大力标举"元评论"，倡扬"评论之评论"的历史主义取向，赋予了文学批评以丰富的生产性，宣称对于作品的意义、效果以及它所体现的世界观，"现在要从生产者的观点来看它，而不是从消费者的观点来看，于是完成了一次批评的革命"。③

詹姆逊的"元评论"浸润着弗洛伊德精神分析法，他声称，"元评论"所采用的模式与精神分析的阐释并无二致，"它与对潜意识压抑方法本身的描述不可分割"④，精神分析致力区分症候与被压制的思想、显在的与潜在的内容、掩饰行为与被掩饰的信息；而"元评论"的目的也在于厘定潜意识压抑力本身的逻辑，寻找潜意识由以产生的环境的逻辑，揭示在现实语言之下潜藏的隐秘语言，发现在受到重重压抑的心底透出的闪光。在这个意义上，与其说"元评论"是一种解释，不如说它是一种揭示、一种展现，它对于在潜意识中被压抑被扭曲的原始信

---

① ［英］肖恩·霍默：《弗雷德里克·詹姆森》，孙斌等译，上海人民出版社 2004 年版，第 41 页。

② ［美］弗雷德里克·詹姆逊：《元评论》，《詹姆逊文集》第 2 卷，王逢振主编，中国人民大学出版社 2004 年版，第 14 页。

③ ［美］弗雷德里克·詹姆逊：《元评论》，《詹姆逊文集》第 2 卷，王逢振主编，中国人民大学出版社 2004 年版，第 5 页。

④ ［美］弗雷德里克·詹姆逊：《元评论》，《詹姆逊文集》第 2 卷，王逢振主编，中国人民大学出版社 2004 年版，第 15 页。

息、原始经验的恢复和还原,往往经过升华以艺术的象征形式得以表达和实现,这无疑是极具生产性、增殖性和建设性的。詹姆逊对此作了大力的揄扬,指出"元评论"在作品原始成分或原初内容的基础上,"表现出一种更大程度的有意识和无意识的、精心的艺术生产活动,但正是这种精心的艺术生产及其技巧,形成了上面描述的方法的客体"①。

总之,"元评论"对于艺术作品的解释基于一种双重性的动机:一方面,它保持主体与真实生活的适当联系,表现出鲜明的历史主义取向;另一方面,它所关切的艺术形式具有潜意识压抑/升华的背景,它恢复并阐发了那些一度深入潜意识底层的原始经验和信息。而这两个方面都不乏艺术生产的意义。

不难见出,詹姆逊的《元评论》(1971)作为重建一种新的批评观念的文本仍然是初步的,但它又是强大的,首先,该文提出了"元评论"(meta-commentary)的概念,但未予"破题",对之未作明确界定,只是提出了非常概略的基本原则,对其某些特性进行了一定的描述。在语义学上考量,所谓"元"(meta)是指"在……之后""继……之后"的较高、较新形式,具有"超越""超出"的意思。从行文看,是指继形式主义批评之后的历史主义批评模式。其次,该文首次提出"艺术生产"的概念并将其与文学批评联系起来,从生产者的角度而不是从消费者的角度来看待作品,倡导了"批评的革命",尽管语焉不详,但给新的批评模式增添了鲜明的生产性内涵。再次,该文铺设了文学批评的生产性生成的通道,一是现实的通道,二是潜意识的逻辑所构成的心理通道,具有重要的方法论意义。凡此种种,都展示了"元评论"作为生产性文学批评开阔的未来空间。

第二节 历史主义的强化

詹姆逊在《政治无意识》(1981)中重提"元评论"时,已经是十年后的事了,该书秉持历史主义的观点与此前《元评论》一脉相承,

---

① [美]弗雷德里克·詹姆逊:《元评论》,《詹姆逊文集》第 2 卷,王逢振主编,中国人民大学出版社 2004 年版,第 18 页。

但较前更加强化了，詹姆逊在该书开篇就发出"永远历史化！"的呐喊，指出这是一句"绝对的口号"。

历史主义的强化首先表现在研究路径上。詹姆逊认为，历史化操作可以沿着两条相对独立但殊途同归的路线运行：一是客体的路线，偏重对特定文本的客观构成的本质研究，包括形式和内容的历史性，各种语言变化的可能性出现的历史背景，及其美学在特定语境中发挥的功能等；二是主体的路线，偏重在阅读和接受过程中对文本对象进行阐释和编码并发挥其能动性，通过在接受传统中积淀下来的阅读习惯和范畴来理解文本。詹姆逊选择的是第二条路线，而这一选项的先决条件就在于采用"元评论"的方法，"根据这种方法，我们的研究客体与其说是文本本身，毋宁说是阐释，我们就是试图借助这些阐释来面对和利用文本的。"① 就是说，"元评论"与其说在于研究文本，毋宁说在于研究阐释；文本与其说是"元评论"的研究对象，毋宁说是研究阐释的由头和触媒，总之，"元评论"是通过研究主体的阐释而体现了历史主义的取向和文学批评的生产性。

历史主义得到强化的显著标志在于此时所说的"元评论"已注入了马克思主义的内核。詹姆逊宣称，自己所褐橥的元评论方法"与辩证的或总体化的、严格的马克思主义理想的理解相并置"②。虽然他十年前在《元评论》中已经将文学批评与马克思的名字联系在一起，而在同年出版的《马克思主义与形式》（1971）中已经自觉地将马克思主义文学批评向英美批评界大力推广，但如今则是将马克思主义文学批评作为重要的理论依据了，他既借此评骘当代文学批评史上的各种理论观点，又将其用作建构新的批评模式的方法。有理由相信，詹姆逊关于艺术生产以及生产性文学批评的观念亦源出于此。而此时詹姆逊对于相关问题的思考也较前更加全面和稳妥了，他指出，对于马克思主义的阐释方法不能作片面、狭隘的理解，而应作宽容、开放的运用，这有利于元评论借助伦理的、精神分析的、神话批评的、符号学

---

① ［美］弗雷德里克·詹姆逊：《政治无意识》，王逢振、陈永国译，中国社会科学出版社 1999 年版，前言，第 3 页。

② ［美］弗雷德里克·詹姆逊：《政治无意识》，王逢振、陈永国译，中国社会科学出版社 1999 年版，第 4 页。

的、结构的、神学的等阐释方法来丰富和充实真正的马克思主义的阐释方法，以证明马克思主义阐释框架的优越性，从而在今天多元化的知识市场上参与竞争。另外，元评论也不能用马克思主义的阐释方法完全取代上述众多阐释方法，合理的做法应是在明确自身界限的前提下，对那些与之存在分歧或相互对立的阐释模式采取包容并举的态度，在自身内部为之提供一定的合法性区域，做到扩容但不越界、消解而又持存。詹姆逊指出，这种丰富、开放、包容的阐释方法，正是"未来文化生产"① 所虚席以待的。

詹姆逊再一次标举"元评论"，其宗旨之一在于揭晓文学批评的当下性。他声称在该书的研究中不拟再涉及那些传统的哲学美学问题，如艺术的本质和功能，诗歌语言和审美体验的特性，美的理论，等等。这些问题在该书中的缺场也许已经表明了他的这一态度，取而代之的则是对于文学批评当下性的阐扬，他说："我试图保持一种本质上是历史主义的视角，根据这种视角，我们对过去的阅读主要取决于我们对目前的经验。"② 詹姆逊认为，这种当下经验首当其冲就是对当下消费者社会的关切，所谓"消费者社会"，他也称之为"晚期垄断资本主义""消费者资本主义"或"跨国资本主义"，对于这一交织着各种信息和体验的社会，那些传统的哲学美学显然已不合时宜，必须从根本上对其进行历史化。一旦从历史主义的视角重新加以考量，那么当下现实将会呈现出截然不同的面貌。詹姆逊对于克罗齐的名言"一切历史都是当代史"在总体上不持异议，认为在厚古薄今与是今非古这两种对立意见的长期争执中人们已饱受困扰，只有执持真正的历史哲学才能做到不薄古人爱今人，"尊重过去的社会和文化特性的根本差异，同时又揭示出它的论争和热情，它的形式、结构、经验和斗争，都与今天的社会和文化休戚相关"③。

---

① ［美］弗雷德里克·詹姆逊：《政治无意识》，王逢振、陈永国译，中国社会科学出版社1999年版，第5页。

② ［美］弗雷德里克·詹姆逊：《政治无意识》，王逢振、陈永国译，中国社会科学出版社1999年版，第5页。

③ ［美］弗雷德里克·詹姆逊：《政治无意识》，王逢振、陈永国译，中国社会科学出版社1999年版，第9页。

也许从历史主义出发而立足当下经验的阐释方法还有一个合法性问题，有一个衡量阐释之真伪的标准问题。詹姆逊认为，任何阐释都不是一义的，它有无数个选项，这些选项也许是彼此分歧甚至相互冲突的，如果说上述客体的路线采用实证主义方法是一种选择的话，那么他宁可选择"元评论"的方法，它将通常的文本解读变成了利用文本来阐发自己想法的行为。詹姆逊将前者称为"消极误读"而将后者称为"积极误读"，并明确表达了自己的倾向："我宁愿选择当下流行的对积极误读的张扬而不主张消极误读，……在我们的语境中，只有另一种更加积极的阐释才能推翻和实际驳倒已经存在的一种阐释。"[①] 他借用中国古代文论中一个形象的说法"操斧伐柯"说明之。此说出于《诗经·豳风·伐柯》："伐柯伐柯，其则不远。"《中庸》引此二句。朱熹《集注》："柯，斧柄。则，法也……言人执柯伐木以为柯者，彼柯长短之法，在此柯耳。"意思是，工匠操斧伐木制作斧柄，效仿的样板就在眼前，方便法门在于反身求则、当下取法。

正如詹姆逊所称，"积极误读"在 20 世纪中期以来已然形成流行之势，诸如互文性理论（克里斯蒂娃）、复调理论（巴赫金）、解构理论（德里达）、话语理论（福柯）、交往理论（哈贝马斯）、症候解读理论（阿尔都塞）、家族相似理论（维特根斯坦）等，所涉领域遍及哲学（阐释学）、语言学（结构主义）、文学（原型批评）、心理学（精神分析学）、历史学（知识考古学）等，不一而足。这些理论持论不无偏激、颇多新异，在刚刚问世之时往往被斥为"另类"，而其文学批评往往被视为"误读"，然而时过境迁，这些"另类""误读"均已笔老更成、登堂入室，大大扩充和丰富了文学批评的方法和路径。詹姆逊所谓"积极误读"也就是后来乔纳森·卡勒所说的"过度诠释"，卡勒认为，在理智活动中，阐释只有走向极端才有趣。那种四平八稳、不温不火的阐释达成的只是一种通识；尽管这种阐释也自有其价值，但它平淡无奇、索然寡味。虽然求稳妥的做法总是尽量避免走极端，但从阐释的角度来说，效果未必理想。因此卡勒声称："'过度'诠释要比'稳健

---

① ［美］弗雷德里克·詹姆逊：《政治无意识》，王逢振、陈永国译，中国社会科学出版社 1999 年版，第 7 页。

温和'的诠释更为有趣、对人类智识的发展更有价值。没有哪个对'过度诠释'毫无兴趣的人能够创造出如此富于诠释争议性、如此富有活力的小说与人物来。"① 不言而喻，就上述种种流行一时的文学批评而言，其"积极误读"的路子无疑较之一般的传统解读更富于知识的生产性、思想的创造性和文学价值的增值性。

第三节　语言结构背后更大的历史结构

在詹姆逊对于形式主义的反思中，包含了一个重要的思想，指出形式主义其实是无法摆脱、甚至从某种意义上说恰恰是印证了历史主义的。他早在《元评论》（1971）一文中，就以结构主义为例作出了如下判断：

> 在我看来，结构主义的真正超越……只有我们将结构主义的基本范畴（隐喻和转喻，修辞手段，二元对立）……转变为历史的范畴才成为可能。②

这句话粗看比较费解，但将其与詹姆逊的另一篇文章《批评的历史维度》③ 对照阅读便可了然。他认为，批评家常常身处阶级、意识形态和文化历史的境遇之中，他的头脑从来就不是一块白板；真理也从来不可能存在于一个静止的系统，它总是处于扬弃、否定和超越的辩证运动之中。因此，"所有有关文学作品的形式上的陈述都必须有

---

① ［美］乔纳森·卡勒：《为"过度诠释"一辩》，［意］安贝托·艾柯等著《诠释与过度诠释》，王宇根译，生活·读书·新知三联书店1997年版，第136页。

② ［美］弗雷德里克·詹姆逊：《元评论》，《詹姆逊文集》第2卷，王逢振主编，中国人民大学出版社2004年版，第14页。

③ 按弗雷德里克·詹姆逊《批评的历史维度》一文发表于《批评的武器：马克思主义在美国和文学中的传统》，N. Rudich 编，帕罗奥图（加利福尼亚）：Ramparts 出版社，1976，Fredric Jameson, "Criticism in History", *Weapons of Criticism*: *Marxism in American and the Literary Tradition*. Ed. N. Rudich. Palo Alto, CA: Ramparts Press, 1976, pp. 31 - 50；后收入詹姆逊《理论的意识形态：1971—1986论文集——第一卷理论的境遇》，明尼阿波里斯：明尼苏达大学出版社 1988，见 Fredric Jameson, *The Ideologies of Theory*, *Essays 1971 - 1986. Vol. 1*: *Situations of Theory*. Minneapolis: University of Minnesota Press, 1988。

一个潜在的历史维度来支撑它们"①，也就是说，被结构主义描述为文学作品中独立自足的形式结构和语言框架其实背后都有一个更大的历史结构作为支撑，只不过批评家往往并没有意识到这一点而已。詹姆逊以结构主义批评家雅克·埃尔曼的论文《高乃依〈西拿〉结构的转换》为例说明之，该文对高乃依的悲剧《西拿》作了结构主义的阐释，将作品的主人公纳入一定的情节模式来分析，如收与授、买与卖、掠夺与囤积等交换模式，而剧中人物只是成了固定的情节模式的附庸，在戏剧演绎的复杂的交换系统中，有什么样的情节模式，人物相应地就会有什么样的对话和动作。在这篇堪称结构主义批评代表作的文章中，埃尔曼表达了对于力图超出文本本身的研究方法的拒斥态度，声称他奉行的文学结构分析将终结文学批评向人类学和社会学领域的转移和延伸。但读者会发现，情况并非如此简单，作为该文所作结构分析之核心的"交换"概念恰恰是从人类学、社会学、经济学领域进入文学和结构分析的。詹姆逊认为，这正暴露了结构主义批评的基本矛盾，说明孤立地采用纯粹的结构分析方法对于高乃依该剧所作的评论是缺乏说服力的。

詹姆逊进而指出，结构主义批评与历史主义批评并不矛盾，二者有颇多共同之处，"即使形式主义色彩很浓的结构主义批评方法也暗示了文学与文学外在结构之间的关联"②。例如法国《泰凯尔》（Tel Quel，也称"原样"派）的文学评论就是如此，它们旨在在话语形式与资产阶级的或革命性的意识形态之间作明显的政治性关联。因此对于这种文学批评，是否可以这样说："即使不放弃对艺术作品的纯粹的形式分析，也可以立即对事件作历史性阐述。"③ 这就将结构主义也纳入了历史主义的范畴，或者说将结构主义也当作历史主义的一种表现方式了，更加准确地说，这是詹姆逊对于结构主义作了历史主义的阐释。

① ［美］弗雷德里克·詹姆逊：《批评的历史维度》，王逢振主编《詹姆逊文集》第1卷，中国人民大学出版社2004年版，第166页。
② ［美］弗雷德里克·詹姆逊：《批评的历史维度》，王逢振主编《詹姆逊文集》第1卷，中国人民大学出版社2004年版，第179页。
③ ［美］弗雷德里克·詹姆逊：《批评的历史维度》，王逢振主编《詹姆逊文集》第1卷，中国人民大学出版社2004年版，第181页。

在这里詹姆逊忆起了法国学者吕西安·戈德曼的发生学结构主义。戈德曼吸收了马克思主义特别是卢卡契的学说、弗洛伊德的精神分析学、皮亚杰的发生认识论等,铸成了"发生学结构主义"。所谓"发生学结构主义"就是将"结构主义"与"发生学"两种方法组接起来,构建作品的形式结构与一定的社会结构以及一定的社会集团的思想结构之间的对应关系,进而探寻文学作品意义生成的可能性。具体的做法就是将作品的置入从原有结构腾挪到较大结构、再腾挪到更大结构,通过这种往复转换、交替上升的过程,最终达成对作品意义的全面把握。这就是戈德曼所说:"这种对部分结构的研究只有在它本身被插进对一种更加广大的结构的研究中……才是能够被理解的。"①

后来乔纳森·卡勒对此说得比较透彻:"结构主义试图重建现实现象下面的深层结构体系,这些体系规定现象中可能出现的形式和意义",因此"为了理解一种现象,人们不仅要描述其内在结构——其各部分之间的关系,还要描述该现象同与其构成更大结构的其他现象之间的关系"②。众所周知,结构主义的主旨就在于用横组合/纵聚合、隐喻/转喻、能指/所指等对立二分编织纵横交错的语义关系网,以谋求语言结构独立于外部世界的独立自足性。但这样一来,恰恰埋下了日后使自己遭到解构的种子,语言结构在纵横两根意义轴上往前延伸而达成的语义关联无不通向外部世界,通向社会、历史、现实、政治,而这一切,不正是詹姆逊的历史主义批评所追求的吗?

第四节　新型阐释模式的建构

詹姆逊倡导批评的革命、推动历史主义的强化、寻求语言结构背后更大的历史结构,最终目的在于建构一种新型的阐释模式,正如他在《论阐释:文学是社会的象征性行为》(1981)一文开头所作的表白:"建立一种新的、更充分的、内在的或反超验的阐释模式,这将是下文

---

① [法] 吕西安·戈德曼:《马克思主义和人文科学》,罗国祥译,安徽文艺出版社1989年版,第31页。

② [美] 乔纳森·卡勒:《文学中的结构主义》下卷,伍蠡甫、胡经之主编《西方文艺理论名著选编》,北京大学出版社1987年版,第533页。

所要提出的任务。"①

事情还是要回到戈德曼的"发生学结构主义"。这一理论不仅破了结构主义将语言结构视为文学的终极理由而对社会历史"加括号"的魔咒，而且成为詹姆逊建构新型阐释模式的基本参照。詹姆逊接触戈德曼的"发生学结构主义"很早，在《马克思主义与形式》（1971）中就对其在《隐蔽的上帝》（1956）中所揭扬的文学与社会、历史、思想、政治之间的"同源""同构"关系予以关注，虽然当时詹姆逊对戈德曼在政治上有所排斥，但对其"发生学结构主义"还是持认同态度的，认为它将文学置于社会、历史、思想、政治的背景中重新考量，构成"向意识的更高层面，向存在的更大语境突然转移的一个标志"。②而到了十年后重提"元评论"时，情况发生了很大变化，詹姆逊不仅对于戈德曼的"发生学结构主义"给予充分肯定，而且仿效之提出了自己的构想。

詹姆逊指出，上述"同构"理论是由戈德曼引介到批评界的，"他的《隐蔽的上帝》假定在阶级环境、世界观和艺术形式之间存在着同构现象"。③按戈德曼是以"理解"（comprehension）与"解释"（L'explication）这两个概念之间的互动作为阐释机制来揭晓上述"同构"理论的，他对这一对范畴作了如下说明："理解就是作品内在的一致性问题，就是一字不差地理解作品，作品的全部和不谈该作品以外的东西；理解，就是在作品内部揭示出总的有意指的结构，解释则是探寻个人或集团主体……的问题，相对这个问题而言，决定作品的精神结构便具有一种功能特征，并由此又具有一种意指特征。"④就是说，"理解"就是在作品内部找出总的意义结构，这是一种内在研究；"解释"就是把作品的这个意义结构放入作为其源起的更大的社会、历史、思想、政

---

① ［美］弗雷德里克·詹姆逊：《政治无意识》，王逢振、陈永国译，中国社会科学出版社 1999 年版，第 14 页。

② ［美］弗雷德里克·詹姆逊：《马克思主义与形式》，李自修译，百花洲文艺出版社 1995 年版，第 318 页。

③ ［美］弗雷德里克·詹姆逊：《政治无意识》，王逢振、陈永国译，中国社会科学出版社 1999 年版，第 33 页。

④ ［法］吕西安·戈德曼：《马克思主义和人文科学》，安徽文艺出版社 1989 年版，第 69 页。

治结构中去加以认识,这是一种外在研究。他在《隐匿的上帝》一书中对于拉辛的悲剧与 17 世纪法国社会历史的关系的分析就是运用这对范畴的成功范例,"理解"拉辛的悲剧只是把握这些作品中的意义结构本身;而把拉辛的悲剧放到让森主义思潮中去"理解",就是对拉辛悲剧的"解释";再把让森主义思潮放到 17 世纪穿袍贵族的历史中去"理解",就是对于让森主义思潮的"解释",再把穿袍贵族的历史放到 17 世纪法国社会历史中去"理解",就是对于穿袍贵族的历史的"解释"。这样,通过"理解"和"解释"两个范畴把事物的源起从较小结构向较大结构腾挪推移的过程,把文学作品与整个社会的经济、政治、思想、政治全部串联起来,比较全面地揭示了作品的社会内容。

詹姆逊指出,从以上戈德曼关于拉辛悲剧的评论来看,"在社会物化、风格发明和叙事或解释范畴这三个层面之间设定静止的同构或平行结构是可能的;但是,似乎更有意义的是,理解文本的这三个范畴之间的相互关系及其蕴含于生产、投射、补偿、压抑、置换等更加活跃的术语中的社会潜文本(subtext)"①。就是说,在文学与整个社会的经济、政治、思想、政治之间形成同构关系是可能的,但更重要的则是把握这种同构关系的生产性。一方面,在俄国形式主义和结构主义中所缺失的社会价值,在戈德曼那里通过同构理论的弥补和矫正而被生产出来。另一方面,同构不仅是理论,更是一种实践,是一种批评实践,它见诸远比戈德曼所揭示的更为复杂的语境之中,其生产性甚至构成了一种新的意识形态,詹姆逊称为"生产意识形态",具体包括语言生产、文本生产、形式生产等,它们与经济生产之间存在着一种十分默契的同构关系,而这一点,意义十分重大:"仅就文本生产的思想帮助我们打破把特定叙事看成客体、或统一整体、或静止结构物化的思维习惯而言,它的效果是积极的。"② 同时,人们通过文学修辞手法而构想出某些概念也是必要的,譬如借助隐喻手法创造出"文本生产"这一新的、更加科学的"生产"概念,将其与工厂中工人的物品生产加以同化,进而

---

① [美]弗雷德里克·詹姆逊:《政治无意识》,王逢振、陈永国译,中国社会科学出版社 1999 年版,第 34 页。

② [美]弗雷德里克·詹姆逊:《政治无意识》,王逢振、陈永国译,中国社会科学出版社 1999 年版,第 34—35 页。

在两者之间建立一种同构关系。不过，对于戈德曼的同构理论，詹姆逊也不无异议，往往在补苴罅漏的意义上对其加以纠正和完善。例如詹姆逊认为戈德曼将阶级环境、世界观和艺术形式三者的同构关系视为简单的、机械的模式是不够的，还应尊重各个结构层面的相对自治性。他主张兼顾各个层面的同构性与独立性，而这一理解无疑是更加合理的。

正是基于对于戈德曼"发生学结构主义"的吸收和扬弃，詹姆逊提出了文学与其社会基础之间"三个同心框架"的阐释模式，在其中，历史主义构成它们共同的核心，文学文本的社会基础的意义则通过三种观念的相互推移而逐步得到拓宽和提升：

> 首先是政治历史观，即狭义的定期发生的事件和颇似年代顺序的系列事件；然后是社会观，在现在已经不太具有历时性和时间限制的意义上指的是社会阶级之间的构成性张力和斗争；最后，是历史观，即现在被认为是最宽泛意义上的一系列生产方式，以及各种不同的人类社会构造的接续和命运，从为我们储存的史前生活到不管多么遥远的未来历史。[①]

詹姆逊对于上述三种观念逐一进行了说明，所谓政治历史观，是指"政治或历史视域的狭小限阈"，在其中历史被还原为一系列政治事件和时代危机，成为社会风尚兴衰的编年史和历史人物的角斗场，而文学作品被解作与时代生活相耦合的象征性行为；所谓社会观，是指个别社会现象已被视为社会事实和制度，社会组织形式已经成为社会阶级的范畴，在这一视域中，文学文本被作为一种"意识形态素"而被加以考察；所谓历史观，是指关于"整个人类历史的终极视域"，在其中个别文本及其"意识形态素"经历最后一次改造，必须根据"形式的意识形态"来解读，而这里所说"形式的意识形态"则是指在人类发展过程中经过长期积淀，历史转化为心理，内容转化为形式，以狭义的技巧和纯粹的形式透露出某种意识形态的信息。

---

① ［美］弗雷德里克·詹姆逊：《政治无意识》，王逢振、陈永国译，中国社会科学出版社 1999 年版，第 63—64 页。

在建构"三个同心框架"的阐释模式时，詹姆逊提出了许多个性化的构想和概念，但他追求的则是一般性的规律和原则。就上述三种观念的推移和提升而言，他提醒读者："我们还必须注意的是，每一方面或视域都控制着对其客体的明显重建，并以不同的方式理解现在只能在普遍的意义上称作'文本'的东西的结构。"① 这就是说，这种新型的阐释模式重视发挥文学批评对文本对象进行阐释和编码的能动性，更加注重文学批评的主导作用，从主体的观念和视域出发来阐发和重建文本，从而达成对于文本意义的倍增性产出、增殖和建构。在这里詹姆逊对于上述"主体的路线"的坚持是一以贯之的。不过这里还得指出，詹姆逊在建构其"三个同心框架"的阐释模式时，往往过多强调批评者主观观念和个人视域的主导作用，而对于文学文本的客观内容和物态形式的含义、旨趣和意味有所忽视。不言而喻，不管批评者的观念和视域的主导作用如何强大，文学文本的基本规定性仍是必须得到尊重的。

第五节　"政治无意识"的生产机制

行文至此，不能不提到一个有趣的现象，詹姆逊在《元评论》一文中只字未提"政治"，但十年后在《政治无意识》一书中"政治"却成了热词，不仅将其用作书名，而且在论及之时往往使用最高级的形容词。詹姆逊这样说："本书将论证对文学文本进行政治阐释的优越性。它不把政治视角当作某种补充方法，不将其作为当下流行的其他阐释方法……的选择性辅助，而是作为一切阅读和一切阐释的绝对视域。"② 他还说："一切事物都是社会的和历史的，事实上，一切事物'说到底'都是政治的。"③ 这也许就是后者历史主义强化的又一表现吧。

虽然詹姆逊如此高调地推重文学批评的政治阐释，但这并不意味着

---

① [美] 弗雷德里克·詹姆逊：《政治无意识》，王逢振、陈永国译，中国社会科学出版社1999年版，第64页。

② [美] 弗雷德里克·詹姆逊：《政治无意识》，王逢振、陈永国译，中国社会科学出版社1999年版，第8页。

③ [美] 弗雷德里克·詹姆逊：《政治无意识》，王逢振、陈永国译，中国社会科学出版社1999年版，第11页。

对于艺术作品的审美形式和艺术规律的弃绝。在这一点上，詹姆逊对于审美形式和艺术规律的坚守也是一以贯之的，早在《批评的历史维度》一文中，詹姆逊在强调必须有一个潜在的历史维度在支撑着文学作品的语言结构形式时，就已告诫人们不要从一种极端滑向另一种极端："如果我们在表达一种观点时仅仅是用历史学家的专业研究简单取代文学批评家的方法，那么这也是很糟糕的。"① 他主张此时文学批评应尽可能地消隐自身，而采取黑格尔所说的"具象"方法，亦即审美的、艺术的"感性显现"的方法。同理，在处理文学批评中政治判断与审美形式的关系时也应作如是观，詹姆逊明确主张，文学批评宜从审美形式着手而不宜从政治判断着手。在他看来，在艺术作品中审美与政治的遇合是理所当然的，但这种遇合应有其特殊的方式，那就是采取"从审美进，从政治出"的路径。他以布莱希特的作品为例说明之：

> 我历来主张从政治社会、历史的角度阅读艺术作品，但我决不认为这是着手点。相反，人们应从审美开始，关注纯粹美学的、形式的问题，然后在这些分析的终点与政治相遇。人们说在布莱希特的作品里，无论何处，要是你一开始碰到的是政治，那么在结尾你所面对的一定是审美；而如果你一开始看到的是审美，那么你后面遇到的一定是政治。我想这种分析的韵律更令人满意。不过这也使我的立场在某些人看来颇为暧昧，因为他们急不可待地要求政治信号，而我却更愿意穿越种种形式的、美学的问题而最终达致某种政治的判断。②

布莱希特创作了许多政治题材的戏剧作品，如《伽利略传》《三分钱歌剧》《卡拉尔大娘的枪》《四川好人》《高加索灰阑记》等，这些戏剧寄寓着他对于种种社会问题的政治思考。然而布莱希特的政治倾向始终是与美学追求和艺术创新结合在一起的，正因为如此，所以在布莱

---

① ［美］弗雷德里克·詹姆逊：《批评的历史维度》，王逢振主编《詹姆逊文集》第 1 卷，中国人民大学出版社 2004 年版，第 166 页。
② ［美］弗雷德里克·詹姆逊：《晚期资本主义的文化逻辑》，陈清侨等译，生活·读书·新知三联书店 1997 年版，第 7 页。

希特的剧作中可以发现政治通往审美，而审美又通往政治这种回环往复运动的"韵律"，这正是艺术作品中审美与政治之关系应有的常态。审美活动的社会功效应是"随风潜入夜，润物细无声"的，那种无视艺术形式而孤立地表达政治诉求的急功近利、直奔主题的态度最后总是欲速而不达。詹姆逊十分赞同布莱希特所谓"理论是艺术生产自身的一部分"① 的观点，由此推理，这种回环往复于审美与政治之间的"韵律"也应是生产性文学批评的最佳状态。

紧接着的问题是，在艺术作品中审美与政治回环往复运动的心理机制何在？詹姆逊提出了"政治无意识"的概念。他认为，在常规情况下，政治在艺术创作中并不以现实的、直观的形式出现，而是以潜在的、抽象的形式若隐若现。就像冰山的顶峰耸立于海面，但支撑着它的则是在海面之下的巨大底座，人们在现实中形成的政治态度往往受到某种压抑而沉入意识底层，经过长期积累和沉淀而凝结为"政治无意识"。它一旦受到某种触发，便会通过升华以象征的形式从各个领域和各种路径浮现出来，重新进入现实生活，在这一点上，文学艺术堪称典型，詹姆逊就称："文学是社会的象征性行为。"② 而在这一极其复杂隐秘的过程中有一个重要的关节点，那就是"政治无意识"。詹姆逊指出："一切文学，不管多么虚弱，都必定渗透着我们称之为的政治无意识，一切文学都可以解作对群体命运的象征性沉思。"③ 他进而以现代主义作为个案进行分析："在现代主义主流文本中正如在资产阶级日常生活的表象世界上一样不再明晰可见，并被累积的物化无情地赶入地下的政治，最终变成了一种真正的无意识。"④ 现代主义作品不仅以种种荒诞离奇的形象、情节、场景，而且以荒诞剧、意识流小说、动作绘画、具象音乐、舞蹈交响主义、生活流电影等标新立异的文类来表达对

---

① [美] 弗雷德里克·詹姆逊：《布莱希特与方法》，陈永国译，中国社会科学出版社1998年版，第174页。

② [美] 弗雷德里克·詹姆逊：《政治无意识》，王逢振等译，中国社会科学出版社1998年版，第8页，标题。

③ [美] 弗雷德里克·詹姆逊：《政治无意识》，王逢振等译，中国社会科学出版社1998年版，第59页。

④ [美] 弗雷德里克·詹姆逊：《政治无意识》，王逢振等译，中国社会科学出版社1998年版，第267页。

于商品社会、金钱世界的大拒绝。譬如在尤内斯库的荒诞剧《秃头歌女》中，描写了两对中产阶级夫妇之间平庸、无聊、荒唐的对话，其中马丁夫妇到史密斯夫妇家做客，突然间发现相互不认识了，接下来在聊天中才发现他们竟居住在同一个城市、同一条街道、同一幢房子，而且睡在同一张床上，是一对夫妻，还有一个女儿！但一个说女儿左眼是蓝色的，另一个说女儿右眼是蓝色的，直到最后也没有搞清楚他们到底是不是夫妻。这出剧就以这种荒诞不经、匪夷所思的情节表现了人与人之间形同陌路的隔膜、冷漠和孤独。剧作者坦承，该剧旨在"通过深入日常的平庸生活、把那些日常语言中最滥用的口头禅夸张到极点的办法，来表现我觉得整个生活都沉浸在其中的奇特性"①。可见现代主义就其实质而言是一种经过压抑而得到升华的深度模式，它以荒诞、晦涩、神秘的象征形式将"政治无意识"重新引入现实生活，寄托了对于第二次世界大战后西方社会弥漫的精神危机的忧思。

值得注意的是，詹姆逊往往在压抑/升华这一深度模式的框架下肯定文学批评的生产性功能，而这种肯定经常是在可与前述"艺术生产"相互置换的同等概念上展开，举凡文化生产、文学生产、审美生产、文本生产、象征生产、神话生产、风格生产、意象生产、叙事生产、小说生产、戏剧生产等均属此例，而这种深度模式的生产性文学批评已经成为詹姆逊相对稳定的批评视角，譬如他评述弗莱的文类批评（即原型批评）使得"文学批评若无完整的文学生产似乎不可能做事的情况，在现代时期已经不断地、系统地遭到破坏"②；指出"作为意识形态生产的实证主义和作为审美生产的印象主义都首先应该根据它们所反照的具体环境来理解"③；评价康拉德的小说《吉姆爷》对个别行为的质疑"似乎能够自行升华到集体的水平，并生成社会本身的叙事生产"④，等

---

① ［法］欧仁·尤内斯库：《戏剧经验谈》，袁可嘉等编选《现代主义文学研究》，下册，中国社会科学出版社1989年版，第624页。

② ［美］弗雷德里克·詹姆逊：《政治无意识》，王逢振等译，中国社会科学出版社1998年版，第93页。

③ ［美］弗雷德里克·詹姆逊：《政治无意识》，王逢振等译，中国社会科学出版社1998年版，第211页。

④ ［美］弗雷德里克·詹姆逊：《政治无意识》，王逢振等译，中国社会科学出版社1998年版，第259页。

等。至于这种深度模式的文学批评的生产性的生成，詹姆逊从法国学者吉尔斯·德鲁兹和菲力克斯·伽塔里的微观欲望政治理论获得了强有力的支持。德鲁兹和伽塔里对弗洛伊德理论中的"欲望"概念予以高度重视，力图建立一种本质主义的欲望概念，通过解放受到压抑的欲望而促成社会的变革。他们认为欲望在本质上是革命性的，也是具有生产性的，因而力图创立一种"欲望生产"（desiring-production）理论。① 但他们对于弗洛伊德的欲望理论持批判态度，认为后者仅仅将欲望机器局限在像俄狄浦斯故事所演绎的家族关系这一有限空间之中，他们认为欲望创造了一切社会和历史现实，因而欲望是社会基本结构的一部分。这样，他们就从微观欲望政治的角度将欲望的生产性从弗洛伊德的家族领域推进到广阔的社会场域之中。詹姆逊承认，德鲁兹和伽塔里在《反俄狄浦斯》一书中"论证的有力之处与本书（按指《政治无意识》）的精神相吻合"，并引用其论述来支撑自己提出的"政治无意识"的生产性：

> 无意识不提出任何意义的问题，而只关注应用的问题…… ［无意识］ 不表现什么，而只生产。它不意味什么，而只发生作用。②

用中国传统哲学中"体用论""知行论"来加以界定的话，詹姆逊与德鲁兹和伽塔里所见略同，对于政治无意识重视"用"更胜于"体"、重视"行"更胜于"知"，尤其看重政治无意识的变革意义和生产作用，阐扬了政治无意识强大的生产性、构成性和建设性。而这一点作为相对稳定的方法论，在詹姆逊此后所进行的文化研究、现代性研究、后现代主义研究、全球化研究中得到了进一步的具体运用。

---

① 见 ［美］凯尔纳、贝斯特等著《后现代理论：批判性的质疑》，张志斌译，中央编译出版社1999年版，第111—112页。

② ［美］弗雷德里克·詹姆逊：《政治无意识》，王逢振等译，中国社会科学出版社1998年版，第13页。

第 九 章

伊格尔顿：在精神领域
进行的意义生产

第一节　新的批评视野

伊格尔顿生产性文学批评的起步是从研读和述评法国学者皮埃尔·
马舍雷的《文学生产理论》开始的，马舍雷的《文学生产理论》1966
年在巴黎出版，到 1978 年才出版英译本。据伊格尔顿回忆，他是 1969
年入职牛津大学后第一次读到《文学生产理论》的法文版，他在 1975
年撰写了一篇研究论文，即后来出版的《马克思主义与文学批评》
(1976) 一书，该书专节并多处介绍了马舍雷其人其书其论。当时马舍
雷在英国还鲜为人知，伊格尔顿的推介对于马舍雷"文学生产理论"
的普及起了很大作用。[①] 伊格尔顿在《马克思主义与文学批评》中举凡
"艺术生产""文学生产"等概念基本上仍是在传统意义上，亦即在文
学创作的意义上使用的，尚未指涉文学批评。但该书首次阐发了马舍雷
"文学生产理论"特别是"症候解读"(symptomatic reading) 理论的闪
光点，正是这一闪光点的烛照，文学批评的生产性问题进入了伊格尔顿
的视野，这在当时的伊格尔顿来说还是一个崭新的课题。

所谓"症候解读"，是法国学者路易·阿尔都塞提出的，阿尔都塞
深受弗洛伊德精神分析学的影响，也接纳了拉康的"症候"概念和
"症候是有意义的"思想，从而发现了马克思在撰写《资本论》的过程

---

① ［英］特里·伊格尔顿、［英］马修·博蒙特：《批评家的任务：与特里·伊格尔顿的
对话》，王杰等译，北京大学出版社 2014 年版，第 114 页。

中阅读状况发生的重要变革，确认马克思《资本论》的创获得力于他对英国古典政治经济学的"症候解读"。① 后者对于资本主义经济运行机制的研究往往缺失"剩余价值"这一重要环节和要素，留下某种沉默和空白，马克思正是从这一无意识但不乏意识形态意味的"症候"的解读出发，以资本主义发展的现实为依据，建立了《资本论》的核心理论之———剩余价值理论。阿尔都塞具体论述了马克思对亚当·斯密和大卫·李嘉图著作的阅读方法："他恢复了另一些术语所掩盖的未出现的术语。他把掩盖未出现的术语的另一些术语翻译出来，恢复了它们省略的内容，说出了这些术语没有表示出来的东西。他把李嘉图和斯密对地租和利润的分析读作一般剩余价值的分析，但是李嘉图和斯密从未把一般剩余价值称作地租和利润的内在本质。"② 此乃"症候解读"方法的具体演绎。

马舍雷作为阿尔都塞的学生和合作者，受到阿尔都塞"症候解读"理论的影响不言而喻，但马舍雷又有自己的贡献，他将这一理论引入了文学批评，用以寻绎列夫·托尔斯泰、儒勒·凡尔纳、笛福、巴尔扎克等作家的小说中存在的沉默和空白并对此作出"症候解读"，以此印证"文学生产理论"的合理性和科学性。马舍雷提出"文学生产"（literary production）的概念原本受到马克思"艺术生产论"的影响，但由于加入了文学批评的维度，从而刷新了马克思的"艺术生产论"。

伊格尔顿对于马舍雷"文学生产理论"的推介，既有专著论述，又有专文评说，还有若干著述的随机提及，尤其是《马克思主义与文学批评》（1976）和《马舍雷与马克思主义文学理论》（1982）这两篇代表作，集中阐发了马舍雷"文学生产理论"的要义，而从伊格尔顿的论述来看，已不只是对于马舍雷"文学生产理论"的推介，而是积极的认同和阐扬了。正是这种认同和阐扬，对于伊格尔顿文学批评观念的嬗变起到了有力的触发作用，为其日后的生产性文学批评理论的形成奠定了起点。

---

① ［法］路易·阿尔都塞、艾蒂安·巴里巴尔：《读〈资本论〉》，李其庆等译，中央编译出版社 2001 年版，第 73 页注（1）。
② ［法］路易·阿尔都塞、艾蒂安·巴里巴尔：《读〈资本论〉》，李其庆等译，中央编译出版社 2001 年版，第 99—100 页。

在《马克思主义与文学批评》中，伊格尔顿对于马舍雷的"文学生产理论"作了以下概括：其一，作为黑格尔哲学思想的接受者，卢卡契提出了"总体性"的思想，从而将文学作品也视为一个统一的总体。然而在马舍雷看来，事情并非如此，文学作品往往在无意识的支配下表现出某种沉默、间隙和空白，显示了某种冲突、矛盾和歧异，从而打破了这种先验设定的"总体性"，因此文学作品从来就是"离心"的，是"不完整""不集中""不一致"的。

其二，这种"离心"并非属于现象层面，而是属于意识形态层面，在马舍雷看来，对于一部作品来说，不是看它说出了什么，而是看它没有说出什么。正是在这种意味深长的沉默、间隙和空白中，最能确凿地感到意识形态的存在。

其三，文学批评的功能以及批评家的任务就在于此："批评家正是要使这些沉默'说话'"，"批评家的任务不是填补作品，而是寻找作品含义冲突的原则，说明这种冲突是怎样由作品与意识形态的关系产生的"[①]。伊格尔顿以狄更斯的小说《董贝父子》为例说明之，指出批评家一旦找到作品含义冲突的原则，也就分析了该小说与维多利亚时代的意识形态的复杂关系。文学批评在作品的沉默、间隙和空白中阐发出意识形态的存在及其与作品的复杂关系，这无疑是具有生产性的。

到了几年后的专论《马舍雷与马克思主义文学理论》（1982），伊格尔顿对于生产性文学批评的理解又向前跨了一大步，尤其重要的是，伊格尔顿在该文开头就指出了马舍雷"文学生产理论"的精髓，对"艺术生产"的概念进行了重新阐释，他指出：马舍雷"几乎完全在作品的'上层建筑'领域内作文章。'生产'并不是指有形的机构、工艺生产的基础或一部作品的社会关系，而是指它自己生产的一连串含义"[②]。这一释义可谓意义重大，它已不同于以往将"艺术生产"仅限于在资本主义经济体制内进入商品生产/消费程序的文艺创作的传统理

---

① ［英］特里·伊格尔顿：《马克思主义与文学批评》，文宝译，人民文学出版社1980年版，第39、40页。

② ［英］特里·伊格尔顿：《马歇雷与马克思主义文学理论》，戴侃译，《国外社会科学》1983年第1期。

解，而是将 "艺术生产" 界定为在矗立于经济活动有形的机构、工艺生产的基础或社会关系之上的精神领域内文学批评所进行的知识生产、价值生产和意义生产了。要注意的是，这并非是马舍雷自己说明，而是伊格尔顿发现并加以阐发的。这就使得对与之相关的一系列问题必须重新予以认识：

首先，科学不是复制对象，而是将对象排除在自身之外以了解它的形式，因此文学批评总是将自己与作为批评对象的作品截然分开，使自己同作品保持一定距离，从而取得对作品的一种新的了解。

其次，文学批评对作品的新的了解，并不是像通常那样解读作品中事先存在的意义和结构，而是有新的探求、新的开掘，它绝不应被误解为从传统阐释学的角度寻找一种确实存在但隐藏在作品中的言说，而是 "生产一种新的对话，使作品的沉默 '说话'"。① 马舍雷曾明确指出，所谓 "沉默"，属于弗洛伊德 "无意识" 的范畴，② 因此所谓使作品的沉默 "说话"，乃是进入了无意识的领域，这就像中国古人所说可知而不可知、可解而不可解、可言而不可言的境界。因此伊格尔顿说："一部文学作品的 '真谛' 并不像核仁在鲜果内那样隐藏在作品中间，等待着 '阐明性的批评' 去挖掘。作品的含义是内在而且又不存在的。"③ 这话看似说得玄虚而又神秘，但只需读一下马舍雷对于具体作家的专题评论即可明白。例如儒勒·凡尔纳的科幻小说，它力图表达带有意识形态性质的 "劳动和征服" 概念，但在其背后的异化和殖民意识并未以意识形态的面目出现，只是成为沉默和缺席的东西，凡尔纳的作品恰恰通过特殊的文学方法，暴露了这种 "劳动和征服" 的意识形态的局限性。④ 而文学批评对于小说中无意识暴露出来的 "症候" 的诊断，超越了对作品可知、可言的部分的把握，不无知识增长、价值增值和思想构

---

① ［英］特里·伊格尔顿：《马歇雷与马克思主义文学理论》，戴侃译，《国外社会科学》1983 年第 1 期。

② Macherey, Pierre, *A Theory of Literary Production*, London and Boston：Routledge & Kegan Paul, 1978, p. 85.

③ ［英］特里·伊格尔顿：《马歇雷与马克思主义文学理论》，戴侃译，《国外社会科学》1983 年第 1 期。

④ Macherey, Pierre, *A Theory of Literary Production*, London and Boston：Routledge & Kegan Paul, 1978, p. 238.

成的意义。这就呼应了马舍雷的一个重要指点："批评引导我们阅读这些符号"①，在这个意义上说，恰恰是文学批评生产了儒勒·凡尔纳科幻小说的意义。

再次，由此可见，作品的含义并不是生来就存在于已有的一致中，而是存在于必然的歧异之中，而且这类歧异在任何作品内部都是存在的。任何作品都是一种不完整的完整，不一致的一致，但在这两个极端之间，不完整、不一致更加紧要，正是它成就了作品的深层意义，没有这种沉默、疏漏和空白，作品就无地生根，也缺少深刻的旨意。因此，确定一部作品内在的沉默、疏漏和空白是十分必要的，文学批评的阐释更深的旨意就在于揭示作品本身似乎并不存在的含义。而且作品不止有一种含义，而是有彼此冲突、互不相容的多种含义。"正是这些冲突使作品同现实结合起来：意识形态以其意味深长的沉默、巨大的空隙和歧异的形式出现在作品中。"② 这就类似道家"以无为本""有无相生"的辩证法，马舍雷也是将"无"置于本体论的首位，力图在"无"中求"有"，不过马舍雷所重视的"无"是具有特定内涵的，那就是在作品的无意识中暴露出来的种种"症候"。

最后，正因为如此，马舍雷同意列宁关于"托尔斯泰是俄国革命的镜子"的论断，但认为托尔斯泰的作品只是一面破碎的镜子，显示出来的形象是残缺不全的。"它所反映的和它所没有反映的，同样富有表现力。"③ 这就对列宁关于"镜子"的比喻形成了更深一步的理解：任何作品都不会是一面平整光洁的平面镜，而只是一面变形的镜子，唯其变形，才能在作品中映照出那些沉默和空缺的部分。从这个意义上说，这面变形的镜子在价值创造和意义生产中成为一种积极的力量，而不仅仅是社会现实的一种被动反映了。这就为文学批评的生产性打开了新的可能性空间。

① Macherey, Pierre, *A Theory of Literary Production*, London and Boston: Routledge & Kegan Paul, 1978, p. 613.
② ［英］特里·伊格尔顿：《马歇雷与马克思主义文学理论》，戴侃译，《国外社会科学》1983 年第 1 期。
③ ［英］特里·伊格尔顿：《马歇雷与马克思主义文学理论》，戴侃译，《国外社会科学》1983 年第 1 期。

　　从以上伊格尔顿对于马舍雷"文学生产理论"的述评中不难发现伊格尔顿的旨趣所在。尽管他对马舍雷不乏异议，但也颇多褒扬，甚至称赞《文学生产理论》是一部"原创作品"、一个"关键文本"、一本"优秀的解构主义著作"。而这恰恰给予伊格尔顿自己以深刻的影响，改变了他对文学批评的看法，而对于这一点，伊格尔顿本人也是欣然坦承的。① 总的来说，马舍雷的"文学生产理论"影响伊格尔顿批评理论的有两个方面：

　　一是文学批评方法论的新变，伊格尔顿是通过马舍雷的"文学生产理论"了解弗洛伊德的精神分析法的，他在《马克思主义与文学批评》的引言中对此予以充分肯定："毫无疑问，我们很快将看到马克思主义批评轻松地挤进弗洛伊德的精神分析法和神话学方法之间进行文学分析，成为迄今为止的又一振奋人心的学术'方法'，又一适于研究者去跋涉探索的领域。"② 按照该书的论述内容，其实应该说是"弗洛伊德的精神分析法挤进了马克思主义批评"。伊格尔顿也是从马舍雷"文学生产理论"知晓了"症候解读"的概念。这些源出于弗洛伊德的研究方法为他后来倡扬生产性文学批评提供了适合的利器。不过马舍雷的《文学生产理论》一书鲜少提及弗洛伊德，也未提及"症候解读"的概念，但这并不能遮蔽弗洛伊德的精神分析学对其"文学生产理论"在方法论上的根本意义。伊格尔顿后来指出了这一点："马舍雷没有讲多少弗洛伊德，……（但）弗洛伊德是整本书的潜台词"，进而声明："我原先就认为文本的无意识这一观念有极其强大的力量……文本的无意识被镌刻在文本中，没有它，文本就会苍白无力。"③ 这就对于文学作品中无意识的深层意义以及"症候解读"方法对其进行破解的必要性给予了充分的肯定。

　　另外，马舍雷对于海德格尔、伽达默尔的现代阐释学并不以为然，

---

　　① ［英］特里·伊格尔顿、［英］马修·博蒙特：《批评家的任务：与特里·伊格尔顿的对话》，王杰等译，北京大学出版社 2014 年版，第 114、116 页。

　　② 见 ［英］特里·伊格尔顿、［英］马修·博蒙特《批评家的任务：与特里·伊格尔顿的对话》，王杰等译，北京大学出版社 2014 年版，序言第 4 页。参见特里·伊格尔顿《马克思主义与文学批评》，文宝译，人民文学出版社 1980 年版，引言，第 2 页。

　　③ ［英］特里·伊格尔顿、［英］马修·博蒙特：《批评家的任务：与特里·伊格尔顿的对话》，王杰等译，北京大学出版社 2014 年版，第 115 页。

他倒也不是决然否认现代阐释学对于一般文本意义的揭示，只是认为它对于文本的无意识所表现出的沉默、缺失和空白显得应对乏术，相对于"症候解读"的深刻和内在显得表浅和外在，因此往往将前者称为"旧式的阐释学""传统阐释学"，而将"症候解读"称为"趋于深度的批评"，宣称"与旧式的文本阐释决裂后，趋于深度的批评开始以确定意义作为目标"。在他看来，"旧式的文本阐释"只是一种"说明"，仅仅回答"是什么？"的问题，而"趋于深度的批评"则是一种"解释"，它回答"为什么？"的问题，从而理应以"解释"取代"说明"。这就扩大了文学批评的范围，从单纯的"方法"研究走向对终极目标、根本问题的探索，不再拘泥于对作品形式的研究，而是进一步关注其意义。① 伊格尔顿对于海德格尔、伽达默尔有过深入研究，并对现代阐释学在方法论上的生产性和创造性予以充分认可，但也对现代阐释学在对文本的无意识所显示的种种"症候"进行问诊把脉、从而揭晓其深层意义方面存在的欠缺感到不足，认为这种"传统阐释学""阐明性的批评"其生产性、创造性较之"症候解读"略逊一筹。不言而喻，在其褒贬扬抑之间，马舍雷的影响乃是有迹可循。

二是文学批评观念的转折。在伊格尔顿对马舍雷"文学生产理论"的述评中可以提取几个关键词："文学""批评""批评家""生产"，它们关乎"批评的功能""批评家的任务"等文学批评的大关节目。已如上述，马舍雷揭示了文学作品在无意识的支配下表现出沉默、空白、缺失等各种"症候"存在的必然性，指出文学作品从来就是"离心"的，"不完整""不集中""不一致"的，从而打破了长期以来似乎是先验设定、不证自明的"完整性"和"一致性"。伊格尔顿为之惊叹："马舍雷强调文本建构的非统一，我记得我对此大为震撼……在我看来，从亚里士多德到 I. A. 瑞恰慈，统一都是至关重要的先决条件。可见作品统一的定论是多么的日久年深、不容异议啊，这太惊人了！"②

① Macherey, Pierre, *A Theory of Literary Production*, London and Boston: Routledge & Kegan Paul, 1978, p. 75.
② ［英］特里·伊格尔顿、［英］马修·博蒙特：《批评家的任务：与特里·伊格尔顿的对话》，王杰等译，北京大学出版社 2014 年版，第 115 页。

如果将马舍雷对于总体性、完整性的拒斥放到文学批评中来考量的话，则能充分显示 "文学生产理论" 的革命性和颠覆性，直至晚近，伊格尔顿仍称赏马舍雷对于文学作品的 "症候解读" 犹如在维护 "总体性" "完整性" 的 "批评的神圣教条下埋下一支雷管"，对于马舍雷的《文学生产理论》阐发文学批评的一系列基本概念加以褒赞，认为 "它的论点具有波澜不惊的颠覆性。这本书是对一些最神圣不可侵犯的文学批评的大规模的进攻"①。

总之，伊格尔顿对于马舍雷及其 "文学生产理论" 的述评，既是一种接受和吸取，又是一种整合和建构，其中始终活跃着的是其本人的文学批评观念。关于这一点，伊格尔顿在《瓦尔特·本雅明或走向革命批评》（1981）中对其本雅明研究的方法曾有所交代："尽管笔者似乎是在 '详尽地阐释' 本雅明的思想，但其实几乎对他的文本不作任何概括或转述。相反，我试图为自己目的而粗暴对待其文本……笔者的话语与本雅明的话语之间并非是一种反思或复制的关系，而更像两种话语叠加而产生出第三种话语。它完全不属于这两种话语中的任何一种。"② 这是一个重要的指点，任何阐释其实都是一种由评说者的话语与评说对象的话语相互叠加而成的 "第三种话语"，在某种程度上都是一种夫子自道，都是借他人之酒杯，浇胸中之块垒。而伊格尔顿对于马舍雷的评说，已然透露了他自己的文学批评观念所发生的微妙变化，这恰恰为伊格尔顿的批评理论化蛹为蝶的新变埋下了伏笔，为其生产性文学批评预设了方向。

第二节　三部批评史的逻辑

伊格尔顿的生产性文学批评的理论主要在文学批评史研究中得到表述。

伊格尔顿在 20 世纪 80 年代初集束式地出版了三部文学批评史的著

---

① ［英］特里·伊格尔顿、［英］马修·博蒙特：《批评家的任务：与特里·伊格尔顿的对话》，王杰等译，北京大学出版社 2014 年版，第 116 页。

② ［英］特里·伊格尔顿：《瓦尔特·本雅明或走向革命批评》，郭国良、陆汉臻译，商务印书馆 2015 年版，序言，Ⅰ。

作，即《瓦尔特·本雅明或走向革命批评》①《文学原理引论》②《批评的功能：从旁观者到后结构主义》③ 这三本书均采用按批评家或批评派排序的写法，分别从不同类型、不同时段、不同国度梳理了 20 世纪西方文学批评史的来龙去脉，将西方文学批评史丰富复杂的多重面貌呈现出来。《本雅明》一书由"瓦尔特·本雅明"和"走向革命批评"两部分组成，史论部分主要在后一部分，关注的对象偏于激进的批评流派和批评家，包括马克思主义批评、本雅明的历史哲学、解构主义的反逻各斯中心主义以及女性主义文学理论，列论了卢卡奇、布洛赫、阿多诺、阿尔都塞、马舍雷、德里达、德·曼、巴赫金、布莱希特、托洛茨基等人。其中占篇幅最多的是本雅明，不过伊格尔顿指出，该书"与其说它是一项真正的本雅明研究，倒不如说它是试图用本雅明来串联不同的话题"④，该书旨在通过这些话题来探讨"走向革命批评"的可能性。

《文学原理引论》（又译为《二十世纪西方文学理论》）是伊格尔顿最重要的文学批评史著作，以浅显易懂的写作方式赢得了广大的读者，在欧美很多大学被用作教科书。该书的主干部分详细介绍了新批评、现象学、阐释学、接受理论、结构主义、符号学、后结构主义、精神分析学等 20 世纪西方重要的批评流派，而其用力之处则已转向解决"什么是文学?""文学批评应如何?"等文学理论的基本问题。

第三本书《批评的功能》则试图运用哈贝马斯的"公共领域"理论来凝聚和整合 18 世纪以来英国的批评机制史，论述了从马修·阿诺德、T. S. 艾略特、F. R. 利维斯到雷蒙·威廉斯等人受制于当时的批评机制而在文学批评观念上产生的歧异和流变，以历史性的反思和批判解构了文学批评"非功利性"（disinterestedness）的意识形态，从而为考察"批评的功能"展现了一种批评机制史的背景，为生产性文学批评

---

① *Water Benjamin, or towards a Revolutionary Criticism*，1981，下文简称《本雅明》。

② *Literary Theory: An Introduction*，1983.

③ *The Function of Criticism: From the Spectator to Post-structuralism*，1984，下文简称《批评的功能》。

④ ［英］特里·伊格尔顿、［英］马修·博蒙特：《批评家的任务：与特里·伊格尔顿的对话》，王杰等译，北京大学出版社 2014 年版，第 156 页。

的建构提供了历史的印证。

关于上述三部文学批评史著作之间的学理脉络，伊格尔顿是有所交代的，由于 20 世纪 80 年代中期欧美社会文学商品化的出现，文学批评失去了实质性的社会功用，批评的作用变得越来越模糊，人们将文学批评视为博取名利的手段，而对其经世致用的作用不予重视。有鉴于此，伊格尔顿力图回到对政治与制度方面的考量，而这一点是在写《本雅明》一书时发现的。而《克拉里莎被强暴》（1982）① 和《文学原理引论》则是在此期间问世的思想成果。值得注意的是，伊格尔顿指出："这几本书之间还有这样一个隐蔽的联系。在论述了文本、观点和人物之后，我更愿意思考一些元问题，批评的性质、批评的原理、批评的状况及它的历史演变。"② 而这一宗旨在《文学原理引论》一书中尤显突出。至于《批评的功能》一书，则是在当时文学商品化的特定环境下对现代批评中一直隐而不彰的 "非功利性" 意识形态所作的反思和批判，而这种征候式观念恰恰是在英国的批评传统中固有的。

总之，对于上述文学批评史的著作的逻辑关系可作如此观：《本雅明》率先发现了 "革命批评" 的取向，形成带有实验性的批评模式，但也流露出脱离学术批评的偏颇；《文学原理引论》显示了向文学批评的性质、原理、状态及历史演变等 "元问题" 回归的自觉性，形成了向学术批评转向的趋势。但也透入了 "革命批评" 的锋芒，这从该书以 "政治批评" 结束的结构安排可以见出，如果像伊格尔顿所企望那样对 "政治批评" 不持偏见的话，不妨说这正显示了向文学批评的常态回归的趋势。第三本书《批评的功能》则是通过揭示整个社会的批评机制对文学批评功能的制约作用，对文学批评的 "非功利性" 意识形态实行了消解，它回顾的是英国 18 世纪以来的批评状况，指向的则是当今文学批评思考的问题。

对于文学批评中 "史" 与 "论" 的关系，伊格尔顿的持论一以贯之，在肯定 "史" 对 "论" 的支撑和印证的前提下，更重视 "论" 对

---

① 按该书是伊格尔顿根据女性主义与解构主义之间的异同探讨当代激进的文化政治问题的著作。

② ［英］特里·伊格尔顿、［英］马修·博蒙特：《批评家的任务：与特里·伊格尔顿的对话》，王杰等译，北京大学出版社 2014 年版，第 180 页。

"史"的规定和主导作用。他认为，文学理论不应像历史上曾经有过的那样，只是面面俱到地介绍各种新式理论，同理，文学批评也不应成为作品文本简单的注解。而其《文学原理引论》的写作就是如此，它往往故意模糊注解与批评这两者的边界，做到了"注解往往包含了批评"①，这就使得该书既具有普及性，又显示了论辩性，论述的语调既是中立的，同时又是有偏向的。有趣的是，伊格尔顿在撰写《本雅明》一书时曾花费了大量的笔墨来介绍本雅明，故此引起了本雅明成为他的"第二自我"的訾议，伊格尔顿断然拒斥了此说："我从未将本雅明视作第二自我。"他还不忘调侃一下，对照本雅明的症状，自谓"我可能忧郁，但没有忧郁症"。②联系前文，应该说，伊格尔顿所赞赏的文学批评，绝不是这种"第二自我"式的简单写照，而是他在《本雅明》中揭橥的"第三种话语"。而在这"第三种话语"中，恰恰潜藏着文学批评促进知识生产、价值增值和意义建构的契机。

第三节 什么是文学？文学批评应如何？

作为显例，伊格尔顿的《文学原理引论》（1983）就是一本注解与批评交融、注解中包含批评的著作，其大关节目是两大问题："什么是文学？""文学批评应如何？"它们构成了该书的"引言"和"结语"，二者首尾呼应，将20世纪西方众多批评流派串联起来。与其说是用这段批评史来佐证和支撑理论，不如说是用自己的观点来穿透和凝聚这段批评史。他在该书的"作者序"中重申了这一主张："鉴于我认为在论述这个课题时，不会有所谓'中立的'、不带价值判断的方式，所以我在特定的'场合'中无不阐明我自己的观点。"③而生产性文学批评的主张就是其中试图阐明的重要观点。本文即以该书为主要考察对象。

---

① ［英］特里·伊格尔顿、［英］马修·博蒙特：《批评家的任务：与特里·伊格尔顿的对话》，王杰等译，北京大学出版社2014年版，第178页。
② ［英］特里·伊格尔顿、［英］马修·博蒙特：《批评家的任务：与特里·伊格尔顿的对话》，王杰等译，北京大学出版社2014年版，第169页。
③ ［英］特里·伊格尔顿：《文学原理引论》，刘峰译，文化艺术出版社1987年版，作者序，第1页。

关于"什么是文学?"的问题,伊格尔顿借用约翰·M. 埃利斯的说法,认为"文学"的概念就像"杂草"一词,关键不在它是什么,来自何处,而在人们如何看待它、评价它。对于庭院主人来说,适合自己的草种就是最好的,其余均为杂草。可见在"什么是杂草?"的问题上并不完全取决于草种自身,而是要看庭院主人的需要。文学亦然,关于"什么是文学?"的答案并不完全取决于文本自身的客观属性,而与人们的需要、兴趣和爱好有关,换言之,一部作品是否属于文学,关键在于人们怎样看待它、怎么评价它。相反地,断言文学作品的价值在其自身,而不顾及人们对它会作何评价,那是不足为训的。在这个意义上可以说,"文学"不是一个本体论概念而是一个功能性概念,伊格尔顿称:"'评价'是一及物动词:它表示任何被某些人、在特定环境中、根据特定标准、按特定的目的来评价的东西。"① 而任何评价都是因人而异、因时而异、因地而异、因事而异的,所以总是显得莫衷一是、变动不居,因而那个被称为"文学"的东西始终是一个极不稳定的事物。

在伊格尔顿看来,价值评定是主观的、个人的、无意识的,但它通往意识形态,它的介入往往使文学披上了一层意识形态色彩。伊格尔顿对于什么是"意识形态"作出了如下解释:

> 我所说的"意识形态",粗略说来,是指我们的说话和信仰与我们所生活的社会的权力结构和权力关系联结的方式……我所说的"意识形态",并不是简单地指人们所具有的根深蒂固的、常常是无意识的信仰,我具体地是指那些与社会权力的维护和再生有着某种联系的感觉、评价、理解和信仰的模式。②

这就是说,这种根深蒂固的、无意识的信仰并不是一种私人的怪癖,而是有着更加深刻的社会历史原因。他以 I. A. 瑞恰兹曾做过一项著名的批评实验为例来说明之:瑞恰兹将隐去篇名和作者的一组诗交给

---

① [英] 特里·伊格尔顿:《文学原理引论》,刘峰译,文化艺术出版社 1987 年版,第14页。

② [英] 特里·伊格尔顿:《文学原理引论》,刘峰译,文化艺术出版社 1987 年版,第18页。

学生评价，结果学生的反应完全出乎意料，享有盛名的诗人恰恰得到差评，而默默无闻的作者反而大获赞赏。瑞恰兹从中得出结论：纯粹的文学批评并不受外部社会因素的影响，而完全听任主观因素支配，因而表现出很大的随意性。这一判断多年来一直成为文学批评的成说而得到沿袭。伊格尔顿对此表示异议，他指出，瑞恰兹忽视了一个重要的事实，即上述众多学生被试做出的反应正说明了"一种无意识评价的共同性竟强烈地支配着这些具体的意见分歧"，原因在于所有参加这个实验的学生被试基本是 20 世纪 20 年代在私立学校受教育的年轻人，属于白色皮肤的上层或中上层阶层的英国公民。他们对诗作的反应主要不是取决于"纯文学"的因素，而是受制于更为根深蒂固的偏见和信仰。因此可以说，"价值评定的局部的'主观'差异是在一种特殊的、受社会制约的观察世界的方式中产生的"①。这就是说，读者通常对于文学作品的看法和评价往往摆脱不了意识形态的纠缠。

进而言之，对于"什么是文学?"的理解还要防止从一个极端滑向另一个极端，如果说把文学看作一种纯客观的、不带任何主观因素的文本形式是偏颇的话，那么，说文学就是人们异想天开地随意指认的东西，那也是片面的。因为对于文学的价值评定根植于信仰的深层结构之中，这显然也是不可动摇的。由此伊格尔顿对文学给出了如下定义：

> 文学……得以形成的价值评定因历史的变化而变化，而且，这些价值评定本身与社会意识形态有着紧密的联系。它们最终不仅指个人爱好，还指某些社会阶层得以对他人行使或维持权力的种种主张。②

总之，在关于"什么是文学?"的判断中，总是不可避免地夹杂着主观因素，介入了价值评定的作用，但这种价值评定又不是个人可以任意作出的，它最终还是受到一定社会阶层社会和权力关系的制约。以上

---

① ［英］特里·伊格尔顿：《文学原理引论》，刘峰译，文化艺术出版社 1987 年版，第 19 页。

② ［英］特里·伊格尔顿：《文学原理引论》，刘峰译，文化艺术出版社 1987 年版，第 19—20 页。

诸多因素的叠加和互动为"什么是文学?"的问题提供了多种阐释的空间,使得知识增长、价值增值和意义生产成为可能。

当这一理解进入评说具体作品的实际操作过程时,那就进入了文学批评的领域。这就是伊格尔顿所思考的"文学批评应如何?"的问题。

伊格尔顿认为,文学理论从一开始就是一个政治问题,现代文学理论的历史本来就是这个时代的政治和意识形态的历史的一部分。但他并无意去拔高"政治"概念,而是恰恰相反,倒是刻意强调"政治"的日常性和普遍性:"我所说的政治无非是指我们组织社会生活的方式,以及它所包括的力量对比关系。"[1] 在另一处他还作出进一步的解释:"人们往往把'政治的'一词用于政见与自己不一致的批评,这里讲的不是这个意思。"[2] 就是说,他所说的"政治"并不是指那种关乎政见或党争的重大事件,毋宁说它只是通常到处存在的重要的事。它关联着个人与社会的关系、权力与性的问题、对以往历史的解释、对当前的看法以及对未来的希望等理解、情感和信念。既然如此,那么在这个意义上将文学批评视为"政治的",就没有什么与众不同之处,它与日常生活中其他值得关心的事项在本质上是相通的。

正是在这个意义上,伊格尔顿充分肯定文学批评的政治性,甚至不惜用最高级、全覆盖的修饰词来描述文学批评的政治内涵:"一切批评在某种意义上都是政治的。"[3] 在他看来,在学术研究中,人们也总是选择自己觉得重要的事,而他对其重要性的评价则是由深深植根于社会生活实际形式中的利益结构的。因此,文学理论一直是同政治信仰与意识形态价值密切联结在一起的,文学理论与其说是一种知识探索的对象,不如说是观察历史的一种特殊看法。由此看来,那种"纯"文学理论不过是学术上的神话,在它们回避社会历史的企图中再清楚不过地表明了它们是政治和意识形态的东西。只要稍加思索就可以看出,"这

---

① [英] 特里·伊格尔顿:《文学原理引论》,刘峰译,文化艺术出版社 1987 年版,第228 页。

② [英] 特里·伊格尔顿:《文学原理引论》,刘峰译,文化艺术出版社 1987 年版,第247 页。

③ [英] 特里·伊格尔顿:《文学原理引论》,刘峰译,文化艺术出版社 1987 年版,第247 页。

一切不但相互联结，而且是为了加强特定的人们在特定时间里的特定利益的"①。

不过对于文学批评而言，还不能仅仅停留在研究对象和研究方法上，还要更进一步，文学批评不同于其他种类的学术话语，它既不是本体论的，也不是方法论的，而是策略性的。这就要求文学批评不是先问对象是什么或我们如何探讨它，而是首先要问我们为什么要研究它。也就是说，不是从某些理论和方法论开始，而是从我们想要做的事开始，然后发现哪些理论和方法最能帮助我们实现这些目标。如果说有一种理论比其他理论更能解决问题的话，那么一定是它在具体操作时带有明确的价值标准、信念和目标，从而提出实现这些目标的不同战略。因此理论和方法不会只有一种战略用途，而是可以调动不同的战略达到不同的目标。伊格尔顿为文学研究制定了最终的战略目标，那就是"实现人类解放"，在他看来，只要是有助于达到这一战略目标，促使整个社会造就"更好的人"，那么任何理论和方法都是可以接受的，"结构主义、符号学、精神分析、分解论、接受理论，等等，所有这些以及其他研究方法，都有可资使用的价值的见解"②。

因此伊格尔顿对于文学批评的"战略用途"和"功能目标"抱有充分的期待："我说'目标'时用的是这个词的复数形式，因为不能认为这种批评形式只有一个目标。有待实现的目标很多，实现的方法也很多。"③ 这种"复数形式"的"战略用途"和"功能目标"，不就是文学批评在知识增长、价值增值、思想提升等方面所发挥的强大生产性吗？伊格尔顿在《文学原理引论》结尾之处对于当时已经显山露水的文化研究、女性主义、文化产业、工人阶级创作运动等四个重大问题作出了初步的思考，作出了对于文学研究未来发展趋势的预测，三十余年过去，星星点点的闪光已经蔚成光影璀璨的洋洋大观，今天可以认定，

---

① ［英］特里·伊格尔顿：《文学原理引论》，刘峰译，文化艺术出版社 1987 年版，第229 页。

② ［英］特里·伊格尔顿：《文学原理引论》，刘峰译，文化艺术出版社 1987 年版，第246、247 页。

③ ［英］特里·伊格尔顿：《文学原理引论》，刘峰译，文化艺术出版社 1987 年版，第248 页。

这完全是得力于文学批评的生产性的强力助推。

第四节　从阐释学到精神分析学

在《文学原理引论》中，有两章特别重要，它们集中了伊格尔顿对于文学批评的生产性的思考。一是第二章 "现象学、阐释学、接受美学"，该章对于这三种具有传承关系的德国理论分别进行了梳理和厘定，凸显了它们将学术关注投向文学活动流程的后端这一共性，在揭晓文学批评的生产性方面具有必然性。尤其是伽达默尔，他所提出的 "前理解" "视界融合" "效果历史" "阐释循环" 等基本概念包含了丰富的生产性文学批评的元素，而其中的若干闪光点，恰恰被伊格尔顿所捕获。

伽达默尔受到马克思 "艺术生产" 论的影响，在《真理与方法》等著作中使用了 "艺术生产" 的概念，还讨论了与艺术相关的 "生产" "生产性" "再生产" "生产关系" 等问题。例如他在讨论 "阐释循环" 概念时，指出该概念的关键在于阐释者与传统之间互动互补所构成的共同性，"这种共同性并不只是我们已经总是有的前提条件，而是我们自己把它生产出来，因为我们理解、参与流传物进程，并因而继续规定流传物进程。所以，理解的循环一般不是一种 '方法论的' 循环，而是描述了一种理解中的本体论的结构要素。"[1] 对于马克思 "艺术生产" 论的传承，为伽达默尔的阐释学理论增添了生产性文学批评的成色。

从以上论述也可见，伽达默尔非常关心这一问题：对于文学作品意义的把握，到底是取客观理解的立场呢，还是取主观阐释的立场呢？这一根本性的诘问中包含了若干与文学有关的问题：一部文学文本的意义是什么？作者原本的意图与这意义是何关系？读者能够理解那些在时空方面与自己十分遥远的文本吗？在伽达默尔看来，一部文学作品的意义是作者永远无法穷尽的，当这部作品从一种文化历史背景转向另一种文化历史背景时，人们总是可以从中采集到一些新的意义，而这些意义却

---

① ［德］汉斯－格奥尔格·伽达默尔：《真理与方法：哲学诠释学的基本特征》（上卷），洪汉鼎译，上海译文出版社 1999 年出版，第 376 页。

是作者始料不及、读者意料之外的。但这种不稳定性、不一致性恰恰是阐释的普遍现象，其原因在于，对于作品的阐释总是与阐释者所处的具体境况相联系，总是受到特定的文化历史背景制约的，正如伽达默尔所说："理性不是它自己的主人，而总是经常地依赖于它所活动的被给予的环境。"① 这种具体环境和文化历史背景的变动不居决定了阐释的不稳定性和不一致性。

伊格尔顿对此持认同态度。他指出，以往有一种流行的观点，认为读者在阅读文本时犹如纯洁无瑕的处子、超凡脱俗的人物，他们与置身其中的社会毫不相干，就像一张白纸，阅读时只需将文本上的文字搬移到这张白纸上去就行了。这种观点在今天看来已经没人理睬了，如今人们大都确认，阅读并非思虑无邪，读者总是带有先入之见。尽管如此，但却很少有人能够深入一步寻思这种先入之见究竟意味着什么？伊格尔顿对此发表了自己的见解，并将这一问题提高到他撰写《文学原理引论》的主旨的高度来加以肯定："本书的主题之一就是不存在纯'文学的'反应……这些反应（按指先入之见）都深深体现了我们是哪一种社会的个人、历史的个人。"② 相应地，其中有多少社会的、历史的个人就有多少取向各异的文学读法。此其一。

其二，在伽达默尔看来，对任何作品意义的阐释都是"视界融合"的过程，即阐释者的现在视界与作品内在的过去视界的交融，两者相互限定并相互彰明，最终都突破了原有的水平而达到了新的水平。如果没有过去，现在的视界便无由产生；正如没有现在，过去的视界也只能永远封存在历史的迷雾之中。因此伽达默尔说："旧的东西和新的东西在这里总是不断地结合成某种更富有生气的有效的东西。"③ 正是通过这种交融，我们进入了一个人为创造的新世界，同时也将这一新的世界纳入我们自己的世界，从而更加深刻透彻地理解了自己。在这个意义上

---

① ［德］汉斯－格奥尔格·伽达默尔：《真理与方法：哲学诠释学的基本特征》（上卷），洪汉鼎译，上海译文出版社 1999 年出版，第 354 页。

② ［英］特里·伊格尔顿：《文学原理引论》，刘峰译，文化艺术出版社 1987 年版，第 108 页。

③ ［德］汉斯－格奥尔格·伽达默尔：《真理与方法：哲学诠释学的基本特征》（上卷），洪汉鼎译，上海译文出版社 1999 年出版，第 393 页。

说，这场精神跋涉与其说是 "离家"，毋宁说是 "回家"。

伊格尔顿所见略同，他提出了 "两枚钉子" 的说法，认为文学作品的意义并不像有人设想的那样可以一钉子钉死，即把作者的原意当作唯一的缘由予以确认。其实决定作品意义的还有另一枚钉子，那就是读者对于作品意义的阐释，它诉诸读者共同的阐释能力。[①] 而这里所说的读者则是训练有素、消息灵通、熟悉业务的专业人员，从而保证其阐释能够在相互沟通的范围内展开。这一群体包括出版商、文学编辑、评论家以及学术界的从业人士，他们在 "两枚钉子" 形成的张力中进行的意义阐释均可归入文学批评的范畴。

其三，在讨论 "视界融合" 的形成过程时，伽达默尔进一步提出了阐释的 "有效性" 问题，因为对于主动介入 "视界融合" 的现在视界来说，其自身的合法性也是值得追究的，尤其是其夹带的先入之见的合法性是值得拷问的，因为所谓先入之见是正负两可的，有着合理与不合理之分。伽达默尔将 "传统" 奉为统一的衡量标准，在他看来，"传统" 的有效性是不需要证明的，"传统" 的权威性是自然而然的，虽说 "传统" 是不证自明的，但它却理所当然地制约着我们。"传统" 在历史发展过程中始终是一股活跃的力量，往往表现为一种 "链式结构" 和 "发展模式"。因此我们应有的态度不是远离和摆脱传统，而是介入和亲近传统，因为我们自身本来就处于传统之中，传统所赐予的并非异己的东西，它就是自己的东西。与自然科学不同，在精神科学中我们始终感到自己是在与传统进行着攀谈，所以我们取得的成就永远不会陈旧。"其实，在精神科学里，致力于研究传统的兴趣被当代及其兴趣以一种特别的方式激发起来。……因此历史的研究被带到了生命自身所处的历史运动里"。[②] 总之，所有 "有效的" 的文本都属于这个传统，而背离传统的文本，则是失效的。

伽达默尔对于传统的致敬也激起了伊格尔顿的强烈同感。他指出，阐释学有一个明显的倾向，它往往侧重于传统的作品，它所提出的理论

---

① ［英］特里·伊格尔顿：《文学原理引论》，刘峰译，文化艺术出版社1987年版，第107页。

② ［德］汉斯－格奥尔格·伽达默尔：《真理与方法：哲学诠释学的基本特征》（上卷），洪汉鼎译，上海译文出版社1999年出版，第365页。

问题也往往是从传统的作品出发的，但这并不是偶然的，因为阐释学最早是从《圣经》研究起步的，因此更多诉诸传统作品不足为怪，这就使得这种批评模式的主要功能在于阐释经典作品，如果用以阐释流行的畅销小说，那倒是难以想象的。与致敬传统相随而行的另一个追求是，阐释学往往将文学作品设想为一个有机的统一体，它总是力图将文本的每一个部分组成一个整体，部分与整体的辩证法构成了所谓"阐释循环"：读者总是从对作品既定的整体把握出发去阐释其中的局部细节，再反过来用这些局部阐释来印证对整个作品的理解，结论借助前提得出，而结论本身又构成了前提的前提，二者互为因果，互相说明，从而达到对整个作品的把握。伊格尔顿认为，阐释学并不在乎文学作品普遍存在的冗长、零散和自相矛盾之类毛病，它更多在意的是对作品的整体把握。值得注意的是，他在注解中说明，这一观点的提出，参照了马舍雷《文学生产理论》特别是该书第一章"批评与判断"。①

从以上诸多方面看，伊格尔顿往往将伽达默尔阐释学理论引为同道，进而从生产性文学批评的角度对其进行理解和解读，指出阐释具有重构问题的能力，而作品本身就是对于这些被重构的问题的回答，"因为作品也是与它所处的历史的一次对话，一切理解都是生产性的：它总是'作另外一种理解'，意识到文本中新的可能性，使文本有所不同。"② 在这里伊格尔顿醒目地提出了文学批评的"生产性"的概念。

《文学原理引论》中另一重要的章节是第五章"精神分析学"，它在理论上呈现为一种奇特的对应性，就像潜意识成为潜藏着人的精神生活内容的冰山的巨大底座一样，精神分析批评也可谓蕴含着生产性问题的富矿，伊格尔顿在其中有着诸多重要的发现。首先，他发现了一个可以叫作"亚文本"的东西，它是一种潜藏在作品之中的文本，但它只有在作品的意义含糊、闪烁其词或语焉不详之处见出，正是它构成了作品的"症候"。它的奇妙之处在于，即使作者不把它写进作品，读者也能够把它写出来；尽管它不见形迹，不着一字，但所有文学作品都包含

---

① ［英］特里·伊格尔顿：《文学原理引论》，刘峰译，文化艺术出版社1987年版，第90页注①。
② ［英］特里·伊格尔顿：《文学原理引论》，刘峰译，文化艺术出版社1987年版，第87页。

一种或多种这样的"亚文本";虽然它没有被清楚说出,但它与那些讲清楚的东西同样重要,甚至有可能提供作品的核心意义。总之,将"亚文本"视为作品本身的"无意识"是有一定道理的,通过它,精神分析批评的作用远远不止于寻求男女生殖器的象征,"它能告诉我们文学作品的内容实际上是如何组织结构而成的,并揭示这种结构的一定意义"。①

其次,伊格尔顿认为,精神分析批评的研究对象大致分为四类:作品的作者、作品的内容、作品的形式结构、读者。弗洛伊德本人对文学艺术的零星涉足主要属于前两种类型,而这两种类型恰恰是最局限也最成问题的,但"作为艺术品本身的'物质性',其特殊的形式结构,往往是被忽略了"②。形式结构理应成为精神分析批评的重要组成部分,梦的功能就是将无意识的愿望,睡眠中的肉体刺激以及日常经验中获得的意象等原料通过压缩、移置、简化等形式加工成可以回忆和描述的梦境,从而将"亚文本"从"潜在的内容"转化为"明显的内容"。伊格尔顿将这一过程被称作"二次修正"。就"二次修正"通过无意识的表达、再造、改编、描述等工作把梦系统化,将混乱无序的成分重新整理成相对协调一致的故事而言,无疑具有创作、创造或生产的性质。这不仅与文学创作接近,而且与文学理论相似,伊格尔顿指出:"到目前为止我们在本书中考察过的文学理论,大多数可以看作是对文学作品'二次修正'的一种形式。"③文学理论对于"和谐""一致""深层结构"或"实质意义"的执着追求,通过对作品填补其缺陷,粉饰其矛盾,归化其殊异,调谐其冲突而达到这一目标,这恰与"二次修正"有着异曲同工之妙。譬如对于 T. S. 艾略特的长诗《荒原》的评论,将诗中支离破碎的材料改造成协调一致的故事,将诗中形形色色的人物归结为单一的自我,显然经过了类似"二次修正"的加工改造。

再次,历来文学理论的主流意见将文学作品分为"反映"论与

---

① [英] 特里·伊格尔顿:《文学原理引论》,刘峰译,文化艺术出版社 1987 年版,第210页。

② [英] 特里·伊格尔顿:《文学原理引论》,刘峰译,文化艺术出版社 1987 年版,第210页。

③ [英] 特里·伊格尔顿:《文学原理引论》,刘峰译,文化艺术出版社 1987 年版,第212页。

"表现"论两派，前者如镜，旨在反映现实；后者如灯，旨在表现自我，这一区分几成定论。而精神分析批评的异军突起打破了这一陈旧的格局，这让人耳目为之一新，转而用"第三只眼"来看待文学作品。在伊格尔顿看来，精神分析批评不是将文学作品视为一种"反映"，而是看作一种"生产形式"。与梦的生产过程一样，文学创作也是选择一定的原料，包括语言、其他文学作品和观察世界的方法，用一定的技巧将这些原料改造成一部作品，而实现这种生产的那些技巧也就是被称作"文学形式"的各种手法。进而言之，同样与梦的生产过程一样，"在原料加工的过程中，文学作品往往会使这些材料服从于它二次修正的形式"。① 这一揭示，不仅是对于文学创作的重新界定，更是对于文学本质的界定形成了新的角度、增添了重要的内涵。

最后，伊格尔顿还根据"二次修正"的机制将精神分析批评与伽达默尔的现代阐释学相对照，认为精神分析批评属于"持怀疑态度的阐释学"，它所关心的不仅仅是无意识中的"亚文本"，而是要揭示这种"亚文本"赖以产生的过程，为此它将注意力集中于文本中显示"征候性"的方面，从其中歪曲、含混、阙如、省略等方面寻求可以通向"潜在内容"并发掘这种"潜在内容"的幽径。就像在 D. H. 劳伦斯小说的评论中所见到的那样，通过关注文本中那些似乎是回避与矛盾，那些感情强烈的地方没有说出来的话、重复过多的话以及语言的重叠与转义，来着手探索"二次修正"的层次，以揭扬作品既隐又显、处于无意识层面的"亚文本"的某些内容。换言之，"文学批评不仅可以注意作品本身讲的什么，还可以注意作品是如何运转的"，从而显示了文学批评强大的生产性。伊格尔顿对这种"持怀疑态度的阐释学"给予了充分肯定，将其称为"特别有价值的方式"。② 由此可见，伊格尔顿对于现代阐释学与精神分析批评的看法还是有高下之分的，在他看来，二者说到底都是阐释，但现代阐释学是常态的、表浅的、外显的、单层面的，精神分析批评则是超常态的、深度的、潜隐的、多层面的。

---

① ［英］特里·伊格尔顿：《文学原理引论》，刘峰译，文化艺术出版社 1987 年版，第213 页。

② ［英］特里·伊格尔顿：《文学原理引论》，刘峰译，文化艺术出版社 1987 年版，第213 页。

总的说来，伊格尔顿在方法论上更多垂青于精神分析批评，既肯定阐释学，又超越了阐释学。还需要补充一句的是，此处伊格尔顿再次以注解的方式提到了马舍雷及其《文学生产理论》："以马克思主义的观点用弗洛伊德有关梦的理论来解释文学作品，可参阅皮埃尔·马舍雷的《文学生产理论》"，① 可见他对于精神分析批评所具有的生产性功能的论述与马舍雷的"文学生产理论"存在着非常密切的渊源关系。

第五节　伊格尔顿的与众不同之处

伊格尔顿对于生产性文学批评的了解和接受最早来自马舍雷的"文学生产理论"，而后者则是以马克思主义的观点和弗洛伊德的精神分析学来解释文学作品的一个样本，因此伊格尔顿的生产性文学批评理论既与精神分析批评结有不解之缘，又与马克思主义文学批评保持着天然联系，这就使之具有很强的政治性和意识形态性，但这种强烈的倾向性又往往表现为一种"政治无意识"。正是在这一思想背景之上，伊格尔顿将"艺术生产"界定为在精神领域内文学批评所进行的知识生产、意义生产和价值生产。这一点使得他的生产性文学批评理论有着种种与众不同之处。

伊格尔顿曾用最高级的修饰词来描述文学批评与政治及意识形态的关系，他也自认为其文学批评属于"左派批评"，② 从而留给世人的是一种政治激进派的印象。他并不乐意承当这一角色定位，经常做一些解释和申辩的工作，力图对这种高调的形象进行降温和退火。他声称，他所说的"政治"并非政见和党争之类东西，只不过是与人们的实际利益相关的重要事项而已，与其他日常事务并无二致。关于"意识形态"概念，他也在一般意义上作了世俗化和日常化的重新界定，认为它是出于人的亲身体验的、根深蒂固但往往是无意识的信念和实践的系统，"从这种意义上说，意识形态可以包括去教堂、投选票、让女人先进门

---

① ［英］特里·伊格尔顿：《文学原理引论》，刘峰译，文化艺术出版社1987年版，第213页注①。
② ［英］特里·伊格尔顿、［英］马修·博蒙特：《批评家的任务：与特里·伊格尔顿的对话》，王杰等译，北京大学出版社2014年版，第182页。

等等行为；它不仅可以包含我对君主政治深挚的忠诚这类意识的偏好，还可以包含我衣着的方式、开什么汽车、我对别人及我自己产生的无意识的深层的意象"①。这已与一般理论所理解和阐释的"意识形态"概念相去甚远，而接近他后来所倡言的"文化政治"了。

在伊格尔顿的论述中，举凡"政治""意识形态"的概念总是与无意识缠绕在一起的，在他看来，这是"政治"和"意识形态"在文学艺术和审美活动中存身的常态，它们在无意识层面经过"压抑/升华"这一过程转化为"政治无意识"乃是必由之路，文学批评只有顺应这一规律才是值得肯定的："对于文学理论，不应因其具有政治性而横加责备，但它们隐蔽地或无意识地具有政治性。"他只是在这个意义上断言："我们所研究的文学理论是政治性的。"② 但是在实际操作中，也不乏那种罔顾政治观点的隐蔽性、摈弃无意识的升华力量而直奔主题的情况，这是不可取的，说它不可取倒不是因为这种文学理论的政治性，而是因为它以政治信念取代审美特征、以政治主张压倒艺术规律的弊端，这恰恰是做了与表达政治信念、寄寓政治主张背道而驰的事。因此伊格尔顿指出，从"政治无意识"的意义上说，文学理论与政治有一种非常特殊的关系，文学理论总是"有意无意"地支持政治并加强其种种理论主张。③ 所谓"有意无意"，这也是文学批评支持并加强政治的特有规律和特殊方式。

进而言之，在伊格尔顿的心目中，文学研究中的"政治"并非狭隘的、抽象的、单向度的，而应是宽松的、具体的、多向度的，是通往更加广阔的思想领域、具有丰富的思想内涵的。就《文学原理引论》一书而言，它列论了 20 世纪西方文学理论史上众多学派和思潮，提供了林林总总有价值的概念，为文学研究的丰富性、多元性和复杂性奠定了一个好的开端：

---

① ［英］特里·伊格尔顿：《文学原理引论》，刘峰译，文化艺术出版社 1987 年版，第 203 页。

② ［英］特里·伊格尔顿：《文学原理引论》，刘峰译，文化艺术出版社 1987 年版，第 229 页。

③ ［英］特里·伊格尔顿：《文学原理引论》，刘峰译，文化艺术出版社 1987 年版，第 230 页。

修辞学，或话语理论，同形式主义、结构主义和符号学一样，都对语言形式的技巧抱有兴趣，它也像理论一样关心这些方法在"消费"时如何实际生效；它特别注意把话语看作权力与欲望的形式，这可以从分解论和精神分析理论中学到许多东西，它相信话语对人可以起到改造作用，这又与自由人道主义很接近。①

不言而喻，对于以上众多有价值的概念的吸取，将大大丰富文学批评的理论和实践，恰恰构成了促进知识增长、价值增值和意义生产的一个重要条件。

但是，文学批评进入更加广阔的思想领域，吸纳更多其他专业范围内形成的新方法新理论并不意味着它可以放弃美学的、艺术的追求。伊格尔顿在撰写《本雅明》一书时曾尝试从修辞学出发为文学批评提供一种可能的范式，然后在《文学原理引论》中再次做出尝试，引起了强烈的反响。然而让他感到十分痛心的是，眼下文学的商品化泛滥成灾，人们已搁置了修辞的功能，抛弃了细读的习惯，这就使得当代批评遭遇危机，批评家陷入困境。值此境况，伊格尔顿更加强烈地感觉到文学批评必须回到美学的、艺术的本根，将其他专业范围内形成的新方法新理论与美学的、艺术的追求结合起来。他重提修辞在文学批评中的重要作用，认为修辞作为文学批评的内在肌质，小而言之是一种转义和比喻的手法，大而言之则是对于批评的公共性的彰显，他说："在我看来，批评最大的成就感是当这两方面聚合在一起时使读者享受到的那种醍醐灌顶的畅快感。"②

如果说以上各个方面都做得很好了，批评家也不能一味坐而论道、纸上谈兵，而必须通过具体实践推动生产性文学批评的发展。伊格尔顿自1981年撰写《本雅明》一书以来，一直在思考马克思主义批评如何参与到大众的文化解放的事业中去的问题。他引述葛兰西的观点，指出"马克思主义批评"主要不是指文学文本的阐述，而是指

---

① ［英］特里·伊格尔顿：《文学原理引论》，刘峰译，文化艺术出版社1987年版，第241页。

② ［英］特里·伊格尔顿、［英］马修·博蒙特：《批评家的任务：与特里·伊格尔顿的对话》，王杰等译，北京大学出版社2014年版，第165页。

群众的文化解放。① 他还对达成这一目标的具体措施和方案提出构想，包括"作家创作室、艺术家工作室和大众剧院的组织；文化和教育设施的改造；公众设计和建筑的事务；对日常生活（从公众话语到家庭'消费'）的质量的关注"②。到了《文学原理引论》，则进一步将这一构想纳入了代表文学研究未来发展的重大问题之一——工人阶级创作运动的范畴。③ 一直到今天，伊格尔顿仍坚持既有的观点，将推进大众的文化解放事业视为批评家的根本任务，但知易行难，必须重视具体实践更胜于理论阐述："我想我们需要牢记我们的这个任务，以防止以为社会主义批评家的任务只是写写有关亨利·詹姆斯的马克思主义评论而已。"④ 这段话对于生产性文学批评来说不啻是一个重要的提醒。

最后，对于伊格尔顿在探讨生产性文学批评过程中存在的不足也必须略说几句，问题集中在弗洛伊德的精神分析学。弗洛伊德的精神分析学打开了人类精神世界的另一扇门，让人们窥见了潜意识或无意识这一无比奥妙、无比深邃的幽境，这是它不可否认的理论贡献，特别是它为文学批评提供了"亚文本""二次修正""生产形式"等便于操作的理论和方法值得肯定。但如果说人的意识是常态的话，那么潜意识或无意识则是非常态或超常态的，它处于混沌未凿、朦胧未明的状态，有待于科学研究作进一步的界定和厘清，其中需要探索和揭示的东西多多，可见它尚不足以成为一种成熟完备的社会科学方法论。因此，可以赞赏此说给人们提供了观察世界特别是观察人的精神世界多了一个角度、一条路径，但不可以据此排斥和贬低观察客观世界和人类精神世界的其他角度和路径，更不可以将其视为至上的和独大的思想方法。不妨说，这是每一种试图涉足于精神分析学的理论共同面临的科学性危机。特别是将其与马克思主义的观点相联结时多有不相兼容之处，需要特别小心。对

① ［英］特里·伊格尔顿：《瓦尔特·本雅明或走向革命批评》，郭国良、陆汉臻译，商务印书馆2015年版，第124页。
② ［英］特里·伊格尔顿：《瓦尔特·本雅明或走向革命批评》，郭国良、陆汉臻译，商务印书馆2015年版，第128页。
③ ［英］特里·伊格尔顿：《文学原理引论》，刘峰译，文化艺术出版社1987年版，第252页。
④ ［英］特里·伊格尔顿、［英］马修·博蒙特：《批评家的任务：与特里·伊格尔顿的对话》，王杰等译，北京大学出版社2014年版，第289页。

于这一点，其实伊格尔顿自己也是清楚的。在弗洛伊德看来，正是依靠无意识的升华力量，文明才得以产生，而文化历史就是这样创造出来的。如果说马克思是从社会关系、社会各阶级及政治形式诸方面来着手解决这一问题的话，那么，弗洛伊德则是从无意识的精神机制方面对此作出解释。伊格尔顿从中看出了破绽，指出了弗洛伊德的理论的悖谬或矛盾在于，"它认为我们之所以变成现在的样子，只是由于对已经构成我们身体的那些因素的强有力的抑制所发生的作用。这一点当然我们并没有意识到，……我们确实无法借助定义意识到这一事实"。① 因此有必要对弗洛伊德精神分析学在推进生产性文学批评的方面所起的作用形成更加准确和全面的把握。

---

① ［英］特里·伊格尔顿：《文学原理引论》，刘峰译，文化艺术出版社 1987 年版，第180 页。

第 三 编

生产性文学批评的理论内涵

第 十 章

文学研究/文化研究：生产性文学批评的学科性质

在概述世纪之交欧美文学理论的现状时，有文论史家作出这样的判断："倘若文学经典的现状受到质疑，倘若文学、艺术和一般文本证据已经形成的完整性被内在矛盾、边缘性和不确定性等观念驱逐，倘若客观事实被叙事结构的观念取代，倘若阅读主体规范的统一性遭到怀疑，那就必然是，很可能根本与文学无关的'理论'在捣乱。"① 如果就文学批评和文本解读而言，亦应作如是观。以上概述也综合了乔纳森·卡勒的意见在内，可以认为这也是卡勒的观点。

第一节 "理论"的解释性

"理论"如今已是学界毫不感到陌生的概念了，乔纳森·卡勒曾在《文学理论入门》这一教材以及多种著述、演讲中作过充分的定义和阐释，不拟赘述。"理论"这一概念曾引起学界浓厚兴趣的是活动性、实践性、参与性、实效性、跨学科性等，但需要进一步关注的则是其反思性、质疑性、批判性。在卡勒就"理论"概念归纳的四条特性中有关内容就起码占了两条：

1. 理论是跨学科的。它是一种超出原学科的作用的话语。

---

① ［英］拉曼·塞尔登等：《当代文学理论导读》，刘象愚译，北京大学出版社2006年版，第326页。

2. 理论是分析和思辨的话语。它试图揭示所谓性、语言、文字、意义、主体等概念中包含了什么。

3. 理论是对于常识的批判。它对那些被认为理应如此的观念作出批判。

4. 理论具有反思性。它是关于思想的思想，它对于文学和其他话语实践中形成的范畴提出质疑。①

其中第3、4条大致有几层意思：其一，它主要是对文学常识的批判，而不是对生活常识的批判，用卡勒的话来说："理论的主要效果是批评'常识'，即对于意义、写作、文学、经验的常识。"② 它要对那些一直以来认为是理所当然的文学问题提出质疑：意义是什么？作者是什么？你读的是什么？写作的主体、解读的主体、行为的主体是什么？文本和产生文本的环境有什么关系？其二，卡勒认为，"理论"源自结构主义，尤其与福柯、德里达的关系重大，而这两位的突出特点就是对于"性""作品"和"经验"这些常识性观点的批判，这一点恰恰为"理论"所吸收和传承。其三，"理论"既是批判的，又是建构的，它对常识提出批判，同时又探讨可供选择的概念，提供进一步建构的可能性。其四，"理论"带有青年文化的特点，对于旧有成果的批判、对于父辈思想的反叛总是不屈不挠、不甘罢休，这就使之既成为令人惶恐不安的动荡的渊薮，又构成不断除旧布新的未来性的资源。卡勒说："如果承认了理论的重要性就等于做了一个永无止境的承诺，就等于让自己处于一个要不断地了解、学习重要的新东西的状态之下。"③

除此之外，"理论"还有一个重要的内涵，它是解释性的。卡勒在该书一开头就确认："理论这个词在这里是什么意思？……它是一种解释"④，"理论"的反思性、批判性恰恰是通过其解释性而得以实现的："那些著作在语言、思想、历史或文化各方面所做的分析都为文本和文

---

① Jonathan Culley, *Literary Theory: A Very Short Introduction*, Oxford University Press, 1997, p. 15.
② ［美］乔纳森·卡勒：《文学理论入门》，李平译，译林出版社2008年版，第4页。
③ ［美］乔纳森·卡勒：《文学理论入门》，李平译，译林出版社2008年版，第17页。
④ ［美］乔纳森·卡勒：《文学理论入门》，李平译，译林出版社2008年版，第2页。

化问题提供了新的、有说服力的解释。"① 但是在这种意义上的"理论"已经不是一套为文学研究而设的方法，而是一系列没有界限的、评说天下万物的各种著作，从哲学殿堂里学术性最强的问题一直到远离学术性的日常话题，可以说尽收眼底、无所不包。它囊括了人类学、艺术史、电影研究、性研究、语言学、哲学、政治理论、心理分析、科学研究、社会和思想史以及社会学等众多方面的著作。这些著作与上述各领域中争论的问题都有关联，但其提出的观点或论证对那些并不从事该学科研究的人也有启发作用，或者说能够让这些局外人从中获益。总之，"成为'理论'的著作为别人在解释意义、本质、文化、精神的作用，公众经验与个人经验的关系，以及大的历史力量与个人经验的关系时提供借鉴。"② 由此可见，"理论"作为人文学科的一种新文类，具有显著的观念生产、知识增长和学术创新的功效。

那么，在卡勒那里，从"理论"到"解释"③，在逻辑上是如何推演过来的呢？

第二节　文化研究/"理论"

在卡勒那里，与"理论"密切相关的是"文化研究"，他指出，文化研究从 20 世纪 60 年代发端，到 90 年代已经成为人文科学的主要活动，这与"理论"恰恰是同步发展的，几乎是人文科学一根树枝上结出的两个果子，就两者的文化品格、实践意义和跨学科性质而言，已经成为两个可以相互置换的概念。因此卡勒一再强调："文化研究就是，或者可以被视为，我们简称为理论的那些活动的总称。"④

"文化研究"最早是从文学研究中生成，卡勒将文化研究的源头追溯到罗兰·巴特和英国的伯明翰学派，指出他们起初是将文学分析的技

---

① ［美］乔纳森·卡勒：《文学理论入门》，李平译，译林出版社 2008 年版，第 4 页。
② ［美］乔纳森·卡勒：《文学理论入门》，李平译，译林出版社 2008 年版，第 4 页。
③ 由于不同中文译本翻译不统一，本书引文中出现同一概念不同译法的情况，如"解释""阐释""诠释""解读"等，又如"症候""征候"等，本书均一仍其原译文。
④ ［美］乔纳森·卡勒：《什么是文化研究?》，金莉、周铭译，《当代外国文学》2007年第 4 期。

巧运用于一般文化产品和文化现象，将之作为类似文学作品的"文本"来进行解读。然而随后事情恰恰发生了翻转，文化研究作为一个包罗万象、无所不至的研究类型，恰恰涵盖了文学研究，它作为强势的研究方法入主人文科学，动摇了文学研究传统的主导地位并取而代之，以至引起了文学研究被文化研究吞并、文学研究在文化研究的挤压下被边缘化之类的普遍焦虑。

但是卡勒对此却抱有相对乐观的态度："从原则上说，文学和文化研究之间不必一定要存在什么矛盾"①，倒是认为，如果把文学作为某种文化实践加以研究，把文学作品与其他论述联系起来，文学研究也会有所收获。这就有如"理论"兴起之时，提倡将哲学和心理分析文本与文学著作一同解读时曾经饱受指责，被认为它把学生从文学经典中拉走了。但事情并非如此，此举恰恰给传统的文学经典注入了活力，开拓了更多解读文学的方法。譬如莎士比亚的作品，从来没有像今天这样受到过如此之多的关注，人们从任何一个可以想象得出的角度来研究莎士比亚，可以用女权主义的、马克思主义的、心理分析学的、历史的，以及解构主义等各种途径去解读莎士比亚。那么，文化研究是否也会出现同样的情况，把学生从其他作品那里拉走，使之囿于为少数几本文学著作提供新的社会历史语境呢？回答是否定的。在卡勒看来，其实"迄今为止文化研究的发展一直与文学经典作品的扩大相伴"。② 如今教授们文学研究的面很广，包括妇女作品和其他一些历史上曾经有过的边缘群体的作品。这些作品或被增补到传统的文学课程中，或被作为单独传统如"美籍亚裔文学""英语后殖民主义文学"而被确认。它们通常被视为一种文化经验的再现，不仅如此，通过这种开拓性的工作，还将文学通过表述或再现在多大程度上创造了文化这个问题提了出来。

但是不管怎么讲，变化还是明摆的，一个突出的方面就是传统的文学标准受到了严峻的挑战：在评判作品时，是因袭传统，根据作品本身"杰出的文学价值"呢，还是根据它们在文化方面的代表性即如"政治上的公正"呢？卡勒认为，对于上述文学标准问题有三种反应。第一

---

① ［美］乔纳森·卡勒：《文学理论入门》，李平译，译林出版社 2008 年版，第 50 页。
② ［美］乔纳森·卡勒：《文学理论入门》，李平译，译林出版社 2008 年版，第 51 页。

种是，哪些作品应该成为研究对象，从来就不由"杰出的文学价值"来决定；第二种是，杰出的文学价值的标准在实际应用的时候一直受到非文学标准的干扰；最后一种是，杰出的文学价值这个观点本身一直是个值得争议的问题。① 总的来说，三种反应几乎一边倒，没有一种是完全赞同只以"杰出的文学价值"为标准的。

第三节　文化研究/文学研究

当文化研究与文学研究的关系发生主客易位甚至主次颠倒时，研究方法也就不可能不发生变化了，起初当文化研究只是文学研究的一种叛逆形式时，它把文学分析的方法运用到其他文化形式的研究当中，但如果文化研究成了占据主导地位的研究，而文化研究人员也不再来自文学研究人员，那么使用文学分析的方法就变得不那么重要了。到了这一步，由新批评派确立而被后来的文学批评奉为圭臬的"细读"方法虽未被明令禁止，但也不是非照此办理不可的了。长期以来规约文学研究的原则是将每一部作品与众不同的错综性作为关注的焦点，这里卡勒所说的"错综性"是指文学作品的复杂多变和矛盾纠葛的不同凡响，即如那些文学经典的特殊价值："它们的复杂性、它们的美、它们的洞察力、它们的普遍意义，以及它们可能会给读者带来的好处。"② 如今一旦摆脱了这一点，那么文化研究很容易变成一种"非量化的社会学"，它"把作品作为反映作品之外什么东西的实例或者表征来对待，而对作品本身不感兴趣，而且这种研究很容易被任何诱惑摆布"③。其中的诱惑主要来自所谓"整体性"，这就是说，有一种社会整体性存在，如果要分析这些文化形式就必须将它们与派生出它们的社会整体性联系起来，而对于这五花八门、林林总总的文化形式的考察也往往只不过是"就康德称之为'数学的崇高'的无限，不完全的匆匆一瞥而已"④。故

① ［美］乔纳森·卡勒：《文学理论入门》，李平译，译林出版社 2008 年版，第 52 页。
② ［美］乔纳森·卡勒：《文学理论入门》，李平译，译林出版社 2008 年版，第 49 页。
③ ［美］乔纳森·卡勒：《文学理论入门》，李平译，译林出版社 2008 年版，第 53 页。
④ ［美］乔纳森·卡勒：《论解构：结构主义之后的理论与批评》，陆扬译，中国社会科学出版社 1998 年版，第 8 页。

卡勒称之为"非量化的社会学"。尽管学界对之存在异议，但文化研究仍热衷于其中的直接关系，在这种关系中，文化形式往往成为一种基本社会政治结构的表象。

对于这一问题，卡勒以英国开放大学开设的"通俗文化"课程为例说明之，在这门听者甚众的课程中的"电视警察系列剧和法律与秩序"单元，根据不断变化的社会政治形势角度分析了警察系列剧的演变：起初是塑造颇具家长作风的父亲形象；随着60年代初期的经济繁荣，福利社会愈加巩固，阶级问题转化成社会关怀；60年代之后，在英国出现了争夺霸权的危机，针对工会反对势力和某些恐怖势力，那种警方以暴制暴的故事在"闪电行动队"和"专业特警"这类警察系列剧中得到了充分的反映。由此可见，警察系列剧往往如影随形地成为一定社会政治结构的表征或表象。

卡勒认为，以上分析很有趣，而且绝不虚妄，它作为一种研究方法颇具吸引力，显示了从传统的"细读"到社会政治分析转移的动向。"细读"方法总是对作品中每一点叙述结构的元素都保持敏锐的注意，并且着力研究意义的错综性。但社会政治分析则如上例确认一个给定时代的所有连续剧目都具有同样的意义，都是对某种社会结构的演绎和表现。"如果文学研究被归入文化研究，那么这种'表征型解读'就可能会成为规范，而文化对象自身的特性就可能被忽略，同时文学使用的解读实践也会被忽略。"[1] 这一变化恰恰体现了文学研究与文化研究二者之间目的的悬殊：从事文化研究的人常常抱有介入文化、改变现实的冲动，而不是像文学研究那样主要成为一种描述。

总之，如今在文化研究与文学研究的关系问题上充满了异议和争论，二者在学科性质问题上总是莫衷一是，在价值取向和解释路径方面也是各有千秋，那么，对于研究对象是像文学研究那样将其作为错综的结构去解读呢，还是像文化研究那样将其作为社会整体性的表征来解读呢？卡勒对此抱着一种建设性的态度，在他看来，虽然鉴赏性的解读一直与文学研究联系在一起，而表征分析的方法常常与文化研究联系在一起，但这两种方法无疑都是适用的："细读非文学作品并不意味着要对

---

① ［美］乔纳森·卡勒：《文学理论入门》，李平译，译林出版社2008年版，第54页。

它做出美学的评价，而对文学作品提出文化方面的问题也不说明这部作品就只是一份某个阶段的记录文件。"①

第四节　诗学模式/解释学模式

就是在上述文化研究（"理论"）与文学研究既相互排斥又相互激发，既相互分殊又相互合流的复杂关系的大背景下，卡勒提出了文学批评的两种模式问题。他指出，在文学批评中有一个经常被忽视的基本区别，即诗学模式与解释学模式的对比：诗学模式以经过验证的作品意义或效果为起点，研究这种意义或效果是怎样取得的。譬如说，是什么使一段文字在一本小说里看起来具有讽刺意味？是什么使我们对某一个人物产生同情？为什么一首诗的结尾会显得含混不清？而解释学模式则不同，它以文本为基点，研究文本的意义，力图发现新的、更好的解读。追根溯源，解释学模式是从法律和宗教领域中借鉴得来的，在这两个领域中，人们试图对具有典范性的文本加以解读，目的是对如何行动做出决定。而这一点也为解释学模式所承续。尽管在文学批评的实际操作中常常将诗学模式与解释学模式结合起来，但这两者从原则上讲是截然不同的，它们具有不同的出发点、不同的目标，运用不同的方法，也需要不同的例证。

这就牵涉到"文学能力"的问题。在卡勒看来，诗学模式的文学能力集中体现在使文学结构和意义成为可能的程式上，亦即能够使读者识别文类标准或分类原则是什么，怎样识别情节，怎样从文本提供的细节中把人物勾画出来，怎样从文学作品中识别主题，以及怎样对诗歌的故事和意义做出评价。而解释学模式的文学能力则着重体现在寻绎读者在与文本接触时所具有的确切知识：读者按照哪一种过程对文本作出反应，哪一种推断能够解释他们对文本作出解读。对这些对于读者和他们理解文学的方法的关切已经形成了所谓"读者反应批评"的理论，该理论主张文本的意义就在于读者的体验，包括犹疑不定、揣摩猜测和自我修正之类的体验。如果一部文学作品是根据读者理解的一连串行为构

---

① ［美］乔纳森·卡勒：《文学理论入门》，李平译，译林出版社 2008 年版，第 57 页。

思的，那么对这部作品的解释就往往是关于这种理解和行为相互碰撞的过程，其中充满各种起伏，根据各种程式或期待设想出各种联系，它们或被推翻，或得到验证。一言以蔽之，要解释一部作品就等于讲述一个关于解读的故事。

卡勒一再强调，现代批评大多习惯采用解释学模式而不是诗学模式，这也表明了他自己的鲜明倾向，因而他对于解释学模式也更多开掘、更多发明。卡勒借鉴接受美学的概念进一步指出，一个读者关于一部给定作品能够讲出的"解读的故事"是由其"期待视野"决定的，读者对这部作品的理解就是对这种期待视野所提问题的回答。然而能够影响读者的期待视野的因素多多。譬如时代的、地域的、民族的、性别的差异，都可能使得读者对同一部作品的所持有的期待视野截然不同，从而所作的解读也大异其趣。在这个意义上不妨说，在解读方法中对历史和社会变迁的关注凸显了解释是一种社会实践。

这种行动性、实践性的本质使得解释学模式对于一部作品的任何成分，总是追问它的作用是什么以及如何发挥作用，它与其他成分的关系如何，或者说这部作品到底是关于什么的？而"关于什么的？"这种追根究底的态度使之与一般诗学模式区分开来：如果说"《哈姆雷特》是关于一位丹麦王子的故事"，那就是诗学模式；但如果说"《哈姆雷特》是关于伊丽莎白时期社会秩序的崩溃"，或"《哈姆雷特》是关于男人对女人过度性欲的惧怕"，或"《哈姆雷特》是关于符号的不可靠性"等，那就是解释学模式。从解释学的观点看，通常被看作够得上成为"批评流派"或"研究方法"的文学批评，都会对一部作品到底是"关于什么的？"问题作出自己的独特回答，譬如说《哈姆雷特》"是关于阶级斗争的"（马克思主义），"是关于统一经验可能性的"（新批评主义），"是关于恋母情结矛盾冲突的"（心理分析），"是关于遏制颠覆力量的"（新历史主义），"是关于性别关系不对称的"（女权主义），"是关于文本自我解构本质的"（解构主义），"是关于帝国主义的阻碍的"（后殖民主义），"是关于异性恋根源的"（同性恋研究）。[1] 在上述

————————

① ［美］乔纳森·卡勒：《文学理论入门》，李平译，译林出版社 2008 年版，第 67—68 页。

引号中提出的诸多命题无不是人们认为对文化和社会特别重要的东西，它们也包含了对每一个命题的文学功能的解释，虽然不能说这些解释与诗学模式毫无关系，但在后面的括号中注明的，则是当今流行的林林总总的"批评流派"或"研究方法"，它们在解释过程中已经将文本转变成一种目标概念。总之，"我们可以用不同的方式，在不同的层次上把《哈姆雷特》与真实的世界联系起来。文学的虚构性使其语言区别于其他语境中的语言，并且使作品与真实世界的关系成为一个留待解读的问题"①。

然而，以不同的形式、在不同的层次上所得出的上述歧义百出的解释，使得一个根本性的问题凸显出来，任何解释都是有针对性的，它不可能使一部作品承载人们意欲解释的任何意义，那么，最终决定意义的关键是什么呢？卡勒将其归结为四个要素：一是说话人（作者）的意图；二是意义成了语言自身（文本）的产物；三是语境决定意义；四是读者的经验就是文本的意义。总之，在意图、文本、语境、读者这四要素中，究竟哪一个最终决定意义呢？卡勒很明白，这一问题的争论永远都是存在的，是永远没有定论、永远有待解决的，而结论又总是可以改变的。但他还是力图在众说纷纭中表明自己的态度：

> 如果我们一定要一个总的原则或者公式的话，或许可以说，意义是由语境决定的。因为语境包括语言规则、作者和读者的背景，以及任何其他能想象得出的相关的东西。但是，如果我们说意义是由语境限定的，那么我们必须要补充说明一点，即语境是没有限定的……②

进而他将这段话的要义概括为两句口诀：

> 意义由语境限定，但语境没有限定。③

---

① ［美］乔纳森·卡勒：《文学理论入门》，李平译，译林出版社2008年版，第34页。
② ［美］乔纳森·卡勒：《文学理论入门》，李平译，译林出版社2008年版，第70页。
③ ［美］乔纳森·卡勒：《文学理论入门》，李平译，译林出版社2008年版，第71页。

关于该两句诀，卡勒此前另有论述，可以作为参照："解构主义虽然认为意义是在语境中——文本之中或文本之间的一种关系功能——生成的，但却认为语境本身是无限的：永远存在着引进新的语境的可能性，因此我们唯一不能做的事就是设立界限。"①

不难看出，卡勒此处并无对文学作品的意义问题下定论的意思，只不过发表个人见解，一家之言而已，但他提出这一语境化的见解，恰恰抉出了解释学模式的精髓。就前者而言，他确认了文学批评往往从语境出发赋予作品以意义；就后者而言，他肯定了语境变化的无限定、无止境导致了解释学模式作为"非量化的社会学"的整体性、全覆盖特点。

第五节　表征性解释/症候性解释

对于解释学模式，卡勒又进一步进行了区分，将其分为"恢复解释学"（harmeneutics of recovery）与"怀疑解释学"（hermeneutics of suspicion）两种，并指出它们有以下几点区别：首先，恢复解释学力图重新建构产生作品的原始语境，包括作者的处境和意图，以及文本对它最初的读者可能具有的意义；而怀疑解释学则力图揭示文本可能会依赖的、尚未经过验证的假设，包括政治的、性的、哲学的、语言学的假设。其次，恢复解释学力图使当今的读者接触文本的原始信息，在这个过程中评价文本及作者；而怀疑解释学则常常被认为否认文本的权威性。再次，恢复解释法把文本限定在某些与我们所关心的相去甚远的、假设的原始意义上，因而可能会缩小它的力量；而怀疑解释法也有可能从不为作者所知的方面去评价一个文本，所以它可以引导并帮助我们对当代的论题进行再思考，而这种再思考也许作者的原意是相互龃龉的。② 就说《红楼梦》，曹雪芹有言："满纸荒唐言，一把辛酸泪！都云作者痴，谁解其中味？"那么对于后来的"红学家"来说，是致力恢复作者和作品的原意呢，还是旨在引导读者对当代问题进行再思考呢？这无疑是不无理由、均可成立的两种极端选择。这也是施莱尔马赫、狄尔泰的古典阐释

---

① ［美］乔纳森·卡勒：《"过度诠释"一辩》，艾柯等著《诠释与过度诠释》，王宇根译，生活·读书·新知三联书店 2005 年版，第 130 页。

② ［美］乔纳森·卡勒：《文学理论入门》，李平译，译林出版社 2008 年版，第 71 页。

学与海德格尔、伽达默尔的现代阐释学之间各执一端的分歧所在。卡勒对此应是了如指掌，而他对这两端的选择性倾向则是明确无误的。

卡勒1990年在剑桥大学"丹纳讲座"上与艾柯、罗蒂就"诠释与过度诠释"这一论题有过一场争论，卡勒明确倾向于"诠释与过度诠释"。他认为，花费大量笔墨去重复但丁等旧时诗人作家原有的思想是令人难以接受的，对于文学批评的发展也是毫无意义的。那种四平八稳、不温不火的诠释只是表达了一种共识，诠释只有走向极端才有趣。因此批评家"应该尽量多思考一些问题，应该将其思维的触角伸向尽可能远的地方。……它们就更有可能揭示出那些温和而稳健的诠释所无法注意到或无法揭示出来的意义内涵"。他借用别人的话声称："一种批评要么什么也别说，要么必须使作者暴跳如雷。"[1] 他顶着艾柯等人所谓"专业性的有意曲解""对文本进行胡思乱想"之类批评，坚持认为："相反地，我却认为这是我们一直在努力寻求的、探究语言和文学奥秘的最好方法和智慧源泉，我们应该不断地去开发它，而不是去回避它。"[2] 卡勒于2011年应邀来南京大学做学术演讲，其间接受学术访谈，在回答相关问题时重申："我今天仍然认为'过度解读'有必要性"，"我认为，有趣的解读是能够提出一些文本并不鼓励读者去思考的问题，而不是顺着作者的意图去阅读和解释预先设定的问题"。[3]

值得注意的是，卡勒在论述过程中将"怀疑解释学"与"表征性解释"（或曰"象征性解释"）（symptomatic interpretation）联系起来，而将"表征性解释"视为"怀疑解释学"的重要方面。其实在《文学理论入门》一书中，卡勒曾多次使用"表征性解释"这一概念，根据上下文来分析，他往往是将其作为规范、模式和类型来标举的。[4] 那么，"表征性解释"（symptomatic interpretation）的内涵是什么呢？卡勒作了如下界说：

———————————

① ［美］乔纳森·卡勒：《"过度诠释"一辩》，艾柯等著《诠释与过度诠释》，王宇根译，生活·读书·新知三联书店2005年版，第119页。

② ［美］乔纳森·卡勒：《"过度诠释"一辩》，艾柯等著《诠释与过度诠释》，王宇根译，生活·读书·新知三联书店2005年版，第132页。

③ ［美］乔纳森·卡勒：《文学理论的现状与趋势》，《南京大学学报》2012年第2期。

④ ［美］乔纳森·卡勒：《文学理论入门》，李平译，译林出版社2008年版，第54、57、72页。

"表征型"解读，把文本作为非文本的东西的表征，作为某些假设为"更深层的"东西的表征，认为这才是意义的真正来源，它可能是作者的精神生活，或是某个时代的社会张力，或是中产阶级社会对同性恋的恐惧心理。表征型解读忽略对象的特殊性，认为它只是别的什么东西的符号。因而，作为一种解读方法，它并不是十分令人满意的。但是当它探讨一种文化实践，而某一部作品是这种文化实践中的一个例证时，它有助于对那种实践的解释。①

从以上界说可见，"表征性解释"有几个特点：一是它表征着心理活动"更深层的"东西，而这构成了意义的真正来源；二是它由作者的精神生活受到某个时代的社会压力转化而成；三是它忽略对象的特殊性，只是将其转化成了某种普泛性的符号；四是它作为诗学的解读并不能令人满意，但作为解释学的解读则是另辟蹊径、深刻有力的。总之，根据上述种种特点，可证卡勒所说的"象征性解释"亦即时下流行的"症候解读"。

所谓"症候解读"是阿尔都塞提出的概念，他在研究马克思的政治经济学批判、研读《资本论》时得到一个重要感悟，即马克思在研究英国古典政治经济学时，发现在亚当·斯密、大卫·李嘉图等人关于商品、货币、资本、成本、工资、利润等问题的论述存在着沉默和缺失，表现出在剩余价值这一实质性问题上无意识但又意识形态的失语。马克思在查验和诊断古典政治经济学这一"症候"的基础上，将以上种种资本主义经济运行的元素放在剩余价值的范畴中加以考察，据此提出了剩余价值理论，进而建立了马克思主义的政治经济学。这就像医生诊断和治疗病患一样，从对象表面显示的"症候"入手，去解读出这些"症候"背后隐秘的、缺场的东西，去发现更大、更重要的问题。阿尔都塞将这一思想方法称为"症候解读"。② 卡勒是服膺阿尔都塞的这一理论的，他曾有过一个看似不经意的提示："质疑这个概念源自法

---

① ［美］乔纳森·卡勒：《文学理论入门》，李平译，译林出版社2008年版，第72页。
② 参见［法］路易·阿尔都塞等《读〈资本论〉》，李其庆等译，中央编译出版社2001年版，第21、94等页。

国马克思主义理论家路易·阿尔都塞。"① 因此在涉及文本解释时，往往根据具体论述内容及其语境将"表征性解释"与"症候性解释"作为可以互置的概念来加以使用。

这一情况可以从语言学得到印证。这里有必要对"表征性解释"（symptomatic interpretation）一词作一辨析：symptomatic 是由名词 symptom 派生而来的形容词，主要有两个意思，一是征候（或征兆）的、表明的；二是（疾病或机能障碍的）症状的、症状性的等。② 可见该词可以指事物显露出的征候或征兆，也可以指疾病或机能障碍在身体上显出的症状。前一种用法有表明、表示、呈现的意思，可以理解为中性的"表征性""象征性"；而后一种用法则可以理解为"征候性""症候性"，带有一定的消极意义。也就是说，symptomatic interpretation 一词既可以在中性意义上解作"表征性解释"，又可以在消极意义上解作"症候性解释"。而卡勒在相关论述中往往就是将这两层意思交替使用的。

卡勒对此也作出过说明，他 2011 年在南京大学做学术演讲时，访谈者一开始就问询他在文学研究中是如何协调欣赏性阅读和症候式阅读的？卡勒回答的大意是，对文本的阐释有很多种方法，症候性阐释只是其中之一。通常症候性阐释被赋予消极意义，因为它把文本视为某种症候的表征，一旦如此，读者的关注点就会偏离文本本身。但是，也有读者并不看好症候性阅读，他们总是从自己的兴趣出发对文本本身进行欣赏性阅读，这是一种普遍现象，而且无可厚非，这也就是批评流派繁多的原因之一。因此批评家的阅读可能是症候性阅读，也可能不是症候性阅读，未必都要将文本视为作者的症候。但是不管怎样，有一条基本原则值得重视："做文学研究的时候一定要有自己的想法，要有能让你着迷的想法……你的思想开始萌芽，开始思考评论家们未曾指出的文本的含义。"③

第六节 解释的生产性

本文开头已指出，"理论"作为一种人文学科的新文类，显示了强

---

① ［美］乔纳森·卡勒：《文学理论入门》，李平译，译林出版社 2008 年版，第 48 页。
② 陆谷孙主编：《英汉大词典》第二版，上海译文出版社，1997 年 3 月第 1 版，第 2052 页。
③ ［美］乔纳森·卡勒：《文学理论的现状与趋势》，《南京大学学报》2012 年第 2 期。

大的生产性、增殖性、创新性,而这一点正是卡勒在梳理和建构当代西方文学批评史时所取得的重大创获。他的建构性工作主要借助于解释学方法,这种解释既在文本层面进行,又在批评层面展开,这两个方面往往是兼容并举的,但总的说来更侧重于后者。

卡勒对于"理论"的建构是从对"解构"的关注开始的,记录他这段学术踪迹的就是《论解构:结构主义之后的理论与批评》(以下简称《论解构》)(1982)一书,据作者自称,该书是他此前的著作《结构主义诗学》(1975)的续篇,它标志着其批评理论的重大转折。早在20世纪60年代,以德里达为代表的后结构主义对风靡一时的结构主义的否定便初露端倪,而到了十余年后也已到了应该作一小结的时候了。卡勒躬逢其盛并肩负起这一使命,《论解构》一书可谓应运而生。但要全面把握从结构主义到后结构主义这一历史性转折的因果本末谈何容易,十余年来被纳入文学研究的理论、流派和观点,其范围何其阔大,内涵何其繁杂!而卡勒寻得了一个把手,那就是解构理论,他在该书的"序言"中宣称:"以解构理论为我的论述中心,我是意在说明,它不仅是近年来理论中冲锋革新的主导力量,而且关涉到文学理论中一系列最为重要的问题。"①而此时恰恰邂逅了一个尚未被命名、姑且被称为"理论"的新文类,它密切联系着其他文字并将之囊括于自身之中,其中也包括解构理论。而作为"理论"这一文类的成员,则以与此前结构主义迥异的特点而形成明显的辨识度:

> 其功能不是作为某个学科范域内部的阐示,相反成为一种重述,从而对学科的边界提出挑战的那种能力。故我们归入"理论"的那些著作,都有本事化陌生为熟识,使读者用新的方式,来思考他们自己的思想、行为和惯例。虽然它们可能依赖熟悉的阐发和论争技巧,但它们的力量——这正是它们被置于上述文类的缘由——不是来自某个特定学科的既定程序,而是来自其重述中洞烛幽微的新见。②

---

① [美] 乔纳森·卡勒:《论解构:结构主义之后的理论与批评》,陆扬译,中国社会科学出版社1998年版,第5页。

② [美] 乔纳森·卡勒:《论解构:结构主义之后的理论与批评》,陆扬译,中国社会科学出版社1998年版,第3页。

　　这些"理论"成员的特异之处在于，它并非对某个给定学科或领域作出介绍和说明，而是对之作出一种重述，一种解释，一种建构，而其令人神往之处也就在于这种重述、解释和建构被赋予的新意，它挑战传统的学科边界，重新审视和思考已有的学术问题。这种种"理论"正如罗兰·巴特所说，不仅是一种"可读性文本"，而且是一种"可写性文本"，与之相应，读者不仅成为文本的消费者，而且成为文本的生产者。

　　2007 年，在《论解构》问世 25 周年之际，卡勒出版了该书的纪念版并为之撰写了序言，在序言中他开宗明义地指出，解构理论的奇特命运，无疑是该书在"尝试解释解构和审度它的文学批评内涵"25 年之后，依然热度不减、供不应求的缘由之一。他接着回顾了其间在文学批评中发生的种种重大变故：

　　　　过去的四分之一个世纪里，"解构"这个术语是批评和文化论争中的闪光点之一，它是滥用的大本营和代名词，命名了重重困难，深刻影响了理论文字，同时也是 20 世纪思想领域一个更广泛运动的名称。在这个世纪的思想里，一千年来，哲学、文学以及批评传统中的种种假设和推测变得形迹可疑了。①

　　卡勒明确一点，解构理论源出于德里达，它的要义在于"其目标不在于崇拜作品的艺术性和它们语义结构的复杂性，而在于抽绎出作品中相互矛盾的指意力量，发难这些文本明察秋毫地承担下来的虔诚和原则"②。就是说，解构理论不是回到作品本身，它并不崇奉作品的艺术性和语义结构的复杂性，而是转向了解释、阐发和诠释并一以贯之地将质疑性、反思性和批判性贯穿其中。

　　根据卡勒的观点，从解构理论发展和扩散的大势看，它早在 1982 年就已经参与了哲学和文学研究，以后更成为一个无比强大的知识范

---

① ［美］乔纳森·卡勒：《〈论解构：结构主义之后的理论与批评〉25 周年版序言》，陆扬译，《上海大学学报》2017 年第 2 期。
② ［美］乔纳森·卡勒：《〈论解构：结构主义之后的理论与批评〉25 周年版序言》，陆扬译，《上海大学学报》2017 年第 2 期。

式。它对各式各样的人文学科与社会科学学科领域产生影响，从而成为 20 世纪八九十年代知识生活的标记。解构理论在此际的文化研究中也大放异彩，其种种论争中的分歧意见，莫不借用"解构"这一金字招牌来显示自己取得的成就。甚至有好事者编撰出关于解构理论的"指南"类著作，在"解构与 X"的名目下邀请一系列名家撰稿，讨论的话题极其广泛，包括解构与文化研究、毒品、女性主义、小说、电影、阐释学、爱情、一首诗、后殖民、精神分析、技术以及编织，等等。而这广为流布的解构理论有一精髓，即德里达褐橥的"反逻各斯中心主义"："从最广泛的意义上说，它鼓励质疑结构了一切探索领域的二元等级对立，专执于这些根基层面上的二元对立是否以及如何为它们被用以描述的现象所颠覆。解构因而是一个有力的武器，对所谓的科学元语言发起总攻。"① 正是在这种质疑性、批判性和颠覆性的精见的支配下，卡勒对当下女性主义、性别研究、酷儿理论、建筑、政治、法律、伦理学等领域解构理论的盛衰兴替进行了生产性、增殖性、建构性的解读。

① ［美］乔纳森·卡勒：《〈论解构：结构主义之后的理论与批评〉25 周年版序言》，陆扬译，《上海大学学报》2017 年第 2 期。

第十一章

文本性/互文性：生产性文学批评的文本形态

　　法国学者蒂费纳·萨莫瓦约如是说，人们往往不太喜欢互文性，那是因为人们透过这一概念看到了一个令人生畏的庞然大物："互文性的概念之所以如此丰富，是因为它总是介于文本和评论之间，因为在作者和读者的心目中总会有意或无意地出现其他的书。"① 可见互文性的庞大性、丰富性往往产生在作者与读者、文本与评论之间，牵连着多种记忆，综合着多种视角，承载着多种诠释，从而赋予了文学批评以强大的创造性、建构性和生产性。

第一节　巴赫金：发于"文本性"而又超越"文本性"

　　巴赫金是"互文性"理论的奠基人，尽管他始终没有使用过"互文性"或"互文"之类的概念，但他在大量著述中提出的"复调小说""历史诗学""超语言学"等概念、命题和原则对于"互文性"理论的确立起到了开先河、领风气的作用，在20世纪文学批评史上具有开宗立派的意义。

　　巴赫金的探索是从"文本性"开始的。他后期曾一度打算为长期以来的相关探索作一总结性的研究，最终并未实现，但留下了一部为此

---

① ［法］蒂费纳·萨莫瓦约：《互文性研究》，邵炜译，天津人民出版社2003年版，第136页。

作准备的草稿《文本问题》（1959—1961），在这部提纲式的长篇手稿中，首先对"作为表述的文本"表示关注，将其视为讨论问题的逻辑起点。用他的话来说，文本是所有人文学科的"第一性实体"和"出发点"，包括语文学、语言学、文学理论、科学学在内的诸多学科，都是从文本出发，朝着各自不同的方向发展，因此"没有文本，也就没有了研究和思维的对象"，"不管研究的目的如何，出发点只能是文本"①。

但文本本身仍是有局限性的，因为它总是被禁锢在某种死材料里，早在文学口耳相传的阶段，它是被固定在物理的发声中，到了文字阶段则被固定在石上、砖上、皮上或纸上，一直到后来进化为书的形式等，文本都受到死寂的自然物的限制。因此单纯的文本并不能导致内涵更新和意义增殖。不过文本的创作有一个时间的流程，会经过长长一串中间环节，因此最后它总是会与人相遇。当然，这些现实中的人譬如作者、读者和听众可能分处于古往今来不同的时空之中，有时可能会相隔几个世纪，使得历史世界与文本中描绘的世界之间犹如天悬地隔。但说到底文本所描绘的世界仍处于一个统一的、现实的且未完结的历史世界之中。无论是文本所反映的现实，还是创作文本的作者，还是文本的表演者，还是欣赏阅读文本的听者读者，都平等地参与文本中所描绘世界的创造，也正是从这个能创造和描绘的历史世界中，才生发出文本所描绘的世界。

正是基于这一认识，巴赫金的《文本问题》开宗明义，宣称关于文本问题的正面考虑是："我们的研究是处在边缘上，亦即处于上述各学科的边界上，它们的衔接点和交叉点上。"② 他认为这正是人文学科不同于自然科学之处，人文思想的诞生，总是出于对他人的思想、意志、表态、话语、符号的关注，而人们感兴趣的，也正是人文思想的这一特殊性。但这一点，都必须通过文本呈现给研究者。

于是就导致了不同文本之间以及同一个文本内部的对话关系。巴赫

---

① ［苏］巴赫金：《文本问题》，《巴赫金全集》第4卷，河北教育出版社1998年版，第301页。

② ［苏］巴赫金：《文本问题》，《巴赫金全集》第4卷，河北教育出版社1998年版，第301页。

金对此作了如下定义："对话关系——这是言语交际中任何表述之间的（涵义）关系。任何两个表述，如果我们把它们放在涵义层面上加以对比……那它们就会处于对话的关系之中。"① 概括巴赫金的相关论述，可知所谓"对话关系"既不可归于纯粹的逻辑关系，也不可归于纯粹的语言学关系。它不是作为语言学的实体相互并列，而是作为言语交际中的话语彼此呼应，它是在两个不同的话语主体之间进行的完整表述。这种表述不是在语言学的意义层面上陈列，而是在价值论的含义层面上展开。如果说前者只是一种词典意涵的话，那么后者则是一种言语交际的意涵。

正因为如此，巴赫金将目光投向了陀思妥耶夫斯基，认为他的小说所表达的人的喜怒哀乐、爱恨情仇等种种情感，在某种程度上都不乏对话性，巴赫金对此予以高度评价："陀思妥耶夫斯基超越了某种界线，因而他的对话性具有新的质（高级的质）"，同时也为其小说创作的复调性的形成厘清了来路："在陀思妥耶夫斯基之后，复调有力地闯入了整个世界文学。"②

巴赫金对于陀氏小说的对话性和复调性的系统研究集中在《陀思妥耶夫斯基诗学问题》一书中，该书于 1929 年出版，1963 年再版，相隔 34 年后的新版已经过大幅的修订和增补，但是以陀氏小说的复调性和对话性作为研究核心则是一以贯之的，只是内容已大大扩充，研究也明显深化了。

巴赫金首先肯定了陀氏小说的复调特点："有着众多的各自独立而不相融合的声音和意识，由具有充分价值的不同声音组成真正的复调——这确实是陀思妥耶夫斯基长篇小说的基本特点。"③ 对于这一论断，巴赫金作了比较详尽的论述，其要义如下：其一，陀氏笔下的主人公是个重点，它不仅是作者所表现的客体，也是直抒己见的主体。"主

---

① ［苏］巴赫金：《文本问题》，《巴赫金全集》第 4 卷，河北教育出版社 1998 年版，第 322 页。

② ［苏］巴赫金：《文本问题》，《巴赫金全集》第 4 卷，河北教育出版社 1998 年版，第 316 页。

③ ［苏］巴赫金：《陀思妥耶夫斯基诗学问题》，《巴赫金全集》第 5 卷，河北教育出版社 1998 年版，第 4 页。

人公的意识，在这里被当作是另一个人的意识，即他人的意识；可同时它却并不对象化，不围于自身，不变成作者意识的单纯客体。"① 此处关于"他人"和"对象化"这两个概念需要说明一下：巴赫金关于"他人"的思想有着新康德主义的背景，其代表人物德国哲学家 H. 柯亨（1842—1918）在伦理学研究中提出"我与他人"的问题。巴赫金吸收这一思想，曾有过建立一种"伦理哲学"的抱负。后转向美学，将关于"我与他人"的思辨转换为关于"作者与主人公"的辨析，将其界定为相互对待、相互参照、互为前提的两个主体的平等关系。正如他在另一处所说："我离不开他人，离开他人我不能成其为我；我应先在自己身上找到他人，再在他人身上发现自己"，"我存在他人的形式中，或他人存在我的形式中"②。而所谓"对象化"，则是指作者在小说中创造的实体化、固化的人物形象，它是传统创作模式中作者单纯面对、孤立表现的客体。

其二，主人公的议论，在陀氏的复调小说中并不作为一种手段服从于刻画性格和展开情节，而是从属于主人公本身。它也不是作者声音的传声筒，主人公的议论具有独立意识和自我意识。譬如《地下室手记》的主人公"地下室人"，他什么都清楚，他懂得自己对所处时代和社会的意义，他了解自己的性格特征以及他的滑稽可笑和他的悲剧性，他知道别人对他可能作出的道德评判，并且在内心深处反复咀嚼这种种评判。这不仅是"地下室人"的性格特征，同时又是作者塑造这一形象的主导原则。作者把作出最后定论的权利留给了主人公，这在作家构思中是必不可少的。这里主人公对自己、对世界的议论，与作者的议论具有同等的分量和价值。"它似乎与作者议论平起平坐，并以特别的方式同作者议论结合起来，同其他主人公同样具有十足价值的声音结合起来。"③ 按"声音"（голос）在巴赫金那里是一个特指的术语，意指通

① ［苏］巴赫金：《陀思妥耶夫斯基诗学问题》，《巴赫金全集》第 5 卷，河北教育出版社 1998 年版，第 5 页。

② ［苏］巴赫金：《关于陀思妥耶夫斯基一书的修订》，《巴赫金全集》第 5 卷，河北教育出版社 1998 年版，第 379、388 页。

③ ［苏］巴赫金：《陀思妥耶夫斯基诗学问题》，《巴赫金全集》第 5 卷，河北教育出版社 1998 年版，第 5 页。

过语言表现出来的思想、观点、态度的综合体。

其三，主人公的声音与作者的声音平起平坐，使得以往那种以情节布局来衔接小说的套路就显得不够了，因为这种衔接的前提是，主人公在作者构思中是作为单纯的客体和对象出现的，只是按照独白的原则完成的联结和聚合。陀氏复调小说不可能从中得到确切的解释，他是采用另一种手段将小说中的世界焊接成一个整体，即在"许多个地位平等的意识以及他们各自的世界"① 中完成小说的架构。这里所谓"独白的原则"，是指在作品的结构中，作为"对象化"的客体，主人公处于封闭状态，无法与别人进行对话，这是以往刻画主人公的传统程式。巴赫金将之称为"独白型小说"，而将与之对立的陀氏复调小说称为"对白型小说"。

其四，与之相关，复调小说的叙述方法也有别于独白型小说。面对这个众多各自平等的主体而非"对象化"的客体构成的新世界，"无论叙述、描绘或说明，都应采取一种新的角度。叙述故事的语言，描写的语言和说明的语言，对自己的对象都必须形成某种新的态度"② 。这里所谓"新的角度""新的态度"都是指陀氏复调小说的特点，即创建一种主人公与作者及其他人物之间平等对话的新型关系。

总之，陀氏创造了一个复调世界，突破了以往由独白型主导的已定型的欧洲小说模式，而代之以对白型的小说，创建了一种全新的思维类型和诗学模式。巴赫金据此得出结论："唯有从我们上面概括出的陀思妥耶夫斯基的基本艺术任务出发，才能理解他的诗学的深刻的必然性、一贯性和完整性。"巴赫金还特地说明："这就是我们的论点。"③

这就印证了上述巴赫金《文本问题》的有关厘定，陀氏小说的复调特点，其实是实现和贯彻了一种对话立场，甚至可以说，在陀氏这里复调性与对话性本来就是同一个东西，它们在艺术上是作为一个非封闭

---

① ［苏］巴赫金：《陀思妥耶夫斯基诗学问题》，《巴赫金全集》第 5 卷，河北教育出版社 1998 年版，第 6 页。

② ［苏］巴赫金：《陀思妥耶夫斯基诗学问题》，《巴赫金全集》第 5 卷，河北教育出版社 1998 年版，第 6 页。

③ ［苏］巴赫金：《陀思妥耶夫斯基诗学问题》，《巴赫金全集》第 5 卷，河北教育出版社 1998 年版，第 7 页。

性的整体构筑起来的，这一整体处于各学科的边缘地带，落脚于研究的衔接点和交叉点上。

另外，巴赫金还对"复调"概念的音乐性背景作出说明，他坦承这是受到 Л. П. 格罗斯曼的启发，后者引用俄罗斯作曲家格林卡关于"生活中一切都是对位"的论断，将音乐的语言译成诗学的语言，认为对陀氏来说，生活中一切全是对话。反之，从诗学本位的角度来看，"音乐上的对位关系，只不过是广义上的对话关系在音乐中的一种变体罢了"①。这些观点也直接导致了巴赫金在陀氏复调小说研究中对于"多声性""双声性"等概念的使用。

陀氏复调小说无疑是另类的，是与当时占主导地位的文学形式格格不入的，也是无法归入其他各种小说形态的，但这种全新的小说并不是没有来由的，它与欧洲小说史上某些传统文类不无关联。巴赫金通过对古希腊罗马、中世纪和文艺复兴大量民间文学进行梳理和解析，确认它与绵延已久的狂欢化文学结有不解之缘，而古已有之的庄谐体文学如歌舞剧、筵席交谈、回忆录、田园诗等，便是狂欢化文学的第一个例证。虽然很难划定这一体裁与其他体裁之间的清晰界限，但古人却已能凭借经验明确将其与史诗、悲剧、历史、古典演说等严肃体裁区别开来。

巴赫金概括了庄谐体的三个方面的特点：一是它具有十分鲜明、时常又是十分尖锐的时代性；二是它不是依靠古老的传说，而是凭借自己的经验和自由的虚构进行创作；三是它表现出有意为之的杂体性和多声性，而与史诗、悲剧、雄辩术和抒情诗那种修辞的单一性不相为谋。

这第三个特点最能体现庄谐体的体裁特点，它的叙事常用多种语调，达到庄谐结合的效果；它经常采用插入性的体裁，如书信、手稿、复述、对崇高文体的讽刺性模仿和解释；在某些体裁里，还可看到散文与诗歌语言的混杂，使用还活着的方言词语和行话；尤其是在某些体裁中，双声语占了主导地位。总之，由此在语言方面出现了一种根本性的全新态度，从中恰恰可以寻得狂欢体及其各种变体发展的源头。

巴赫金进一步指出，狂欢化文学也是一种历史诗学，它起源于一切

---

① ［苏］巴赫金：《陀思妥耶夫斯基诗学问题》，《巴赫金全集》第 5 卷，河北教育出版社 1998 年版，第 58 页。

狂欢节式的庆贺、仪礼、形式，这是几千年来全体民众的一种伟大的世界感受。但要真正理解它，必须跨越古希腊罗马时期、中世纪和文艺复兴时期，从发源到高峰整体性地进行考察。从而发现狂欢节及其种种形式和象征，特别是狂欢式的世界感受本身，在若干世纪漫长的岁月里被不断吸收到各种文学体裁之中，与文学的特点结合起来，成为文学不可分割的部分，形成文学发展中的强劲一脉。而这一切，在陀氏的另一重头戏《拉伯雷的创作与中世纪和文艺复兴时期的民间文化》（1940）中得到极其丰富的演绎。

就拿庄谐体来说，它尽管体裁多样、外表纷繁，却有一共同之处，即与狂欢节民间文艺有着内在的联系，其中有些就是狂欢节口头民间文学体裁的翻版。狂欢节的世界感受始终贯穿在这些体裁之中，从而决定了这些体裁的基本特点。虽然在庄谐体中并不乏雄辩体的因素，但恰恰被狂欢节弥漫的谐谑、讽刺、戏拟的气氛所消解所祛除，那种单纯雄辩的严肃性、说理性、不容异议、固守教条等特点都统统遭到去魅，代之而起的，则是庄谐体的混杂性和多声性，而这一切，恰恰被陀氏的复调小说所接受和运用。因此巴赫金指出："狂欢体这条线索，其中包括引出陀思妥耶夫斯基作品的那个变体。我们权且称这一变体为'对话型'。"① 从而狂欢化文学这一历史诗学的传统，在陀氏那里，以复调小说新颖独特的形式得到重生和延续。

陀氏复调小说的语言特色也是巴赫金关注的重点之一，他首先声明必须明确此处所说"语言"的学科归属，认为它是指活生生的具体的言语交际，而不是作为一般语言学专门研究对象的语言。一般语言学是将活生生的具体言语排除之后所得出的结果，而这被语言学排除在外的言语对我们的研究恰恰具有重大意义。因此我们进行的研究并不属于严格意义上的语言学，它尚未形成特定的独立学科，姑且称之为"超语言学"。

由于语言的成分和性质不同，所以在作为一般语言学研究对象的语言之中，不会有任何对话的关系，对话关系是超出一般语言学的关系。

---

① ［苏］巴赫金：《陀思妥耶夫斯基诗学问题》，《巴赫金全集》第5卷，河北教育出版社1998年版，第143页。

但它又无法脱离作为整体的语言领域,它必须存在于使用者的对话交际之中,只有对话交际才是语言的生命真正所在之处。无论在日常生活、公共交往、科学研究、文艺创作等运用领域里,对话关系之中都跃动着语言的整个生命。因此,"应该由超出语言学而另有自己独立对象和任务的超语言学,来研究对话关系"①。

进而言之,超语言学研究的主要对象是双声语。巴赫金曾对双声语作了一个非常简洁的定义,称之为 "包容他人话语的语言"②。双声语在真实的活生生的对话交际中是必然会产生的,它包括仿格体、讽拟体、暗辩体、故事体等。这些体裁相互差异,但又不乏共同之处:它们都具有双重的指向,既针对言语的内容而发,又针对另一个语言即他人的话语而发。如果在这双重关系中只知直接指述事物的语言而不知作为第二者的他人话语,那么与一般语言学并无二致,从而对仿格体或讽拟体之类视而不见甚至弃如敝屣。因此巴赫金认为:"正是这个双声语,应该成为超语言学的主要研究对象之一。"③ 而这一点,对于扭转以往那种只是在独白型语境中来考察语言的定式具有重大的原则意义。

因此巴赫金宣称:"修辞学不应只依靠语言学,……而应依靠超语言学。超语言学不是在语言体系中研究语言,也不是在脱离开对话交际的 '文本'(текст)中研究语言;它恰恰是在这种对话交际之中,亦即在语言的真实生命之中来研究语言。"④ 在他看来,语言不是僵死的东西,它是总在运动着、变化着的。它从来不满足于一个人的思想、一个人的声音。语言的生命,在于由这人之口转到那人之口,由这一语境转到另一语境,由此一社会集团转到彼一社会集团,由这一代人转到下一代人。

---

① [苏] 巴赫金:《陀思妥耶夫斯基诗学问题》,《巴赫金全集》第 5 卷,河北教育出版社 1998 年版,第 242 页。

② [苏] 巴赫金:《陀思妥耶夫斯基诗学问题》,《巴赫金全集》第 5 卷,河北教育出版社 1998 年版,第 265 页。

③ [苏] 巴赫金:《陀思妥耶夫斯基诗学问题》,《巴赫金全集》第 5 卷,河北教育出版社 1998 年版,第 244 页。

④ [苏] 巴赫金:《陀思妥耶夫斯基诗学问题》,《巴赫金全集》第 5 卷,河北教育出版社 1998 年版,第 269 页。按在俄文中,текст 一词可译为 "文本",也可译为 "篇章",为统一不同译本的汉译,本书采用 "文本" 的译法。

综上所述，巴赫金在陀氏的复调小说、历史诗学和超语言学研究中提炼出对话型、狂欢化、双声语等概念，大力张扬文学的主题、人物、体裁、语言等方面的多元性、混杂性、边缘性、交叉性，在不同的学科、领域、类型之间的交互关系中谋求新的观念、方法和路径。巴赫金从一般语言学意义上的文本出发又超越了这种单一性的文本，常言道：孤掌难鸣，众擎易举。孤立的文本不足以生产意义、增殖思想，只有在文本与文本之间才能实现这种生产和增殖。值得注意的是，巴赫金已经提出设想，将任何连贯的符号综合体都宽泛地理解和解释为文本，并将其置于不同学科的边缘和交界之上。① 这就使得在不同文本之间谋求新的知识、新的意义、新的价值成为可能，从而显示了强大的创造性、建构性和生产性。这恰恰为后来"互文性"理论的横空出世打下了基础、做好了准备，而这种奠基之功，在后来"互文性"理论的进展中得到了一一印证。

第二节　克里斯蒂娃："互文性"
概念的确立与深化

虽然在克里斯蒂娃之前巴赫金已初步形成了"互文性"的思想，但并未提出明确的概念，克氏最早创造了"互文性"的概念并得到学界的关注和认可。这一概念的书面形式首次出现在她的第一篇论文《词、对话和小说》（1966）中，她在介绍巴赫金的对话理论时作出了如下解释："任何文本的建构都是引言的镶嵌组合；任何文本都是对其他文本的吸收与转化。从而，互文性（intertextoalite'）概念取代主体间性概念而确立，诗性语言至少能够被双重解读"，对巴赫金而言，"对话不仅仅是由主体承担的语言，而且是某种书写，……书写既有主体性又有交际性，或者更确切地说，是一种互文性"②。次年克氏在论文

---

① ［苏］巴赫金：《文本问题》，《巴赫金全集》第 4 卷，河北教育出版社 1998 年版，第 300 页。

② ［法］朱莉娅·克里斯蒂娃：《词语、对话和小说》，《主体·互文·精神分析：克里斯蒂娃复旦大学演讲集》，祝克懿、黄蓓编译，生活·读书·新知三联书店 2016 年版，第 150、156 页。

《封闭的文本》（1967）中对 "互文性" 作了进一步的说明："文本意味着文本间的置换，具有互文性：在一个文本的空间里，取自其他文本的若干陈述相互交会和中和。"①

在对 "互文性" 作出这番阐述之时，克氏还是作为一名刚从保加利亚来到法国求学的青年学子投于罗兰·巴特的门下。此前她已是巴赫金著作的忠实读者，在她飞赴巴黎的行程中行囊简单却带上了巴赫金的书。但当时在法国乃至整个欧美，巴赫金还完全不为人知，克氏恰恰成为介绍和推广巴赫金学说的使者。在位于索尔邦大学内的高等研究实验学院开设的研讨课上，克氏应巴特之邀介绍了巴赫金论陀思妥耶夫斯基和论拉伯雷的两本书，阐述了巴赫金关于复调小说和对话性的理论。克氏的报告给在场者留下了深刻的印象，也让巴特感到惊奇。就此克氏被当时巴黎最前沿、最活跃的学术圈接纳，进入以《原样》（Tel Quel）杂志为核心的 "原样" 派。也正是在这一荟萃一代思想精英、引领着法国乃至欧美思想走向的学术群体中，克氏受到了当时最新锐的学术思想的洗礼。

克氏称语言学家本维尼斯特为师，感谢他曾给予她很大帮助和关键性的影响。她也声称弗洛伊德的精神分析学使她大开眼界、受益匪浅。她还对德里达的 "反逻各斯中心主义" 及其相关理论进行过深入研究。值得注意的是，其间克氏发现了在中国学者张东荪（1886—1973）的 "阴/阳 '对话'" 理论与其 "互文性" 理论之间存在着某种暗合关系。

正是在上述前沿学术思想交光互影的启发和涵养之下，克氏的 "互文性" 研究从初出茅庐到登堂入室，从最初的概念厘定、义理解读进入了开拓新域的新阶段。此时 "互文性" 不再是一个静止不变的概念和先入为主的教条，而是一把用来发现新的思维逻辑的钥匙。克氏已经认识到，以往人们所理解的 "互文性" 仅仅是指某一文本与其前或其后的文本之间一对一的互涉关系，而且只是文学文本之间的互涉关系。其实 "互文性" 应是一对多的关系，而且这个 "多" 更应涉及不同领域、学科、系统的文本且呈现出这些文本的历史。她这样说："我明确

---

① ［法］朱莉娅·克里斯蒂娃：《封闭的文本》，《符号学：符义分析研究》（1969），史忠义等译，复旦大学出版社 2015 年版，第 51 页。

地将这种文本对话性称为'互文性'，并将语言及所有类型的'意义'实践，包括文学、艺术与影像，都纳入文本的历史。这样做的同时，也就是把它们纳入社会、政治、宗教的历史。结构主义一开始只是一种形式研究，'互文性'使它得以进入人类精神发展史的研究。"① 对于这段提纲挈领的论断，克氏随后作了具体的说明：

> 在面对一个词语时，我们面对的不仅是词语本身，还有词语后面的作者用意、读者接受、语境作用。所以我们要强调两点。第一，文学作为一个符号系统，包括语言表层与潜伏在语言之下的层面，但语言永远是必要的中介。第二，词语以及更大的单位，如句子、对话、文本等，其功能作用并不局限于语言学；符号、语意的扩张也促使我们关注语言学之外的领域，关注其他学科，如心理学、社会学、历史学等。②

值得注意的是，上述论断最后所说的"人类精神发展史"，涉及人的无意识领域，在克氏那里，这也是一种不可或缺的文本，而意识与潜意识互涉的双重性，则构成了又一种互文性。而这一思想，来自弗洛伊德精神分析学。

克氏说过，在众多新锐理论中，"对我产生更为深刻影响的是弗洛伊德的理论与实践。在我的研究探索中，弗洛伊德精神分析法的地位逐渐取代了巴赫金"③。对于"互文性"的深入研究促成了克氏从结构主义向后结构主义的过渡，这种过渡可以有多种路径，而她的发展路径则来自她本人的思想与弗洛伊德理论的相遇。弗洛伊德有一个重要观点，

---

① ［法］朱莉娅·克里斯蒂娃：《互文性理论对结构主义的继承与突破》，《主体·互文·精神分析：克里斯蒂娃复旦大学演讲集》，祝克懿、黄蓓编译，生活·读书·新知三联书店 2016 年版，第 11 页。

② ［法］朱莉娅·克里斯蒂娃：《互文性理论对结构主义的继承与突破》，《主体·互文·精神分析：克里斯蒂娃复旦大学演讲集》，祝克懿、黄蓓编译，生活·读书·新知三联书店 2016 年版，第 15 页。

③ ［法］朱莉娅·克里斯蒂娃：《互文性理论对结构主义的继承与突破》，《主体·互文·精神分析：克里斯蒂娃复旦大学演讲集》，祝克懿、黄蓓编译，生活·读书·新知三联书店 2016 年版，第 11 页。

即大凡说话者的言说都体现着意识/无意识的并行不悖。"意识"是指语言、逻辑、价值、结构等；而"无意识"则是指源于感觉、情感与冲动的表征。因此，人们说话总是有一个意识中的语言结构，但同时还有一个无意识世界。正是这种双重性在作家身上起作用，在创作中形成对话："我们于是面对另一种形式的'对话'——意识与无意识之间的对话，文学语言正试图将这种对话传递给我们。"① 这一发现大大丰富和充实了"互文性"理论，打开了"互文性"理论的新的维度和空间。

这样，在克氏进一步界定的"互文性"概念中，所指涉的文本间的互文关系起码包含了以下几个维度：

一是文本与文学文本之间的互文关系；

二是文本与各种艺术类型、文化现象之间的互文关系；

三是文本与社会、政治、宗教、法律等状况之间的互文关系；

四是文本与无意识之间的互文关系。

这里的一个先决条件是将其他方方面面均视同与文学一样的"文本"，而克氏正是这样界定的，已如前述，她将所有类型的"意义"实践都纳入了"文本"的历史。这一突破性的进展便使得"互文性"概念向各个领域、学科和类型全面敞开，因此对于克氏来说，互文性无处不在、无时不在。

正是在不断探索、有所突破的基础上，克氏在其法国国家博士学位论文《诗性语言的革命》（1974）中对"互文性"概念给出了一个系统、全面的定义。她指出，弗洛伊德在有关无意识的理论中具体化了两种基本的过程：置换和压缩，而我们必须要加进第三个过程，即在组合置换和压缩的基础上建立从一个符号系统到另一符号系统的通道。它意味着旧的命题的毁灭和新的命题的产生：

互文性这个术语暗含着从一个或者多个符号系统到另一个符号系统的转移，但是这个术语经常被认为是陈旧的"影响研究"。所以，我们倾向于使用"转移"（Transposition）这个概念。因为

① ［法］朱莉娅·克里斯蒂娃：《互文性理论对结构主义的继承与突破》，《主体·互文·精神分析：克里斯蒂娃复旦大学演讲集》，祝克懿、黄蓓编译，生活·读书·新知三联书店2016年版，第25页。

"转移"指出了从一个符号系统到另一个符号系统的通道。这一通道需要一种新的命名方式——一种表述和指示的场域性。若我们能够认识到任何意指实践活动都是某一领域不同意指系统（一种互文性）间的转移的场所，我们就能理解意指系统表述的"所在之处"和它指示的"对象"从来不是单一的、完整的、与自身同一的，而总是多样的、破碎的和类似于表格模式的。如此看来，一词多义是符号态多样性的产物，也是从属于不同符号系统的结果。[1]

这段表述颇多艰深晦涩之处，其中核心思想大致是四点：其一，对"互文性"所作的并非以往所理解的对研究对象的来源进行追溯和考证的"影响研究"，而是从一个符号系统到另一个符号系统的"转移"；其二，这种"转移"不只是时间性的，更是空间性的，它使意指实践在不同领域中的场域性转换成为可能；其三，"互文性"所指涉的对象从来不是单一的、完整的，而是多样的、多元的；其四，"互文性"一词多义的增殖性、建构性是其从属于不同符号系统的结果。

上述重新界定的"互文性"的概念，在克氏 2012 年 11 月访华在复旦大学所作的演讲中得到充分的演示，此次演讲的主题之一是对法国作家普鲁斯特的小说《追忆似水年华》（简称《追忆》）的一个片段进行个案分析。[2] 克氏使出浑身解数，历数乔治·桑、司汤达的小说以及普鲁斯特早期的小说和文章，还有《圣经》、中世纪的历史、法国画家华托和荷兰画家弗美尔的画作等，使得《追忆》与这些符号系统迥异的文本之间的互文关系得到淋漓尽致的展现，从而达成对《追忆》全面的互文性解读。对于这一解读方法，克氏不禁击节自赏、踌躇满志："这是一个无比美妙的时刻：记忆呈现为画面，受到欲望的摇撼。我认为文学史上很少有这样的时刻：灵感与身体产生共振，味道、画面与欲望同时出现"，"通过这场解读，我想邀请在座各位去进行互文性阅读。我们可以自比侦探，去手稿、传记、思想史、历史语境中去搜索，发现

---

① ［法］朱莉亚·克里斯蒂娃：《诗性语言的革命》，张颖等译，四川大学出版社 2016 年版，第 43 页。

② 克里斯蒂娃说明该演讲的内容是她 20 年前出版的研究著作《可感的时间——普鲁斯特与文学经验》的片段。

文本中的秘密"①。

不过事情还得深追一步,"互文性"无论作为一种批评观念还是一种批评方法,其要义在于文学批评的生产性。在克氏那里,"生产性"问题始终是与"互文性"概念纠结缠绕、相辅而行的,在她最初对"互文性"概念进行厘定时,就提出了"文本是一种生产力"的大胆设想,同年还以此为题写有长篇专题论文。后来在其博士论文中还专门讨论过文学批评的"生产性"问题,相关论述也与"互文性"有着千丝万缕的联系。

克氏最初在界定"互文性"概念时就已指出其"生产性"的两个特点:

> 文本是一种生产力,这意味着:(1)文本与其所处的语言之间是(破坏—建立型)的再分配关系,因此,从逻辑范畴比从纯粹语言手段更便于解读文本;(2)文本意味着文本间的置换,具有互文性:在一个文本的空间里,取自其他文本的若干陈述相互交会和中和。②

关于第一个特点,克氏并未作进一步的解释,从字面看,是说互文性解读是在对文本的破坏/建立过程中解读文本,达成文本意义的除旧布新和重新分配,从而实现生产性。其中肯定了比纯粹的语言修辞关系更重要的是破坏/建立的逻辑关系,这不啻是已经露出了解构主义的端倪。③关于第二个特点,克氏借用"意识形态素"(ideologeme)概念来说明之,在她看来,"意识形态素"是在每个文本结构中均可读到的具体化的互文功能,它随着互文性解读的展开而赋予文

---

① [法]朱莉娅·克里斯蒂娃:《互文性理论与文本运用》,《主体·互文·精神分析:克里斯蒂娃复旦大学演讲集》,祝克懿、黄蓓编译,生活·读书·新知三联书店2016年版,第62、67页。

② [法]朱莉娅·克里斯蒂娃:《封闭的文本》,《符号学:符义分析研究》,史忠义等译,复旦大学出版社2015年版,第51页。按"生产力"(productivité)一词在法文中有"生产能力""生产率"的意思,侧重于"生产性"的功能方面。

③ 按克氏在写于同年的《文本即生产力》(1967)一文中已提到德里达的理论。见其《符号学:符义分析研究》,史忠义等译,复旦大学出版社2015年版,第162页。

本以社会、历史的坐标。这种以"意识形态素"来理解文本的态度决定了一种符号学的思考方法："在互文性中研究文本，并且在社会和历史（文本）中来思考文本……依此类推，进而把这个整体纳入社会和历史的广义文本中来解读"①，从而在特定文本与更为广袤的社会历史文本的"交会和中和"中生产出更多的意义。这里克氏有一个突破，那就是将社会历史作为广义的"文本"来看待，将其纳入"互文性"范畴之中了。

正因为有了以上突破，所以克氏在其博士论文中就不只是倚重"意识形态素"，而是将"生产性"建立在不同的符号系统的互文关系之上了。克氏指出，倘若有一种"话语"，它并不仅仅关乎语言学，而是与实践中的本质因素息息相关，以解构/建构的姿态囊括了无意识、主体性、社会关系的总和的话，那么它已然成为一种"生产性的暴力"②。此时这种话语作为文学文本，成为一种"可以与政治革命比肩的实践活动"③，而互文性理论也不再简单地认同既定的文本概念，而是赋予它以新的意指实践形式，从而在文学实践与政治实践这两个分属不同符号系统的相互融通中实现生产性："文学实践将从与其息息相关的政治实践出发。我们将这种异质实践称为意义生成。"④

克氏的以上进展得力于弗洛伊德精神分析学。她在博士论文的"导论"中就宣称："我们将会经常借用弗洛伊德的精神分析理论以及最近的发展研究成果，给这种辩证逻辑的发展提供一个唯物主义的基础。"⑤她认为，这一基础来自弗洛伊德所揭示的人的内在驱力结构，它总是作

①　[法] 朱莉娅·克里斯蒂娃：《封闭的文本》，《符号学：符义分析研究》，史忠义等译，复旦大学出版社 2015 年版，第 52 页。

②　[法] 朱莉亚·克里斯蒂娃：《诗性语言的革命》，张颖等译，四川大学出版社 2016 年版，"导论"第 4 页。按此处克氏所说"暴力"是指概念的固化造成了对其本身性质的强制性，她说："暴力便是一种象征的泛滥，杀死实质（substance），从而使得它能够指称。"（同书，第 55 页）同理，此处"生产性"概念的提出，也往往以改变或丢弃文本的某些已有性质为前提，这就使之具有了异质的实践性。

③　[法] 朱莉亚·克里斯蒂娃：《诗性语言的革命》，张颖等译，四川大学出版社 2016 年版，"导论"第 4 页。

④　[法] 朱莉亚·克里斯蒂娃：《诗性语言的革命》，张颖等译，四川大学出版社 2016 年版，"导论"第 4 页。

⑤　[法] 朱莉亚·克里斯蒂娃：《诗性语言的革命》，张颖等译，四川大学出版社 2016 年版，"导论"第 2 页。

为对立二分的力量如死亡驱力/生命驱力，本我驱力/性驱力而相互较量、相互抗衡，成为激发人的精神动力及实践冲动的策源地，而这一切又不乏客观的生物基础和社会背景的他律实证，因此不了解内在驱力的双重性和他律性就不可能了解人的精神历程和实践活动。克氏认为这种"唯物主义的辩证法"可以为实践中的一种生产铺路，"这一生产囊括了从美学、科学到政治学的所有社会实践"①。

这种"唯物主义的辩证法"也就是理解互文性的生产性的关键。克氏指出，当人们将"意识/无意识"的二分主体理论引入语言学，用以说明语言的意指过程时，便可以发现文本的意义生成经历了两种生成方式的转换，一是"符号生成"（le semiotique），二是"象征生成"（le symbolique）。这两者在语言的意指作用中缺一不可，它们形成了语言内部的对话。其中"符号生成"包括可辨的印记、迹象、征兆、见证、刻写符号、烙印、图像等，这正符合弗洛伊德精神分析法所说"原始过程"的特征，它已在生成过程之中，但还没有到达语言与意识层面的意义，这是"一个既在运动中又被制约着的未经语言表达的暂时性构成"。与之相对应的是"象征生成"，它"包括判断与命题，属于意义领域"。② 而从"符号生成"向"象征生成"转换的结果就是文本的意义生成，亦即互文性的生产过程。

对于以上与弗洛伊德的理论相遇合而获得的新的思想成果，克氏作出以下总结：

> 我把"符号生成"引入文本研究的领域。这是一个新的"空间"，无意识空间，有类似语言的构成，但其形成元素是各种感觉、情感、冲动……巴赫金的文本空间含有说话者（作者）空间、受话者（读者）空间、外部文本空间（包括此前和此后的文本）。而弗洛伊德的理论则指出主体内部还有一个空间，即无意识空间。

---

① ［法］朱莉亚·克里斯蒂娃：《诗性语言的革命》，张颖等译，四川大学出版社2016年版，第137页。

② ［法］朱莉娅·克里斯蒂娃：《互文性理论对结构主义的继承与突破》，《主体·互文·精神分析：克里斯蒂娃复旦大学演讲集》，祝克懿、黄蓓编译，生活·读书·新知三联书店2016年版，第24页。

它不是语言空间，尽管语言对它的组织有某种影响。①

这里克氏对她在互文性的生产性问题上的创新和突破在思想史上的意义作了充分的彰明，它既是对巴赫金对话理论的肯定，又是对巴赫金对话理论的超越。

第三节　巴特："互文性"理论的 实践性与经典化

人们在讨论罗兰·巴特的"互文性"理论时，对他与克里斯蒂娃在这一问题上的渊源关系略无异议，特别是巴特 1973 年为《大百科全书》撰写的《文本理论》（*Théorie dutexte*）长篇词条足以采信。在该词条中，巴特确认"互文性"概念是克氏的首创并转述了克氏的定义，强调"互文性"理论中若干基本概念的提出，都应归功于克莉斯特娃。巴特还对克氏在开掘"互文性"的生产性问题上所作的贡献予以充分肯定，指出克氏不仅将"生产力"（productivité）列为"互文性"理论的基本概念之一，而且宣称文本是一种生产力。为此巴特将"生产力"列为《文本理论》的条目详加论证。

在巴特接触"互文性"概念之前，刚刚遭遇了一场与传统的学院派的论战，焦点在于是否给予读者以参与创作的自由，作者与读者是否应共同参加创作活动。巴特对此持肯定态度，这场争论关乎读者/阅读、批评家/批评的含混性和生产性等问题。关于含混性，巴特认为："作品是象征性的：象征符号不是形象，而是各种意思的复合体。"② 如果词汇只有字典上的意思，而没有第二种语言来打乱其确定性，那就不会有文学。因此阅读建立的是含混性，而不是一种意思。关于生产性，巴特认为："批评家所认可的，不是作品的意思，而是他所

---

① ［法］朱莉娅·克里斯蒂娃：《互文性理论对结构主义的继承与突破》，《主体·互文·精神分析：克里斯蒂娃复旦大学演讲集》，祝克懿、黄蓓编译，生活·读书·新知三联书店 2016 年版，第 24 页。

② ［法］罗兰·巴特：《批评与真理》，《罗兰·巴特随笔集》，怀宇译，百花文艺出版社 2005 年版，第 124 页。

说的东西的意思。"① 因此批评不是科学，科学探讨意思，批评生产意思。批评家所能做的，就是在把意思从作品本身分离出来的同时"生产"这种意思。这场争论的文章后结集为《批评与真理》（1966）。可见在接受"互文性"概念之前，巴特已经对阅读和批评的含混性和生产性有所思考和研究，只是尚未形成合适的概念而已，而这一切都与"互文性"息息相关。这些巴特日夜萦绕在脑际的问题一朝受到克氏的启发，恰恰声气相投、一拍即合，这也可能正是巴特对克氏特别器重和褒爱的原因所在吧。

巴特"互文性"理论的基本观点可以从他所撰写的《大百科全书》《文本理论》词条中的以下论述见出：

> 任何文本都是一种关联文本；其他文本都在不同层次上、以或多或少可被辨认的形式出现在这一文本之中；这包括先前文化的文本、周围环境文化的文本；任何文本都是已经结束的语录的一种全新编织。一些零散规则、一些表达方式、一些节奏性模式、一些社会言语活动的片段等，都会进入这一文本，并得到重新安排。互文性作为任何文本的条件，显然不能仅仅归为起源和影响的问题；关联文本是由无从考据的一些表达方式、下意识的引用和未加标注的参考资料联合组成的广泛领域。从认识论上讲，关联文本的概念是为文本理论提供社会性容量的概念：先前的和当代的言语活动都可以进入文本之中，这种进入并非是依据可以看得出来的亲缘关系途径、自愿的模仿途径，而是依据一种分散的途径——这一形象为文本确保了一种能产性地位。②

这段话与克氏有关"互文性"的论述如出一辙，二者甚至可以相互转注、相互发明，殆可作为"互文性"的经典性定义。其主旨在于：其一，任何文本都是关联文本；其二，其他关联文本包括先前文化的文本、当代文化的文本、周围环境文化的文本等，都会在该文本中得到全

---

① ［法］罗兰·巴特：《批评与真理》，《罗兰·巴特随笔集》，怀宇译，百花文艺出版社2005年版，第137页。

② 张智庭：《罗兰·巴尔特的互文性理论与实践》，《符号与传媒》2010年第1期。

新的编织，那些零散规则、表达方式、节奏性模式、社会言语活动的片段等，都会在该文本中得到重新安排；其三，互文性作为任何文本的关联条件，不能仅仅归结为传统的起源和影响的问题；其四，其他关联文本是由无从考据的表达、下意识的引用和未加标注的资料组成的广泛领域，它是一个具有丰富的社会性容量的概念；其五，其他关联文本进入该文本并非通过明显的亲缘关系途径或自愿模仿途径，而是通过播撒的途径，这一形象使该文本成为一种生产力，确保了它的能产性地位。巴特对于"互文性"以上要义的理解和认同，始终作为一道底色、一种内涵映照和融贯在他的文学批评之中。

巴特曾将自己的写作历程划分为四个时期："社会神话"写作时期，"符号学"写作时期，"文本性"写作时期，"道德观"写作时期。① 他对于互文性问题的吸纳、演绎和建构大致在第三个时期亦即"文本性"写作时期（1968—1972），代表作有《作者之死》（1968）、《S/Z》（1970）、《萨德·傅立叶·罗犹拉》（1971）、《文本的快乐》（1973）等，但一直延续到后来，包括《恋人絮语》（1977）、《如何共同生活》（1977）等，亦可划归此例。巴特在这些著述中阐述和演示了他的"互文性"理念，其中比较集中的是《作者之死》和《S/Z》。

《作者之死》虽然只是一篇随感式的短文，但对巴特来说意义重大，可以说它正是巴特从结构主义转向后结构主义的一个明显信号。在该文中，巴特论述了"两个转换"，一是作家向写作转换；二是作家向读者转换。这两者的取向完全一致，而驱动和支撑着这"两个转换"的载体则是文本之间的"互文性"。

先是作家向写作转换。巴特认为，作者是一种近现代人物，是近现代社会脱离中世纪以后的产物。资本主义意识形态在发现个人魅力的同时，给予作者"个人"以最大的关注，从而对文学作品的解释总是到作者个人一侧去寻找根据。现代主义兴起之时，这一作者的王国仍很强大，但新锐作家一直试图动摇这个王国。从马拉美、瓦莱里、普鲁斯特到超现实主义，一代现代派主张取消作者而崇尚写作。在他们看来，作

---

① 参见 ［法］罗兰·巴特《罗兰·巴特自述》，怀宇译，百花文艺出版社 2006 年版，第 99 页。

者只是一个写作的人而已，他在叙述过程之外一切皆空。因此巴特在该文开头就说："情况大概总是这样：一件事一经叙述……那么，这种脱离就会产生，声音就会失去其起因，作者就会步入他自己的死亡，写作也就开始了。"①

再是作家向读者转换。巴特主张今后最好将文学称作"写作"，因为一个文本是由多种写作构成的，这些写作源自多种文化并相互对话、相互模仿和相互争执。而这种多重性的互动终将汇聚在一处，但这一处不是传统观念所认定的作者，而是读者。读者是构成写作的所有理由得以驻足的地方。因此巴特声称"（写作）的位置等于读者"②，可见他所说的写作是指读者的写作，在他看来，唯此才是终极性的写作、多元性的写作，也是永无止境的写作。一个文本的整体性并不存在于它的起因之中，而是存在于其目的性之中，但这种目的性却又不是个人的，读者是一个群体概念，它是无历史、无生平、无心理的，他仅仅是在同一范围之内把构成作品的所有痕迹汇聚在一起的某个人。过去古典主义的批评从未过问过读者，在这种批评看来，文学中没有别人，只有作者。现在，我们已不再受这种颠倒的欺骗了，一个健康的社会必须将以往颠倒了的东西重新颠倒过来，以明确自己所应排斥、反对和拒绝的东西。现今有一条大道至理昭然若揭，为使写作拥有未来，就必须把以往那种写作的神话重新颠倒过来："读者的诞生应以作者的死亡为代价来换取。"③

上述"两个转换"其实就是一个"转换"，它昭示了文学批评"疏远作者，亲近读者"的大趋势。在巴特看来，在整个文学叙述的结尾，作者往往就变成了一个陪衬人。这不只是一种历史事实或一种写作行为，它也彻底改变了现代文本，在各个方面都显示了"互文性"的建构力量。首先，就时态而言，以往人们所认为的作者与书籍的关系总是被分成前后两截：作者被认为是筹划书籍的人，他为书籍而思考、而忍

① [法]罗兰·巴特：《作者的死亡》，《罗兰·巴特随笔集》，怀宇译，百花文艺出版社2005年版，第294—295页。

② [法]罗兰·巴特：《作者的死亡》，《罗兰·巴特随笔集》，怀宇译，百花文艺出版社2005年版，第296页。

③ [法]罗兰·巴特：《作者的死亡》，《罗兰·巴特随笔集》，怀宇译，百花文艺出版社2005年版，第301页。

受、而活着，因而作者成为书籍的过去时，他在书籍之前存在，与书籍之间存在着一种父与子的先后关系。如今不同了，由于是重新写作，读者的写作被视为"抄写"，读者被视为"抄写者"，其写作行为是与其文本同时出现的。读者不以任何方式先于或超出于其他人，他仅仅是以其文本作为谓语的一个主语。对他来说，除了陈述过程的时态，没有其他时态。其陈述活动没有其他内容，而只有借以发声和表态的行为。这样一来，写作便不再像古典主义所认为的那样只是往昔的一种记录、一种确认、一种再现和一种描绘，对现代的"抄写者"来说，任何文本都是在此时和现时写作的。在这个意义上，读者埋葬了作者。

其次，就文本而言，它并不像神学那样传达某种单一的神的旨意，而是由一个多维空间组成，在这个空间中，多种写作相互纠结、相互争执，但没有一种是原始写作，文本是由各种引证组成的编织物，它们来自文化的成千上万个不同的源点。以往的作家只能采取一种总是在前但又从不是初始的动作；他唯一的能力是混合各种写作，是使一部分与另一部分对立，以便始终不依靠其中的任何一种。继传统的作者之后，现代的"抄写者"们便不再有激情、性格、情感、印象，他赖以支撑永不停歇地写作的一大套词汇只是从书本抄袭而来，而书本本身也只是一种符号织物、一种迷茫而又隔膜的模仿。

再次，就写作而言，一旦作者被远离，试图对文本进行破译也就完全不可能了。给文本设定一个作者，本身就无异于强加给文本一种限制。传统的批评以发现作者及其社会，历史，心理，自由等主客观动因为己任，一旦有所发现，批评者就算大功告成了。时至今日，这种陈旧的批评王国也被动摇了。现代"抄写者"的复合写作并不指望破译什么，他要做的事是使文本结构在每一个阶段上被接续、被重复、被编织。写作的空间需要走遍，但不可穿透；写作表达意思，但又不断翻新，这种建构的过程将永无止境。

在上述文学批评实现"两个转换"的过程中，可以发现批评观念和词汇系统的大幅更新，构成了一种新的修辞学，亦即"互文性"的修辞学，它由接续、重复、编织、混合、汇聚、多元、多维、多重、引证、模仿、抄袭等时新的语词融汇而成，从而改变了这些词语原有的语义、用法和规范，恰恰勾勒出"互文性"的基本轮廓，圈定了"互文性"的大致边界,而这一点,在克氏对"互文性"概念的最初定义中就已显山露水。此外,还必须说明的是,巴特关于"作者死了!"的宣示曾一度引起学界的轩然大波,其实它并不是说作者个人作为物质存在就此泯灭、消亡了,而是说他他已不再成为历史的主角,不再居于世界的中心,已经滑向边缘、沦为配角了。但这种乾坤颠倒、主客易位的局面并不能否定他作为一种参照物的价值,他与占据王座、掌握权柄的新贵之间其实也因此构成一种"互文关系",在这个意义上他仍然是不可或缺、不可小觑的。巴特在该文中对于"两个转换"的论述每每回到作者,在古今比较、新旧对照和前后映衬中谋求一种互文关系就是明证。因此不妨说,所谓"作者死了!"的欢呼本身就是一种"互文性"的演绎,一种解构主义的宣告。

1973 年 7 月初,克莉斯特娃的国家博士论文在万森大学进行答辩,在答辩会上,巴特作为答辩委员会成员,却不合常规地向答辩人致谢,感谢答辩人多次帮助自己"从一种产品的符号学转变到一种生产的符号学"①,一时传为佳话。而这一转变,凝聚了巴特的《S/Z》一书内在的精气神。

《S/Z》一书原为巴特在巴黎高等研究院授课的讲稿,带有"文学概论"的性质,它既是演示"互文性"主旨的教材,又是彰明其"互文性"理论的专论,可谓集实践性与理论性于一身。书中提出了许多理论问题,首先要解决的问题是,文本的价值何在?他认为,要解决这一问题不能依靠科学,因为科学不作价值评估;也不能依据意识形态,如道德,美学,政治等,因为意识形态只是一种描述的价值,而不是一种生产价值。文本的价值在于生产价值,而文本的生产价值只能与一种实践相连接,那就是写作的实践。对写作实践来说,有的东西可写,有的东西不可写。那种可被写作的东西即可写性文本,唯有可写性文本具有生产价值,而可读性文本则否。造成这种文本类型学意义上的分歧,其原因在于传统的文学机制,它使得在文本的制造者与使用者之间、主人与顾客之间、作者与读者之间始终处于分离状态。置身其中,读者陷

---

① 见[法]路易-让·卡尔韦《结构与符号:罗兰·巴尔特传》,车槿山译,北京大学出版社 1997 年版,第 198 页。

入一种无所用心、不相为谋和冷眼旁观的境地。他不会去主动发挥作用，不会去接近能指的魅惑，也不会去享受写作的快乐，他似乎生来只有接受或拒绝文本的有限自由。与可写性文本相对应，那种可以被阅读但不可以写作的东西即可读性文本。相对于面向现时、介入当下的可写性文本，可读性文本只能算是一种古典文本，它构成了传统文学的庞大整体。

为什么可写性文本是我们企望的生产价值呢？因为文学工作的目的就在于"使读者不再成为消费者，而是成为文本的生产者"①。那么，在何处可以找到这种文本呢？在巴特看来，可写性文本是一种看不见、摸不着的东西，它不是在书店里可以找到的。它的模式是生产性的，而不是描述性的。它是一种永恒的现在时，任何结论性话语都对它不适用，因为结论性话语只能将文本变成过去时。总之，可写性文本是被开端的多重性、网络的开放性和话语的无限性所形塑的无限的游戏。在这个意义上说，可写性文本就是我们写作的进行时。因此巴特对之给出了如下定义："可写性文本，就是无小说的故事性，无诗歌的诗意，无论述的随笔，无风格的写作，无产品的生产，无结构的结构化。"②

对于上述定义，巴特作了进一步的解释。他认为，解释一篇文本，并不是赋予它一种意义，而是评价它由何种多元性构成。而他的具体做法则是将理想的文本与传统的古典文本进行多角度、多层次的对照：在这一理想的文本中，网系繁多并相互作用，而不是以一概全；这篇文本是能指的银河系，而不是所指的结构；它无开头而言；但可以换向；人们可从许多入口进入文本，而没有一个入口可以断言是主要的；它所调动的编码无穷无尽，但都难以确定，如此等等。不言而喻，可写性文本正是这种理想的文本，它从这种绝对的多元构成中获得其意义系统，但其数量从来不是封闭的，因为用以测定的言语活动是无限的。

但在巴特看来，仅仅对不同文本进行上述文本类型学的比照还是不够的，文本类型学的建立有其特定的章法，而这种章法的基础就是

---

① ［法］罗兰·巴特：《S/Z》，《罗兰·巴特随笔集》，怀宇译，百花文艺出版社2005年版，第152页。

② ［法］罗兰·巴特：《S/Z》，《罗兰·巴特随笔集》，怀宇译，百花文艺出版社2005年版，第153页。

"内涵"。如果完全否定这种内涵，那就取消了文本区分的依据，也就弃置了文本类型学本身。因此内涵对于文本类型学可谓至关重要。那么，何谓内涵呢？巴特作出了如下解释：

> 从定义上讲，它是有能力与前面的、后面的和外部的提示以及文本（或别的文本）的其他方面建立联系的一种规定性、一种关系、一种重复和一种特征……（它）潜在于一篇文本或多篇文本中的一种相互关系；或者，也可以说是由文本—主体在其自身之内搞成的一种联合。切题地讲，内涵是既不存在于词典又不存在于文本赖以写成的语言语法之中的一些意思……内涵借助于两种空间来确定：一种是具有一定顺序的语序空间，该空间服从于句子的前后排列，意思就沿句子逐次显示；另一种是粘合空间，文本的某些方面与外在于实际文本的其他意思有某种关系，并和这些意思一起构成一些模糊不清的所指。①

这就是说，文本类型学意义上的内涵借助两种文本来确定：一是语言学的文本，二是社会学的文本，两者相互交融、相互渗透，构成了内在的互文性，而作为理想文本的"可写性文本"及其生产价值据此而得以确立。另外值得注意的是，巴特此处对于理想文本内涵的论述与前引其关于"互文性"理论的基本观点如出一辙，甚至可以相互转注、互文见义。据此不妨认为，巴特在《S/Z》中关于"可写性文本"及其生产价值的论述恰恰为后来他所撰写《大百科全书》《文本理论》词条提供了一个基础性的文本。

第四节　修辞学派："互文性"理论的泛化与纠偏

有言道："儒分为八，墨离为三。"② 任何一种学派经历了形成期、

---

① ［法］罗兰·巴特：《S/Z》，《罗兰·巴特随笔集》，怀宇译，百花文艺出版社2005年版，第156—157页。
② 《韩非子·显学》。

发展期、鼎盛期之后，终会迎来它的泛化期，出现山头林立、支脉纵横的繁盛景象，但它往往会在一定程度上对学派的原旨有所偏离，不过这种偏离在某种意义上也是一种补益。同时，它也能形成自身的纠偏机制。"互文性"理论作为一种派别或流派亦复如此，在罗兰·巴特接过克氏的有关创意而将该理论推向经典化之后，受到熏染的学者可谓人影幢幢、论说杂沓。由于得到巴特和克氏的亲炙私淑，"互文性"理论基本上是在法国得到赓续，从而造就了又一款相对纯粹的法国理论。这批法国后学大都走的是修辞学的路子，因此不妨称之为"修辞学派"。他们从修辞学出发，对于克氏和巴特因忙于从精神分析学以及社会文化角度建构"互文性"理论而未及充实的修辞学肌质进行了修补和完善，使得该理论更趋科学和完备。

这一学派的代表人物热拉尔·热奈特提出"跨文本性"（transtextualité）的概念，提倡文本的超验性，在肯定其综合"所有使一文本与其他文本产生明显或潜在关系的因素"的前提下，按照抽象程度、蕴含程度和概括程度顺次分为五种类型的跨文本关系，并将其列为诗学的研究对象：

文本间性：指一个文本在另一文本中的实际出现；

副文本性：指一个文本与其附属部分的关系（包括书名、前言、注释、卷首或章前题词、插图、插页等）；

元文本性：指一个文本对另一个文本的评论关系；

承文本性：指一个文本对另一个文本的蓝本关系；

广义文本性：指秘而不宣、仅由副文本提示的类属关系。①

如果说热奈特是依据文本关系的分类对"互文性"进行细化分析的话，那么洛朗·坚尼则是依据修辞格的分类推进这项工作，用修辞格的种种转换方式来揭示"互文性"在具体运用中的多元性和丰富性：

叠音连用：取一段文字的谐音，但词形不同；

省略：截取已有的文本；

发挥：通过增加潜在的词义以转化原文；

---

① ［法］热拉尔·热奈特：《隐迹稿本》，《热奈特论文选批评译文选》，史忠义译，河南大学出版社 2009 年版，第 56、57—61 页。

夸张：通过夸大语言形式转化原文；

语序颠倒：颠倒被重复或引用的句子成分；

改变词义深度：重复使用一个词，同时使词义的深度在新的背景下得到改变。①

除了上述对"互文性"的某个维度或方面进行系统分析之外，修辞学派还对"互文性"的某些重要问题作出个案详解。麦克·利法泰尔提出"互文配意"（La syllepse intertextuelle）的概念，强调"互文性"的产生在于将同一个词的两种相互抵触的意义放在文中以引起关注。安托万·孔帕尼翁将"重复"和"引用"视为主要的互文手法，"重复"是一段话语在另一段话语中的复写，"引用"则是将一段表述从原文本抽出而引入受文本，二者的错位都将再造新的意义。米歇尔·施奈德在其同题专著中，用"窃词者"（Voleurs de mots）一词取代了"互文性"概念。在他看来，文学写作中那些原有的片段、个人的组合、参考资料、突发事件、留存的记忆和有意识的借用等均为"窃词"："文为他用"为抄袭，"文下之文"为隐文，"文如他文"为仿作，但他所说"窃词""抄袭""仿作"并非都是贬义，它们都表现为不同文本相互对立、交流或吸收的互文关系。

以上从修辞学角度所做的补苴罅漏的工作改变了以往"互文性"理论相对笼统、粗略、含混的局面，使之变得更加具体、细化和精确，从而使得"互文性"概念从广义向狭义过渡，同时也呈现了其内部趋同与存异、同一与肢解、吸纳与分离等复杂性。特别是加强了"互文性"理论与文学批评之间的关联，使之成为一种可操作、可参照、可遵循的原则和范式。如果说以往只能问"是否互文性？"的话，那么现今则可以问"何种互文性？"了。

进而言之，以上修辞学派骨干作为克氏和巴特的传人，对于"互文性"的生产性都予以重视而无一例外，不过他们大都是在符号学和语言哲学的背景下细察审辨文本内含的互文关系，以探讨"互文性"的意义生产机制。热奈特在对以往叙述学关于叙述要件"两分法"之外

①　［法］蒂费纳·萨莫瓦约：《互文性研究》，邵炜译，天津人民出版社2003年版，第29页。

增加了第三个要件，即在"故事""叙事"之外增加了"叙述"这一概念。"故事"即叙述的内容；"叙事"即表意手段或叙述文本本身；而"叙述"则是指"生产性叙述行为"，它"增加了由叙述情境引起的其他问题，如叙述的接受对象、作者或读者的介入等"①。作者是文本内的对象，读者是文本外的对象，他们都通过互文关系介入了小说的叙述行为，参与了小说的意义生产。

利法泰尔较早时期写过《文本的生产》（1979）（*la Production du texte*）一书，该书的主旨一直影响到后来的研究。利法泰尔肯定诗的叙述能够通过不同文本之间的互文关系而生成新的意义，在他看来，如果一个文本以已经存在的其他文本为参照，那么它就有可能在文本的转移、扩张和变化中产生新的诗意。据此他对传统的"摹仿说"或"表现说"提出了质疑。他特别重视读者在这种意义生产中的作用，强调读者在深层把握修辞现象的基础上形成新的阅读模式如比较阅读、结构阅读等，将文学材料中的其他文本当成本体文本的参考对象，从而读出传统的线性阅读无法获得的意义。为此他在该书中研究了诗歌解读的各种感知方式，分析了散文诗体裁、幽默现象以及无意义和晦涩现象等，他在每一层次中都引入了"互文性"的概念。使诗歌解读始终围绕这一概念而变化，把"一个词或一句话改造成一个文本"，或把"文本变成更广泛的整体"。②

孔帕尼翁对于"重复"和"引用"的研究是出于这一基本想法：所有文本都是二手的，都来自其他文本，不过是旧文本的新配置而已。所以他说："所有的写作都是拼贴加注解，引用加评论。"③ 即便文学大师也是如此，孔帕尼翁称乔伊斯是"剪刀加粘贴"，普鲁斯特是"文献串联"。因此他喜欢用"家谱"来指陈"互文性"所承载的历史记忆，并将表达视为一种力量，肯定它往往能抓住一种曾经的话语并不断重复

---

① ［法］让-伊夫·塔迪埃：《20世纪的文学批评》，史忠义译，河南大学出版社2009年版，第206页。

② ［法］让-伊夫·塔迪埃：《20世纪的文学批评》，史忠义译，河南大学出版社2009年版，第226页。

③ ［法］安东尼·孔帕尼翁：《二手文本或引用工作》，见［法］蒂费纳·萨莫瓦约《互文性研究》，邵炜译，天津人民出版社2003年版，第24页。

它。这种重复和引用可能与原先的文本并无二致，但只要是进入新的文本关系，便不乏生产性和增殖性。

洛朗·坚尼也将"互文"定义为"文之所言，尽乃前人之语也"，但他认为互文中的重复、暗示与同一文本中的简单重复、暗示还是有差别的，因此有必要对这一定义作进一步的限定，即"每次当有一段借用的文字是从原文中被抽出来，而后被作为范式照搬到一段新的文字中去的时候，才发生了互文性"①。正是这种新旧之间的互文移植构成了实际的生产性，赋予了重复、暗示以新的意义。

相对于热奈特所谓"二级文学"，孔帕尼翁所谓"二手文本"，坚尼所谓"前人之语"，施奈德则将后来的诗人称为"窃词者"，以说明当下文本对已有文本的传承性和依附性。在他看来，当下文本往往是一种"回忆"，它总是抱着一种怀旧的心情对一去不复返的过往脱帽致敬。但不管怎样，当下文本必须在古典作品的投影与现代艺术的创新之间达成某种协调，并从中生发出新意。

值得注意的是，修辞学派对于"互文性"的生产性功能的确认已经表现出较强的自觉性，他们以克氏等前辈的有关主旨为标准，不仅在"互文性"生产性问题上创意多多，而且对某些研究中出现的偏差也能作出归本返正的纠偏。孔帕尼翁曾对热奈特在论证"跨文本关系"的五种类型时存在的偏差提出批评，指出热奈特将"互文性"定义为"两个或多个文本的共现关系""一个文本在另一文本中的确定存在"，而将摘引、抄袭、影射视为互文的常见形式，那是太过狭隘了，它过高地估计了文本的形式属性，而弱化了文本的指涉功能，从而"忽略了克里斯蒂瓦继巴赫金之后一再强调的文本生产力"。②且不论此处孔帕尼翁的批评是否准确、到位，它起码表达了对"互文性"的生产性功能的高度重视。作为对照，孔帕尼翁认同利法泰尔的观点，后者强调读者在"互文性"生产性的生成过程中的重要作用，认为"互文，便是读者对某一作品与其前后作品的关系的感知"。孔帕尼翁对此大加赞

---

① ［法］洛朗·坚尼：《形式的战略》，见［法］蒂费纳·萨莫瓦约《互文性研究》，邵炜译，天津人民出版社2003年版，第28—29页。

② ［法］安托万·孔帕尼翁：《理论的幽灵——文学与常识》，吴泓缈等译，南京大学出版社2011年版，第105页。

赏，指出"这才是文学文本中唯一重要的指涉"。① 这就将聚焦从文本转向了读者，确认只有读者才是"互文性"实现知识增长、意义生产、价值增值的载体，从而使得"互文性"的生产性落地生根，成为看得见摸得着的东西。而这里所说"读者"，更是指批评者，唯有批评者凭借如炬慧眼，才能真正洞见"互文性"的生产性。

第五节　"互文性"理论生产性内涵的渊源

孔帕尼翁对克氏的崇奉其实触及了一个根本性的重要问题，那就是克里斯蒂娃"一再强调文本生产力"的渊源何在？显而易见，克氏有关"互文性"的生产性功能的思想脱胎于马克思的有关思想但又不乏自己的重要创获。这在其博士学位论文《诗性语言的革命》中就有充分的论述。克氏指出，马克思对黑格尔所主张的"主体的历史"的辩证法进行了修正，"证明了历史是生产关系中一系列的斗争和破裂……历史并不常常作为主体的历史出现，而是作为生产模式的历史"②。从"主体的历史"到"生产模式的历史"的转换，势必带来实践本身的矛盾，因为实践常常既是意指的又是符号的，它决定了"文本生产的过程并不属于已经建立的社会，而是属于与本能和语言改变不可分割的社会变革"③。这就为一种特殊的生产铺路，这一生产既是符号的，又与从美学、科学到政治学所指向的社会实践息息相关。这就是文本的生产过程，也就是文本的生产性。克氏从马克思"生产模式"的历史观中找到了生产性文学批评的支点，而其"互文性"理论的探索和开拓就在这一坚实的支点上展开。

---

①　［法］安托万·孔帕尼翁：《理论的幽灵——文学与常识》，吴泓缈等译，南京大学出版社 2011 年版，第 106 页。

②　［法］朱莉亚·克里斯蒂娃：《诗性语言的革命》，张颖等译，四川大学出版社 2016 年版，第 161 页。

③　［法］朱莉亚·克里斯蒂娃：《诗性语言的革命》，张颖等译，四川大学出版社 2016 年版，第 79 页。

第 十 二 章

细读/粗读：生产性文学
批评的阅读状况

晚近以来，文学批评的阅读状况发生了一个重大变化。乔纳森·卡勒对此作如是说："新批评主义作为细读技巧，假定任何批评活动的标准都是看它是否有助于让我们对具体作品产生更丰富、更透彻的解读。它的这些观点产生了持久的影响。不过，从20世纪60年代初开始，一系列理论视角和话语——现象学、语言学、心理分析、马克思主义、结构主义、女权主义、解构——与新批评主义相比，都为对文学和其他文化作品的思考提供了更丰富的概念框架。"① 前面讲的是"新批评"的"细读"（close reading），后面讲的是"理论"的"粗读"（distant reading）。在此"新批评"告退、"理论"方滋的起落沉浮中，从"细读"走向"粗读"已然成为文学批评阅读状况的大势，同时也为文学批评发挥强大生产性提供了重要契机。

第一节 细读："新批评"的产物

"细读"概念是20世纪初兴起的"英美新批评"（下文简称"新批评"）的产物。"新批评"的兴起乃是出于对19世纪以来整个欧洲批评状况的不满，旨在反拨在象征主义、意象主义、表现主义、直觉主义、唯美主义等诸多批评派别中一脉相承的"作家中心论"。"新批评"的先驱T. S. 艾略特在《传统与个人才能》一文中提出的许多说法分明就

---

① ［美］乔纳森·卡勒：《文学理论入门》，李平译，译林出版社2008年版，第127—128页。

是对"作家中心论"发难的："诗人，任何艺术的艺术家，谁也不能单独的具有他完全的意义……你不能把他单独的评价，你得把他放在前人之间来对照，来比较。我认为这是一个不仅是历史的批评原则，也是美学的批评原则"，"诗不是放纵感情，而是逃避感情，不是表现个性，而是逃避个性"。① 前一句话说的是诗人只能在个人与传统、当下与历史的合力中确认自己，后一句话则是对以往的唯情感论和唯个性论表示异议。基于此，艾略特主张以"作品中心论"取代从 19 世纪浪漫派诗论以来万变不离其宗的"作家中心论"，力倡文学批评从作家转向作品，从诗人转向诗本身："诚实的批评和敏感的鉴赏，并不注意诗人，而注意诗"，"将兴趣由诗人身上转移到诗上是一件值得称赞的企图：因为这样一来，批评真正的诗，不论好坏，可以得到一个较为公正的评价"。② 这一新理念获得了广泛的认同，成为"新批评"的不二法门。

真正学科意义上的"新批评"是从 I. A. 瑞恰慈开始的，瑞恰慈的开创之功在于将语义学和心理学的原理引进文学批评，围绕"作品中心论"为"新批评"的具体操作制定了规则。瑞恰慈将语言分为"科学语言"与"感情语言"两种，认为前者是"真指称"，后者是"假指称"。而文学语言作为"感情语言"或"假指称"，并不要求像科学语言那样概念明确、逻辑清晰，对它来说，科学性逻辑的安排就不是完全必要的了，相反地还可能成为一种障碍，此处重要的是"由于指称而产生的系列态度应当有其自身应有的组织，有其自身感情的相互联系"③，而这往往并不讲求作为"真指称"的科学语言所重视的逻辑关系。譬如小说所虚构的人物形象并不符合小说原型的本真逻辑，但仍然能够以人物塑造、情节结撰和叙事技巧显示其内在的必然性和正确性，从而使读者乐于接受。瑞恰慈对文学语言的这番语义学和心理学的分析，无疑在操作层面上为艾略特倡导的"作品中心论"提供了有力的

---

① ［英］T. S. 艾略特：《传统与个人才能》，王恩衷编译《艾略特诗学文集》，国际文化出版公司 1989 年版，第 2、8 页。
② ［英］T. S. 艾略特：《传统与个人才能》，王恩衷编译《艾略特诗学文集》，国际文化出版公司 1989 年版，第 4、8 页。
③ ［英］艾·阿·瑞恰慈：《文学批评原理》，杨自伍译，百花洲文艺出版社 2010 年版，第 258 页。

支撑和补益。

后来美国新批评家约·克·兰塞姆进一步将"作品中心论"提升到本体论的高度来加以认识，认为诗的本体即诗存在的现实①，主张"批评家应当把诗视作十足的本体论的或形而上学的剧烈的行动"②，从而将文学批评界定为"本体论批评"。这种将作品视为独立存在的实体的文学本体论，构成了"新批评"的哲学根基和理论背景，深刻影响了这一新潮批评的质态和取向。

当"新批评"将关注的视线从作家转移到作品时，事情就发生了很大的变化。凡事只有看得见才能看得细、看得深，如果看不见那何来看细看深。只有以作品为中心，批评的目光才会集中到作品的局部和细节，进而发现其精微要妙之处，这就使得"细读"成为必然，成为文学批评的新套路和新规则，而这一切在过去的文学批评总是大而化之，无所用心的。同时当批评的目光收缩回来聚焦到一点时，则可能将这一点之外的东西移出关注的中心，对其视若无睹、存而不论。

上述变化在兰塞姆《批评公司》一文中表现得非常充分。他先拷问何种提问的方式更好？在他看来，与其设问"文学批评是什么？"还不如设问"文学批评不是什么？"于是他采用"排除法"来圈定文学批评的畛域，印证了他的一句名言："文艺批评并不是谁都能搞的。"③ 在他看来，文艺批评不是一门精密的科学，不是道德审判，不是历史研究，不是资料收藏，也不是语言释义，也不是作品的提要和阐释，也不是发表书评……当他将上述种种事项横一刀竖一刀统统切割开来、剔除出去之后，剩下的就只是艺术技巧研究了。兰塞姆由此得出的结论是，"研究艺术技巧，当然属于文艺批评。"④ 作为这一总体判断的具体表现，兰塞姆详述了他对于诗的艺术技巧抽丝剥茧、条分缕析的研究

---

① ［美］约·克·兰塞姆：《诗歌：本体论札记》，蒋一平译，赵毅衡编选：《"新批评"文集》，百花文艺出版社2001年版，第53页。

② ［美］约·克·兰塞姆：《批评公司》，严维明译，［英］戴维·洛奇编：《二十世纪文学评论》，上册，上海译文出版社1987年版，第403页。

③ ［美］约·克·兰塞姆：《批评公司》，严维明译，［英］戴维·洛奇编：《二十世纪文学评论》，上册，上海译文出版社1987年版，第393页。

④ ［美］约·克·兰塞姆：《批评公司》，严维明译，［英］戴维·洛奇编：《二十世纪文学评论》，上册，上海译文出版社1987年版，第402页。

方法：

> 探讨诗的格律；诗句的倒装，不正规的语法，跟散文语言的不同，跟散文的严密逻辑的不同；诗中所用的比喻形式；诗用来达到"审美距离"、并使自己有别于历史的那些虚构和创造；以及其他等等技巧，按一般的理解，凡不适用于散文的系统使用的手法，都是诗的技巧。①

当人们对于如此心思精微、针脚绵密的批评功夫叹为观止时，兰塞姆却声称以上做法仍嫌粗放，离真正合格的批评还相去不可以道里计："批评家要把诗拆开，分析，以发现这些特征。无论他做得如何精细，与生气勃勃的整体比较起来，仍是一件粗糙的东拼西凑的事。但是，如果不这样做，就不大可能理解多少诗的价值，不大可能理解任何成熟的诗的自然历史背景。"②

对于作品的阅读和批评只有达到如此境界，才是兰塞姆心目中的"细读"。

第二节 细读："新批评"的灵魂

那么，"细读"（close reading）何为呢？这里有一个现象耐人寻味：尽管后来的学者在"新批评"研究中大谈特谈"细读"问题，但对"新批评"中"细读"概念究竟最早出自谁手却一直不甚了然，至今也似乎尚未发现有谁对"细读"概念给出明确而完整的定义。总的来说，"细读"问题似乎是"行"先于"知"，"用"胜于"体"：在操作层面上斩获颇丰，但在理论层面上却不得要领；在实际功用上已成事实，但概念使用却尚未达成一致。诸如兰塞姆对"细读"方法不厌其烦的铺陈，燕卜逊《论含混的七种类型》对诗歌的含混语义不同类型的教科

---

① ［美］约·克·兰塞姆：《批评公司》，严维明译，［英］戴维·洛奇编：《二十世纪文学评论》，上册，上海译文出版社1987年版，第402页。

② ［美］约·克·兰塞姆：《批评公司》，严维明译，［英］戴维·洛奇编：《二十世纪文学评论》，上册，上海译文出版社1987年版，第404页。

书式的辨别、布鲁克斯《精致的瓮》对十首名诗的样板式的解剖,以及并非"新批评"中人的布拉克墨尔《沃莱斯·史蒂文森诗歌举隅》备受赞赏的诗歌复义分析等,可谓花团锦簇,极一时之盛,但在"细读"问题的概念定义和理论论证方面却显得漫不经心,较之批评实践的成绩斐然来明显薄弱明显滞后。

"新批评"的这一状况使得解决"细读何为?"的问题成为必要,同时也留下了重重困难,因为缺乏当事人的理论说明和论证根据。不过既然"细读"问题在批评实践和功能实用方面大有斩获,而且"行"与"用"自有其深刻有力之处,那么对"细读"概念的内涵作出界定则是完全可能的。如果根据紧要程度从低到高排序的话,那么可以说,"细读"首先是一种阅读方法。"细读"往往不是从大处着眼,而是从小处着手,不求深文大义,但求微言精义。这就使之在文本分析上往往不惜工本、不厌其详,哪怕是孤篇断简,也是反复琢磨、百般咀嚼。在这方面布鲁克斯《精铸的瓮——诗的结构研究》(1947)堪称样本,其中选择了西方诗史上有代表性的十首诗,通过"细读"来证明所有的杰作"都可以而且应该使用同一种方法去分析"[1]的判断。他以"反讽"这一最普通但在任何一首诗中都是极其重要的术语为例,爬罗剔抉、探赜索隐,在丁尼生的《眼泪,徒然的眼泪》、邓恩的《圣谥》、蒲伯的《发遇劫记》、济慈的《希腊古瓮颂》、华兹华斯的《不朽颂》中找出了风格各异的反讽手法,从而证明了这一道理:"反讽是我们用来表示承认不调和的事物时最普通的用语,而不调和的事物也是遍及一切诗歌的;其程度远远超出迄今为止我们传统的评论所乐意允许的范围。"[2]这里需要特别说明一下,所谓"细读"不仅指阅读行为,同时也指批评实践:仔细阅读在前,深入批评在后;深入批评是目的,仔细阅读是手段,二者不可分割:没有"细读"何来"细评",但不为"细评"又何必"细读"?当然这里所说"批评"既指专业性的评论,也指一般读者的议论和课堂教学中的讲解。

---

① [美]克利安思·布鲁克斯:《释义误说》编者按,杜定宇译,赵毅衡编选:《"新批评"文集》,百花文艺出版社2001年版,第210页。

② [美]克利安思·布鲁克斯:《释义误说》,杜定宇译,赵毅衡编选:《"新批评"文集》,百花文艺出版社2001年版,第227页。

其次，"细读"是一种批评策略。"细读"作为"新批评"的重器，其意义往往超出一般阅读方法的水平，而上升为一种批评策略。为了确立"作品中心论"，"新批评"将认同作品文本的外缘关系的意见视为"谬见"（fallacy）而加以排斥，威姆萨特、比尔兹利由此提出了"意图谬见"和"传情谬见"。所谓"意图谬见"，是指那种将作者的创作意图作为评价作品的批评标准的"谬见"，威姆萨特、比尔兹利认为它既不可行也不足取，一方面，作品最后所达到的结果，常常并非作者当初的意图；另一方面，作品一经诞生，它就和作者分离了，它走向世界，作者对它再也不能赋予意图或施加控制了。所谓"传情谬见"，是指以作品所引起的情感效果作为衡量作品的批评标准，最终必将导致印象主义和相对主义的结果。总之，"不论是意图说还是传情说，这种似是而非的理论，结果都会使诗本身，作为批评判断的具体对象，趋于消失"[1]。随着这两个"谬见"的流行，后续又衍生出感受谬见、传达谬见、起因谬见、文类谬见等若干"谬见"。这就如同一道道栅栏，隔断了种种外缘与作品之间的联系，先是将作家和读者、创作和接受等排除在外，再是将社会、历史、文化、政治等排除在外，这就像一场逐渐收紧的围猎，最终将作品围成了一头无路可逃的困兽。

在这场"围猎"中，每一次外缘的切割、每一种"谬见"的确认，都发挥了"细读"作为批评策略的作用。就说威姆萨特、比尔兹利的这两篇"谬见"，它们为了挑战以往的传记式批评，历史式批评，社会式批评，引述了古往今来海量的诗歌、小说、戏剧、神话、传说、史诗、民歌、故事等文本，十八般武艺轮番上场，使出了浑身解数，施展了语义辨析、文字训诂、历史考证、典故溯源、意象比较、结构拆解、心理分类、风格品评等种种"细读"功夫，在排除外在因素的干扰，保证作品文本的独立性和纯粹性，确立"作品中心论"方面收到了预期的效果。不妨说，这两个"谬见"的风行一时当与此不无关系。为此他们在论及"细读"的成功之策时不无得意之色："正是在这些地方，有见识的文学批评家比实验室对象及其各种反应的汇编人享有不可

---

① ［美］威姆萨特、比尔兹利：《传情说的谬误》，黄宏煦译，戴维·洛奇编：《二十世纪文学评论》，上册，上海译文出版社 1987 年版，第 591 页。

企及的优越性。批评家不是关于一首诗的统计数字报告的撰写人,而是诗的意义的启发人或诠释者;如果他的读者足够敏锐的话,他们将不满足于把批评家的话当作证词,而将把它当作一种教导来深思熟虑。"①

再次,"细读"是一种文学观念。作为"新批评"的后期成员,韦勒克、沃伦在《文学理论》一书中提出了"外部研究/内部研究"二分法,"内部研究"注重考察文学作品的结构、文体、类型、语言、意象、修辞、音韵、节奏等内在形式,"外部研究"注重梳理作者生平、心理、社会、历史、思想以及其他艺术类型等外在背景。很显然,韦勒克、沃伦对这两者是厚此薄彼、有所偏倚的,他们说得明白:"文学研究的合情合理的出发点是解释和分析作品本身。无论怎么说,毕竟只有作品能够判断我们对作家的生平、社会环境及其文学创作的全过程所产生的兴趣是否正确。"② 据此他们对过去的文学史过分关注文学的背景,对于作品本身的分析却极不重视,反而把大量的精力消耗在对环境及背景的研究上的做法表示不解,同时指出,近年来一种与此相对的一种健康的倾向正在兴起,即"认识到文学研究的当务之急是集中精力去分析研究实际的作品"③,它主张经典的修辞、韵律等必须以现代的术语重新进行认识和评价,而建立在对现代文学的形式做大范围综述基础上的一些新方法正在被引入文学研究之中。韦勒克、沃伦列举大量的代表性论著,着重褒扬了"新批评"在这一新潮中所作出的贡献,譬如理查兹的追随者对诗歌的原文给予了特别的重视,而美国的批评家群体把文学作品的研究作为他们兴趣的核心,致力将文学艺术与现实生活、艺术真实与经验真实区分开来。尤其值得注意的是"新批评"在阅读和批评的观念上发生的重要变更,那就是不再满足于仅仅考虑它与社会结构的关系,而是"力求分析其艺术手法,也即其艺术观点和叙述技巧"。④ 从

---

① [美]威姆萨特、比尔兹利:《传情说的谬误》,黄宏煦译,戴维·洛奇编:《二十世纪文学评论》,上册,上海译文出版社1987年版,第608页。

② [美]勒内·韦勒克、沃伦:《文学理论》,刘象愚等译,江苏教育出版社2005年版,第155页。

③ [美]勒内·韦勒克、沃伦:《文学理论》,刘象愚等译,江苏教育出版社2005年版,第156页。

④ [美]勒内·韦勒克、沃伦:《文学理论》,刘象愚等译,江苏教育出版社2005年版,第156页。

而对"细读"功夫所体现的观念更新作出了大力肯定。

韦勒克、沃伦书写《文学理论》这一经典性的教材，始终抱有一种强烈的冲动，即从"新批评"的观念出发为文学理论制定规则、建立制度，因此当其将"细读"问题纳入这一宏大的事业时，对于"细读"作为一种阅读规范和批评程式起到积极的提升作用，同时也使得"细读"范畴在文学观念的层面上得到凝练，这一点可以在其后的文学批评实践中被广泛、自觉地运用而充分见出。

正因为"细读"集阅读方法、批评策略和文学观念于一身，所以它在"新批评"的批评实践中无处不在，有论者甚至认为："这种文本细察或细读已然成为新批评的同义语。"①"新批评"在 20 世纪的批评新潮中是非常特别的一支流，人多势众，各有建树，每个个人或小群体都有自己的独得之秘且立言成说，如瑞恰慈的"实用批评"说，兰塞姆的"构架—肌质"说，燕卜荪的"含混"说，泰特的"张力"说，布鲁克斯的"反讽"说和"悖论"说，威姆萨特、比尔兹利的"谬见"说等，可谓"人人握灵蛇之珠，家家抱荆山之玉"，蔚成了不可多得的新说蜂起的繁盛气象。而在每一种新说中，都不难见出"细读"功夫的深耕和发掘，因此不妨说，"细读"乃是灌注于"新批评"的批评实践的灵魂。这里无法逐一作出分析，就以燕卜荪的"含混"说为例说明之：

燕卜荪在《论含混的七种类型》（1947）开篇声明："任何语义上的差别，不论如何细微，只要它使同一句话有可能引起不同的反应，就同本书的主旨有关。"② 在他看来，"含混"一词往往被引申得太远，从这个意义上说，任何文学陈述都可以称作含混语。只要从某个句子中抽出两个"含义"，就能构成一个值得注意的含混语，使人产生联想。不论它是否称得上含混语，某个词或某个语法结构都会产生多方面的作用。他从莎士比亚《十四行诗集》第 73 首中挑出一句为例：

---

① ［美］查尔斯·E. 布莱斯勒：《文学批评：理论与实践导论》（第五版），赵勇等译，中国人民大学出版社 2015 年版，第 71 页。

② ［英］燕卜荪：《论含混的第一种类型》，麦任曾、张其春译，《二十世纪文学评论》上册，上海译文出版社 1987 年版，第 274 页。

不再有好鸟歌唱的荒凉的唱诗坛

在这短短的一句诗中没有双关语，没有双重的措辞或模糊的感情，但是有许多理由可以在修道院的唱诗坛与小鸟歌唱栖息的树林之间构成种种联想，燕卜荪从中细分出诸多关联因素，但"由于不知道究竟应该突出哪一种因素，因此就有一种含混之感。显然这种情形牵涉到极为丰富的内容和强烈的效果。而含混的作用是诗歌的基本要素之一"①。关于燕卜荪《论含混的七种类型》的繁复内容，此处不赘，只拟借他关于诗中用词的含混性所作的分类而以管窥豹，其论甚为精粹，几乎是可以作为燕卜荪《论含混的七种类型》的浓缩版来读的：

> 一个词可能有几种显然不同的意义；有几种意义彼此关联；有几种意义需要它们相辅相成；也有几种意义或是结合起来，为了使这个词表达出一种关系或者一个过程。这是一个个可以不断发展下去的阶梯。"含混"本身可以意味着你的意思不肯定，意味着有意表示好几种意义，意味着可能指二者之一或二者皆指，意味着一项陈述有多种意义。②

从以上燕卜荪对含混类型的论述可见，那是须臾不能离开"细读"功夫的。有学者统计过，在《论含混的七种类型》中，燕卜荪仔细分析了 39 位诗人、5 位剧作家、5 位散文作家的 200 多段作品，以面广量大的例证为"含混"说提供了迄今最有力的论证，③ 这是多么浩大的"细读"工程！

第三节　细读：自我消解的危机

从康德开始，近代形式主义美学的不同派别几乎没有一个是能够将

---

① ［英］燕卜荪：《论含混的第一种类型》，麦任曾、张其春译，《二十世纪文学评论》上册，上海译文出版社 1987 年版，第 277 页。
② ［英］燕卜荪：《论含混的第一种类型》，麦任曾、张其春译，《二十世纪文学评论》上册，上海译文出版社 1987 年版，第 280—281 页。
③ 赵毅衡：《重访新批评》，百花文艺出版社 2009 年版，第 145 页。

自己追求纯形式、纯审美、纯文学的宗旨贯彻到底的，就说 20 世纪文学批评，俄国形式主义如此，结构主义亦然，而"新批评"也不例外。以"谬见"说为由，"新批评"旨在切断文学作品的一切外缘，将文学变成与外界老死不相往来的独立王国。它一方面对作家和读者、创作和接受等加以屏蔽，另一方面对社会、历史、文化、政治等加以隔绝，连同与之相关联的知识体系、价值判断、研究方法和思想发展，以及种种社会环境、历史背景、文化语境、现实动因等，统统被"加括号"而予以搁置。总之，"新批评"总是力图排除一切外部干扰，专注于"细读"，将作品放在显微镜下进行细致入微的考察，从而在文学领域中取得实质性的进步。但这往往并不尽如人意。

实际情况是，"新批评"在条分缕析、发微探幽以追索作品的意义时，违背上述宗旨的情况恰恰不乏其例，譬如退特在分析哈代小说的比喻手法时论及哈代的个人生活；沃伦在分析柯尔律治《古舟子咏》的象征诗特征时以诗人的生平及思想为证。而燕卜荪《论含混的七种类型》开头以莎士比亚十四行诗的诗句为例（见上文），在"细读"中通过种种联想追索其七种意义，最后一种意义则出自"各种社会的和历史的原因"，他还加以说明："必须把这种种原因和许多使这一比喻同它在诗中的地位联系起来的原因合在一起，才能赋予这一行诗以美感。"[1] 这正与其形式主义的一贯主张自相矛盾。其实造成这一局面的原因也不难理解，任何文学作品要完全脱离它由以产生的社会历史和现实生活，要彻底摆脱作者诗人的意图、思考、情感、趣味乃至无意识，或者说要决然割断它与种种外缘千丝万缕的联系，那就像人想拔着自己的头发离开地球那样困难。

除了以上种种表现之外，"新批评"在一些重要的理论问题上也存在无法自圆其说，最终导致了自我消解的危机。一是瑞恰慈的语境理论。瑞恰慈是在"新批评"草创伊始大力推行"作品中心论"的倡导者和支持者，他将现代语义学引进文学批评，乃是基于一个明确的目标，那就是将文学批评的对象囿于作品的文本本身，在这排除一切外界

---

① ［英］燕卜荪：《论含混的第一种类型》，麦任曾、张其春译，《二十世纪文学评论》上册，上海译文出版社 1987 年版，第 277 页。

干扰的围城内进行纯粹的语言学分析，从他对于科学语言/感情语言、真指称/假指称的辨正即可见其"细读"功夫之深。然而瑞恰慈语义学的核心在于"语境理论"，这一理论将文学作品中的语言现象产生的根源归之于作品之外的种种外缘，这恰恰对他所标举的"作品中心论"实行了颠覆，这确实是始料不及的。

瑞恰慈提醒，我们所看到的词汇的内在含义，"只是采用了更为复杂的方式，是通过它们所在的语境来体现的"①。所谓"语境"首先是指作品中一个词与前后其他词之间的关系，这一关系决定了该词的意义，这种"语境"很容易从词与词之间的关系扩展到整个作品的范围。进而言之，"语境"可以扩大到包括任何写出的或说出的话所处的环境；还可以进一步扩大到包括该单词用来描述那个时期的为人们所知的其他用法；最后还可以扩大到包括那个时期有关的一切事情，或者与我们诠释这个词有关的一切事情。总之，"语境"是用来表示一组同时再现的事件的名称，它包括构成因果关系的任何事件及其所需要的条件。② 因此"语境"不仅是一种微小叙事，同时它又是一种宏大叙事，它可以从作品中一个词与其他词之间的关系推演到这个词与整个作品的关系，再经过一个又一个环节推演到最初的源头，即与产生该词的那个时期有关的一切环境和事件，从而揭示其中的因果关系。这样，瑞恰慈就一步一步将"语境"引向了作品之外广阔的社会、历史、现实、文化。例如莎士比亚剧本中的某个词，就说哈姆莱特的"犹豫"，该词的意义就并非只是从作品的文本中该词与其他词的关系可以说清楚的，它必须追溯到文本之外文艺复兴时代与之相关的一切背景和事情。这才是瑞恰慈所理解的"语境"，而对于这种"语境"的上下求索恰恰突破了他本人所固守的"作品中心论"。

二是布鲁克斯在解读诗歌作品时所持的历史主义态度。布鲁克斯曾集中精力研究过诗的"细读"方法，在"细读"问题上用力颇深、创见颇丰，其突出的成果即《精制的瓮》对十首诗的释义。但他也强调

---

① [英]艾·阿·瑞恰慈：《论述的目的和语境的种类》，章祖德译，赵毅衡编选：《"新批评"文集》，百花文艺出版社2001年版，第332页。

② [英]艾·阿·瑞恰慈：《论述的目的和语境的种类》，章祖德译，赵毅衡编选：《"新批评"文集》，百花文艺出版社2001年版，第334页。

历史知识对于读诗是不可或缺的准备，他在解读 17 世纪玄学派诗人马维尔的诗作《贺拉斯颂》时就曾一再从历史背景中寻求支持。总的说来，布鲁克斯在形式主义与历史主义之间保持一种调和、持中的中庸主义，一方面主张"批评家需要历史家的帮助——需要他所能得到的一切帮助"；另一方面又认为"诗必须当作一首诗来读：它'讲'的是什么，是一个由批评家来回答的问题，无论这样的历史证据有多少，最终也不能决定这首诗到底'讲'的是什么"①。布鲁克斯还将这种历史主义态度扩展到传统学术研究，他针对"新批评"与传统研究方法格格不入的情况，指出"新批评"倾重于批评的方法不应以取消语言学、文字批评、文学史或思想史方面的传统学术研究为代价。显而易见，"新批评"的批评方法在许多情况下都需要得到后者的帮助。它要辨别词义的差异及内涵，要玩味讽喻的曲折和文字游戏的意味，要洞察重音变化所引起的词义变化，要判断意象和隐喻的延伸的意义，并通过"细读"来准确把握这首诗究竟说了什么。因此"新批评"所倡导的批评方法必须依赖前辈学者出类拔萃的劳动，需要借鉴别人通过缜密细致的研究而获得的成果。布鲁克斯的结论是："新批评在原则上是一种与正统研究最少冲突的批评"，"批评与正统研究在原则上并非格格不入，而是相辅相成"，"它们完全能够在……完美的批评家身上理想地融为一体"。② 布鲁克斯承认史料的辅助价值、肯定传统学术研究或"正统研究"的借鉴意义并不乏合理之处，但在当时历史学派与"新批评"尖锐对立、激烈争辩之际，这种折中态度对于"新批评"的形式主义宗旨不啻是一种僭越规矩之举，不能不对他多年谋求的"细读"规范产生自我消解的作用。

第四节　从细读到粗读：文学社会学的崛起

虽然不能根据"新批评"中出现凌越规矩、违背宗旨的异动便断

---

① 见［美］韦勒克《批评的诸种概念》，丁泓等译，四川文艺出版社 1988 年版，第 15 页。

② ［美］克利安思·布鲁克斯：《新批评与传统学术研究》，盛宁译，赵毅衡编选：《"新批评"文集》，百花文艺出版社 2001 年版，第 530—531 页。

言这一波及广泛、影响深远的批评派别就此趋于消歇，但逮至 20 世纪 60 年代，一种新的批评形式已然代之而起也是不争的事实。乔纳森·卡勒借用一个说法揭扬之："尽管在文化研究中没有明令禁止对文本的细读，但它也不是非做不可的。"① 这一看似留有余地的说法并不能让倾向于"新批评"细读套路的批评家们感到安慰。因为一旦摆脱了像"细读"那样长期规约着文学研究的原则，"文化研究很容易变成一种非量化的社会学，把作品作为反映作品之外什么东西的实例或者表征来对待，而对作品本身不感兴趣"。② 要给这种"非量化的社会学"取个名称，最简便的就是"理论"这一概念了。"理论"不是一套为文学研究而设的方法，而是一系列没有界限、评说天下万物的著作，从哲学殿堂里学术性最强的问题到学术性相对淡薄的问题无所不容，包括人类学、艺术史、电影研究、性别研究、语言学、哲学、政治理论、心理分析、科学研究、社会和思想史，以及社会学等各方面的著作。可见"理论"的旨趣发生了"从阅读（'细读'）到社会政治分析的转移"。如果说以往的"细读"是对作品的每一处叙述结构都保持敏锐的注意，借以把握作品的复杂意义的话，那么现今的社会政治分析则认为一个给定时代的所有作品"都具有同样的意义，都是社会结构的表述"③。正是在这个意义上，"理论"被视为"非量化的社会学"而与"新批评"相对立。

卡勒注意到，与"理论"相随而行，一种新的阅读方式正在兴起，在文学教授和高校学生那里可能都会做与文学毫不相干的研究，他们可能研究某个特定文化话题，但这一话题又与非文学资料相关。一方面，他们会专注电影、连环漫画，会关注历史话题、文化话题、妇女解放、社会动乱等；另一方面，他们可能需要阅读历史文献、哲学理论，了解其他语境中时间的处理方式。这种新的阅读方式卡勒用弗朗科·莫雷蒂的"粗读"一说来界定之。

弗朗科·莫雷蒂将"理论"的阅读活动称为"粗读"（distant reading）④，

① ［美］乔纳森·卡勒：《文学理论入门》，李平译，译林出版社 2008 年版，第 53 页。
② ［美］乔纳森·卡勒：《文学理论入门》，李平译，译林出版社 2008 年版，第 53 页。
③ ［美］乔纳森·卡勒：《文学理论入门》，李平译，译林出版社 2008 年版，第 54 页。
④ ［美］乔纳森·卡勒、何成洲：《文学理论的现状与趋势乔纳森·卡勒教授访谈录》，郝志琴译，《南京大学学报》（哲学·人文科学·社会科学）2012 年第 2 期。

以与"新批评"的"细读"相对照。他认为，以往的学者往往只是聚焦于少量文学名著进行研究，这里所谓"少"乃是相对于某一时段出版的小说的数量之"多"而言的，少则精细，多则粗略。如今学者往往采取新视角，将研究对象推到背景的位置，用定量研究的方法来分析某一时段的整个文学产出，而不以"细读"特定的作品为务。这种"粗读"之学也被称作"文学社会学"。①譬如分析某一年份整个文学的产出，区分不同国家在不同时期出版的小说类别，或关注哥特式小说的传播情况，关注司各特的作品在全球范围内翻译、阅读、模仿的现状等。这类研究往往会得出这样的结论：某个特定历史时期爱情小说颇为流行，或者哥特式小说的声望在下跌。总之，"文学社会学"重在关注文学创作的发展趋势，而非对某个特定文本的深入研究，它不再考虑主题，不再考虑对某个人物的看法，也不再考虑人物以及其伴侣的出生地和归宿地。就这一点而言，"文学社会学"在新崛起的指点江山、包罗万象的"理论"中是极具代表性的。

这里需要特地说明一下，distant reading 一词既可以译为"粗读"，也可以译为"远读"，其渊源可以上溯到雷蒙德·威廉斯和詹尼斯·莱德威等学者，他们用以架构文学与社会科学之间的对话，继而转向一种明显的实证研究方法。该词是莫雷蒂在《对世界文学的猜想》（2000）一文中首次提出的，他不认为新批评关于文本细读的观点会非常流行，因为"从新批评……的批评实践看，文本细读的症结在于，细读的经典范围必然很狭小……（也）不会顾及非经典作品"②。针对这一症结，他提出"远离阅读"或"粗读"的概念，其主旨在于："如果我们想从整体上理解系统，就必须接受失去某些东西。我们总是为理论知识付出代价：现实有无限的丰富性，概念是抽象而贫乏的。但正因其'贫乏'，才有可能驾驭而解读众多作品。"③他将以上主张概括为两句话：

①　［美］乔纳森·卡勒、何成洲：《文学理论的现状与趋势乔纳森·卡勒教授访谈录》，郝志琴译，《南京大学学报》（哲学·人文科学·社会科学）2012 年第 2 期。

②　［意］弗兰科·莫莱蒂：《对世界文学的猜想》，诗怡译，《中国比较文学》2010 年第 2 期。

③　［意］弗兰科·莫莱蒂：《对世界文学的猜想》，诗怡译，《中国比较文学》2010 年第 2 期。

"通过聚合和分析大量数据来理解文学，而不是研读特定的文本。"① 莫莱蒂的这一追求使"粗读"与文学社会学结下不解之缘，已经有学者阐明，类似的解释可以围绕"文学的社会学"这一说法而得以架构。②

文学社会学（也泛称文艺社会学、艺术社会学）19世纪初在斯达尔夫人、丹纳和让－马利·居约手中得到确立，其后在弗·梅林、拉法格和普列汉诺夫等人那里得到深化，又在20世纪20年代到30年代中期苏联的庸俗唯物主义者手中遭到严重挫折，到了第二次世界大战以后，则已跃跃欲试、渐成气候，从50年代以来，更是遍布欧美各个国家，各个地区，成为一门热闹非凡、令人瞩目的"显学"。根据阿尔方斯·西尔伯曼的《文学社会学引论》（1981）统计③，其间欧美文艺社会学发表的有关论著就多达363种，而且研究的问题也趋于专门化，涉及文艺社会学的方法和理论、作品的结构分析和主题分析、文艺流派与样式社会学、作品社会学、作家社会学、书籍社会学、阅读的社会心理学、大众传播媒介研究和大众文学社会学研究等专题，无论是成果的密集性，还是选题的多样性，还是理论的丰富性，都令人叹为观止。

文学社会学在发展过程中形成了多种流派，有实证主义经验派、批评辩证派、发生学结构主义派、苏联的艺术社会学等。其中人多势众、分布广泛、最值得重视的是实证主义经验派。法国的罗贝尔·埃斯卡皮、吕西安·戈德曼，德国的汉斯·诺贝特·费根、阿尔方斯·西伯尔曼、鲁道夫·申达，英国的赫伯特·理查德·霍加特、约翰·霍尔，美国的利奥·洛文塔尔，匈牙利的阿诺德·豪泽尔都归属于这一派别。其主要特点是采用实证主义、经验主义的方法，通过社会调查、专题报告、填写表格、统计数据等具体手段对文艺现象进行定量分析，它排斥文艺现象中所包含的主观性因素，不重视对文艺作品的研究，对文艺的审美价值也不感兴趣，转而将文艺视为一般的社会事实，将其分为社会起源、社会生产、社会传播、社会消费、社会功能、社会人口、社会团

---

① Katheryn Schulz, "What isdistant reading?", *New York Times*, 2011 - 06 - 24（14）.

② James F. English, "Everywhere and Nowhere: The Sociology of Literature after 'the Sociology of Literature'", *New Literary History*, vol. 41, 2010, pp. v – xxiii.

③ 参见［德］阿尔方斯·西尔伯曼《文学社会学引论》，魏育青、于汛译，安徽文艺出版社1988年版。

体、社会管理、社会预测等环节，再把每一个环节分成若干项目，通过观察、调查、测试、比较、统计、综合等方法达到对问题的精确把握。

第五节　"创造性背叛"：文学社会学的生产性

实证主义经验派的上述理论体系、思想原则和方法论从其代表人物的著述中可以见出。罗贝尔·埃斯卡皮代表了他所领导的法国波尔多学派的观点，他在为《国际社会科学百科全书》撰写的"文学社会学"词条中写道："文学批评家和史学家以文学作为一种特殊的现实为起点，努力运用当代社会学的方法去回答社会学的问题——只有在这个时候，才能产生真正的文学社会学。"[1] 这一学科定位也就规定了文学社会学的研究目标和方法路径，埃斯卡皮指出，它将发展出一种新型的历史批评，较之传统的形式批评更直接地与经济和社会历史相联系。文学社会学的宗旨并不在给创作规律和审美特征制定规则，"社会学的批评将永远不能揭示文学'创作'的内部本质，亦不能提供有关'美'的普遍而永恒的标准"。[2] 虽然常常有人尝试在这方面有所作为，但都鲜能如愿。

上述基本观念直接支配着其研究工作的实际操作方法，埃斯卡皮在《文学社会学》一书中把文学的社会过程划分为"生产""传播""消费"三个主要环节，而将每一个环节又分割为许多子项，例如在"生产"环节中就有如下子项：（一）处于时代中的作家：（1）作家身上的变化；（2）世代与群体。（二）处于社会中的作家：（1）出身；（2）资助问题；（3）作家的职业。他力图运用观察、调查、统计等定量分析的方法总结出其中每一个子项中所包含的社会学规律，例如在"世代与群体"这一子项中，通过对于1810—1830年这20年间法国文学界大量知名作家的年龄的统计，得出了这一结论：当上一代的作家超过40岁，新一代的作家才会冒尖。当有地位的作家的声望逐渐减弱，开始承认年

---

① ［法］罗贝尔·埃斯卡皮：《文学社会学》词条，于沛译，见张英进等编《现当代西方文艺社会学探索》，海峡文艺出版社1987年版，第4页。

② ［法］罗贝尔·埃斯卡皮：《文学社会学》词条，于沛译，见张英进等编《现当代西方文艺社会学探索》，海峡文艺出版社1987年版，第18页。

轻作家的压力的时候，群芳斗艳的局面似乎才会到来。又如在"出身"这一子项中，通过对法国历史上 6 个时期作家出身密度的分布的图示，得出了这样的认识：宫廷、科学院、最高法院、城市中心和大学等社会环境和制度对于造就作家具有重要影响。①

汉斯·诺贝特·费根则是在文学社会学与文学学、社会学的区分中厘定文学社会学的学科性质的：如果说文学学是以作为艺术的文学为对象的话，那么文学社会学对文学对象的把握则无须从一种美学评价的角度出发；如果说社会学是关于人际行为的过程和结构的科学的话，那么文学社会学便是社会学的一个分支，它是作为一种特殊的社会学而取得合法地位。他将文学社会学的对象界定为一种"由于文学和为着文学所发生的人际活动"，"这种人际活动表现为人际行为形式的总和"②，它具体包括：（1）社会；（2）作家和作家社团；（3）思想和物质的中介者：批评、戏剧和图书业、图书馆；（4）读者和受众等。它们构成了文学文化模式在其中得以实现的社会基本关系。③

与上述两位学者相比，利奥·洛文塔尔更重视社会体制对于文学存在状态的影响，他致力研究文学与社会制度的关系、作家在社会中的地位、作为文学材料的社会和社会问题、决定成功的社会因素等问题，在最后这个问题中又分出若干方面，其中具有意思的是"社会控制领域"。他发问：从纳税人资助的公共图书馆到政府资助的剧院，从诺贝尔文学奖到出版社安排的竞赛，从普立策奖到地方团体对成功的作家给予的荣誉，我们对于控制文学创作与阅读的社会因素究竟知道了多少？在他看来，我们应予研究的"被操纵的控制"起码有以下子项：出版商的广告宣传运动，与读书俱乐部、电影生产相联系的对赢利的期待，杂志连载的广阔市场以及翻印公司等；审查制度，从天主教的禁书目录到禁卖某些书刊的地方条令这些成为制度的限制；最后，非正式控制的

---

① ［法］罗贝尔·埃斯卡皮：《文学社会学》，王美华、于沛译，安徽文艺出版社 1987 年版，第 61、66—68 页。

② ［德］汉斯·诺贝特·费根：《文学的特殊社会学问题范围》，鲁珉汉译，《外国文学报道》1987 年第 4 期。

③ ［德］汉斯·诺贝特·费根：《文学的特殊社会学问题范围》，鲁珉汉译，《外国文学报道》1987 年第 4 期。

影响，包括书评、广播、通俗的捧场文章、舆论领袖、文学杂谈以及私下议论的影响，等等。凡此种种，可以一言以蔽之："我们这里关心的不是作者的作品，而是对作者反应的社会性质。"①

当我们从文学社会学的角度对以上林林总总对文学产生影响的社会历史问题进行一网打尽式的论列时，实在感觉到这与以往新批评所推行的文本细读已经相去甚远、恍若隔世了。文学社会学也注意到了这一点，约翰·霍尔就认为："文学社会学的第一个领域是有关书本本身的。对文本的细读势必形成这一领域的基石，因为没有这类研究即不可能建立起任何概括。"② 但文本细读不一定对社会学知识有所促进，因为它"对个别文本作社会学的欣赏，这经常只不过用不同的而往往是恰当的社会词语描述文本的内容"；"文本中社会参照物的细节经常揭示出它的社会观的非典型特性"，所以它只是流于一种低层次的概括。而文学社会学则主张"对更广的文学类型和运动的讨论应该优先考虑，因为它允许了更高层次的概括"。③ 譬如文学社会学对于现代小说从"现实主义"到"现代主义"的变迁的解释就堪称范例。这种理论概括层次的悬殊决定了文学社会学往往弃置囿于文本本身的微观细察而转向放眼社会历史的宏观视野。

正是这一重大转换使得文学社会学作为文学批评的重要分支具有了强大的生产性。罗贝尔·埃斯卡皮早在20世纪50年代末问世的代表作《文学社会学》中提出了"创造性背叛"的概念，认为在作者的意图跟读者的意图之间，谈不上什么一致性，可能只有并存性；就是说，读者在作品中能够找到想找的东西，但这种东西并非作者原本急切想写进去的，或者也许他根本就没有想到过。"这里，的确有一种背叛的情况，但这是一种创造性的背叛。"④ 在他看来，全部古代及中世纪的文学实

① ［德］利奥·洛文塔尔：《文学与社会》，张苾芜译，见张英进等编《现当代西方文艺社会学探索》，海峡文艺出版社1987年版，第73页。

② ［加］约翰·霍尔：《文学社会学》，张英进译，见张英进等编《现当代西方文艺社会学探索》，海峡文艺出版社1987年版，第297页。该段译文根据原意有所改动。

③ ［加］约翰·霍尔：《文学社会学》，张英进译，见张英进等编《现当代西方文艺社会学探索》，海峡文艺出版社1987年版，第297页。

④ ［法］罗贝尔·埃斯卡皮：《文学社会学》，王美华、于沛译，安徽文艺出版社1987年版，第137页。

际上都经历过这种创造性的背叛，另一方面，这种创造性背叛不仅在不同的时代，就是在不同的国家甚至一个国家里的不同社会集团之间也会发生。它的机制在于，"当文学作品被不同的读者出于不同的需要而加以利用时，其真正的面目就被发掘、改造、曲解。因此要想知道那是怎样的一部书，首先要知道它是如何被阅读理解的"①。

此后埃斯卡皮在为《国际社会科学百科全书》所写的"文学社会学"词条中的表述就更加确定和完整了。他宣称："'创造性的背叛'是理解文学现象的主要钥匙之一"，它是指"对作者创作时的实际意图的无意或有意的曲解。这种重新阐释可能挖掘出作者自己未曾意识到的作品的潜在意义，或者增加一种预料不到甚至可以代替原意的新意义"②。他一再引证的典型案例是斯威夫特的《格列佛游记》和笛福的《鲁滨孙漂流记》，这两部小说原先是具有哲学意义的严肃作品，但现在却被当成儿童读物而被广泛阅读。那么，"创造性背叛"是如何形成的呢？埃斯卡皮认为目前暂时只能从三个研究方向逐步接近它：第一是研究阅读的物质境况，以便明确阅读在日常生活中的地位。过去的情况可由历史学家或社会学家去考察，而当代研究则可能会涉及阅读与各种大众传播及文化消费如电影、广播、电视、唱片等的关系。第二是心理学的或社会心理学的，它会根据性别、年龄、职业、教育程度、社会阶级、智商等方面的异同去确定读者的各种动机和态度。第三是研究文学欣赏的语言，它将通过语言学的途径推广文学欣赏的大众化机制。不难见出，这三个研究方向都不出文学社会学的范畴，都在文学社会学的视野之中，因此其相关研究非文学社会学莫属。

值得注意的是，"创造性的背叛"也并非易事，它对作品和读者都有较高要求。一方面，它要求作品必须具有"背叛的能力"，属于那种带有"随意性"的作品，这种"随意性"能够使一部作品在另一种历史环境中表现出与它原先产生的历史环境中迥然不同的另一种意义。当然这并不是任何作品都能做到这一点的，它必须是具有某种永恒性、

---

① ［法］罗贝尔·埃斯卡皮：《文学社会学》，王美华、于沛译，安徽文艺出版社 1987 年版，第 139 页。

② ［法］罗贝尔·埃斯卡皮：《文学社会学》词条，张英进译，见张英进等编《现当代西方文艺社会学探索》，海峡文艺出版社 1987 年版，第 17 页。

普遍性且富于生命力的内涵，具有文学性和持久而广泛的传播能力的优秀的作品。另一方面，"创造性的背叛"以读者为中介，在阅读过程中，读者会从自己的阅读经验中分离出一种设想的图景，他"把这一设想作为自己的设想来接受，又像作家实现最初的设想那样去实现它"①，在此过程中，读者的发掘、曲解、改造等反馈的工作尤其重要，它们推动"创造性的背叛"进入了创造、建构、生产的状态。正是在这个意义上，埃斯卡皮指出，文学社会学的理论探讨"引导我们现在来考虑作为机构的文学，作为拥有一种生产、一种市场和一种消费的文字"②。他认为，其中生产者就是做出决定、负责制造和出售书籍的企业家；在文学市场中人们将书籍视为同其他任何产品一样的产品出售；文学消费则取决于知识水平、研究水平、社会职业地位、生活环境等种种背景因素。与之相关的则是市场经济、商品化、购买、出售、发行渠道、销售网点、大众传播、文化消费等概念。由此可见，埃斯卡皮对于未来文学机构中的生产、市场、消费的界定并不是纸上谈兵的空言，而是脚踏实地的实务，而这一切恰恰应了他的一句话："（创造的）背叛并不是空洞无物的用语，而是对某种必不可少的现实性的证明。"③

埃斯卡皮进一步指出，对文学社会学来说，无非是采取对处于社会之中的文学的研究和对文学中的社会的研究这两条路径，这两者看似不可调和，但最终却殊途同归。他概括了已有的四种具体构想：一是将社会交流与文学现象结合起来，形成一种作家社会学，一种作品社会学和一种公众社会学；二是运用一种辩证方法将文学性置于社会性之中，同时进行文学分析和社会分析；三是构建一种艺术社会学或一种社会心理学；四是建立一门书籍社会学，一门对阅读的社会心理分析学和一门文学作品的社会学。埃斯卡皮对第四种构想予以激赏，理由是，其中三门

---

① ［法］罗贝尔·埃斯卡皮：《文学性和社会性》，于沛译，见张英进等编《现当代西方文艺社会学探索》，海峡文艺出版社1987年版，第105页。

② ［法］罗贝尔·埃斯卡皮：《文学性和社会性》，于沛译，见张英进等编《现当代西方文艺社会学探索》，海峡文艺出版社1987年版，第106页。

③ ［法］罗贝尔·埃斯卡皮：《文学性和社会性》，于沛译，见张英进等编《现当代西方文艺社会学探索》，海峡文艺出版社1987年版，第101页。

社会学中的每一种"都能够既作为理论,又作为实践来进行研究"①。
虽然埃斯卡皮一般性地声称"目前在这些方法中不可能只有一种文学
社会学"②,但他终究对那种理论与实践共存、创造与产出并举的生产
性文学批评情有独钟。

---

① [法] 罗贝尔·埃斯卡皮:《文学性和社会性》,于沛译,见张英进等编《现当代西方
文艺社会学探索》,海峡文艺出版社 1987 年版,第 114 页。
② [法] 罗贝尔·埃斯卡皮:《文学性和社会性》,于沛译,见张英进等编《现当代西方
文艺社会学探索》,海峡文艺出版社 1987 年版,第 115 页。

第十三章

结构/建构：生产性文学
批评的意义生成

有史家在梳理 20 世纪文学理论时将马克思主义诸流派分为五种模式，即反映模式（卢卡奇）、生产模式（马舍雷）、发生学模式（戈德曼）、否定认识模式（阿多诺）、语言中心模式（巴赫金学派）。认为这些模式有两个共同之处，一是它们都是在与各种研究方法的对话中发展起来的，而这些研究方法在某种程度上影响了诸种文学理论的形式。二是它们有一共识，只有把文学放在社会现实这一较大的框架里才能真正理解文学，如果将它置于孤立的境地、使之与社会历史相脱离，那就不足以解释文学究竟是什么。① 在这两点上戈德曼的发生学模式具有突出的代表性。

第一节　发生学结构主义的渊源

法国学者吕西安·戈德曼（1913—1970）的发生学模式以"发生学结构主义"的批评方法而著称，这是他在《论小说的社会学》（1964）一书中提出的，某些观点在早先的《隐蔽的上帝》（1956）一书中已有所表达。戈德曼对这一"文学批评的最新方法"颇为自信，认为它"已经何等迫切地把这一要求提上了议事日程：即构成一门一般来说是精神生活的、具体地说是文化创作的重要、严密和有实效的学科"②。

---

① ［英］安纳·杰弗森、戴维·罗比等著：《西方现代文学理论概述与比较》，包华富等译，湖南文艺出版社 1986 年版，第 162、163 页。

② ［法］吕西安·戈德曼：《论小说的社会学》，吴岳添译，中国社会科学出版社 1988 年版，作者序言，第 3 页。

那么，发生学结构主义批评方法的渊源何在呢？戈德曼对此多有论述："现在有两个发生学结构主义式的科学流派，它们适于把作品纳入集体结构和个人传记的尝试，那就是：马克思主义和精神分析法"①，"我们借用了一个几乎相似的词（这是我们从让·皮亚杰那里借来的），这就是发生学结构主义。"② 总的来说，其渊源主要来自马克思主义流派特别是卢卡奇的研究方法、弗洛伊德的精神分析法，以及皮亚杰的发生认识论。戈德曼则是将这些研究方法作为不同的对话者，通过不同的方式与之展开对话，去芜存菁、去粗取精、博采众长、为我所用，最终形成独树一帜的发生学结构主义的批评方法。

一般将戈德曼划归马克思主义文学理论一派，而他的学术思想深受卢卡奇的影响，他充分肯定卢卡奇继承了黑格尔、马克思的辩证法而称之为"辩证派"，对其在发生学结构主义形成过程中所作的贡献予以高度的评价。同时又指出，卢卡奇只是停留在"反映论"的水平上，他所固守的只是一种偏重反映作品内容的"内容社会学"，认为它"只能说明作品的某些次要的和周围的因素"③，与主张建构作品意义的"发生学结构主义的文学社会学"不可同日而语。

戈德曼认为精神分析学也是一种发生学结构主义，只不过弗洛伊德没有使用这个概念而已，戈德曼甚至将其视为发生学结构主义在个人心理方面的第一个设计，肯定其要义在于，那些通常看来属于变态和无意义的现象如口误、梦、精神病等，通过精神分析学的解析，便成为有意义的了。这就是说，精神分析学是寻求意义的，在这一点上恰恰与发生学结构主义不谋而合。不过他也指出弗洛伊德存在两大弊端：一是缺少未来的时间维度，只是将精神分析限定在对人童年期的本能力量受到压抑的体验；二是过于狭隘地将利比多还原为性的问题，并且只是将之限制在个人方面，而缺乏集团主体的概念。

---

① ［法］吕西安·戈德曼：《论小说的社会学》，吴岳添译，中国社会科学出版社 1988 年版，第 242 页。

② ［法］吕西安·戈德曼：《马克思主义和人文科学》，罗国祥译，安徽文艺出版社 1989 年版，第 227 页。

③ ［法］吕西安·戈德曼：《论小说的社会学》，吴岳添译，中国社会科学出版社 1988 年版，作者序言，第 328 页注①。

　　已如前引，戈德曼坦承，"发生学结构主义"一说是从皮亚杰那里借来的。不仅如此，戈德曼还盛赞皮亚杰"以出类拔萃的方法论清晰地引进了发生学的结构概念，以实证的方式将它运用于具体的研究之中，其重要性是怎样评价都不会过高的"①。甚至认为皮亚杰虽然完全没有受过马克思的影响，但全凭经验的方式在实验研究中发现了马克思一百多年前在社会科学领域中提出的几乎所有基本观点，同时又完全保持了心理学的专业特殊性。戈德曼这一见解由来已久，早在《隐蔽的上帝》中就已用皮亚杰的建构理论来解读马克思的《资本论》，并用以解释思想意识与客观世界的相互关系。②

　　戈德曼给予皮亚杰如此之高的评价固然与其私交的特殊性③不无关系，但也是皮亚杰的发生认识论给予戈德曼以重要启发所致。因此在其发生学结构主义取源的众多流派中，皮亚杰的理论居于显要地位，甚至成为贯穿和统摄其他理论的一条红线。正如有学者指出，戈德曼在构筑他的理论体系时，从卢卡奇那儿搜取了一些宏观分析的范畴如整体性、世界观、形式、超个人主体以及可能意识—客观可能性等，并将它们置于一系列从皮亚杰那儿套用来的实证的和人类学的范畴之中，如有意义结构、功能、结构与解构、主体与客体的认识论循环、平衡等。不仅如此，戈德曼还在社会学的层次上，直接采用了皮亚杰的实验研究成果来验证马克思的学说中相同的操作规则。④ 因此，戈德曼将发生学结构主义的理论基础构建在皮亚杰的发生认识论和建构学说之上，便是顺理成章的事了。按说将皮亚杰的心理学引进文学批评，而且给予如此高规格的认定，环顾 20 世纪文学批评史，似乎还没有第二人，而这一点也就决定了戈德曼的发生学结构主义的内涵和特色。

---

　　① ［法］吕西安·戈德曼：《马克思主义和人文科学》，罗国祥译，安徽文艺出版社 1989 年版，第 40 页。
　　② ［法］吕西安·戈德曼：《隐蔽的上帝》，蔡鸿滨译，百花文艺出版社 1998 年版，第 19 页及该页注①。
　　③ ［法］吕西安·戈德曼在第二次世界大战中曾流亡到瑞士苏黎世，得到皮亚杰的救助，成为其助手，并在皮亚杰的指导下取得博士学位。
　　④ ［意］威廉·Q. 鲍埃豪尔：《文学社会学方法论》引论，［法］吕西安·戈德曼：《文学社会学方法论》，段毅等译，工人出版社 1989 年版，第 4、13 页。

第二节　发生学结构主义何为？

戈德曼曾宣称，文学史研究中的发生学结构主义，是人文科学应用于这一领域的唯一有效的一般方法。[①] 那么，发生学结构主义何为？戈德曼并未给出明确、完整的界定，但根据组成这一概念的关键词以及戈德曼的大量论述，不妨作出以下概括：所谓"结构主义"，就是在文学作品的形式结构与相应社会集团的精神结构之间建立一种结构化关系；所谓"发生学"，就是从这种结构化关系中发掘和发现文学作品的意义。合言之，"发生学结构主义"即通过构建文学作品的形式结构与一定社会集团的精神结构之间的结构化关系，以开掘文学作品意义生成的可能性。这在当时的人文科学中可谓不同凡响、自成一家。

根据上述宗旨，戈德曼为发生学结构主义建立了一种可应用于文学批评的基本原则，他从这一设定出发："人类的一切行为是对一种具体境遇作出一种有意义的反应，并由此趋向于在行动主体和行动对象，即周围世界之间建立一种平衡。"[②] 但由于人类的行为旨在改变世界，所以这种平衡始终带有易变性和暂时性，总是不断超越已有的平衡而达到新的平衡，而这种新旧平衡的不断建立和不断打破的交替上升恰恰勾勒出意义生成的清晰轨迹。这一点，无论是经济的、社会的、政治的还是文化等人类活动都概莫能外，其中当然也包括文学活动。

这种新旧平衡的交替往往出于其背后一定社会集团的要求。每个人都处于某些复杂的关系网，根据家庭、行业、民族、友好、阶级等人际关系而从属于各种集团，而每一个集团都凭借其意识活动而形成一定的精神结构，这就是所谓"集体意识"。而一定社会集团的集体意识往往通过文学表现出来，从而构成文学作品与一定社会集团的集体意识之间的结构化关系，所谓"结构化"，即指在看待某个事物时，不是将其视为孤立自在的东西，而是视为它所置身的结构关系的产物。发生学结构

---

① ［法］吕西安·戈德曼：《论小说的社会学》，吴岳添译，中国社会科学出版社1988年版，第230页。

② ［法］吕西安·戈德曼：《论小说的社会学》，吴岳添译，中国社会科学出版社1988年版，第230页。

主义则试图通过这种结构化关系来彰显文学的意义，从而成为文学社会学的一个重要的转折点。

在戈德曼看来，在所有的人类集团中，唯有作家艺术家集团能够激发和推动文艺创作，而结构化过程流布在创作集团成员的感情、理智和行为意向构成的思想意识之中，具有全覆盖性质。这种思想意识往往作为一种世界观相对稳定而连贯地存在于一定的创作集团之中。而这一点，在伟大的作家艺术家的传世杰作中显示得更加充分，伟大的作家艺术家是这样一些特殊的人，他们能够在文学或绘画、音乐和其他艺术作品中成功地创造出一个如影随形的想象世界，"其结构与集团整体所倾向的结构相适应"①。这就是说，在文学作品的结构与创作集团的精神结构之间形成了一种"同构"关系，并以这种"同构"关系作为衡量作品优劣高下的重要标准。那些传世杰作本身就表明了作家艺术家优质的素质和能力，它们以想象的或概念的方式来表达现实的各个侧面，而这些侧面已经这样被结构化，哪怕不作任何补充，也足以对整个世界作出说明。因此不妨说，真正的结构化只能归属于这种作家艺术家的集团，其集体意识倾向于一种总体性的世界观。

发生学结构主义在建构过程中触及一个关键问题，即研究对象的划分问题。依戈德曼之见，上述对杰出作品与一般作品的区别是第一次划分。但在涉及同一个作家特别是杰出作家的全部作品时，就必须进行再一次划分，即从其每部作品出发，按编写的年代顺序来探讨当时的精神、政治、社会和经济生活，从而对结构化的社会生活进行分门别类，把所研究的作品作为局部因素纳入其中，在作品与更为广泛的社会整体之间确立一种同构关系。总之，随着这种划分的不断深入而将一个作品的结构纳入更大的社会整体结构，并依此类推。

以上划分显示了双重的优越性：一是它以结构化的统一方式来设想一切人类现象；二是它既是理解性的又是解释性的，从而可以确认"理解"与"解释"属于同一个智力过程，是关联着两种参照系的同一个过程。戈德曼对这两者的功能和地位作出如下界定："阐明一个有意

---

① ［法］吕西安·戈德曼：《论小说的社会学》，吴岳添译，中国社会科学出版社1988年版，第236页。

义的结构是一个理解的过程，而纳入一个更广泛的结构，对前者来说是
一个解释的过程。"① 戈德曼对此作了一个著名的例示，通过帕斯卡尔
的《思想录》和拉辛的剧作与 17 世纪法国社会的各个层次的对应关系
来揭示发生学结构主义中解释与理解的互补作用和递进关系：

> 阐明帕斯卡尔的《思想录》和拉辛剧作的悲剧结构，是一个
> 理解的过程；把它们纳入让森主义极端派并得出后者的结构，对后
> 者来说是个理解的过程，而对帕斯卡尔和拉辛的作品来说则是一个
> 解释的过程；把让森主义极端派纳入让森主义的全部历史，就是解
> 释前者和理解后者。把让森主义作为表现意识形态的运动纳入十七
> 世纪的穿袍贵族史，就解释了让森主义和理解了穿袍贵族。把穿袍
> 贵族史纳入法国的全部历史，就是在理解后者的同时解释了前者，
> 并依此类推。②

这样，通过"理解"和"解释"两个范畴的交互递进，将 17 世纪
法国文学的源流从较小结构到较大结构、再到更大结构不断地腾挪、转
换和推移，最终把文学作品与整个社会的经济、政治、思想、文化全部
串联起来，充分揭示了作品的社会历史内容。这在戈德曼发生学结构主
义是一以贯之的，早在《隐蔽的上帝》，就已明确提出将文学作品放进
相关的思想和感情潮流中去考察，再放进群体的经济、社会生活整体中
去衡量，从而建构文学作品的意义结构。他还进一步提炼出文学研究的
"三阶段"说：即从"本文—世界观"到"群体的精神和情感生活"，
再到"整个经济、社会和政治生活"，形成了求解文学作品意义结构的
基本路径。③ 其中交织着对形成意义和改变意义起到决定作用的种种因
果关系，对于这些因果关系，史学家是永远不应掉以轻心的。由此可

---

① [法] 吕西安·戈德曼：《论小说的社会学》，吴岳添译，中国社会科学出版社 1988
年版，第 240 页。

② [法] 吕西安·戈德曼：《论小说的社会学》，吴岳添译，中国社会科学出版社 1988
年版，第 240—241 页。

③ [法] 吕西安·戈德曼：《隐蔽的上帝》，蔡鸿滨译，百花文艺出版社 1998 年版，第
136 页。

见，在戈德曼这里，文学作品意义的建构，是以结构化的方式来进行的，当然，如果纳入这种结构化的因素、数量以及构成情况各异，那么文学作品的意义也将随之不同。

在戈德曼此处对于文学作品与整个社会历史之间的动态平衡关系的构想中，能够强烈地感觉到皮亚杰的存在，随处发现皮亚杰发生认识论和建构学说的投影。皮亚杰为了补救行为主义心理学关于"刺激—反映"（S—R）公式的不足，进一步提出"S—AT—R"公式，意思是认识主体只有将刺激（S）同化（A）于自己的认识结构（T）之中，才能作出反应（R）。皮亚杰如是说：

> 认识既不能看作是在主体内部结构中预先决定了的——它们起因于有效的和不断的建构；也不能看作是在客体的预先存在着的特性中预先决定了的，因为客体只是通过这些内部结构的中介作用才被认识的，并且这些结构还通过把它们结合到更大的范围之中……而使它们丰富起来。①

皮亚杰理论中的一个关键概念是"图式"，这是指心理活动的结构化形式，包括运动的、理智的、感情的三种基本结构。在其运作过程中，主体将刺激纳入自身已有的图式从而使之得到丰富和加强的过程即"同化"；当主体不能同化刺激时，调整原有图式或创立新的图式以适应现实的过程即"顺应"。在皮亚杰看来，认识过程就是同化与顺应不断交替上升的建构过程，而作为认识中介的"图式"同样也是不断得到建构的，他称之为"具有流动性的平衡状态""可变动的结构"。② 这就是说，作为认识中介的"图式"在本质上是动态的、生成的，从较低水平的平衡向较高水平的平衡上升的。显而易见，戈德曼的发生学结构主义的"动态平衡""结构化""同构""同源"等概念和构想无不由此而来，当然其中也不乏戈德曼自己的创意和新见，从而在这一现代

---

① ［瑞士］皮亚杰：《发生认识论原理》引言，王宪钿等译，商务印书馆 2009 年版，第 16 页。

② ［瑞士］皮亚杰：《儿童的心理发展》，傅统先译，山东教育出版社 1982 年版，第 21、22 页。

心理学重大发展的背景下为文学批评的意义生成提供了一种新方法、一条新思路。

第三节 从"反映论"到"同构说"

戈德曼从皮亚杰发生认识论和建构学说中获得的新观念新方法使之在反思以往的文学社会学时拥有了一种崭新的眼光，一个重要的转变是对传统"反映论"的重新考量。戈德曼虽然十分敬重卢卡奇，但对其"反映论"却不持认同态度。①

戈德曼的论证是从对于卢卡奇的早期著作《小说理论》（1916）所制定的小说类型学开始的。卢卡奇根据小说主人公与世界之间的关系，将19世纪的西方小说分为四种类型，即以塞万提斯《堂吉诃德》为代表的"抽象的理想主义小说"、以福楼拜《情感教育》为代表的"幻灭的浪漫主义"、以歌德《威廉·迈斯特》为代表的"教育小说"，加上以托尔斯泰《战争与和平》为代表的"史诗式小说"。②在戈德曼看来，卢卡奇一向关注小说的社会学问题，但他并未在阐明这个问题的道路上迈出决定性的一步，其小说类型学采用的传记和社会编年史方法虽然或多或少反映了当时的社会状况，但小说社会学的关键并不在此，而在于小说形式与使之得以发展的社会环境和社会集团之间的结构化关系，或者说在于小说结构与它所置身的社会结构之间的同构性。但是，至今在文学研究中，那些与同构性无涉的研究方法却一直被广泛使用，以至成为代表整整一个时代的通用形式。而卢卡奇恰恰是在这决定性的一步上裹足不前。

依戈德曼之见，卢卡奇小说社会学所确认的"反映论"只是主张将资本主义经济体制下的实际生活简单搬移到小说中去，它只是在小说的文学形式与实际生活之间构成一种同源关系。它涉及两种结构：一是

---

① 为了保证论述的集中性，本书在这一问题上仅讨论卢卡奇的意见，对其他相关学者的意见存而不论。

② ［法］吕西安·戈德曼：《论小说的社会学》，吴岳添译，中国社会科学出版社1988年版，第3—4页，并参见《小说理论》第二部分《对小说形式所作的类型学尝试》，《卢卡奇早期文选》，张亮等译，南京大学出版社2004年版。

小说体裁的结构，二是实际生活中的交换结构。它们相互对应，使得小说形式的演变只能在这一范围内才能被理解："把这种演变和物化结构的同源经历联系起来。"① 所谓"物化结构"是指马克思关于商品拜物教和物化的理论所概括的资本主义经济体制的结构状况，其中交换价值成为实际生活的支点，而将交换价值转换为使用价值成为实际生活的最终目标，人们每日每时都在追求只有通过交换价值的中介才能得到的使用价值，交换行为成为自觉的行为。而文学艺术创作亦复如此。戈德曼指出，卢卡奇"反映论"的所有研究只是集中于文学作品的相关内容，直观反映人们日常生活中的思维和行为，原封不动地传达作者自己的体验，专注于复制这种体验过的日常生活内容。从这个意义上说，"这种社会学要在作品中寻找的更多是资料而不是文学。"② 因此戈德曼将卢卡奇的"反映论"称为"内容社会学"，将其与自己所提倡的发生学结构主义的文学社会学区分开来。这两种文学社会学都是从文学作品出发而追寻某种意义，但前者力求作品"反映"资本主义经济体制下的实际生活，而后者则寻绎作品与一定社会集团的集体意识之间的意义关系，两者大异其趣。以上看法并非戈德曼一人之见，阿多诺对此也不无同感，认为卢卡契"把意识与实在世界的关系的范畴转用到艺术范畴领域，仿佛它们之间没有任何差别"。③ 因此戈德曼指出，发生学结构主义"提倡对无可争议地以卢卡奇为创始人的文学社会学方法进行彻底的改造"④，而致力在文学作品与它由以产生的社会集团的集体意识之间确立一种同构关系，进而在这同构关系中彰显文学作品的意义。据戈德曼自陈，他为此构想已花费了几年时间，但仍觉得终究不负这一番苦心，比起卢卡奇的"反映论"来，发生学结构主义的文学社会学更富于启发性和真实性。

---

① ［法］吕西安·戈德曼：《论小说的社会学》，吴岳添译，中国社会科学出版社 1988 年版，第 13 页。

② ［法］吕西安·戈德曼：《马克思主义和人文科学》，罗国祥译，安徽文艺出版社 1989 年版，第 64 页。

③ 见［英］安纳·杰弗森、戴维·罗比等著《西方现代文学理论概述与比较》，包华富等译，湖南文艺出版社 1986 年版，第 195 页。

④ ［法］吕西安·戈德曼：《马克思主义和人文科学》，罗国祥译，安徽文艺出版社 1989 年版，第 64 页。

戈德曼将其所作的多年思考总结为四个"新观点",其主旨可概括如下:其一,确认文学作品并非集体意识的简单反映,而是与某个集团的集体意识密切相关的东西;其二,集体意识与文学创作之间的关系,不在于内容的一致,而在于一种更为深刻的一致性即同构性,这种同构性可以虚构的内容表现出来;其三,文学作品的社会特征不可能由作家个人来奠定与"世界观"相适应的心理结构,这种心理结构只能由某个集团来制定,而作家个人只能把它搬移到虚构的创作或概念之中去;其四,集体意识是在一切参与经济、社会、政治等活动的个人的总行为中潜在形成的。① 戈德曼声称,这就是将发生学结构主义与其他文学社会学区别开来的分水岭,其核心思想在于,"一切真实的和重要的文化创作,只有在创作者的心理结构和一个……广泛的、但是有着共同目标的集团的心理结构基本一致时才能产生"②。不难见出,戈德曼的上述"新观点"始终贯穿的主旨在于,在反拨传统的"反映论"的基础上建构新型的"同构说"。

"同构说"的主旨直接支配着戈德曼的文学研究,贯穿在他对具体作家的作品分析之中,成为其文学批评实践的内在魂魄。戈德曼在着手研究马尔罗的小说结构时,便强调这种研究必须一方面说明这些作品的内容和形式的结构,另一方面论证这个文学世界的结构与社会、经济、政治、宗教等其他结构之间的同构性:"在它们之间发现一种有意义的关系的可能性。"③ 而文学批评就必须面对并回答林林总总的相关问题:马尔罗的作品是否作为一个特殊的社会集团的思想行动比较典型的表达方式?它是否属于一个包括其他作品的更广泛的结构,并与这些作品有一种结构上的联系?如果是这样,那么在这些精神生活的结构与当时法国和西欧的经济、社会、政治和生活之间有什么样的关系?马尔罗的变化与当时其他知识分子和作家之间有什么关系?当时哪些是法国文学中

---

① [法] 吕西安·戈德曼:《论小说的社会学》,吴岳添译,中国社会科学出版社 1988 年版,第 14 页。

② [法] 吕西安·戈德曼:《论小说的社会学》,吴岳添译,中国社会科学出版社 1988 年版,第 15 页。

③ [法] 吕西安·戈德曼:《论小说的社会学》,吴岳添译,中国社会科学出版社 1988 年版,第 25 页。

以人道主义的观点肯定普遍的人的价值的作品？这些作品的世界有着什么样的结构？在他看来，就与马尔罗的小说具有同构关系的社会结构的广泛性而言，以上列举的诸多结构关系仍是不全面的。而在对法国新小说派作品的分析中，戈德曼将文学作品与该作品由以产生的社会现实之间是否构成同构关系视为衡量现实主义优劣高下的最高标准："如果现实主义一词的意义是创造一个其结构和产生作品的社会现实的基本结构相类似的世界的话，娜塔莉·萨洛特和罗伯-格里耶就处于当代法国文学的最彻底的现实主义作家之列。"①

应该说，这正是戈德曼对于卢卡奇的"反映论"的偏失所作的突破和超越。如果说传统的"反映论"只是关注作家艺术家个体的话，那么"同构说"的支点则在于社会集团，所以戈德曼说："文化创作的真正主体是社会集团而不是孤立的个人"②，并坦承为此说遭到了许多责难。他清楚地意识到，以上构想还处于萌芽状态，还有许多不成熟之处，难免会遭遇种种抵制和反抗。不过科学研究的新进展新境界总是逾越已有的"成规旧例"、违背既定的"常情常理"而得到确立的，戈德曼对于这种曲折崎岖之后的成功和胜利充满信心，从而大声疾呼："必须在文化生活的科学研究中来一场彻底的动荡。正如从前使一切有实效的自然科学得以构成的那些动荡一样。"③

总之，卢卡奇作为马克思主义文学理论中反映模式的代表人物对"反映论"作出了全面论述，但由于在某些方面暴露出片面性、绝对化的倾向而饱受诟病，使得"反映论"成为歧见互出、聚讼纷纭之地，如伊格尔顿对卢卡奇"镜子说"的纠偏④，约翰·霍尔主张以"参照说"取代"反映论"⑤ 等。而戈德曼的"同构说"也是在对卢卡奇

---

① ［法］吕西安·戈德曼：《论小说的社会学》，吴岳添译，中国社会科学出版社 1988 年版，第 223 页。

② ［法］吕西安·戈德曼：《论小说的社会学》，吴岳添译，中国社会科学出版社 1988 年版，作者序言，第 4 页。

③ ［法］吕西安·戈德曼：《论小说的社会学》，吴岳添译，中国社会科学出版社 1988 年版，作者序言，第 3 页。

④ ［英］特里·伊格尔顿：《马克思主义与文学批评》，文宝译，人民文学出版社 1980 年版，第 55—57 页。

⑤ ［加］约翰·霍尔：《文学社会学》，张英进译，载张英进等编《现当代西方文艺社会学探索》，海峡文艺出版社 1987 年版，第 276 页。

"反映论"进行改造的众多方案中独特而又不乏建设性的一种，其"同构说"较之一般"反映论"无疑更加深入、丰富和复杂，特别是他主张通过文学作品与社会历史各个层次之间同构关系来彰显作品意义，避免了像"经济决定论"那样以单一的社会因素作为文学创作动因的庸俗化倾向。

第四节 "可能意识"与"最大可能意识"

值得注意的是，戈德曼在关于发生学结构主义主旨的四个"新观点"中，第一条就提出"可能意识"的问题并予以高度重视："马克思主义社会学……不是把真实的集体意识，而是把唯一可以使人理解集体意识的可能意识构成的概念看成关键的概念。"①

所谓"可能意识"，即一种超越现实、引领当下的自觉意识和有效意识，它以探索和把握现实中潜在的生长性和未来性而葆有意识的自觉性和有效性。戈德曼所说的"可能意识"借鉴了卢卡奇的《历史与阶级意识》一书的概念，该书的写作正值两次世界大战之间西欧各国工人运动风起云涌之际，运动的成败得失亟须得到理论的指导，其中有待解决的众多理论问题包括"何为阶级?""何为阶级意识?"以及相关的具体问题，卢卡奇创造性地提出了"客观可能性"这一范畴，认为"关于阶级意识的客观理论是关于它客观可能性的理论"②。在他看来，对于阶级意识的界定不能靠单纯的描述，而必须根据"具体的总体"及其辩证规定来进行。所谓"具体的总体"是卢卡奇哲学词典中的核心概念，与黑格尔和马克思的有关思想一脉相承，是对那种集普遍性与特殊性于一身的总体性概念的界定，体现了现代辩证思维的方法论。卢卡奇正是在此基础上提出了"客观可能性"的范畴：

> 与具体的总体及由此而产生的辩证规定的关系超越了这种单纯的描述，并产生了客观可能性的范畴。将意识与社会整体联系起

---

① ［法］吕西安·戈德曼：《论小说的社会学》，吴岳添译，中国社会科学出版社1988年版，第14页。

② ［匈］卢卡奇：《历史与阶级意识》，杜章智等译，商务印书馆2009年版，第146页。

来，就能认识人们在特定生活状况中，可能具有的那些思想、感情等等；如果对这种状况以及从中产生的各种利益能够联系到它们对直接行动以及整个社会结构的影响予以完全把握，就能认识与客观状况相符的思想和感情等等。①

总的说来，卢卡奇试图从三条途径确立阶级意识的客观可能性：一是通过意识与社会整体的联系将意识变成客观可能性；二是通过由各种利益关系驱使的直接行动将客观可能性引向了实践；三是立足于未来的实践，将现在理解为生成性的东西，在现在与未来、现实与理想的互动中实现客观可能性。而这第三点，则是卢卡奇在论述无产阶级意识时深入表述的。他认为，如果人只是简单、直观地看待过去和未来，那么它们就会成为僵化的、异在的东西，那么在主体和客体之间"现在"就将成为一道不可逾越的鸿沟。"只有当人能把现在把握为生成，在现在中看出了那些他能用其辩证的对立创造出将来的倾向时，现在，作为生成的现在，才能成为他的现在。只有感到有责任并且愿意创造将来的人，才能看到现在的具体真理。"② 这里所谓"创造将来"是一特别值得注意的说法。戈德曼将卢卡奇的"客观可能性"改造成"可能意识"，并将其用于文学批评和美学理论，特别是提供了皮亚杰发生认识论和建构学说的背景，使之成为富于建构性、生成性、未来性的概念。

在戈德曼看来，可能意识有一对应的方面，即现实意识，它带有很强的主观性和个人意识的复杂性，但如果它尚未意识到与社会集团和社会阶级之间的结构化关系，那么它的世界观就是暧昧的、虚幻的，而这种暧昧性和虚幻性也将表现在文学作品之中。总之，"仅只趋向于利用现实意识的实证论社会学是不充分的，它丢掉了现实的最重要方面——可能意识"③。按照发生学结构主义的观点，文学作品作为社会意识的

---

① ［匈］卢卡奇：《历史与阶级意识》，杜章智等译，商务印书馆 2009 年版，第 108—109 页。

② ［匈］卢卡奇：《历史与阶级意识》，杜章智等译，商务印书馆 2009 年版，第 308—309 页。

③ ［法］吕西安·戈德曼：《文学社会学方法论》，段毅等译，工人出版社 1989 年版，第 74 页。

构成因素，它很少与现实意识相纠缠，而更多与可能意识相关联，而艺术家也往往抛弃了现实意识的直接主观方面，而把意识带入一个结构化的社会阶级的整体关系之中，或者说带入到可能意识中去。

戈德曼在辨析可能意识与现实意识的关系时还提出了另一概念"最大可能意识"并作了最高级的界定："认识的最高程度，既能接纳被研究的过程和结构，也与现实相符。这个'最高'对于理解现实来说是至关重要的概念手段。"① 他从以下几个方面对之进行深入分析：其一，依循发生学结构主义的宗旨，如果从一开始就对结构化的社会集团进行研究，而撇开那些相对次要的过程和结构，那么，我们就能确认这些社会集团所拥有的最大可能意识。其二，正是在西方社会的各大阶级包括无产阶级、资产阶级、宫廷贵族和贵族阶层的可能意识的层次上，最大可能意识的概念得到了详细的论证和界定，也正是在这个意义上，它才成为在社会历史过程中显得最为重要的概念。其三，最大可能意识对意识领域的结构组成来说同样重要，它尤其明显地表现在文学、艺术、哲学等文化创造和文学社会学以及其他种种社会学研究之中。其中那些彪炳史册的伟大作品尤其重要，正是它们通过语言的、想象的、视觉的以及概念的途径，将与一定世界观相适应的可能意识推向更高层次的最大可能意识。这些伟大作品正是经历无数天才巨子惨淡经营、殚精竭虑而铸就，因此"无论在理论还是艺术的更高连贯的层次上作者就是第一个、或者至少是开拓性地，通过对一个由众多人物、客体或关系组成的想象世界的创造，表现了这一世界观"②。

戈德曼去世后，雷蒙·威廉斯在纪念戈德曼时对其发生学结构主义曾作出如下概括：我们不应将研究的重点放在"现实意识"关注的外围关系上，譬如作品内容和背景的对应、作家与读者之间的社会关系等，我们应该学习最伟大的文学的组织策略和基本结构，从而赋予作品以完整的统一性、具体的审美特质以及严格的文学品格。同时向读者揭扬社会集团最大的"可能意识"，并通过具有代表性的作家最终创造出

① [法] 吕西安·戈德曼：《文学社会学方法论》，段毅等译，工人出版社1989年版，第72页。
② [法] 吕西安·戈德曼：《文学社会学方法论》，段毅等译，工人出版社1989年版，第73页。

这种"可能意识"。① 作为戈德曼的挚友，威廉斯此论堪称切理餍心的知己之论。

综上所述，在戈德曼提出的现实意识、可能意识、最大可能意识等三种"意识"的序列中，虽然社会学的色彩较为浓重，但进行美学包括文学、艺术、文化的考量仍是贯穿始终的一条红线，依戈德曼之见，用可能意识来衡量，现实意识这一极作为美学的存在仍是不充分的，而居于另一极的最大可能意识则臻于美学的极境，它更多与伟大的作家艺术家神游，与不朽的杰出作品对话，使得美学的可能性得到充分的彰显，成为文学社会学研究的主要对象。而像戈德曼这样赋予可能意识如此丰富复杂而又界限分明的美学内涵，则是卢卡奇并未做到的，尽管他为可能意识概念的提出奠定了基础。因此有学者指出："的确，戈德曼确实是把可能意识这一概念作为其美学模式的一个本质部分来考虑的。"② 唯其如此，可能意识才能助推与社会有关的艺术家的积极作用，不仅强调与社会相关的艺术的批判作用和艺术的相对自主性，而且对文化创造中种种冲突的、幻想的以及怪诞的因素起到去芜存菁、激浊扬清的作用。

不难见出，在戈德曼激赏的可能意识和最大可能意识中，最为突出的个性在于其创造性和独创性。由于戈德曼往往依靠结构化的社会阶级整体结构的背景来为其提出的概念进行定位，故有人对其可能意识等范畴有所误解，指责他抹杀了作家艺术家个人创造的天才和独创性。戈德曼则予以反驳："独创性自然是必要条件，但是它并不是一个充分条件"，"最强的个性即是那种最与精神生活一致的个性，也就是说，在其积极性和创造性的各个方面，最能与社会意识的根本力量相一致的个性"③。而依托实际生活的发展，大化流行的社会意识的革故鼎新、骎骎日进往往成为推动历史前进的巨大动力，其中孕育着充满生机活力的无限可能性。正是在这个意义上，戈德曼认为："问题并不

① ［英］雷蒙·威廉斯：《文学与社会学：纪念吕希安·戈德曼》，李超译，《上海文化》2017年第11期。
② ［法］吕西安·戈德曼：《文学社会学方法论》，段毅等译，工人出版社1989年版，第9页。
③ ［法］吕西安·戈德曼：《文学社会学方法论》，段毅等译，工人出版社1989年版，第17页。

在于知道某个集团在想什么，而在于了解，在集团的根本性质没有变化的情况下，究竟什么样的变化可能在它的意识之中产生。"① 因此只有进入一定集团、阶级、社会的整体结构，才能真正确定可能意识以及最大可能意识的边界，也才能充分把握、积极推进艺术家个人的创造性和独创性。

第五节 "超个人主体"与"有意义结构"

戈德曼发生学结构主义的形成，正与当时欧洲方兴未艾的结构主义大潮不期而遇，虽然都是"结构主义"，但此结构主义非彼结构主义，戈德曼所说的"结构"关注的是文学所对应的随着时代发展而相互嬗变和转换的社会结构，而不是文学内部语言、修辞和文本的形式结构。他将后者划为"非发生学结构主义"，称之为形式结构主义，也称为静态结构主义、原子论结构主义、流行的结构主义等，而将胡塞尔、列维－斯特劳斯、阿尔都塞、罗兰·巴特等结构主义大师悉数归入这一派，视之为"形式主义的和语言学影响下的结构主义者"②，明确表示不予认同。虽然如此，在相反相成的意义上，林林总总的形式结构主义恰恰构成了发生学结构主义不可或缺的参照，若是缺少这一参照，后者绝对不会是现在的模样，从这个意义上说，形式结构主义恰恰奠定了戈德曼建构发生学结构主义这一文学批评新学科的起跳点。

戈德曼首先对发生学结构主义与林林总总的形式结构主义作出区分：

> 发生学结构主义认为，整个人类行为……有一种结构特点。与此相反，形式结构主义……把与一定历史环境或确切的生平时代紧密相连的东西扔在一边，于是达到了将这种行为的形式上的结构和特别的内容分开的目的。发生学结构主义原则上假设结构分析必须

---

① ［法］吕西安·戈德曼：《文学社会学方法论》，段毅等译，工人出版社1989年版，第25页。

② ［法］吕西安·戈德曼：《马克思主义和人文科学》，罗国祥译，安徽文艺出版社1989年版，序，第22页。

在历史的和个人的意义上更深入一步。①

就是说，是将结构分析与历史环境和时代生活割裂开来，还是在历史和个人的意义上更深入一步，这是形式结构主义与发生学结构主义的根本区别之所在。前者倾重形式、文本、语言、修辞，后者偏向社会、历史、现实、人生，两者泾渭分明、不容混淆。戈德曼对 20 世纪上半叶流派纷呈的结构主义进行梳理和归类，旨在对发生学结构主义作出定位。戈德曼对此显得信心满满，声称有朝一日当发生学结构主义更加成熟的时候，它就将构成历史实证方法的要素。

戈德曼对于发生学结构主义的理论基础提出一个总的看法：任何关于人文科学的思考都不是从社会外部，而是在社会的内部产生的，它是整个社会结构中精神生活的一部分，而精神生活又是整个社会生活的一部分，这一特殊地位使得人文科学能够"根据其重要性和有效性的不同而改变社会生活本身"②。根据这一看法，戈德曼又为发生学结构主义确立了一个基本概念：人类的一切行为都是对个人或集体主体的回答，"这种回答的意图构成使既成形势向主体所希望的方向变化"③。因此人类的任何行为都有一定的意指，但这种意指并非总是明显的，研究者应该通过自己的工作使之明朗。

从以上基本设定出发，戈德曼提出了五个"最重要的前提"，质言之：（一）社会生活与文学创作之间的本质关系在于一定的精神结构，它属于某个社会集团的经验意识和由作家创造的想象世界；（二）个人的经验有很大的局限性，不能创造出这种精神结构，这种精神结构只是特定社会集团联合行动的结果，它不是一种个人经验，而是一种社会现象；（三）作品的想象世界可能在结构上与特定的社会集团的经验同构，构成一种简单的有意指的关系；（四）文学创造的巅峰之作不仅能

①　[法]吕西安·戈德曼：《马克思主义和人文科学》，罗国祥译，安徽文艺出版社 1989年版，第 88 页。
②　[法]吕西安·戈德曼：《马克思主义和人文科学》，罗国祥译，安徽文艺出版社 1989年版，第 63 页。
③　[法]吕西安·戈德曼：《马克思主义和人文科学》，罗国祥译，安徽文艺出版社 1989年版，第 63—64 页。

够和中等作品一样被研究，而且特别容易得到实证研究的理解；（五）决定集体意识的、被搬移到艺术家的创造性想象世界中的种种结构是一种集体无意识。① 后来戈德曼进一步从这些"前提"中提炼出两个关键词，一是"超个人主体"，二是"有意义结构"。

戈德曼"超个人主体"概念的提出也与卢卡奇的《历史与阶级意识》有关，卢卡奇在该书中讨论"什么是阶级意识？"的问题时，将其称作"被赋予的阶级意识"②，就是说，阶级意识是被特定阶级的生活状况和实际利益关系规定了的，因此它超越了个人的思想感情，可见"阶级意识不是个别无产者的心理意识，或他们全体的群体心理意识，而是变成为意识的对阶级历史地位的感觉"③。这是卢卡奇在当时工人运动、革命斗争的背景下对于超越个人主体意识的阶级意识特别是无产阶级意识所作的界定。而戈德曼则将其改造成发生学结构主义的基本范畴，在他那里，"超个人主体"具有个体的形式，但它已经被置入集团、阶级、社会等不同层次构成的总体框架之中，因此它不是一种单数个体、单独个体，而是一种复数个体、集体个体，它已经将集团、阶级、社会的规定性集于一身。正如有论者指出："超个人主体就是一种包含个体的结构，并且它还提供了一种理解个人的精神范畴结构的方法。"④ 这才是"超个人主体"的本质。

在戈德曼看来，要求在单独个体层次上使相关结构产生社会功能，这是不合适的。只有通过单独个体的社会化，使之与由此衍生出来的诸集体主体相联系，或者说，将单独个体置入复数主体的总体结构时，超个人个体的建构才能成为事实。"历史就是在这个层次上被创造出来的。事实上，通过集体主体，历史才成为可能。"⑤ 因此，大而言之超个人主体就是所有历史行动的主体；小而言之它必须对其具体的历史行

---

① ［法］吕西安·戈德曼：《马克思主义和人文科学》，罗国祥译，安徽文艺出版社1989年版，第65—66页。

② ［匈］卢卡奇：《历史与阶级意识》，杜章智等译，商务印书馆2009年版，第109页。

③ ［匈］卢卡奇：《历史与阶级意识》，杜章智等译，商务印书馆2009年版，第138页。

④ ［法］吕西安·戈德曼：《文学社会学方法论》，段毅等译，工人出版社1989年版，第13页。

⑤ ［法］吕西安·戈德曼：《文学社会学方法论》，段毅等译，工人出版社1989年版，第16页。

为负责。正是在这个意义上，戈德曼给了一个提醒："有意义结构只有在超个人主体的层次上方是可能的。"① 从而"有意义结构"的范畴据此而得以架构。

戈德曼的"有意义结构"概念是从皮亚杰的发生认识论引申而来，他在探讨文化史上"有意义结构"概念的内涵时，曾引经据典将其渊源追溯到皮亚杰《发生认识论研究》的有关论述。② 戈德曼将皮亚杰关于认识结构作为一种自动平衡过程，而"自动平衡过程"作为一种动态结构的研究成果与"有意义结构"联系起来，为发生学结构主义这一新范畴的确立提供了理论支撑。

"有意义结构"是一个复合性、双重性概念，戈德曼将内在生活与外在生活、个体类型与集体类型、文学事实与历史事实等相互对应的方面都纳入这一范畴之中。他既认定历史上涌现的伟大的文学艺术作品或哲学著作构成了贯穿历史的有意义结构，同时也将组成超个人主体集体意识的世界观视为更为宏阔的有意义结构，它们在同一个有意义结构的基础上得到联结。或者说，这些指向不同、性质各异的事项构成了一种同构关系。当然，在肯定这种同构关系拥有真实有效的意义同时，也必须承认这两种有意义结构具有一种互异而又互补的关系。

戈德曼正是借助同构关系这座桥梁实现了两种有意义结构的往复周流和交错提升，而这一构想，正如戈德曼多次说明，其灵感来自皮亚杰关于"同化"与"顺应"循环演进、交替上升的建构理论。戈德曼进一步借用"理解"与"解释"这一对阐释学的基本范畴来演示这一建构过程。按当时戈德曼已经初步接触到海德格尔的阐释学，只不过他在论述中未提及而已，而他对"理解"与"解释"这对范畴的界定也与阐释学概念大相径庭。

戈德曼对于这对范畴曾给过一个极简的定义：

> 理解就是作品内在的一致性问题，就是一字不差地理解作品，

① ［法］吕西安·戈德曼：《文学社会学方法论》，段毅等译，工人出版社1989年版，第15—16页。
② ［法］吕西安·戈德曼：《文学社会学方法论》，段毅等译，工人出版社1989年版，第83页注①，第94页注文。

作品的全部和不谈该作品以外的东西；理解，就是在作品内部揭示出总的有意指的结构；解释则是探寻个人或集团主体……的问题，相对这个问题而言，决定作品的精神结构便具有一种功能特征，并由此又具有一种意指特征。①

总之，理解和解释从对作品的内部研究到作品的外部研究，又从外部研究转向更高层次的内部研究，如此往复转换、依此类推。而到此时，这种从理解到解释，再从解释到理解的交替上升运动便"不得不与一种更加浩瀚的新结构相协调"②，亦即推进作品超出原有结构而指向较大结构、再指向更大结构，最终对作品的"有意义结构"形成全面把握。典型的范例就是戈德曼对于拉辛的悲剧和帕斯卡尔的《思想录》所作的溯源研究。皮亚杰对于人的认识过程曾作出以下描述："认识的获得必须用一个将结构主义和建构主义紧密地连结起来的理论来说明，也就是说，每一个结构都是心理发生的结果，而心理发生就是从一个较初级的结构过渡到一个不那么初级的（或较复杂的）结构。"③ 不妨说，皮亚杰这一思想在戈德曼关于实现文学作品"有意义结构"的构想中得到了充分的体现和形象的演示。

第六节　发生学结构主义的生产性

这种"从一个较初级的结构过渡到一个较复杂的结构"的上升过程恰恰引向了一个更加重要的问题，即发生学结构主义的生产性问题。其中不同结构层次的交互递进并不只是一个逻辑问题，更是一个功能问题，或者说，并不只是个结构营造的问题，而且是个意义生产的问题。因此在不同结构层次的交替上升中所进行的建构活动是具有生产性的。

---

① ［法］吕西安·戈德曼：《马克思主义和人文科学》，罗国祥译，安徽文艺出版社1989年版，第69页。

② ［法］吕西安·戈德曼：《马克思主义和人文科学》，罗国祥译，安徽文艺出版社1989年版，第72页。

③ ［瑞士］皮亚杰：《发生认识论原理》英译本序言，《发生认识论原理》，王宪钿等译，商务印书馆2009年版，第15页。

而戈德曼将文学作品置入逐级递进的结构层次，不断刷新其有意义结构，正显示了强大的生产性。戈德曼对此作出了一个重要的判断：

> 马克思主义……寻求意蕴和被研究客体的有意义结构，以及它的生产，它的发生，即是说，在一个更广泛的执行着某种功能的结构之中，已经产生了它的功能需求。①

在这里，戈德曼明确肯定了对于文学作品"有意义结构"的生产，乃是发生学结构主义的一大功能，而他从结构主义转向建构主义，在文学批评的观念、原则、思路、方法、概念、范畴等方面所取得的大量理论成果，恰恰不乏观念生产、知识增长、意义增殖的意义，从而为生产性文学批评开辟了新的路径、展现了新的空间。

戈德曼的发生学结构主义一般被划归文学社会学，而将其视为生产性文学批评的却不多见，虽然他并不多用"生产"概念来界定文学批评的功能，但他对发生学结构主义生产性功能的确认却并不乏理由充足律。首先，戈德曼作为马克思主义的信奉者，对于马克思的政治经济学特别是《资本论》非常熟稔，即便是在发生学结构主义的研究论著中，也颇多对于如生产关系与生产力、生产与生产者、生产与消费、流通、分配等问题的讨论，甚至"生产"概念几乎成为这些著述中的高频词。其次，戈德曼对"艺术生产"问题也有所涉及，例如他认真研读过马克思《〈政治经济学批判〉导言》论述"特殊生产部门"的有关章节②，也关注过在市场生产的社会中书写、绘画、乐曲等的创作状况③。再次，戈德曼传承了皮亚杰的衣钵，从结构主义转向建构主义，引用、借鉴、改造皮亚杰发生认识论和建构理论的概念、范畴、命题、原则，如建构、解构、同化、顺应、图式、平衡、功能、有意义结构、认识论

---

① ［法］吕西安·戈德曼：《文学社会学方法论》，段毅等译，工人出版社1989年版，第98页。
② ［法］吕西安·戈德曼：《隐蔽的上帝》，蔡鸿滨译，百花文艺出版社1998年版，第349页注①。
③ ［法］吕西安·戈德曼：《论小说的社会学》，吴岳添译，中国社会科学出版社1988年版，第12页。

循环等，凡此种种原本就是充满建设性、构成性、生产性的。复次，戈德曼对可能意识和最大可能意识所葆有的创造性、创新性和独创性表示激赏，将其视为艺术家最强的精神个性和艺术创作的必要条件，也是社会意识和世界观参伍因革、辉光日新的集中体现，为发生学结构主义展现了阔大的生产性空间。最后，戈德曼认为："发生学结构主义是在假设事实的评判和价值的评判之间，理解与解释之间，决定论与目的论之间的一种综合。"① 他明确将有意义结构的生产视为发生学结构主义的功能指向，并揭示了这种生产功能的内在机制在于"同化"与"顺应"或"理解"与"解释"交替上升、循环演进的建构过程，从而为生产性文学批评的确立提供了新的理论依据和方法论参照。

① ［法］吕西安·戈德曼：《马克思主义和人文科学》，罗国祥译，安徽文艺出版社1989年版，第40页。

第十四章

诗学模式/阐释学模式：生产性
文学批评的解读方法

在 20 世纪星汉灿烂、洪波涌起的文学批评中，阐释学是重要一翼，它处于文学批评从形式主义到历史主义的转折点上，肩负着承先启后、继往开来的天命。阐释学成为 20 世纪文学批评的重镇并非一蹴而就，而是有着漫长的过程，经历了从以施莱尔马赫、狄尔泰为代表的古典阐释学向以海德格尔、伽达默尔为代表的现代阐释学的转换，其影响至今不息。在此过程中，阐释学取得的进展多多，其中一个值得关注之处在于，它作为一种解读方法，从诗学模式转向了阐释学模式。这两种解读模式的碰撞与转换，激发和推动了文学批评的观念生产、知识增长和理论建构，使得阐释学成为生产性文学批评的突出标志。

第一节 重构：阐释学的重要突破

施莱尔马赫（1768—1834，以下简称"施氏"）是阐释学开宗立派第一人，他为阐释学的学科性质、理论原则、批评观念、解读模式、研究方法等方面作出了最初的界说和定位，尽管不尽成熟也不尽稳定，但作为领风气、开先河者，在新学说草创之初出现种种瑕疵和疏漏也实属正常。

施氏的阐释学是从将阐释的根据归诸作者开始的，他说："解释的重要前提是，我们必须自觉地脱离自己的意识而进入作者的意识。"他将这一点比作信仰，声称"如果我们不从信仰出发，我们就可能容易误入歧途"。① 这就将阐释学定位于"作者中心论"之上了。他还将艺术的"当代性"问题归结到艺术家，认为"如果我们把所表述的任何东西理解为是从艺术家中心散发出来的，那么所有语言的当代性就消失不见，除非艺术家自己在他的意识里把握和规定这种当代性"②。显而易见，这话已透露出一丝动摇了。"当代性"是阐释学的一个重要关键词，对于古代艺术家来说，根本谈不上语言的"当代性"，而要求在其意识中把握和规定这种"当代性"又是无法想象的事，这一悖谬无疑在原先的"作者中心论"中增添了杂音。

这就必须对"阐释"的功能重作界定了。他这样说，如果说作者意识的物质方面亦即作品是客观元素的话，那么主观元素则与阐释相关联，对于阐释来说，其第一要务在于构造作品可能的意义，因此作品的真正的意义乃是原本的客观意义在阐释的重构中呈现出来的。这层意思可以概括为四个要点：

（1）通过联结客观元素和主观元素，我们使自己置身于作者之内；

（2）比作者自己更好地认识作者；

（3）含糊的和清晰的，客观的和主观的动机之间的差别；

（4）特殊诠释学与普遍诠释学的关系。③

不难见出，以上诸要点的提出动摇了施氏设为阐释之前提的"作者中心论"。

事情从第一点就发生变化了，它不仅肯定了原作者的"客观元素"，而且承认阐释者的"主观元素"，进而通过两者的"联结"使阐释置身于作者之内。其余几点都是为第一点所作的阐释学引申。

其中值得注意的是第二点"比作者自己更好地认识作者"，它牵涉到阐释学聚讼纷纭的一桩学案。这一说法最早由康德提出，康德在

---

① ［德］施莱尔马赫：《诠释学箴言》，洪汉鼎主编《理解与解释：诠释学经典文选》，东方出版社2001年版，第23、24页。按由于不同中文译本翻译不统一，本书引文中出现同一概念不同汉译的情况，如"阐释""解释""诠释"等，本书均一仍其原译文；本书的论述则根据行文的上下关系主要采用"阐释"或"解释"。

② ［德］施莱尔马赫：《诠释学箴言》，洪汉鼎主编《理解与解释：诠释学经典文选》，东方出版社2001年版，第31页。

③ ［德］施莱尔马赫：《诠释学箴言》，洪汉鼎主编《理解与解释：诠释学经典文选》，东方出版社2001年版，第45页。

《纯粹理性批判》中讨论柏拉图的"理念"概念时说过这样一段话：

> 比较一著作者在日常谈话中或在著作中，关于其论题所表现之思想而发现吾人理解其思想实远过于彼自身，此为屡所见及之事。如柏拉图因并未充分确定其概念，故有时彼之言说甚或思维，与其自身之志向相反。①

就是说，在讨论某个论题的意义时往往会发现我们的理解会大大超出作者，这是屡见不鲜之事，原因在于作者并未充分界定他的概念，因此其谈话和思考有时会违背原先的本意。

施氏认可"我们已经能比柏拉图理解自己更好地理解柏拉图"②的说法，但不同意康德对其原因所作的说明，而认为其原在于"我们对讲话者内心的东西没有任何直接的知识，所以我们必须力求对他能无意识保持的许多东西进行意识，除非他自己已自我反思地成为他自己的读者"③。此后伽达默尔认同施氏的意见，不仅对之进行疏解，而且还在亚里士多德那里寻得了这一说法的源头："谁能知道更好地去深入考虑作者所讲的东西，谁就可能在对作者本人还隐蔽着的真理光芒之中理解作者所说的东西。就这个意义而言，我们一定会比作者理解自己更好地理解作者这一原则是一条古老的原则。"④前有施氏对康德的不以为然，从而将思考的锋芒突入到作者无意识的奥区，后有伽达默尔对施氏观点的生发扬厉，从而将理论的源头追溯到亚里士多德的经典学说，终于将此说提升为阐释学的一条自古已然的重要原则。

在这一基本原则的框架下，施氏提出了文本阐释的"重构"说，从而使其阐释学取得了重要的突破。施氏较早时期就提出了"重构"的概念，他将作者与读者的关系分为三种："首先存在有一种作者和读

---

① ［德］康德：《纯粹理性批判》，蓝公武译，商务印书馆 2009 年版，第 278 页。

② ［德］施莱尔马赫：《柏拉图翻译引论》，《论柏拉图对话》，黄瑞成译，华夏出版社 2011 年版，第 66 页。

③ ［德］施莱尔马赫：《诠释学讲演》，洪汉鼎主编《理解与解释：诠释学经典文选》，东方出版社 2001 年版，第 61 页。

④ ［德］汉斯－格奥尔格·伽达默尔：《真理与方法：哲学诠释学的基本特征》（上卷），洪汉鼎译，上海译文出版社 2004 年版，第 253 页及该页注 3。

者双方能分享的理解；第二，存在有一种作者所特有的理解，而读者只是重构它；第三，存在有一种读者所特有的理解，而这种理解即使作者也能作为一种特殊的外加的意义加以重视。"① 他特地说明，第三种不属于一般诠释学，只有第二种属于诠释学。加之第一种则为传统的理解方式，也不属其类。可见在他心目中，只有"重构"才是读者理解作者的主要方式。

在施氏看来，如果说我们比作者理解自己更好地理解作者的话，那么势必将对作者的"理解"诉诸对作者的"重构"，因为当作者话语所隐含的意蕴朦胧未明之时，"它只可能通过重构作者的心理过程而被确定"。② 按说这实属无奈之举。就对作者的理解而言，阐释者往往是被动的、无助的，他无法直接了解古往今来作者创作的动机、意图以及触发机缘，因而无法精准地了解他在作品中说什么。阐释者即便对作者有所了解，那也无法保证他对作品的理解是准确的，因为作家对自己作品的意义也未必有完全清晰、到位的认识。至于天赋、灵感、直觉等无意识层面的心理功能在创作中的作用，作者自己都觉得无迹可求，阐释者就更是不知所踪了。因此在阐释过程中"理解"变成"重构"乃是势所必然。后来伽达默尔对施莱尔马赫的"重构"一说予以充分肯定："施莱尔马赫把理解活动看成对某个创造所进行的重构。这种重构必然使许多原作者尚未能意识到的东西被意识到。"③

那么，施莱尔马赫所倾重的"重构"何以能使阐释者意识到那些原作者尚未意识到的东西呢？施氏多次强调，以往作者的话语往往是在不同于阐释者生活时代的另一时代被写就的，而阐释者在重构原作时总是要比作者拥有更多社会历史语境的材料，并特别指出："解释一部陌生的古老的著作和解释一部熟悉的当代的著作之间的差别只在于：对于古老的著作，发现它与它的背景环境的关联的过程并不能完全先于认同

---

① ［德］施莱尔马赫：《诠释学箴言》，洪汉鼎主编《理解与解释：诠释学经典文选》，东方出版社 2001 年版，第 25 页。

② ［德］施莱尔马赫：《诠释学箴言》，洪汉鼎主编《理解与解释：诠释学经典文选》，东方出版社 2001 年版，第 28—29 页。

③ ［德］汉斯－格奥尔格·伽达默尔：《真理与方法：哲学诠释学的基本特征》（上卷），洪汉鼎译，上海译文出版社 2004 年版，第 249 页。

它的意义，两者必须从一开始就被整合。"① 这就将阐释者所处的社会历史语境与原作者之间存在的错位视为阐释者进行"重构"的重要依据，体现了一种历史主义眼光。正是这种历史主义眼光使得阐释者别出手眼，得以见前人之所未见，言前人之所未言。

虽然阐释者对原作者的"重构"成为势所必然的理解方式，但它仍潜伏着一种危机，那就是这种"理解"是否有可能成为一种"误解"？施氏说过相互悖谬但均可成立的两句话："误解不可避免"与"误解应当避免"。② 看似非常矛盾，但其理不谬。从阐释者势必从"理解"走向"重构"这一点来说，误解不可避免；但从对原作者的"重构"可能存在的不准确、不恰适甚至轻率、偏颇的态度来说，误解应当避免。因此施氏区分出"消极的误解"与"积极的误解""主动的误解"与"被动的误解"这相互对立的两端，并以"艺术的不严肃实践"与"艺术的严肃实践"名之，以示褒贬取舍。

如果说施氏在阐释学上的种种创获在当时还是比较激进的话，那么他在解读模式上则显得滞后，与其批评观念并不匹配。总的来说，施氏还是延续了传统的诗学解读模式。他坚称"只有艺术性的理解才能一致地把握文本的话语"。③ 其实施氏在"诠释学箴言""诠释学讲演"等著作中始终在讨论"艺术性"问题，覆盖了体裁、风格、摹仿、语法、词汇、趣味、抒情、韵律、节奏、辞藻等。特别是在"诠释学讲演"第二部分，全篇对作家、作品的解读方式提出了七点意见，阐述了对主题/风格、开端/结果、内容/形式、类型/体裁、预期/比较、观念/意愿、素材/领域等问题的看法。他还以荷马和三位悲剧作家为例，指出目前的相关评论并不能算是好的阐释，进而对如何达到使阐释学成为完美艺术这一目的进行了深入探讨。凡此种种，基本上与传统的文学批评并无二致。

---

　　① ［德］施莱尔马赫：《诠释学讲演》，洪汉鼎主编《理解与解释：诠释学经典文选》，东方出版社 2001 年版，第 58 页。

　　② ［德］施莱尔马赫：《诠释学讲演》，洪汉鼎主编《理解与解释：诠释学经典文选》，东方出版社 2001 年版，第 61、59 页。

　　③ ［德］施莱尔马赫：《诠释学讲演》，洪汉鼎主编《理解与解释：诠释学经典文选》，东方出版社 2001 年版，第 48 页。

不过，对于这种反映在解读模式上的观念与方法、目的与手段的脱节，施氏也并不是没有觉察，他这样说："如果所有话语都是一种富有生气的重构，那么就不需要诠释学，而只需要艺术批评。"① 这就是说，自古以来沿用久之的艺术批评方法已不再新鲜，它需要有一种新的创造、新的开拓。应该说，正是这一点导致了"重构"的批评方法应运而生。

第二节　心理学技术：阐释学的结构性中介

狄尔泰（1833—1911）接触施莱尔马赫的阐释学很早，1860 年，狄尔泰在学生时代时便撰有关于施莱尔马赫阐释学的研究论文并获奖，1864 年 1 月，他以题为《施莱尔马赫伦理学原理》的博士论文通过答辩。1870 年，狄尔泰出版了处女作《施莱尔马赫传》第一卷，虽然该书的传记部分能够在历史资料中显示其理论根据，但并没有为施莱尔马赫的系统评价提供标准，也没有展示对其世界观进行比较分析的能力。他 1838 年出版的《精神科学导论》第一卷的一个宗旨就在于为这种比较分析建立一个普遍框架。② 不过《导论》建立的主要是整个精神科学的研究框架，狄尔泰对于阐释学的专题研究还是在长文《诠释学的起源》（1900）中进行的，该文主要以施莱尔马赫为重要参照而展开相关论述。总的说来，狄尔泰的阐释学研究一直受到其关于施莱尔马赫的研究基础的影响。而他对于施莱尔马赫的阐释，既是对施氏的张扬，又是对施氏的超越，参伍因革，通变之数，这种张扬与超越推动了阐释学的进展。

与施莱尔马赫一样，狄尔泰对于阐释学的研究也是从"理解"和"解释"这两个概念开始的。他首先肯定了一个前提，精神科学作为通过内在经验来把握普遍的合规则性和包罗万象的联系的科学，它总是以理解和解释为必要的基础。狄尔泰所说的"精神科学"与自然科学相对应，相当于人文科学与社会科学的总和，其中也包括当时已崭露头角的阐释学。对于"理解"和"解释"，狄尔泰给出以下定义："我们把

---

① ［德］施莱尔马赫：《诠释学箴言》，洪汉鼎主编《理解与解释：诠释学经典文选》，东方出版社 2001 年版，第 29 页。

② ［美］鲁道夫·马克瑞尔：《狄尔泰传：精神科学的哲学家》，李超杰译，商务印书馆 2003 年版，第 41—46 页。

这种我们由外在感官所给予的符号而去认识内在思想的过程称之为理解。”它贯穿人的一生，遍布于生活的方方面面："这种理解所囊括的可以从对孩童喃喃口语的把握一直到对《哈姆雷特》和《纯粹理性批判》的理解。同样的人类精神从石头、大理石、乐声，从手势、话语和文字，从行为、经济体制和宪法对我们诉说，并且需要解释。"①

以上定义的关键之处在于"由外在感官所给予的符号"，狄尔泰特地说明这一符号就是"心理状态的表现的过程"。② 简言之，也就是一种"心理状态"，它构成了一个中介，理解和解释就是根据这一中介去了解人们内在的思想的。在狄尔泰看来，这种心理状态表现为不同的程度，它首先是由兴趣决定的，譬如人们对某个说话人通过表情或话语而流露出来的内心生活是否感兴趣，是否专注等，它们能产生一个合乎技术的过程，这种理解和解释的技术，正如自然科学的技术一样，也是逐步地、合乎规律地发展起来的，它必须按照学科规则行事，因此很早就有了相关的说明。正是从种种建立学科规则的需要中产生了阐释科学。

如果说早先狄尔泰对作为阐释学中介和依据的"心理学技术"的内涵尚语焉不详的话，那么十年后就讲得比较明确了，他指出，理解建立在一种特殊的个人创造性之上，这在诸如模仿和移情等心理活动中已经表现得淋漓尽致。作为精神科学的基础，理解是一个持续稳定的任务，因此，"个人的创造性就变成了一种与历史意识共同发展的技术"。总之，"我们把有关持续稳定的生命表现的技术性的理解称为阐释。……关于这一技术的科学就是诠释学"③。这就将"心理学技术"具体落实到理解和解释的个人创造性之上了。

不难见出，狄尔泰的"心理学技术"概念与施莱尔马赫的"重构"说是相辅相成、相得益彰的，体现了一种殊途同归的解读方法。在狄尔泰看来，"理解"和"解释"并非对于阐释对象原封不动的照搬和复

---

① ［德］狄尔泰：《诠释学的起源》，洪汉鼎主编《理解与解释：诠释学经典文选》，东方出版社 2001 年版，第 76 页。

② ［德］狄尔泰：《诠释学的起源》，洪汉鼎主编《理解与解释：诠释学经典文选》，东方出版社 2001 年版，第 76 页。

③ ［德］狄尔泰：《对他人及其生命表现的理解》，洪汉鼎主编《理解与解释：诠释学经典文选》，东方出版社 2001 年版，第 106 页。

写，而是依据阐释者的心理状况特别是个人创造性的中介所进行的重建和再造。如果说施莱尔马赫的"重构"说是为阐释学确立一种理念、彰显一种功能的话，那么狄尔泰的"心理学技术"概念则是构想一种结构性的中介，从而达成对阐释对象的理解和阐释的。二者各司其职、各有所长，但都是为阐释学的构建添砖加瓦。

为了对阐释学的规则制定寻找历史的印证，狄尔泰对"阐释学的起源"进行了追溯，对从古希腊开始，历经亚历山大时期、中世纪、文艺复兴直至阐释学进入德国思想界的过程进行了梳理和厘定，他对每个时代阐释学在相关方面所取得的进展予以评说，但最后仍归结到施莱尔马赫。在狄尔泰看来，施莱尔马赫较之前人所取得的显著成效在于将语文学阐释的技巧与真正的哲学能力结合起来，兼及语法的、历史的、审美的、修辞学以及事实的各个方面，达成了一种普遍有效的阐释技术，将分散在各个部分的个别规则整合为一种规则的体系，从而确立了一种科学的阐释学。作为 19 世纪浪漫主义的中坚，施莱尔马赫根据对文学富有生命力的创作过程的生动直观，把阐释学的理解视为一种再创造和再构造，它往往通过完整的作品去理解其作者的动机目的和精神气质。但这样一来，就必须具有一种新的心理学—历史学的观点，它需要一种统揽全局的能力，在这种能力中，丰富的感受性和个人创造性是密不可分的。在施莱尔马赫那里，这种语文学技巧是第一次与一种天才的哲学能力相结合，而这种哲学能力由博大精深的德国古典哲学所造就，它为把握和解决阐释学问题提供了必要的手段，正是在这一雄浑的背景下产生了关于阐释的普遍科学和技艺学。基于以上的历史回顾和理论分析，狄尔泰在结论中强调了建立一门科学的阐释学的必要性：

> 它应当在理论上建立一切历史确定性所依据的解释普遍有效性。由于综合精神科学的认识论、逻辑学和方法论，这门解释理论成了哲学和历史科学之间的重要联系环节，成了奠定精神科学基础的重要部分。①

---

① ［德］狄尔泰：《诠释学的起源》，洪汉鼎主编《理解与解释：诠释学经典文选》，东方出版社 2001 年版，第 92 页。

值得注意的是，在以上回顾和分析中，狄尔泰并不乏对自己理论主张的表达，他阐释施莱尔马赫但并不真正回到施莱尔马赫，因此他所阐释的施莱尔马赫并不是真正的施莱尔马赫，不妨说恰恰是他自己。按说这一做法才真正符合他所主张的阐释学的真义，不如此则失去了其阐释学的精髓。具体地说，那就是对于生命哲学的揭橥，他这样阐述施莱尔马赫"心灵深处所采纳的特殊形式的新观点"："理解和解释始终是这样活跃和活动于生命本身之中，只有通过对富有生命力的作品以及这些作品在其作者的精神中的联系的合乎技术的解释，理解和解释才达到其完成。"① 这岂是施莱尔马赫的观点，分明是狄尔泰的夫子自道了。

生命哲学在狄尔泰的精神科学中犹如支柱和核心，对其他部分起到有力的支撑和凝聚的作用，同时也为精神科学提供了新的方法论，狄尔泰曾在《精神科学引论》中对之予以说明：

> 我在本书之中将运用下列方法：我将把当代的抽象科学思想所具有的所有各种内容，都与人类本性的整体……联系起来……我们自己的作为一种生命单元而存在的人格、外部世界、其他个体、他们那短暂的生命和各种互动，就都可以根据人类本性所具有的这种总体性而得到说明。就实际生活过程而言，意愿过程、感受过程和思维过程都只不过是一些不同的侧面而已。②

不过狄尔泰生命哲学所说的"生命"并非生物学、生理学意义上的狭义的生命，而是人文科学、社会科学所对应的广义的生命，作为人在情感寄托、历史追踪和哲思沉潜中寻觅的终极价值，它是人在经济活动、道德实践、法治精神中谋求的现实存在，也是一种由智慧、德行和审美编织而成的人的精神世界。

狄尔泰对阐释学中的生命表现进行了专题研究。在他看来，理解和解释所关联的始终是生命表现。"生命表现出现于感觉世界，同时又是

---

① ［德］狄尔泰：《诠释学的起源》，洪汉鼎主编《理解与解释：诠释学经典文选》，东方出版社 2001 年版，第 88 页。

② ［德］狄尔泰：《精神科学引论》（第 1 卷），童奇志、王海鸥译，中国城市出版社 2002 年版，第 7 页。

一种精神性东西的表达",不仅如此,生命表现"还包括无意表达精神的东西然而却使这精神的东西为我们所理解的一切东西"①。就是说,理解和解释的生命表现一是属于感觉层面,二是属于精神层面,三是属于可遇而不可求的深层次心理层面。而在每一个层面上,理解和解释的方式和结果各不相同。狄尔泰对此作出分析:首先,概念、判断和较大的思想结构构成了生命表现的第一个等级,这些理性思维方式以同一性为共同的基本特性,因此理解和解释在这里比任何一个其他的生命表现都更加全面和完整。其次,行为构成了另一等级的生命表现,行为并不起源于传达的动机,但根据行为与目的的关系,这种目的已经存在于行为之中了。再次,体验表达是第三个等级,它所包含的精神关系比任何一种反省更多,它能将生命从意识照不到的深处提升出来。最后,精神科学中的体验表达所能企及的最高境界是文艺创作,它的高蹈品格就建立在与日常生活的差别之上,日常生活受到实际利益的支配,每一种表达都可能沦为欺骗,而这也使得理解和解释也随之发生变化。然而,"由于在伟大的作品中,一种精神性东西脱离了其创作者——诗人、艺术家和作家(按指创作者对实利的考虑),于是,我们就进入了这样一个领域:在这里欺骗停止了","作品自身是真实的、稳定的、可见的和持续的,所以,对它的艺术上有效的和确定的理解将成为可能"②。可见狄尔泰因袭康德的美学观念,将审美非功利的艺术创作奉为生命表现的最高境界,同时也是理解和解释的最高境界、阐释学的最高境界。

正是这种因袭,影响了狄尔泰对于阐释依据和解读模式的认定,他以观剧为例,认为一出戏剧吸引观众之处,在于其决定角色命运的情节关系、人物性格以及各种戏剧要素之间的相互影响,唯其如此,观众才能从戏剧所描述的生活片断来感受它所反映的完整现实,在感同身受的体验中重新经历戏剧冲突的曲折过程,也只有在此时,观众才能注意到,他往常作为一个简单的事实来接受的东西何以在诗人手中能够得到如此巧妙而有序的表现。狄尔泰正是通过这种传统的诗学解读方法来确

---

① [德]狄尔泰:《对他人及其生命表现的理解》,洪汉鼎主编《理解与解释:诠释学经典文选》,东方出版社2001年版,第93—94页。

② [德]狄尔泰:《对他人及其生命表现的理解》,洪汉鼎主编《理解与解释:诠释学经典文选》,东方出版社2001年版,第95页。

认这出戏剧的阐释依据并推向一般："其中，一部作品和作者间的关系居主导地位"，他的另一说法可与之相互发明："对人（按指作者）、诗歌和小说的理解就能通向生命的最大奥秘。"① 这就形成了一种"作者—作品中心论"。

不过如果就此断言狄尔泰停留在传统的"作者—作品中心论"的阐释学水平上那也不尽符合事实，狄尔泰在这方面不乏更高的企望，他提出了"高级理解"的概念，以区别于一般所说的"理解"。他研究了人们在理解过程中往往会出现的"移入"的现象，亦即所谓"移情""代入"的情况，它可能是向作者移入，也可能是向作品移入。对阐释者而言，在此忘怀移情之时，似乎眼前有无数条道路向着过去也向着未来开放。无数的思想从被欣赏的故事、情节和冲突中涌现出来，而作品营造的外部环境也将变成让人宛如置身其中的所在，而这种十分活跃的心理状态都会给阐释者的理解和解释产生积极的影响。此时"体验表达所包含的东西比诗人或艺术家意识中存在的东西更多，从而也会呼唤出更多的东西"。正是在这个意义上，狄尔泰认为："在这种移入和转换的基础上，形成了理解的最高方式。"② 在阐释学研究中，狄尔泰曾一再重复施莱尔马赫的那段名言："诠释学程序的最终目的就是比作者理解他自己还更好地理解作者"③，在他看来，这段名言就是对于这种"理解的最高方式"的最好阐释。

第三节　解释：不言而喻的先入之见

在古典阐释学转向现代阐释学的过程中，海德格尔（1889—1976，以下简称"海氏"）是至关重要的转折点，其重要性就在于对"理解"与"解释"这两个概念之关系进行了重新估量。此前施莱尔马赫和狄

---

① ［德］狄尔泰：《对他人及其生命表现的理解》，洪汉鼎主编《理解与解释：诠释学经典文选》，东方出版社 2001 年版，第 101、102 页。

② ［德］狄尔泰：《对他人及其生命表现的理解》，洪汉鼎主编《理解与解释：诠释学经典文选》，东方出版社 2001 年版，第 103 页。

③ ［德］狄尔泰：《诠释学的起源》，《对他人及其生命表现的理解》，洪汉鼎主编《理解与解释：诠释学经典文选》，东方出版社 2001 年版，第 91、107 页。

尔泰阐释学的核心理论也是围绕"理解"与"解释"而展开的,但他们有一个共同的不足,即在定义这两个概念时,对这两者之关系的厘定不甚了然,要么是将其混为一谈,要么是对其顾此失彼,而这一状况反过来恰恰妨碍了对这两个概念界定的准确性和确定性。

海氏在《存在与时间》(1927)之始就提出,鉴于在存在论中"存在者"亦即"此在"的优先地位,必须在理解(Verstehen)①和解释过程中牢牢盯准它。②这里需要说明一下,在海氏的存在论中,最重要的"存在者"或"此在"是人,所以在考察理解和解释的关系时,他所说"存在者"或"此在"往往是指人。在他的语句中经常缺少主体词,很少使用理解者、解释者之类概念,而往往以"存在者"或"此在"代之。

海氏首先肯定,在"理解"与"解释"这两者的关系中以理解为主导。他认为,存在本身在世界之中展开,而其展开状态被称为"理解"。在存在者的层次上,有时使用对某事"有所理解"这种说法,它的含义是"能够领受某事""会某事"或"胜任某事""能做某事"。可见"理解包含了此在之为能在的存在方式"③。所谓"能在"即此在的可能性存在,而理解则作为一种能在为这种可能性提供了显例。

那么,理解何以成为"能在"呢?这就牵涉到海氏哲学中一个具有根本性、统领性的概念:"筹划"(Entwurf)。海氏肯定了这一概念的重要性:"理解于它本身就具有我们称之为筹划的那种生存论结构。理解把此在之在向着此在的'为何之故'加以筹划。"④按"筹划"一词是指对于可能的存在方式的投掷或打开,有学者释义,Entwurf在德文的日常用法中是"计划""草稿""草图"的意思,海氏在此处用这个词是要利用其动词词根的"投掷、投射"的意思,更偏重使用其"投出开放"的意思。而投出开放本身是一种生存论现象,它意味着此在

---

① Verstehen一词在所引中译本译为"领会",本书根据原意改为"理解",下同。

② [德]马丁·海德格尔:《存在与时间》,陈嘉映、王庆节译,商务印书馆2016年版,第23页。

③ [德]马丁·海德格尔:《存在与时间》,陈嘉映、王庆节译,商务印书馆2016年版,第205页。

④ [德]马丁·海德格尔:《存在与时间》,陈嘉映、王庆节译,商务印书馆2016年版,第207页。

将我们自己可能的存在方式在我们面前投射打开。① 总之，"筹划在抛掷中把可能性作为可能性抛到自己面前，让可能性作为可能性来存在"②。总之，"筹划"是面向可能性的。但"筹划"在存在论中所显示的可能性并非通常与现实性对立的可能性，而是与此在同在，是最根本、最源始的存在论规定。不过，在海氏那里，"筹划"的可能性也不是没有边界、没有标准的，它并不认可那种为所欲为、茫然无据的能在，也不期待那种因本质上缺乏根据而尚未出现的东西。

如果说在上述阐释学的关系中以"理解"为主导的话，那么它的另一端"解释"也并不是消极被动、无所作为的。既然理解向着可能性而筹划它的存在，那么其筹划活动本身便具有使自身成形的可能性，这种使自己成形的活动便是"解释"。海氏特别指出："理解在解释中并不成为别的东西，而是成为它自身。生存论上，解释植根于理解，而不是理解生自解释。"③ 不过解释并非要对被理解的东西有所认知，而是把理解中所筹划的可能性整理出来，进而对从中理解的意蕴进行释义。

那么，解释如何展开理解的意蕴呢？海氏祭出了他的一件法宝：上手（zuhanden）。所谓"上手"即称手、顺手、得心应手。工欲善其事，必先利其器，"上手"就是指"工"与"器"之间互相适合、互相冥契的良好关系。譬如一把锤子，使用起来特别称手，那么这把锤子可以称为"上手事物"，而这把锤子的存在方式可以称为"上手状态"。"上手"这种人与工具之间得心应手、顺心适意的关系使之显得有些玄秘，但它并不神秘，它并不是某种先验的东西，毋宁说它是一种长期体验、熟能生巧的心理体验。它是无意识的，但又是强大的，它是潜移默化的，又是富于成效的。庄子"庖丁解牛""轮扁斫轮""佝偻者承蜩"等寓言中描述种种工具的妙用就是对"上手"状况的绝佳演绎。而在海

---

① 参见张汝伦《〈存在与时间〉释义》第 2 卷，上海人民出版社 2012 年版，第 481—482 页。

② ［德］马丁·海德格尔：《存在与时间》，陈嘉映、王庆节译，商务印书馆 2016 年版，第 208 页。

③ ［德］马丁·海德格尔：《存在与时间》，陈嘉映、王庆节译，商务印书馆 2016 年版，第 212 页。

氏这里，作为"上手事物"、处于"上手状态"的利器便是解释。解释并非把某种含义抛到赤裸裸的现成事物头上，并不是给它贴上一种价值标签。它往往承载着在世界之理解中展开出来的因缘，即由特定的历史环境赋予的因缘关系，"解释无非是把这一因缘解释出来而已。"①

概括说来，作为"上手"概念的解释具有以下特性：一是工具性。所谓上手状态具有很强的实践性，这与其工具性有关，人们对上手的工具往往不仅要寻求其"何以故"，而且要考察其"何所用"，不只将其作为智力活动来看待，还应从效用的角度来衡量它。人们将某个铁块称为"锤子"，就是与其锤打的效用有关。对上手概念的这一界定与存在论的实践本性有关。同样，作为阐释学的操作过程，解释也带有明显的实践性和工具性。二是因缘性。依海氏，所谓"因缘"即上手事物出自天性而结有的缘分和因由，它表现为一种整体联系，因此也称为"因缘整体性"。它贯穿在所有的解释之中，但又隐而不显，尽管如此，它仍是一切解释的基础，解释的"一切调整、整顿、安排、改善、补充都是这样进行的"。② 三是开放性。海氏指出："存在者本身的开放也是向它的种种可能性开放。……因缘整体性是作为上手事物的可能联络的范畴整体绽露出来的。"③ 可见所谓"开放性"是指上手事物的因缘整体性所展示的多种可能性，它是多向度的、多侧面的，譬如效用、不利、合用等方面，它们作为特定的指引，将上手事物先行显示的形形色色的可能性加以整合、引向绽放。四是先行性。先行性与开放性是分不开的，二者都奠基于因缘整体性。因此存在者首先向着上手状态开放的东西必定是先行展开的东西，而他先行开放的不是别的，而是与周围世界以及整个世界的存在论关联。这里特别强调解释的先行性与周围世界乃至整个世界的关联，也就对上手状态的先行性进行了定位。一般说来，先行性在阐释学中有三种意涵，一是胡塞尔所构想的先验性的本体

① ［德］马丁·海德格尔：《存在与时间》，陈嘉映、王庆节译，商务印书馆2016年版，第214页。

② ［德］马丁·海德格尔：《存在与时间》，陈嘉映、王庆节译，商务印书馆2016年版，第212—213页。

③ ［德］马丁·海德格尔：《存在与时间》，陈嘉映、王庆节译，商务印书馆2016年版，第207页。

论结构，二是存在于时间过程中的先在结构，三是在逻辑关系中作为先决条件之"先"、作为前提之"先"。海氏对胡塞尔所设定的先验范畴的先行性表示质疑，而将后两种意涵纳入其先行性概念之中。就是说，他所揭橥的与周围世界乃至整个世界的关联的先行性，对解释而言既是时间上的先在，又是逻辑上的前提。于此也正可见出海氏的阐释学的历史主义倾向。

因此在阐释学中，如果将某某东西作为某某东西加以解释，那么这种解释从来不是对先行给定的东西所做的无前提的把握。海氏将这一前提概括为"先入之见"。在他看来，以精确严谨见长的经典注疏往往恪守"有典可稽"的原则，但只需稍加深究便可发现，"最先的'有典可稽'的东西，原不过是对解释者不言而喻、无可争议的先入之见"。进而言之，"任何解释工作之初都必然有这种先入之见，它作为随着解释就已经'设定了的'东西是先行给定的"。① 这在中国文学批评史上也不乏其例，墨子对《诗经》的解读往往以先入之见推断诗人之志，以阐发自己的思想观念、政治主张和社会理想。依照罗根泽的说法，墨子对诗"只是'断章取义'，以为自己立说的一种帮助而已"②。

据此海氏提出了他的解读方法，将这种先行之见分为先行具有、先行视见和先行掌握，而解释历来奠基于其中。这三者各司其职，它们或是对被理解但还隐绰未彰的东西加以占有；或是将在理解中瞄准的东西上升为概念；或是对已经决定的概念方式表示赞同。而这一切都是根本性和全局性的："先行具有、先行视见及先行掌握构成了筹划的何所向。意义就是这个筹划的何所向，从筹划的何所向方面出发，某某东西作为某某东西得到理解。"③ 总之，解释对于理解所筹划的东西的落实和完成，无不是在先行具有、先行视见和先行掌握中先行给定的。顺便说一句，海氏为了强调这三种"先行"功能的构成性、统一性和源始性，将其总称为"先结构"。

---

① ［德］马丁·海德格尔：《存在与时间》，陈嘉映、王庆节译，商务印书馆2016年版，第215页。

② 罗根泽：《中国文学批评史》，上海书店出版社2003年版，第40页。

③ ［德］马丁·海德格尔：《存在与时间》，陈嘉映、王庆节译，商务印书馆2016年版，第216页。

海氏的以上新见无疑是令人耳目一新的，不过这样一来，恰恰使"理解"与"解释"的关系坠入了一种循环论证的境地：解释的可能性必须以理解为依据，理解的实在性又必须由解释来确认。而这种循环论证却又似乎是人文科学难以逃脱的天命，后来海氏以"艺术作品何为？"之问探究过这一循环论证之谜：一方面，艺术作品来自艺术家的创作活动，另一方面，艺术家又凭借艺术作品而获得声誉。可见艺术家是作品的本源，作品也是艺术家的本源，彼此不可或缺。也许可以说，艺术家与作品向来都是通过一个第三者而存在的，那就是艺术。但艺术只不过是一个概念而已，它的意思只有在艺术家和作品的现实性基础上才能存在。这就又回到原来的问题上去了。这时谁都看得出，这是在绕圈子。据此海氏断言："假设思想是一种行业的话。不仅从作品到艺术和从艺术到作品的主要步骤是一种循环，而且我们所尝试的每一个具体步骤，也都在这种循环之中兜圈子。"① 如其所言，我们在考察"文学何为？""诗学何为？""美学何为？"的问题时，都不免会遇上这种在循环论证中绕圈子的尴尬。

于是有一个棘手的问题放在了阐释学的面前：解释如何既能符合科学的要求，又能免于循环论证？当然这里所说的"科学"并非指逻辑严密、计算精确的自然科学，而是指人文意义上的合情合理和约定俗成。那种"老者，考也；考者，老也"式的互为因果、自我转注的循环论证一般被认为并无科学性，无关知识增长，甚至沦为一种"恶性循环"。但不争的是，将这种循环论证统统视为恶性循环加以弃置或视而不见地加以容忍都是行不通的。按说这种循环论证自古已然，也可以说是一种"源始性"、一种"先结构"，如古人说："仁者见之谓之仁，知者见之谓之知"（《周易·系辞上》），清人金圣叹说，一部《西厢记》，"文者见之谓之文，淫者见之谓之淫耳"（金圣叹：《读第六才子书〈西厢记〉法》），都是广为流传的说法，可证其中仍包含着一种源始性认识的可能性，因此它可能还会长久留存在人们的认识活动之中。依海氏之见，对于这种循环论证不得已而求其次的办法就是，在自然科

---

① ［德］马丁·海德格尔：《艺术作品的本源》，《海德格尔文集·林中路》，孙周兴译，商务印书馆 2015 年版，第 3 页。

学"严格认识"的范围之外谋求一种"比较不太严格的认识"的可能性，而其中"决定性的事情不是从循环中脱身，而是依照正确的方式进入这个循环"①。所谓"正确的方式"，就是不允许人们的"先结构"以"偶发奇想"和"流俗之见"的方式出现。其中关键在于"从事情本身出发"来清理"先结构"，以保证解释的科学性。此处所谓"从事情本身出发"一说取自胡塞尔提出的一句著名口号："面向事情本身！"② 这一口号一直是海氏作为现象学的基本原理和学派宗旨来加以崇奉的，因此他用以破除循环论证之迷障的"正确的方式"并非仅仅祛除通常所说"偶发奇想""流俗之见"之类细枝末节的雕虫小技，而是有着现象学的深刻背景。

　　毫无疑问，海氏的上述解读方法，引起了阐释学整个格局的动荡，也使得"理解"与"解释"的关系面临重大的逆转：不只是理解先于解释，解释也可以先于理解，不只是理解决定解释，解释也可以规定理解，不只是理解派生解释，解释也可以重构理解。这就对他上述的阐释学论断"理解在解释中不成其为别的东西，而是成为它自身"一说提出了严峻的挑战，让人发现，理解在解释中恰恰不一定成为它自身，恰恰成为别的东西。不仅如此，而且这种理解与解释的先后倒错、主客易位也动摇了他的某些既定观念。③ 不过正是由于这种"挑战"和"动摇"，为海氏阐释学的解读模式提供了主动建构、积极创新的用武之地，使之彰显了对理解进行建构和重塑的可能性，在不否定以理解为主导的大框架下，进一步发现和发掘其解读模式的建构性和生产性，从而将阐释学大大向前推进了。

第四节　应用：阐释学的中心问题

　　如果说海德格尔对于阐释学的思辨主要以"存在论""生存论"为

---

① ［德］马丁·海德格尔：《存在与时间》，陈嘉映、王庆节译，商务印书馆 2016 年版，第 218 页。

② ［德］马丁·海德格尔：《存在与时间》，陈嘉映、王庆节译，商务印书馆 2016 年版，第 40 页及该页注①。

③ 见陈嘉映《海德格尔哲学概论》，生活·读书·新知三联书店 1995 年版，第 226 页。

立足点的话，那么伽达默尔（1900—2002，以下简称“伽氏”）对于阐释学的论述则主要以“阐释学观点”为出发点。那么，伽氏所说的“阐释学观点”是什么呢？

伽氏首先提醒，阐释学观点有一普遍原则不能被任意地限制或丢弃，即“作者的思想决不是衡量一部艺术作品的意义的可能尺度。甚至对一部作品，如果脱离它不断更新的被经验的实在性而光从它本身去谈论，也包含某种抽象性”①。伽氏指出，这一点早在康德美学中就已有所涉及，它揭示了对艺术作品的经验从根本上说总是超越了任何主观视域的，不管是艺术家的视域，还是接受者的视域。在这个意义上说，“所有的再现首先都是解释，而且要作为这样的解释，再现才是正确的。在这个意义上，再现也就是‘理解’”②。由此可见，伽氏这里所提出的“阐释学观点”，说到底还是基于对“理解”与“解释”二者之关系的考量。

伽氏将“阐释学观点”追溯到施莱尔马赫和狄尔泰等人，充分肯定他们将理解视为“重构”的观点，认为这一观点使得“我们必须比作者理解他本人更好地理解作者”这一命题成为可能，从而揭示了当艺术家塑造他的创造物时，在某种程度上根本就不理解自己，艺术家本人并不是这个作品理想的解释者，或者说，艺术家作为解释者并不比普通的接受者具有更大的权威性，而这种重构往往能使得解释者意识到许多原作者尚未能意识到的东西。因此伽氏认为，这一命题集中了近代阐释学的全部历史，包含了阐释学的全部问题。

不过他认为，按照现在的考虑，这一命题又有了新的意义，总的说来，后来的理解相对于原先的作品具有显著的优越性，他称之为“完善理解”③。其要义在于，其一，它不是将自身置于与原作者同样的位置上，而是相反，它显示了解释者和原作者之间存在着一种不可消除的

①　[德] 汉斯－格奥尔格·伽达默尔：《真理与方法：哲学诠释学的基本特征》（上卷），洪汉鼎译，上海译文出版社2004年版，第6页。

②　[德] 汉斯－格奥尔格·伽达默尔：《真理与方法：哲学诠释学的基本特征》（上卷），洪汉鼎译，上海译文出版社2004年版，第6页。

③　[德] 汉斯－格奥尔格·伽达默尔：《真理与方法：哲学诠释学的基本特征》（上卷），洪汉鼎译，上海译文出版社2004年版，第382页。

差异。其二，这种差异是由他们之间的历史距离所造成的，这种历史距离既取决于解释者的历史处境，又取决于其背后的整个历史进程。其三，每一时代流传下来的文本都属于整个传统的一部分，而每一时代都可能对这传统的某些方面抱有特定的兴趣，并在这特定指向的传统中理解自身。因此当解释者对某个文本产生兴趣时，该文本的真实意义并不完全是从最初的作者及其读者那里得到的。其四，文本的意义超越它的作者，这并不只是暂时的，而是永远如此的。因此，理解就不只是一种复制的行为，而始终是一种创造性的行为。由此可见，从古典阐释学到现代阐释学，阐释的中心已经发生了重大转移，如果说施莱尔马赫持"作家中心论"，狄尔泰持"作者—作品中心论"的话，那么海德格尔则转向了"解释者中心论"，而此论在伽氏那里又得到进一步加强。因此有论者如是说，施莱尔马赫、狄尔泰将阐释的意义等同于其重复作者的主观意图，从而遮蔽了阐释的反思性，"伽达默尔试图再次设定这个反思性……这正是解释者必须超越的"①。

　　正是在以上"完善理解"的基础上，伽氏的"阐释学观点"以"理解"与"解释"之关系为支点，形成了若干基本概念，进而提升为一般意义上的阐释学原则，同时也铸成了一整套解读方法。首先是"阐释循环"。"阐释循环"在阐释学史上历来是一个人人争说的热点话题，但较之前人，关键性的转折来自海德格尔。而伽氏接受了海德格尔有关规避循环论证潜在的危机以保证阐释的科学性的思路，借鉴了海德格尔关于先行具有、先行视见和先行掌握以及"先结构"等概念，进一步提出了"前见"以及前理解、前见解、前判断等一系列新概念。他认为，正是"前见"圈定了阐释的视域，决定了阐释意义的实现。同时，作为阐释的条件，历史过程中各种事物之间的联系特别是现时与传统的关系，也是通过"前见"而得以彰显的，"前见"构成了人们观察世界的必要框架。

　　伽氏以上见解得之于他对"前见"在概念史上沉浮起落的遭遇的梳理。在他看来，"前见"概念乃是近代启蒙运动的产物，启蒙运动对

---

①　［德］汉斯－格奥尔格·伽达默尔：《哲学解释学》，夏镇平、宋建平译，上海译文出版社2004年版，"编者导言"第4页。

旧有的流传物持激进的否定态度，表现为反叛传统、蔑视权威、摒弃经典的冲动，而这一冲动也就构成了一种新的前见，因此可以说启蒙运动的基本前见就是一种"反对前见的前见"。这就使得"前见"概念从一开始就带有鲜明的否定色彩，这就为阐释学提供了一个出发点。但是这一偏至并不意味着"前见"就是一种否定性、消解性的概念，它也可以是肯定性和建构性的，或者说它也可以在反弹和倒逼的意义上从否定、消解的负面价值转化为肯定、建构的正面价值，从而为阐释学打开新生面。而这一点在继起的浪漫主义的复古倾向对启蒙运动的反拨中乃有淋漓尽致的表现。伽氏认为，鉴于启蒙运动对"前见"概念的横加贬斥，"我们就必须为前见概念根本恢复名誉，并承认有合理的前见存在"①。随之而来的核心问题是：前见的合理性的基础是什么？将合理的前见与所有其他前见区别开来的标准是什么？对此作出回答，当是阐释学义不容辞的职责。

在伽氏看来，启蒙运动将传统作为批判的对象，即便它想无偏倚、无成见地、合理地理解流传物也是十分困难的，因为在任何流传物中都保留着权威的力量，渗透着经典的影响，传统的有效性就像公理一样无须论证，它总是理所当然地制约着我们。但是在启蒙运动所张扬的理性与长期延续的传统之间并不存在绝对的对立，不管是有意识地恢复传统还是突破传统都是如此。即使在发生历史剧变的时代，也会有比想象中更多的古老东西被保存下来，并且与后发的东西一起构成新的价值。因此"理解甚至根本不能被认为是一种主体性的行为，而要被认为是一种置自身于传统过程中的行动，在这过程中过去和现在经常地得以中介"②。伽氏认为，这才是必须在阐释学中大加发挥的东西。而此处所说的"理解"也就构成阐释学中的"前理解"，正是在这个意义上伽氏强调："一切诠释学条件中最首要的条件总是前理解……正是这种前理

---

① ［德］汉斯－格奥尔格·伽达默尔：《真理与方法：哲学诠释学的基本特征》（上卷），洪汉鼎译，上海译文出版社 2004 年版，第 378 页。

② ［德］汉斯－格奥尔格·伽达默尔：《真理与方法：哲学诠释学的基本特征》（上卷），洪汉鼎译，上海译文出版社 2004 年版，第 375 页。

解规定了什么可以作为统一的意义被实现"。① 总之，传统与现代的统一、过去与现时的统一、历史与现实的统一，这才是前见的合理性基础，才是区分合理的前见与不合理的前见的标准。

于是就有了相互对立的两种前见。其实海德格尔在论证"阐释循环"存在的科学性时对"偶发奇想""流俗之见"予以排斥，就已是对不同的前见作出区分了。伽氏则将海德格尔这一通俗化的表达推向学理化、规范化，区分出"真前见"与"假前见"②，主张在阐释时克服和摒弃那些肤浅的、偏狭的、低级的"假前见"，而让那些深刻的、健全的、高尚的"真前见"入主其中，从而确保对阐释活动在较高的水平上进行。一个显例即"权威的前见"与"轻率的前见"的龃龉，在启蒙运动那里，经典文本和历史文献已失去了固有的权威性，代之而起的是理性。但权威的丧失却酝酿着另一种偏至，即对常情常理的拒绝和对标新立异的偏嗜，而这恰恰又导致了理性的过分轻率，从一个极端走向了另一个极端，这正暴露了启蒙运动自身的矛盾。对于这两种形同水火的前见，伽氏主张在这两者之间走中庸之道，对理性与权威加以调和。有据于此，伽氏确认"诠释学的任务就是建立在这种两极对立上"，"诠释学的真正位置就存在于这中间地带内"。③

其次是"效果历史"。效果历史是伽氏"阐释学观点"的核心概念。在伽氏看来，阐释学探究的目的并不在于提供关于解释的一般理论和关于解释方法的独特学说，而在于探寻一切理解方式的共同点，即"理解从来就不是一种对于某个被给定的'对象'的主观行为，而是属于效果历史，这就是说，理解是属于被理解东西的存在（Sein）"④。就是说，真正的历史对象并不是历史研究的对象，而是研究对象与研究者的统一体，在其中同时存在着历史的实在与历史理解的实在，而后者则

---

① ［德］汉斯－格奥尔格·伽达默尔：《真理与方法：哲学诠释学的基本特征》（上卷），洪汉鼎译，上海译文出版社 2004 年版，第 380 页。

② ［德］汉斯－格奥尔格·伽达默尔：《真理与方法：哲学诠释学的基本特征》（上卷），洪汉鼎译，上海译文出版社 2004 年版，第 386 页。

③ ［德］汉斯－格奥尔格·伽达默尔：《真理与方法：哲学诠释学的基本特征》（上卷），洪汉鼎译，上海译文出版社 2004 年版，第 381、382 页。

④ ［德］汉斯－格奥尔格·伽达默尔：《真理与方法：哲学诠释学的基本特征》（上卷），洪汉鼎译，上海译文出版社 2004 年版，第 6 页。

是对前者的一种反思意识。在涉及历史兴趣多样性时即应作如是观："的确，有许多种类的历史描述和历史研究方式，毫无疑问，每一种历史兴趣都以对效果历史的有意识反思为其基础。"① 另一方面，一般历史学的兴趣不只是历史现象或古典作品，还在于这些现象和作品在历史上所产生的效果，以及这些效果相互衔接、前后赓续的历史过程。就此而言，效果历史并不是什么新东西，它还缺少一种对历史研究进行彻底反思的方法论意识：效果历史意识。伽氏指出："效果历史意识其实乃是理解活动过程本身的一个要素，而且正如我们将看到的，在取得正确提问过程中，它就已经在起着作用。"② 在他眼中，这才是一种新的要求。

进而言之，伽氏认为："效果历史意识首先是对诠释学处境的意识"③，所谓"处境"有一特征：我们只有"身在其外"才能对之形成一种客观认识，如果只是"身在其中"便不能做到这一点，恰如古人诗云："不识庐山真面目，只缘身在此山中。"我们往往在认识活动开始之前就已身陷某个处境之中了，此时要想说清楚这种处境，乃是无法完成的任务。但要认识某个处境，又不能与之肝胆楚越、互不相干，否则也不能达到目的。看来最佳方案在于与这个处境形成一种不即不离的关联。而这一点也完全适用于阐释学处境。这就是说，当我们将"传统"概念代入阐释学处境时，便会发现一切自我认识都是从传统事先给定的东西开始的，因此这种自我认识永远无法实现。如果阐释学要达成对"传统"这一处境的客观认识，那就必须建立一种与"传统"不即不离的关联，唯此才是正确的、合理的。

伽氏为之找到的解锁钥匙就是所谓"两种视域"：一个是"进行理解的人自己生存在其中的视域"，另一个是"他把自己置入其中的当时的历史视域"。④ 前者是指阐释者生存其中的当下视域，后者是指他将

---

① ［德］汉斯－格奥尔格·伽达默尔：《真理与方法：哲学诠释学的基本特征》（上卷），洪汉鼎译，上海译文出版社 2004 年版，第 7 页。

② ［德］汉斯－格奥尔格·伽达默尔：《真理与方法：哲学诠释学的基本特征》（上卷），洪汉鼎译，上海译文出版社 2004 年版，第 390 页。

③ ［德］汉斯－格奥尔格·伽达默尔：《真理与方法：哲学诠释学的基本特征》（上卷），洪汉鼎译，上海译文出版社 2004 年版，第 390 页。

④ ［德］汉斯－格奥尔格·伽达默尔：《真理与方法：哲学诠释学的基本特征》（上卷），洪汉鼎译，上海译文出版社 2004 年版，第 393 页。

自己置身其中的历史视域。这两种视域互动互补构成相互交融的关系，伽氏曾以古代神像为例说明之：当一尊供奉在神庙内或陈列在博物馆中的神像矗立于我们面前时，它仍然包含它由之而来的宗教经验的世界，但同时也属于我们的世界，"正是诠释学的宇宙囊括了这两个世界"。①其理由在于一种不证自明的常识：人们将自己置入的历史处境会是一种封闭的视域吗？具有如此封闭视域的历史处境可能被设想吗？这种虚构的故事早已遭到尼采的谴责和抛弃。人类的历史运动从来没有僵固不变的立足点，也从来没有真正封闭的视域，视域其实就是我们活动于其中并且与我们一起活动的东西，它始终处于运动过程之中。如果再深追一步的话，便不难发现，人们置身于各种历史视域并不意味着走进了一个陌生的异己世界，毋宁说他与这些历史视域共同形成了一个大视域，这个大视域超出现有的界限而包容了众多的历史意识，事实上它也就成为一个唯一的视域，从而构成了真正的效果历史意识。

再次是"视域融合"。"视域"是一个带有浓厚德国色彩的哲学概念，负载着漫长的思想传承，伽氏给出的定义足够简明扼要："视域就是看视的区域，这个区域囊括和包容了从某个立足点出发所能看到的一切。把这运用于思维着的意识，我们可以讲到视域的狭窄、视域的可能扩展以及新视域的开辟等等。"②质言之，"视域"作为一种精神视界，就是指读者、阐释者、评论者事先拥有并作为标准和框架投入阐释过程的全部经验和知识的总和。

"视域"概念的发生可以从伽氏追溯到海德格尔、胡塞尔乃至尼采。这一概念最早出现在尼采的著作中，他总结出一条普遍规律：人的身心的强弱盛衰取决于他所拥有"视域"的优劣损益。③在胡塞尔的哲学中，"视域"概念所占的地位与"理念"之于康德哲学、"筹划"（Entwurf）之于海德格尔哲学相当，它被赋予了作为看视范围和思想阈

---

①　[德] 汉斯－格奥尔格·伽达默尔：《真理与方法：哲学诠释学的基本特征》（上卷），洪汉鼎译，上海译文出版社 2004 年版，第 6 页。

②　[德] 汉斯－格奥尔格·伽达默尔：《真理与方法：哲学诠释学的基本特征》（上卷），洪汉鼎译，上海译文出版社 2004 年版，第 391 页。

③　[德] 尼采：《不合时宜的沉思》，李秋零译，华东师范大学出版社 2007 年版，第 142 页。

限的标示意义,而这一切的合力推进了伽氏"哲学解释学"的铸成。

已如上述,传统对我们的制约往往是理所当然、不言自明的,对每一个人来说都是深入骨髓、融化在血液中的,因此与流传物不断进行攀谈,这是阐释学的一个首要前提。但是这并不足以说明事情的全部,伽氏也充分肯定"在精神科学里,致力于研究传统的兴趣被当代及其兴趣以一种特别的方式激发起来"①。这种"当代兴趣"为探究和创新的动机所驱动,以充沛的活力激活传统,并将传统带进新的历史进程。而这一点正是精神科学有别于自然科学的地方,当自然科学一旦有所创新,以往的历史知识对它就毫无意义了,它不会像精神科学那样在前行中仍时时回顾传统。但对于精神科学来说,如果没有过去,现在视域就根本不能形成;如果没有现在,过去的视域也无由激活。这种过去与今天、历史与现实、传统与创新之间的遇合终将诉诸"视域融合"的建构,其中过去视域与现在视域相互彰明、相互开拓,最终突破了各自原有的水平而达到了新的水平。

对于"视域融合"来说,一个重要前提就是任何视域都不是独立无待、自律排他的,既没有那种完全自在的历史视域,也没有那种彻底自为的现在视域,其实它们一经遇合便瞬间进入了与其他视野相互交融的进程,当然这种视野交融是以不同的结构和方式进行并显示出其生机活力的。因此可以说,"理解其实总是这样一些被误认为是独自存在的视域的融合过程。……旧的东西和新的东西在这里总是不断地结合成某种更富有生气的有效的东西"②。伽氏对之予以高度重视:"在理解过程中产生一种真正的视域融合,这种视域融合随着历史视域的筹划而同时消除了这(误认为是独立存在的——引者注)视域。我们把这种融合的被控制的过程称之为效果历史意识的任务……它实际上却是一般诠释学的中心问题。"③ 伽氏还特地指出,这个中心问题"就是存在于一切

① [德]汉斯-格奥尔格·伽达默尔:《真理与方法:哲学诠释学的基本特征》(上卷),洪汉鼎译,上海译文出版社2004年版,第367页。

② [德]汉斯-格奥尔格·伽达默尔:《真理与方法:哲学诠释学的基本特征》(上卷),洪汉鼎译,上海译文出版社2004年版,第396页。

③ [德]汉斯-格奥尔格·伽达默尔:《真理与方法:哲学诠释学的基本特征》(上卷),洪汉鼎译,上海译文出版社2004年版,第397页。

理解中的应用问题"。①

　　这就将研究的目光转向了阐释学的应用问题。伽氏与前此阐释学的一个重要区别就在于他在考量"理解"与"解释"的关系时提出了"应用"问题，从而将阐释学的应用性、效用性和实践性提上了议事日程。应该说，这是一个至关重要的解读方法，它意味着其"哲学解释学"向前跨了一大步。

　　伽氏指出，从历史上说，在古老的阐释学传统中，应用问题就具有非常重要的位置。古代阐释学初步形成了理解、解释和应用三足鼎立的格局。浪漫主义阐释学致力谋求理解与解释的内在统一而导致了对于阐释学第三个要素即应用的无视。然而一旦时过境迁，理解与解释的内在统一不再，那就必须回到具体历史境况和实际效用中去寻求根据、达成沟通，这就让曾经被排除在外的应用功能重新发挥作用，这就必然超出浪漫主义阐释学的局限，"不仅把理解和解释，而且也把应用认为是一个统一的过程的组成要素"②。另外，法学阐释学和神学阐释学的实践也为现代阐释学提供了借鉴，现代阐释学与前两者的渊源关系本来就依赖于这样一种共识："承认应用是一切理解的一个不可或缺的组成要素。"③

　　从逻辑上说，在精神科学中，阐释学既有一个思索的任务，又有一个实践的任务，而在两者的活动中都包含着应用的问题。在知识范畴中，阐释学与技艺的知识、道德的知识也关联密切，虽然两者有实际知识与理论知识之区别，但它们都肩负着与阐释学相同的应用使命。另外，在艺术经验中，理解和解释也很难是独立的，它们必须求助于应用，任何对于戏剧和音乐的解释，都只有借助实际演出才能真正成立。据此伽氏给出了以下结论："我们的论点是：即使历史诠释学也有一种去履行的应用任务，因为它也服务于意义的有效性。"④ 这里所说"历

---

　　① ［德］汉斯-格奥尔格·伽达默尔：《真理与方法：哲学诠释学的基本特征》（上卷），洪汉鼎译，上海译文出版社 2004 年版，第 397 页。

　　② ［德］汉斯-格奥尔格·伽达默尔：《真理与方法：哲学诠释学的基本特征》（上卷），洪汉鼎译，上海译文出版社 2004 年版，第 399 页。

　　③ ［德］汉斯-格奥尔格·伽达默尔：《真理与方法：哲学诠释学的基本特征》（上卷），洪汉鼎译，上海译文出版社 2004 年版，第 400 页。

　　④ ［德］汉斯-格奥尔格·伽达默尔：《真理与方法：哲学诠释学的基本特征》（上卷），洪汉鼎译，上海译文出版社 2004 年版，第 403 页。

史阐释学"的应用任务，无疑适用于一般意义上的精神科学。

行文至此，我们已经逼近伽氏"阐释学观点"的核心内容了。伽氏在《真理与方法》第 2 版序言中揭橥该书的目的和主张时宣称，他无意像古老的阐释学那样建立一门关于理解的"技艺学"，也不想炮制一套规则体系来描述或指导精神科学的方法论程序，也不拟研讨精神科学的理论基础，以便将获得的知识付诸实践。而是始终坚守一种哲学主张："问题不是我们做什么，也不是我们应当做什么，而是什么东西超越我们的愿望和行动与我们一起发生。"① 那么，什么是那个"超越我们的愿望和行动与我们一起发生"的东西呢？伽氏在给其他学者的私人信件中的一段话可以被看作对这个问题的回答：

> 从根本说来我并未提出任何方法，相反，我只是描述了实际情形。我认为我所描述的情形是无人能够真正反驳的……即使是历史方法的大师也不可能使自己完全摆脱他的时代、社会环境以及民族立场的前见。……我认为唯一科学的做法就是承认实际情形，而不是从应该如何和可能如何出发进行思考。正是在这个意义上我才试图超越现代科学的方法概念（它自有其有限的权利）进行思考并在根本的一般性中考虑一直发生的事情。②

伽氏在此处用现象学的话语表明了自己的主张：较之围绕"应该如何？""可能如何？"之类问题所作的哲学思考，自己对于实际情形所作的描述是更加强大的。即使是大师级的人物也无法完全摆脱他的时代、社会环境以及民族立场的前见。因此唯一科学的也是自己一直坚持的做法就是承认这种实际情形，并将其置于一般性层面来加以考量。

第五节 阐释学模式：生产性问题作为尺度

在晚年所撰写的自传中，伽氏对其一生承袭狄尔泰、胡塞尔和海德

---

① ［德］汉斯－格奥尔格·伽达默尔：《真理与方法：哲学诠释学的基本特征》（上卷），洪汉鼎译，上海译文出版社 2004 年版，第 2—3 页。
② ［德］汉斯－格奥尔格·伽达默尔：《诠释学与历史主义》，《真理与方法：哲学诠释学的基本特征》（下卷），洪汉鼎译，上海译文出版社 2004 年版，第 689—690 页。

格尔开辟的道路所进行的学术研究予以总结，声称"'哲学解释学'之所以成为时尚而且经久不衰，其原因恰恰在于人们相信任何传统都能被超越，或者竭力想走出传统的约束"①。走出传统的约束，达成对传统的超越，这既是对自己成功之处的归结，也是对绵延了两百年的整个阐释学的概括。

其间阐释学取得的进展多多，举其荦荦大者可以归结为两大问题，其一是文本解读模式的转换问题。已如上述，施莱尔马赫延续了传统的诗学解读模式；狄尔泰将艺术尊为生命表现的最高境界，同时也是阐释学的最高境界，认为只有通过艺术的解读才能真正理解作品，从而丰富了诗学解读的内涵。伽氏则认为古典阐释学的诗学解读模式不足为训，转而探索一种阐释学模式。其《真理与方法》的"导言"开宗明义："本书的探究是从对审美意识的批判开始……我们的探究并不一直停留在对艺术真理的辩护上，而是试图从这个出发点开始去发展一种与我们整个诠释学经验相适应的认识和真理的概念。"②

这一宗旨最初是由海德格尔确立和践行的，他在对凡·高的农鞋画的评论中对诗学解读与阐释学解读这两种模式作了形象生动、细致入微的分析和演示，他指出，梵·高的绘画只是描绘了一双用麻线和钉子连在一起的农民用来裹脚的牛皮鞋，本身并无深文大意，但也许一般欣赏者会从中看出一个农民的全部生活：从鞋具磨损的内部那黑洞洞的敞口中，凝聚着劳动步履的艰辛。这硬邦邦、沉甸甸的破旧农鞋里，聚积着那寒风料峭中迈动在一望无际的永远单调的田垄上的步履的坚韧和滞缓。鞋皮上黏着湿润而肥沃的泥土。总之，"这双鞋浸透着对面包的稳靠性无怨无艾的焦虑，以及那战胜了贫困的无言喜悦，隐含着分娩阵痛时的哆嗦，死亡逼近时的战栗"③。但海德格尔却另具只眼，看出了其中另一层深意：

---

① ［德］汉斯-格奥尔格·伽达默尔：《哲学生涯：我的回顾》，陈春文译，商务印书馆2003年版，第172页。

② ［德］汉斯-格奥尔格·伽达默尔：《真理与方法：哲学诠释学的基本特征》（上卷），洪汉鼎译，上海译文出版社2004年版，第19页。

③ ［德］马丁·海德格尔：《艺术作品的本源》，《海德格尔文集·林中路》，孙周兴译，商务印书馆2015年版，第20页。

> 艺术作品以自己的方式开启存在者之存在。在作品中发生着这样一种开启，也即解蔽，也就是存在者之真理。在艺术作品中，存在者之真理自行设置入作品中了。艺术就是真理自行设置入作品中。①

如果说一般欣赏者所作的是一种诗学解读的话，那么海德格尔进行的则是一种阐释学解读，他并不像普通欣赏者那样，通过画面形象去揣摩这幅画所反映的现实，去追索画中农鞋主人的日常起居和辛苦劳作，去揭示像农鞋主人一样的普通农民的喜怒哀乐和命运遭际。而是从中看到了存在者背后的存在，亦即艺术作品背后的真理，但它本来就存在于艺术作品之中，而这幅画则是以一种特殊的方式开启了这一真理，使之得到了解蔽。于是，在这幅农鞋画背后隐含着两种真理，它们的彰显与阐释者的解读方法相关，如果说阐释者运用诗学模式进行解读的话，那么他从这幅画中揭示的是一个农民的全部生活的意义；如果说阐释者运用阐释学模式进行解读的话，那么他从这幅画中解蔽的则是存在者背后的存在。前者是艺术作品的真理，后者是艺术作品背后的存在的真理，这两者并行不悖、各不相扰。

不可否认，海德格尔对于阐释学解读所作的论证颇多晦涩难通、不得要领之处，何为 "存在者之存在"？何为 "艺术中真理的设置"？对之如何 "开启"？怎样 "解蔽"？在海德格尔那里都未予以透彻、清晰的解释，而只是把问题留下了。但是正如海德格尔自己所说，哪里有危险，就在哪里得救。后来他与道家学说的遇合让他柳暗花明，看到了一线希望。早在 30 年代，海德格尔就对庄子的思想表示关注，此后他曾用老子的观点印证他引为知己的诗人荷尔德林的诗思，也曾有与中国学者萧师毅共同翻译了部分《道德经》的经历。正是在这一中西接触互惠的思想学术背景下，海德格尔借鉴老子的思想对艺术的本真作了新的阐释，认为它就是老子所说的 "道"："老子的诗意运思的引导词语叫作 '道' (Tao)，'根本上' 就意味着道路。" 同时针对坊间对此说持

---

① ［德］马丁·海德格尔：《艺术作品的本源》，《海德格尔文集·林中路》，孙周兴译，商务印书馆 2015 年版，第 27 页。

有异议，简单化地把"道"翻译为理性、精神、理由、意义、逻各斯等概念的做法，认为"道"比这一切都更为根本：

> "道"或许就是为一切开辟道路的道路，由之而来，我们才能去思理性、精神、意义、逻各斯等根本上也即凭它们的本质所要道说的东西。也许在"道路""道"这个词中隐藏着运思之道说的一切神秘的神秘……①

可见海德格尔是将老子的"道"视为他在后期提出的重要概念"道"（Ereignis）的本义，并将其奉为理性、精神、意义、逻各斯等终极性概念的本根。老子的"道"无名无为、玄之又玄的特点恰恰与海德格尔冥思的性格一拍即合，加之他本人固有的神学背景，使得其"道"论摆脱不了神秘主义的色彩。

对于海德格尔对梵·高农鞋画的评论，伽氏曾尝试作一些疏解的工作但仍不足以令人得其要领②，但在针对其"道"论的神秘主义这一点上，伽氏恰恰作了必要的补救。社会历史的规定性正是伽氏所倡言的阐释学解读的基本要义，也成为把握艺术之真理的必要条件，这就是伽氏所说的"历史处境"。在他看来，唯有历史处境才能"向自己提出的问题赢得一种正确的问题视域"③，任何文本的意义"总是同时由解释者的历史处境所规定的，因而也是由整个客观的历史进程所规定的"④。这就避免了阐释学解读蹈空凌虚的弊端，而为之奠定了社会历史的坚实基础。

其二是文学批评的生产性问题。这里特别值得重视的是伽氏。他提出的阐释学的重要概念和基本原则其实都旨在为观念生产、知识增长、理论建构等生产性问题构想一种可操作性的方案和方法：所谓"阐释

---

① ［德］马丁·海德格尔：《语言的本质》，《海德格尔文集·在通向语言的途中》，孙周兴译，商务印书馆 2015 年版，第 191 页。

② 参见 ［德］汉斯－格奥尔格·伽达默尔《哲学解释学》，夏镇平、宋建平译，上海译文出版社 2004 年版，第 225 页。

③ ［德］汉斯－格奥尔格·伽达默尔：《真理与方法：哲学诠释学的基本特征》（上卷），洪汉鼎译，上海译文出版社 2004 年版，第 391 页。

④ ［德］汉斯－格奥尔格·伽达默尔：《真理与方法：哲学诠释学的基本特征》（上卷），洪汉鼎译，上海译文出版社 2004 年版，第 383 页。

循环"说旨在打破那种并无科学性、无关知识增长的循环论证，通过破除"假前见"、确立"真前见"，确保知识增长在科学的水平上进行。所谓"效果历史"说力求为历史研究提供一种反思基础，在研究对象与研究者的统一、历史的实在与历史理解的实在的统一中达成历史研究的观念更新。所谓"视域融合"说则主张通过过去与今天、历史与现实、传统与现代之间不同视域的交融，构成某种更富有生气的有效的"大视域"。总之，伽氏始终是将生产性问题作为衡量阐释学种种新发现、新见解的一把尺子而倍加重视的。回顾以往，这一问题其实在古典阐释学中就已显山露水，在海德格尔那里就已发端，而伽氏则将其推进到更高水平。因此可以说，文学批评的生产性问题一直贯穿在两个世纪以来的阐释学之中。

值得注意的是，伽氏在讨论"历史阐释学"的应用任务时提出了文学艺术的生产性问题。他指出，支配我们对某个本文理解的那种意义预期，并不是一种主观性的活动，而是由那种把我们与流传物联系在一起的共同性所规定的，"这种共同性并不只是我们已经总是有的前提条件，而是我们自己把它生产出来，因为我们理解、参与流传物进程，并因而继续规定流传物进程"①。因此，时间距离并不是必须被克服的东西，而是一种不断创新、永在开拓的可能性，它不是张着大口吞噬一切的鸿沟，而是由习俗和传统的连续性所填满的宝藏。因此对处于时间之流之中的艺术作品来说，对其真正意义的汲取是永无止境的，它是一个去故存新、骎骎日进的无限的过程："这不仅是指新的错误源泉不断被消除，以致真正的意义从一切混杂的东西被过滤出来，而且也指新的理解源泉不断产生，使得意想不到的意义关系展现出来。"② 也就是说，艺术作品的意义永无止境的呈现乃是接受者、阐释者、评论者不断重塑、创造、建构的结果，这是富于生产性的。

正是基于这一应用性的设定，伽氏对艺术生产的相关问题进行了探讨。譬如艺术生产的非功利性问题，他指出，一部艺术作品的完成通常

① ［德］汉斯－格奥尔格·伽达默尔：《真理与方法：哲学诠释学的基本特征》（上卷），洪汉鼎译，上海译文出版社2004年版，第379页。
② ［德］汉斯－格奥尔格·伽达默尔：《真理与方法：哲学诠释学的基本特征》（上卷），洪汉鼎译，上海译文出版社2004年版，第386页。

被看成普通制作和生产的东西，它们达到了那种实用的目的及标准，也就是说，这些东西是由它们的实际用途所规定的。其实事情往往并非如此，艺术作品即便不为某种实际用途所拘囿，并不受制于那种实用的目的及标准，也照样被看作是生产性的，譬如诗歌，"纯粹地被认为是艺术，它不涉及任何目的和事实关系，它被认为是创造性的生产性的表现"[1]。这就对文学艺术的生产性"不用之用""无用之大用"的审美性质进行了确认。又如衡量艺术生产质态的标准问题，他认为，对于艺术家的创作来说，究竟"是生产出对象性的艺术还是生产出非对象性的艺术"，唯一紧要的事情是，在作品中是否体现一种"精神性的秩序化力量"，亦是唤起某种文化主题还是仅只满足艺术家的某种个人癖好？二者的优劣高下不言而喻："一旦一件作品成功地上升为一种存在的东西或体现为一种新的构造、一个在其雏形中的自在的新世界，形成一种在张力中统一的新秩序，艺术就出现了。"[2] 这就将创新性、建构性、生成性悬为艺术生产的至上标准了。

这里有一个思想方法的问题。伽氏认为，人们在理解历史时，往往习惯成自然地对那些历来被认为是普遍性的东西持一种缺乏批判性的崇奉，那么，这种普遍性是否意味着所谓"东向而望，不见西墙"[3] 的片面性呢？尼采在批判技术统治的虚无主义时也曾发出同样的诘问："难道我们要目送黄昏落日那最后的余晖，而不欣然转身去期望红日重升的第一道朝霞吗？"不过伽氏认为，对阐释学来说，由这种普遍化的陈规陋习所带来的片面性恰恰能够起到预告和警示的作用，从而在相反相成、相克相生的意义上激发种种新观念、新方法的勃兴，进而"启发了人的创造、生产和构造活动对于其所受制的必要条件的现代态度"[4]。因此伽氏认为，作为对这种片面性的警示者和矫正者，哲学家必须永葆向前的冲力，从而与他所处的实际世界之间形成一种紧张关系、保持必

---

① 见［德］汉斯－格奥尔格·伽达默尔《真理与方法：哲学诠释学的基本特征》（上卷），洪汉鼎译，上海译文出版社 2004 年版，第 245 页。

② ［德］汉斯－格奥尔格·伽达默尔：《伽达默尔集》，严平编选，上海远东出版社 2003 年版，第 493 页。

③ 刘勰：《文心雕龙·知音》。

④ ［德］汉斯－格奥尔格·伽达默尔：《真理与方法：哲学诠释学的基本特征》（上卷），洪汉鼎译，上海译文出版社 2004 年版，第 14 页。

要的张力,从而在生产性问题上持有一种自觉的阐释学意识。总之,在这个科学的时代,哲学思维无论是从接受的还是批判的角度要求自己君临一切而无视那些富于生命力的新观念、新方法,都必将成为不切实际的幻想。

最后需要说明的是,伽氏在其阐释学理论中大量使用"生产"(Produktion)、"生产性"(Produktivität)以及"艺术生产"(künstlerischen Produktion)等概念,说明了他对马克思的政治经济学以及从中引申出来的文论、美学概念的熟悉程度,也表明了他对上述理论及概念的认同态度,而这一点也可以从其更为广泛的学说涉猎中得到印证。例如个人的主观精神与世界历史的客观精神之间关系问题,伽氏将马克思关于生产关系的思想列为求解的重要理论之一,认为"生产关系及其对社会现实的决定性意义"足以成为"我们的世纪提出的出发点"①。再如价值本体论,伽氏认为"这个问题的最有价值的实例即是马克思的意识形态学说",在马克思那里,"伦理的内容从社会的利益状态中推导出来,它包括价值体系随利益状态的改变而发生变化这种情况"②。又如海德格尔与马克思主义的关系,伽氏认为,唯有海德格尔的创新享有与马克思青年时代的哲学批判相同的激进性,"显然,马克思主义思想通过与海德格尔思想接触而再次复活,并非偶然,不会是昙花一现的,赫尔伯特·马尔库塞甚至试图把两者相互联合起来"③。凡此种种,均表明了伽氏对于马克思主义的具体理论与概念的接受和认同,虽然仅此尚远不足以说明伽氏对马克思主义的立场的根本转变,但它却有力佐证了伽氏的生产性文学批评与马克思"艺术生产"理论之间的渊源关系,只不过伽氏本人未曾予以声明而已。

---

① [德]汉斯–格奥尔格·伽达默尔:《伽达默尔集》,严平编选,上海远东出版社2003年版,第300、302页。

② [德]汉斯–格奥尔格·伽达默尔:《伽达默尔集》,严平编选,上海远东出版社2003年版,第288页。

③ [德]汉斯–格奥尔格·伽达默尔:《伽达默尔集》,严平编选,上海远东出版社2003年版,第317页。

第十五章

考古学/谱系学：生产性文学批评的话语秩序

在众多"后学"理论家中，福柯往往是以自相矛盾的形象出现的，他声称自己是哲学家，但又经常想着逃离哲学、摆脱哲学；他曾梦想成为像布朗肖一样的批评家，但又主张在非文学话语的研究中不给文学留下任何余地；他曾经被时人视为结构主义的巨头，但他却始终对此矢口否认；他将弗洛伊德奉为"话语实践的创始者"，但又宣称自己从来不属于弗洛伊德派。但有趣的是，福柯到后来对他加以拒斥的知识形态和学科领域却什么也没落下，什么也都做得堪称杰出。因此不妨将他对于哲学、文学、结构主义以及某些社会科学的阶段性排斥权且当作一种质疑、反思和批判的姿态，正是这种激进的姿态成就了他的学术建树。而他在相关问题中对于文学批评的生产性持续的倡导和揄扬，则确乎令人耳目为之一新。

第一节　从文学批评开始

福柯被视为后现代理论的奠基人、现代性批判的骁将，但其一切理论探讨最初是从文学开始的。福柯曾广泛研究过法国以及其他欧美作家的创作，研究过文学史和文学理论的问题。他思考过"什么是文学？""什么是文学语言？""什么是作者？"等问题，还主持过有关小说的学术讨论会并参与辩论、发表意见。他与当时的新锐刊物《原样》也过从甚密，与之切磋过文学问题。他的学术著作往往以文学艺术作品为例，譬如《词与物：人文科学考古学》（1966）一书以分析 17 世纪西班牙画家委拉兹贵支的油画《宫中侍女》开篇，由于这一章"文学性太强"而使之与其他部分的风格明显不一。

值得关注的是福柯关于文学批评的见解。在福柯看来，自觉的批评意识是一个晚出的事件，大约形成于 19 世纪，拉·阿尔普和圣伯夫是其代表性人物，但近年来它越发变得厚重和频繁了，以至一贯独大的文学创作却显得冷落和单薄了。这一巨大逆转的标志在于批评大举进入了文学之中，在当时名闻遐迩的一批作家的小说、诗歌、散文中都不乏批评的成分，其相关文字比起传统的批评之作来也许更配得上"批评"之名。不妨说，批评现今已经变成了文学的常规功能了。

此际批评变得如此强势，其原因在于它确立了一种必要的论述方法和分析方法，从而将作为自身根基的法则和规范带进了文学，它也许是现象学的，也许是形式化的、语言学的、主题学的，如此等等。这就使得批评拥有了一种全新的功能，即在将作品解释给后来的读者群体之时，往往渗透了他所操持的原则、规范和方法论，特别是对那些晦涩难通、隐秘不彰的作品来说更是如此。在这个意义上可以说，批评已经成为阅读的第一种形式，它具有初始性和优先性。

这就使得文学批评发生了根本的变化，一是批评逐渐失去了对于文学创作以及作家心理状况的兴趣，转而面向作品本身，关注作品特有的深度，留意作品的形式和架构。二是作为最初的、优先的第一阅读形式已不能使之满足了，"批评正在将自身变为一种写作活动"①。当然，对于原初的作品而言，这已经是另一件作品了，它借助其他的作品形式，采用点面结合、多线交叉、重复叠加、转换位置等方法来谋求一种独立的存在，最终构建了一座迷宫、一个网络、一种集成，从而达成批评与文学的整合。

在文学与批评的博弈中，福柯将文学称为"第一语言"，将批评称为"第二语言"。照常说来，文学是绝对第一的语言，而批评则次之，它只是文学这个"第一语言"的附庸而已，而且道不同不相为谋，必须与之保持距离。但令人困惑的是，如今批评这种只是作为附庸的

---

① ［法］米歇尔·福柯：《什么是文学语言?》，汉译改名《文学与语言》，收入米歇尔·福柯等著《文字即垃圾：危机之后的文学》，白轻编，重庆大学出版社 2016 年版，第 105 页。

"第二语言"也在跃跃欲试成为一种类似文学的写作活动。因此面对"批评如何既是一种第二语言，同时又能拥有第一语言的功能？"① 这一吊诡的后现代之问，便势必成为福柯亟待解决的问题了。

在福柯看来，这一问题的答案在于批评的意义和价值何在，这是批评的立身之本，也是批评与文学殊途同归的必然性之所在："如果它恰恰不是思考的工作，……不是去思考时间、连续性、创造、血统、影响，不是思考某种完全异于时间的东西，某种陷于空间的东西，也就是文学的话，那么，它会是什么呢？"② 而福柯发此高论的底气来自这一现实：如今操弄这种批评方法的已是人多势众了。而支撑着这一执念的力量还出于批评内在的需要，它表现为一种怀旧情绪，即在已有文学文本中发掘创作和重构的过程，发现其诞生和完成的契机。它相信作品的秘密就深藏其中："批评坚信创造。"③ 在此已不难发现福柯倾重生产性文学批评的最早动向了。

第二节　什么是作者？

作为一位文学批评家，福柯不能不思考一个问题：无论是在观念、文学还是在哲学、科学的历史上，"作者"都是一个必须优先考虑的环节，但晚近以来人们对于这一环节的关注却是薄弱的、滞后的。这一执念促成了福柯 1969 年 2 月在法国哲学协会围绕演讲的主题"什么是作者？"所展开的精神探险。

福柯以现代派剧作家贝克特给出的演剧提示贯穿整个演讲之始终："谁说的无关紧要""是谁在说话又有什么关系？"④ 认为这段话透出的对作者的冷漠触碰到了当代写作最根本的伦理问题，它呈现为一种内在

---

① ［法］米歇尔·福柯：《什么是文学语言？》，见《文字即垃圾：危机之后的文学》，白轻编，重庆大学出版社 2016 年版，第 105 页。

② ［法］米歇尔·福柯：《什么是文学语言？》，见《文字即垃圾：危机之后的文学》，白轻编，重庆大学出版社 2016 年版，第 126 页。

③ ［法］米歇尔·福柯：《什么是文学语言？》，见《文字即垃圾：危机之后的文学》，白轻编，重庆大学出版社 2016 年版，第 119 页。

④ ［法］米歇尔·福柯：《什么是作者？》，李康、张旭译，2008 年 12 月 5 日，https：// www. douban. com/group/topic/4801662/？＿i＝5434376ft5NqI2，2023 年 12 月 20 日。

的规则，这一规则既支配着写作实践，又影响对作品的关注。然而一旦牵涉到写作和作品，就势必牵扯出一大堆问题：某个作品所处的语境是什么？这个作品的与众不同之处何在？如果说这个作品并不是由"作者"所写下的东西，那么它又是谁创作出来的？如果说某个人不是"作者"，那么对于他所写下的那些东西我们又该作何理解？难道称之为"作品"不可以吗？

其中有个问题颇为紧要：如果现在研究一位作者，那么他所写、所说、所留下的一切，是否都得归入他的作品？譬如说，如果准备出版尼采全集，我们固然会收入尼采本人发表的所有东西，但是他的作品手稿、格言写作计划、夹批边注以及增删修改，甚至在笔记本里保存的一段引文、一纸约会备忘录、一个地址，或者是一张洗衣店的账单等是不是也应该算成尼采的作品？而这一切恰恰妨碍了对作者的在场与缺席所进行的全面衡量。这就涉及"写作"（écriture）这一观念，它"非但促成了作者的消失，并且以微妙的方式继续维持着作者的存在"①。福柯声明，他在行文中保留了"写作"一词的法语形式"écriture"，旨在保留该词固有的双重指涉：一是写作行为，二是写作本身作为一个整体所具有的原初性质（和形而上的性质）。其根据出自德里达，后者"把写作的指称定为在场与缺席之间的游戏"，因为"符号再现了缺席状态下的在场"②。所以目前在使用中，似乎只是将作者的写作经验转变成一种匿名的东西了，作者的写作经验中那些极为清晰的符号被消除了，这就将写作变成了一种置身于在场与缺席之间彼此平行或相互对立的游戏。

正是在这种情况下，福柯对与作者的名分有关的问题进行考察：什么是作者的名字？它是如何起作用的？在他看来，一方面，相对于确有巴尔扎克这么个人而言，被称为"医学之父"的古希腊医生希波克拉底是根本不存在的，但一批文本却被归于其名下，希波克拉底作为"作者"只是凭借与文本之间形成同源、互文、证实、互利等关系而存在。另一方面，所谓"作者"并不是任何人都可以担当的名号，私人

---

① ［法］米歇尔·福柯：《什么是作者？》，李康、张旭译，2008 年 12 月 5 日，https：//www. douban. com/group/topic/4801662/？ _ i＝5434376ft5NqI2，2023 年 12 月 20 日。

② ［法］米歇尔·福柯：《什么是作者？》，李康、张旭译，2008 年 12 月 5 日，https：//www. douban. com/group/topic/4801662/？ _ i＝5434376ft5NqI2，2023 年 12 月 20 日。

信件可能会有个署名，但没有作者；一纸合同也可能会有个签约方，但没有作者；此外，贴在墙上的一副无名招贴也可能会有个写者，但他也算不上一位作者。可见"作者的名字标志着话语的一种特殊存在方式"，"作者的功能就是刻划出一个社会里某些话语的存在、流通和运作的特征"。①

顺着这一思路，福柯凝练出"作者功能"的概念并将其归结为四个特征：

> "作者功能"关系到限制、规定和表达话语领域的法律和制度方面的系统；它并不会以完全相同的运作方式，体现在各种话语、所有时间以及任一给定的文化中；它的确定不在于将一篇文本简单地归之于其创作者，而是要通过一系列复杂而精确的步骤；它并不单纯指向一个实际个人，因为它同时引发出许多种自我，引发出任一阶级中的个人都有可能占据的一系列主体位置。②

在福柯看来，如果在"作者功能"的层面上讨论问题，那么便会发现，在19世纪的欧洲诞生了一类独特的作者，他们不能被混同于以往的文学作者、宗教典籍文本作者和科学的创建者，不妨称之为"话语实践的创始者"，其独特的贡献在于，"他们不仅生产出自己的作品，而且生产出构成其他文本的可能与规则"③。而马克思和弗洛伊德就是最早、最重要的代表，他们的身份迥异于一般的思想家和心理学家，而后者只不过是他自己的文本的作者而已。但马克思就不仅仅是《共产党宣言》或《资本论》的作者，弗洛伊德也不仅仅是《梦的解析》或《诙谐及其与无意识的关系》的作者，他们的创见，展现了话语实践的无尽可能性。

---

① ［法］米歇尔·福柯：《什么是作者?》，李康、张旭译，2008年12月5日，https：//www. douban. com/group/topic/4801662/？_i＝5434376ft5NqI2，2023年12月20日。

② ［法］米歇尔·福柯：《什么是作者?》，李康、张旭译，2008年12月5日，https：//www. douban. com/group/topic/4801662/？_i＝5434376ft5NqI2，2023年12月20日。

③ ［法］米歇尔·福柯：《什么是作者?》，李康、张旭译，2008年12月5日，https：//www. douban. com/group/topic/4801662/？_i＝5434376ft5NqI2，2023年12月20日。

不仅如此，这些"话语实践的创始者"还显示了某些与众不同的明显差异。虽然他们的创新之处往往被别人的著作所采用和仿效，但值得重视的是这些创新要素依然留存在他们开辟的话语领域中。譬如弗洛伊德的精神分析学，人们提起时并不在意"力比多"的概念或"释梦"的分析技术出现在别人的著作中，而是更多关心在弗洛伊德的著作、概念和假设中出现的新变，这些新变都存在于精神分析的话语领域之中。上述情况其实完全适用于任何新兴科学的创建者或成功改变了一种既有科学的作者。伽利略所建立的物理学法则往往被别人的著作所采用，但更有意义的是伽利略通过其物理学法则的确立为自己的话语生产铺平了道路。还有，居维叶作为生物学的创建者，索绪尔作为语言学的奠基人，关键并不在于他们一再被别人仿效，更不在于其生物学概念或符号理论被别人不加分析地照搬进了新的文本，而在于居维叶达成了与他自己曾经的理论体系截然相反的进化论，或索绪尔达成了与他自己的结构分析迥然不同的生成语法。总之，相对于"话语实践的创始者"的创新成果被别人所采用和仿效，更值得重视的是他们自己的理论体系或学术规范的革故鼎新和别开生面。因此福柯得出如下结论："粗略观之，话语实践的创始似乎与任何科学努力的创建没什么不同，但我认为，这里有一种根本的差异。"① 这就是说，"话语实践的创始者"与通常"作者"的差异之处就在于与时偕行、永在进取的创新开拓，这才是作为"作者"能够达到的最高境界。

福柯"作者是什么？"一文有两大主题，都与"写作"相关，除了上述"写作与名分"的主题之外，还有一个"写作与死亡"的主题。说到底，这两个主题其实也就是一个主题。福柯说，自从像马拉美这样的专业批评家出现以来，"作者的死亡便是我们时代的一个事件"②，此后无论是在哲学还是文学批评中，写作与死亡之间的亲缘关系便成为人们所熟知的东西。自 20 世纪 60 年代起，关于"作者死亡"的问题成为"后学"理论中人人争说的热点话题，列维－斯特劳斯、罗兰·巴

---

① ［法］米歇尔·福柯：《什么是作者？》，李康、张旭译，2008 年 12 月 5 日，https：//www.douban.com/group/topic/4801662/？＿i＝5434376ft5NqI2，2023 年 12 月 20 日。

② ［法］米歇尔·福柯：《什么是作者？》，李康、张旭译，2008 年 12 月 5 日，https：//www.douban.com/group/topic/4801662/？＿i＝5434376ft5NqI2，2023 年 12 月 20 日。

特、德里达、福柯等人都发表过高见，但在众说纷纭中断言"作者死亡"的唯有罗兰·巴特，他在1968年发表过一篇随感式的短文《作者之死》，其他人未必都如此重口味。福柯亦然，他最早在《词与物：人文科学考古学》中只是讨论了"人的终结""人正在消失"的问题。而在同年的一次访谈中回答相关问题时，也只是确认了所谓"上帝之死""人的消亡""这种文化始于尼采"。①

值得注意的是，在福柯的著述中，《作者是什么?》一文算是谈论"作者死亡"这一话题最多的，但仔细甄别一下，该文只是讨论了这一话题但并未加以认同，倒是对此不无异议："显然，我们不能仅限于一味地重复空洞的口号：作者已经消失；上帝和人共同死亡。相反，我们应该重新检视作者消失后留下的空洞的空间；我们应当沿着这一虚空的突破口和交战线，密切关注它新的分界和重新分配。"②可见福柯仍坚持"人的终结""人的消失"的一贯主张，并将其作为考察从作者的名分所引发出来的各种问题。而何为"人的终结""人的消失"，福柯此前曾给出过明确的界定："自从人发现自己并不处于创造的中心，并不处于空间的中间，甚至也许并非生命的顶峰和最后阶段以来，人已从自身之中解放出来了；当然，人不再是世界王国的主人，人不再在存在的中心处进行统治。"③另外，在《作者是什么?》一文所附的答辩中还有一条重要的佐证，当提问者指陈福柯所说"人的终结""人的消失"即宣告"人之死"时，福柯作出了如下回应：

> （这）并不是断定人之死，而是从人之死（或人的消失，人被超人所取代）这一主题出发，看一看人的概念的功能的运作方式和规则。自十九世纪末以来，人之死的主题就不断地重现。这一主题不是我的主题。我以同样的方式处理了作者的概念。让我们收起我

---

① ［法］米歇尔·福柯：《人死了吗?》，杜小真编选：《福柯集》，上海远东出版社2003年版，第80页。

② ［法］米歇尔·福柯：《什么是作者?》，李康、张旭译，2008年12月5日，https：//www.douban.com/group/topic/4801662/?_i=5434376ft5NqI2，2023年12月20日。

③ ［法］米歇尔·福柯：《词与物：人文科学考古学》，莫伟民译，上海三联书店2002年版，第454页。

们的眼泪吧。①

福柯在这里毫不含糊地声明"人之死"的主题并不是他的主题，并明确宣告他旨在通过"人的终结""人的消失"等话题来破解"什么是作者？"的主题。在此必须重视福柯的一个暗示："我们应当守候由这种消失所释放出的流动多变的功能"②，此言颇有中国古代哲学相反相成、相克相生的意味，当为历来的"作者"成就大格局、大作为的大智慧、大策略。由此可见，福柯对于"作者死亡"问题所作的积极解读和正面回复，是与他对于不仅生产出作品，而且生产出相关的可能与规则的"话语实践的创始者"的推崇和倡导完全一致的。

第三节　话语与权力

尽管对于文学的热衷构成了福柯学术生涯的逻辑起点，但这仅限于20世纪60年代末之前，之后他就很少讨论文学问题，起码文学问题不再成为他关注的中心了。这一转折在其《知识考古学》（1969）、《规训与惩罚》（1975）以及《性经验史》（1976—1984）等著述中可谓昭然若揭。对于这一转变福柯给出了如下解释：在以往所有的实际话语中，文学话语曾被赋予了特别的神圣性和功能，但文学是不及物的，它并不能代替其他话语，也不构成所有思想交流的终点和归宿。因此任何文化给予文学的空间都是非常有限的，试问有多少人阅读文学？文学在总体话语中占据了多大地盘？为此福柯声称，他不会在具体的理论运作中给文学留一席之地，倒是更愿意去了解那些被忽略、被遗忘的非文学话语是怎样通过一系列中介进入文学领域的。有趣的是，当采访者针对福柯的这一转变，指出这与以往他迷恋文学的阶段意见相左、给公众造成的形象前后不一时，福柯嗫嚅其词，十分尴尬。不过福柯话虽这样说，但本业难弃，在不同场合将文学作为话题、根据或例证加以讨论仍是常有

---

① ［法］米歇尔·福柯：《什么是作者？》，李康、张旭译，2018年12月5日，https：//www.douban.com/group/topic/4801662/？_i=5434376ft5NqI2，2023年12月20日。

② ［法］米歇尔·福柯：《什么是作者？》，李康、张旭译，2018年12月5日，https：//www.douban.com/group/topic/4801662/？_i=5434376ft5NqI2，2023年12月20日。

的事。

此时福柯的学术重心发生了重大转移，他对于话语与权力的关系产生了浓厚的兴趣。"话语"问题一直受到福柯的关注，在其早期的学术研究中便不乏其例。而在《知识考古学》中则对话语的单位、范围、对象、形成、规律等问题给出了教科书式的界定，其中令人耳目一新的是对于话语研究之任务的另类诠解：这一任务不是对话语进行一般语言学、符号学的研究，而是将其作为符号的整体来看待，作为系统性话语所及对象的实践来考察。福柯如是说："诚然，话语是由符号构成的，但是，话语所做的，不止是使用这些符号以确指事物。正是这个'不止'使话语成为语言和话语所不可减缩的东西，正是这个'不止'才是我们应该加以显示和描述的。"① 福柯这里所说的"不止"，即指制约着话语形成、发展、演变的社会历史语境。他在另一处说得明白：话语并不是一种超越时间的东西，它也许是另一种历史的形式，"它始终是……历史的片断，在历史之中的一致性和不连续性，它提出自己的界限、断裂、转换、它的时间性的特殊方式等问题"②。他还说，话语的实践既有别于个体的表达行为，又有别于理性的推理系统，也有别于说话者构造语法句式的能力，它是"一个匿名的、历史的规律的整体"，"这些规律总是被确定在时间和空间里，而这些时间和空间又在一定的时代和某些既定的、社会的、经济的、地理的、或者语言等方面确定了陈述功能实施的条件"③。显而易见，福柯话语理论的主旨并不在研究语言本身，而在寻绎社会、历史、经济、地理、文化等的实际条件对于话语的形成和运用产生的制约作用，不言而喻，这已大大超出一般语言学、符号学的范畴了。

福柯并不止步于此，接下来的问题就是进一步明确社会、历史、文化等实际条件对话语的制约作用的秩序和结构，这层意思构成了福柯在

---

① ［法］米歇尔·福柯：《知识考古学》，谢强等译，生活·读书·新知三联书店2003年版，第53页。

② ［法］米歇尔·福柯：《知识考古学》，谢强等译，生活·读书·新知三联书店2003年版，第129页。

③ ［法］米歇尔·福柯：《知识考古学》，谢强等译，生活·读书·新知三联书店2003年版，第130页。

其当选法兰西学院院士时发表的就职演说《话语的秩序》（1970）的主旨。他在演讲开头就语出惊人地提出"话语乃是必须控制的力量"的观点，认为"在每个社会，话语的制造是同时受一定数量程序的控制、选择、组织和重新分配的，这些程序的作用在于消除话语的力量和危险，控制其偶发事件，避开其沉重而可怕的物质性"①。不仅如此，他还指出这种对话语的控制是否定性的，它的程序是排斥，它的形式是禁律，并在此基础上编织出一张对话语进行控制的巨大而绵密的网。

福柯构想，任何社会大致都会采用三种策略来控制话语，它们构成了一个层层叠叠、彼此交错、相互支撑的网状结构。第一种是在外部起作用控制话语的策略。它又表现为三个控制原则的运作：一是言语禁律，二是疯言的区分和控制，三是真理意志。第二种是通过内部程序自行控制话语的策略。它又包含三条原则：一是评论原则，二是作者原则，三是学科原则。第三种控制话语的策略是决定话语的应用条件和规范程式。它包括四个方面原则：一是话语仪规原则，二是话语社团原则，三是信条原则，四是话语的社会性占有原则。尽管上述控制话语的策略林林总总，但一言以蔽之，它们无非是对于话语的社会性占有的划分方法和限制手段。譬如教育制度不就是占有和分配知识和话语的力量吗？法律系统、医疗系统难道不是也构成了控制话语的制度吗？而文学写作，如果不是构成同样的控制制度，它又是什么呢？

此事可以学科原则为例说明之。关于"学科"，福柯是这样界定的："学科是一控制话语生产的原则。学科通过同一性的活动来限制话语，其形式是规则的永久重新启动。"② 就是说，学科往往是通过突出同一性、消除多元性、谋求同质化、排斥异质化来限制话语的。因此福柯说："简言之，一命题必须符合复杂和苛刻的要求才能融入一学科；在其能被认定是真理或谬误之前，它必须……先'在真理之中'。"③ 奥

---

① ［法］米歇尔·福柯：《话语的秩序》，肖涛译，见《语言与翻译的政治》，中央编译出版社 2001 年版，第 3 页。
② ［法］米歇尔·福柯：《话语的秩序》，肖涛译，见《语言与翻译的政治》，中央编译出版社 2001 年版，第 14 页。
③ ［法］米歇尔·福柯：《话语的秩序》，肖涛译，见《语言与翻译的政治》，中央编译出版社 2001 年版，第 13 页。

地利生物学家孟德尔的遗传学说的命运便是显例，该学说曾长期得不到生物学界的承认，从 1865 年到 1900 年长达 35 年间一直遭到埋没，原因就在于他的理论采用了生物学中未经见的筛选方法，推行了一种新的概念工具和理论基础，与当时主导的生物学理念格格不入，因此被视为异端邪说而遭到排斥，尽管孟德尔的遗传理论最终被历史证明是正确的，甚至成为现代遗传学的奠基学说。由此可见，一种知识话语能否成立，必须符合"先有真理"的要求，获得"先有真理"的认可，大凡符合要求、获得认可的便能被学科接纳，否则就势必被学科拒之门外。在这里"先有真理"成为学科用以裁断知识话语的最高准绳，而学科并不会顾及这种知识话语本身是否正确和合理。不妨说，学科已经成为控制话语之策略的化身。

显而易见，至此福柯所构建的控制话语的策略框架就是他后来大书特书的权力问题，其间他在对这一问题所作的甄别使他对话语与权力之关系的认识发生了重大转折。在 20 世纪 70 年代后期的一次访谈中，福柯坦承自己在《话语的秩序》中将话语控制策略与权力机制混为一谈，从而对一个合法的问题提供了不充分的答案："到那时为止，我一直接受了传统的有关权力的概念，即把权力看成本质上是一种司法机制，它制订法律，实行禁止和拒绝，产生一系列否定的效果：排除、拒斥、否定、阻碍、掩藏等等。现在我认为这种概念是不充分的。"[1] 导致他发生这一转变的缘由是他当时为研究监禁和惩罚问题而与监狱打交道，接触了刑罚系统之后，开始确信权力的问题不应过多地从司法的角度来考量，而应关心它的技术、战术和战略。"所以我很想抛弃《话语的秩序》中把权力与话语的关系认同为一种否定性的机制的做法。"[2]

福柯进一步指出，将权力当作控制话语的负面力量并非某个个人的偏见，而是当年的流行概念，其实情况要复杂得多。"我确实想改变侧

---

① ［法］米歇尔·福柯：《性的历史》，《权力的眼睛：福柯访谈录》，严锋译，上海人民出版社 1997 年版，第 172—173 页。

② ［法］米歇尔·福柯：《性的历史》，《权力的眼睛：福柯访谈录》，严锋译，上海人民出版社 1997 年版，第 173 页。

重点，在人们通常强调否定的机制的地方发现肯定的机制"①，沿着这一肯定性的思路往前走，他不仅发现人文科学是与权力机制共生的，而且自然科学也同样在施行权力，进而言之，真理无疑也是一种权力。而关键之处在于，这种涵盖所有科学、通往真理的权力最终是生产性的，福柯如是说："压制概念完全不能用来阐明权力所恰恰包含的生产性因素。"② 以往人们通过控制和排斥来说明权力的功能，那只是一种纯法律的权力观，只是将权力等同于说"不"的法律，只是赋予权力以法定的生杀予夺之权。福柯认为这种权力观完全是消极的、狭隘的、简单化的。他确认权力的功能与上述流行观念恰恰相反，它是积极的、宽容的、丰富的："它贯穿于事物，产生事物，引发乐趣，生成知识，引起话语。应该视权力为渗透于整个社会肌体的生产性网络"③，这就在生产性的意义上拨正了权力与话语之间的关系。而这一点，也就奠定了后来福柯撰写《规训与惩罚》《性经验史》第一卷（1976）的理论支点，从而开启了福柯的谱系学研究。

第四节　从考古学到谱系学

无论是从时间线上看，还是从学理逻辑上看，就福柯的理论建构而言，同话语与权力关系的调整相辅而行的是从考古学到谱系学的递进。福柯著有多种"考古学"，包括《疯癫与文明——理性时代的疯癫史》（1961）、《诊所的诞生——医学观念的考古学》（1963）、《词与物——人文科学的考古学》《知识考古学》等。因此福柯往往被视为历史学家，而所谓"考古学"也自然成为其主打专业。但福柯所说的"考古学"并非通常的专业划分，而是被赋予了特定的内涵和功能，而其关于"考古学"的研究主要集中在《知识考古学》之中。

① ［法］米歇尔·福柯：《性的历史》，《权力的眼睛：福柯访谈录》，严锋译，上海人民出版社1997年版，第174页。
② ［法］米歇尔·福柯：《米歇尔·福柯访谈录》，杜小真编选《福柯集》，上海远东出版社2003年版，第436页。
③ ［法］米歇尔·福柯：《米歇尔·福柯访谈录》，杜小真编选《福柯集》，上海远东出版社2003年版，第436页。

福柯宣称他确立的"考古学"不同于那种通过地理勘探、遗存发掘去追本穷源、还原历史的做法，而是将历史上遗留的文献档案作为一种话语系统来加以描述。为此福柯将考古学与思想史进行比较，从二者的差异中凸显考古学的特殊性，以确定考古学的基本原则，福柯将其概括为四个方面："关于新事物的确定；关于矛盾的分析；关于比较的描述；最后是关于转换的测定。"① 在对上述考古学原则的阐述中，福柯通过区分考古学是什么和不是什么来界定这一描述系统：考古学所要确定的不是通过思维、描述、形象、主题来穿透在话语中或隐或显的东西，而是要确定话语本身；它并不追索人们在说出话语片刻间的所思、所愿、所求、所感、所欲，它并不刻意去搜集这些转瞬即逝的东西；它不是阐释学，不寻找潜藏更深的"另一种话语"，它不认为自己是"寓意的"；它既不是心理学，也不是社会学，更不是人类学；它只是一种再创作，即对已写出的东西的一种调整和转换；它不是向起源的回归，而是对某一话语的系统描述。可以作为佐证的是，福柯在一次访谈中回答关于如何从《性经验史》看"考古学的价值"的问题时，声称"我可不是要写一部性幻想的考古学。我是要写一部有关性的话语的考古学。……这不是一个有关幻想的问题，而是一个有关言谈的问题"②。但这种言谈并不是语言学意义上的，它是一种话语实践。

值得注意的是，在福柯对于考古学所作的种种界定中，几乎不涉及时代、制度、政治、经济、权力、价值、效应等，而将这种种"物质条件"统统"加括号"了。对此福柯往往说得非常直白："如果说考古学言及时代，它总是涉及特定的话语实践"③，"考古学描述不建立任何的价值等级；也不作根本的区分，它只是试图建立陈述的规律性"④。可见福柯的考古学只是对话语的秩序、分类、比较、符号、

① ［法］米歇尔·福柯：《知识考古学》，谢强等译，生活·读书·新知三联书店2003年版，第152页。

② ［法］米歇尔·福柯：《自画像》，《权力的眼睛：福柯访谈录》，严锋译，上海人民出版社1997年版，第6—7页。

③ ［法］米歇尔·福柯：《知识考古学》，谢强等译，生活·读书·新知三联书店2003年版，第197页。

④ ［法］米歇尔·福柯：《知识考古学》，谢强等译，生活·读书·新知三联书店2003年版，第159页。

层次、模式、对应、序列进行研究，只是在意话语的形成、连贯、接续、共存、转换、变化、归并等方式，因此福柯称考古学是一种"通过语言上的相似或者逻辑上的相等的词汇表达而产生出来的新的话语实践"①。这里分明带有形式化的色彩，也经常有人据此将其归入结构主义一派，尽管福柯并不认同这种划归，但他给出的某些说法恰恰暴露了个中玄机："考古学似乎只是为了固定历史才研究历史。"②

不过，这种"为历史而历史"的历史研究并不是消极的，而是具备转化潜能的。在福柯看来，考古学也许只是一种工具，但"工欲善其事，必先利其器"，它恰恰有可能将问题引向更加阔大的理论空间："这种工具能使人们比以前更准确地连接社会形成的分析和认识论的描述；或者它有助于把主体位置的分析与科学史的理论联系起来；或者它还能使人们把交叉的地点置于生成的一般理论和陈述生成的分析之间。"③ 福柯的这一预见在其日后的谱系学研究中得到了应验。

福柯最早论及谱系学的是《话语的秩序》（1970）一文，他将"谱系分析"作为"批判分析"的对应方法而运用于话语研究，不过此时他对于谱系学的界定尚不得要领。福柯真正介入谱系学研究是《尼采、谱系学、历史》（1971）一文，此时他受到尼采《论道德的谱系》等著述的影响，从考古学走向谱系学，为话语研究凝定了内在的灵魂。

福柯对尼采赞赏有加，认为西方哲学的线索在尼采身上都能找到，声称他个人的研究动力往往来自尼采，他更感兴趣的是借助尼采的文字来对不同领域进行探索和研究。有据于此，他将尼采提出的"历史感性"视为谱系学的精髓。尼采在《论道德的谱系》中将谱系学冠之以"历史感性"或"历史精神"④，而这一概念的提出，是以康德的先验论哲学作为参照物和对立面的，从而确认了谱系学理应属于历史研究方法

---

① ［法］米歇尔·福柯：《知识考古学》，谢强等译，生活·读书·新知三联书店2003年版，第161页。

② ［法］米歇尔·福柯：《知识考古学》，谢强等译，生活·读书·新知三联书店2003年版，第183页。

③ ［法］米歇尔·福柯：《知识考古学》，谢强等译，生活·读书·新知三联书店2003年版，第231页。

④ ［德］尼采：《论道德的谱系》，《尼采著作全集》第5卷，赵千帆译，商务印书馆2015年版，第328页及该页注①。

而非先验哲学方法。对此福柯予以赞同，宣称谱系学是一种尼采式的而非康德式的概念。福柯如是说："历史感性使知识在其认识活动中获得一种谱系学的维度。实际的历史在垂直于自身的方向上实践着历史的谱系学"①，而谱系学存在的充足理由就在于"历史感性实践着实际的历史，它将所有那些据信内在于人的不死的东西重新引入到变化中"②。

但是，"历史感性"只是一个总体框架、一个基本概念，它还包含许多子项和子概念，诸如社会、政治、经济、制度、观念、道德、权力、价值、知识、真理、哲学、欲望等，这就使得谱系学成为一个充满历史感、富于人间气的宏大世界，而这恰恰也是此前被考古学搁置和摒弃了的世界。福柯对此作出尽管详尽却又无法穷尽的描述：

> 作有关价值、道德、禁欲主义和认知的谱系研究，决不是把历史插曲当作不可把握的东西忽略掉，决不是径直去追寻它们的"起源"。相反，恰恰是要驻足于细枝末节、驻足于开端的偶然性；要专注于它们微不足道的邪恶；要倾心于观看它们在面具打碎后以另一副面目的涌现；决不羞于到它们所在之外寻找它们……谱系学家……要会辨认历史事件、它们引起的震动和惊恐、微弱的胜利、记录着开端却未被很好领会的失败、返祖现象和遗传；同样为了评价某个哲学文本，就应该会诊断肉体疾病、健康状况、以及衰弱和耐力。历史有它的强盛、衰弱，也有神秘的迷狂和晕厥般的激动，它是生成变化的肉体。只有形而上学家才到遥远的起源的观念性中为自己寻找灵魂。③

就谱系学研究的上述对象而言，不无芜杂但却丰富，不无另类但却新颖，不无冷僻但却奇崛，总之是另辟蹊径从形式转向了内容，从话语

---

① ［法］米歇尔·福柯：《尼采、谱系学、历史》，杜小真编选《福柯集》，上海远东出版社2003年版，第159页。

② ［法］米歇尔·福柯：《尼采、谱系学、历史》，杜小真编选《福柯集》，上海远东出版社2003年版，第156页。

③ ［法］米歇尔·福柯：《尼采、谱系学、历史》，杜小真编选《福柯集》，上海远东出版社2003年版，第150页。

转向了权力,从文本转向了历史。

福柯所说的"谱系学"也不是通常意义上的,他运用谱系学方法进行研究的主要有两部作品,即以监狱史、刑罚史为主题的《规训与惩罚》和以性经验史为主题的同名著作第一卷《认知的意志》(1976),后者是一部拟议出版多卷本的鸿篇巨制,虽然最终成为未竟之作,但其首卷《认知的意志》几同全书开篇的"导论",对于谱系学的设计和建构具有举足轻重的地位。二者一脉相承,都将目光投向话语背后的历史内涵和权力机制,区别只在于《规训与惩罚》关注的是支撑着肉体话语的深层力量,而《认知的意志》留意的则是制约着性经验话语的背后文章。正如福柯所说:谱系学"旨在论述关于现代灵魂与一种新的审判权力之间相互关系的历史,论述现行的科学—法律综合体的系谱。在这种综合体中,惩罚权力获得了自身的基础、证明和规则,扩大了自己的效应,并且用这种综合体掩饰自己超常的独特性"①。

一如既往,福柯像繁复定义"考古学"一样,对"谱系学"也作了若干界定,这些界定揭示了二者的一个重要区别,如果说考古学致力于建立话语陈述的规则而将制度、政治、经济、实践等历史因素摈除在外的话,那么系谱学恰恰相反,它对于权力关系及其效应的高度关注使之对于抽象的语言形式和陈述方式却无关于心。其中突出的一点是福柯对于冷僻学问和另类知识表现出高度热衷。在他看来,谱系学的发展一直伴随着冲突和斗争,这种冲突斗争出于它自身的构成,谱系学是冷僻学问与流行知识相结合的产物,它的形成以反抗和废除总体性话语及其等级体系的特权地位为前提,它使我们今天掌握和运用有关斗争的历史知识更具策略性。谱系学独立于理论抽象与具体事实的对峙之外,因此它所做的规划既不是经验主义的,也不是实证主义的。谱系学关注的是那些局部的、非连续性的、被贬低的、不合法的知识,它以此来对抗整体理论的理性法庭,后者往往以真理的名义和独断的态度对那些被贬黜的知识进行筛选过滤,对之划分等级和发号施令。谱系学在本质上是反科学的,是一种知识的反叛,但它反对的并不是科学的内容、方法和概

---

① [法]米歇尔·福柯:《规训与惩罚:监狱的诞生》,刘北城、杨远婴译,生活·读书·新知三联书店2003年版,第24页。

念，而是反对科学中存在的集权倾向。这与整个社会组织起来的科学话语的制度和功能密切相关，无论它是教育机构、商业系统还是政治体系，谱系学反对的是那种被看作科学话语的权力本身。福柯对于谱系学的建构付出了更多的劬劳和心血，他声称："最近四五年，我一直坚持重复进行的既交叉又悬置的研究片断和报告，可以被视为谱系学的组成部分，我在最近15年间一直都没有远离这个唯一的研究课题。"①

行文至此，可以对"考古学"与"谱系学"的关系给出一个总体框架了，福柯在"法兰西学院演讲系列"《必须保卫社会》一讲中作出了如下概述：

> 谱系学，相对于把知识注册在专属科学权力的等级中的规划，是一项解放历史知识使其摆脱奴役的事业，也就是说它有能力对统一的、形式化的和科学的话语进行反抗和斗争。局部知识……的复兴反对科学和认识的等级化及其固有权力，这就是无序的、片断的谱系学的计划。这里我想说两个词：考古学，这是属于分析局部话语性的方法，以及从描述的局部话语性开始，使解脱出来的知识运转起来的谱系学策略。这是要构成一个整体的规划。②

这就是说，谱系学旨在将历史知识从大一统、形式化、科学化的话语中解放出来，它以局部的、无序的、片断的另类知识对抗那种将知识纳入权力机制的等级秩序的陈规陋习，在此过程中恰恰显示出考古学与谱系学百虑一致、殊途同归的功能和意义，如果说考古学是分析这种局部的、无序的、零散的知识的方法论的话，那么谱系学则是在对这些另类知识的分析之上建立的总体策略，两者互为呼应互为支撑，构成了一个整体规划，简言之，它是"采用考古学的方法去完成系谱学式的研究计划"③。

---

① ［法］米歇尔·福柯：《必须保卫社会》，钱翰译，上海人民出版社2010年版，第10页。

② ［法］米歇尔·福柯：《必须保卫社会》，钱翰译，上海人民出版社2010年版，第10页。

③ ［美］加里·古廷：《福柯》，王育平译，译林出版社2010年版，第62页。

需要说明的是，福柯作为历史学家，往往热衷那些局部性、片断性的历史话语，关注那些通常遭到嫌弃、被人遗忘的历史领域。综观福柯的一生著述，包括精神病史、诊疗史、监狱史、刑罚史、性经验史等均属冷僻的、另类的边缘历史学，既不为官方教育体制所认可，也不被正统历史学家所见容，但就是这样一种边缘历史学恰恰能够揭示历史现象的多样性和历史过程的复杂性。这也许不能只是看作学术研究上的剑走偏锋，而应理解为对于人为预设的目的论和中心论的拆解和摧毁。在此，那种被视为不言自明的公理的连续性、总体性、目的论均受到了质疑，而非连续性、零散性、断裂性不再被指责为有损于历史观照的谬见，而应被视为有利于历史建构的建设性因素。福柯这样说："不连续性曾是历史学家负责从历史中删掉的零落时间的印迹。而今不连续性却成为了历史分析的基本成分之一。""一个全面的描述围绕着一个中心把所有的现象集中起来——原则、意义、精神、世界观、整体形式；相反地，总体历史展开的却是某一扩散的空间。"① 这就将历来崇奉连续性、总体性、中心论而贬斥断裂性、零散性、边缘性的历史哲学翻了一个个儿。

正是在这种阴阳错位、乾坤颠倒的巨变中，考古学与谱系学显现了一种互补性，二者并非彼此断裂，而是相互接续的。区别只在于考古学更多关注话语的形式和结构本身，而谱系学更多留心权力关系在话语中的实际应用，但考古学也不是无足轻重的，虽然它属于分析局部话语的方法，但它并非不具备政治潜能，正是它对于不同思维模式的展现，促成了谱系学思维方式的去故存新。总之，考古学是局部，谱系学是全局；考古学是工具，谱系学是目标；考古学是方法，谱系学是策略。因此可以说考古学是谱系学的初级版、基础版，谱系学是考古学的升级版、加强版，按用兵之法也可以说，考古学是"运筹于帷幄之中"，谱系学是"决胜于千里之外"。

用军事或战争术语来陈述学理恰恰正是福柯的爱好，福柯崇奉克劳塞维茨的《战争论》，将其精神活学活用引进自己的学术研究。随着谱

---

① ［法］米歇尔·福柯：《知识考古学》，谢强等译，生活·读书·新知三联书店2003年版，第8、10页。

系学研究的深入，福柯愈发感觉到，谱系分析不应根据意识、感知、思想的分类来进行，而应从权力的战略和战术的角度出发。他认为，分析权力关系有两种模式：一是法律关系的模式，它表现为控制、禁止、惩罚的权力；二是军事或战略的模式，它通过对领土的移植、分配、分界和组织来实行，这就构成了一种地理政治学。前者的缺陷现已暴露无遗，因此法律并不能代表权力。而后者从权力结构的战略和战术出发进行研究，才是应当遵循的方法和路线。福柯认为这种战略、战术的模式"作为组织和知识的诞生地"①，可以通过研究要塞、战役、运动、殖民地、领土的历史而得以建构，从而宣称这一地理政治学必须成为自己所关心的课题的核心。尽管福柯酝酿书写一部战争史的宏愿并未得到实现，但其谱系学研究却借此不断突破固有模式，发现新的知识生长点，从而显示了强大的建构性和生产性。

第五节　现代性批判的生产性主旨

有当代思想史家归结福柯学术生涯的三次转变，即从60年代对作为知识体系的考古学关注，到70年代对作为权力关系的系谱学关注，再到80年代对作为自我技术、伦理学和自由的关注。如果将这前、中、后三个时期作一比较的话，便可以发现其中既存在某种连续性，又存在某种非连续性。连续性主要表现在"他把考古学与系谱学研究拓展到了一个新的研究领域"；而非连续性则表现在"他对主体之自我建构的新关注，以及对理性和自主性的重新思考"。而在福柯晚期发生的一个重大转变就是"重估了启蒙运动对建立关于当前时代之批判的积极贡献"②。这一评价是中肯的。

福柯对于"批判"的专题研究是从《什么是批判》一文开始的，这是他1978年5月在索邦大学所作的演讲。此前福柯在《话语的秩序》中就对"批判"概念有所论及但不甚了然，如今则给出了清晰的

---

① ［法］米歇尔·福柯：《权力的地理学》，《权力的眼睛：福柯访谈录》，严锋译，上海人民出版社1997年版，第213页。

② ［美］凯尔纳、贝斯特等著：《后现代理论：批判性的质疑》，张志斌译，中央编译出版社2011年版，第66、67页。

界定和分析：

> （批判）这是一种普遍的文化形式，既是政治的也是道德的态度，是一种思想方式等，我简单地称之为不被统治的艺术，或更恰当地说，不像那样和不付出那种代价而被统治的艺术。因此，我将提出这个一般特征，以作为对批判的初步界定：批判是不被统治到如此程度的艺术。①

> 批判也是一场运动：主体自己有权质疑真理的权力效果和权力的真理话语。这样，批判将是自愿的反抗的艺术，是充满倔强的反思艺术。批判本质上将确保在我们可以用一个词称之为的"真理的政治学"的语境中解除主体的屈从状态。②

这两段话确认，"批判"是一种态度，也是一种艺术，而"批判"这个词的核心则是通过质疑、反思和反抗以解除自身对权威力量的屈从状态。因此它也是一种思想方式、一种道德立场、一种文化形式。

福柯进一步将《什么是批判》与康德在 1784 年发表的《什么是启蒙?》联系起来，认为以上对"批判"概念的定义与康德对"启蒙"概念的定义相差无几，康德在该文中将"启蒙"的锋芒指向人在权威的压制之下所处的不成熟状态。他认为，时至今日，人类中仍有无数人甘心处于这种不成熟状态之中。所谓不成熟状态就是指如果没有别人的指引，他就不能运用他自己的知性，或者缺少决心和勇气去运用他自己的知性。如果我让书本代替自己去拥有智力，让牧师代替自己去拥有良心，让医生替我鉴定食谱，那么我就完全不需要作任何努力，也不需要进行任何思维活动。只要我付费，别人将替我承担起全部艰苦的工作。因此对每个个体来说，摆脱不成熟状态是困难的，不成熟几乎成了他的天性。他甚至于渐渐喜欢上它，并且确乎不能运用他自己的知性了，因

---

① ［法］米歇尔·福柯：《什么是批判》，《什么是批判：福柯文选Ⅱ》，汪民安编，北京大学出版社 2016 年版，第 174 页。
② ［法］米歇尔·福柯：《什么是批判》，《什么是批判：福柯文选Ⅱ》，汪民安编，北京大学出版社 2016 年版，第 177 页。

为他从未被允许做这样的尝试。总之，这种情况完全由他自己负全责。而启蒙就是人从他自己造成的不成熟状态中挣脱出来。因此康德在两百年前就大声疾呼："启蒙的箴言就是敢于明智！（Sapere aude）大胆地运用你自己的知性。"①

福柯赞成康德的观点，但认为康德称之为"启蒙"的东西恰恰就是"批判"，他对其社会意义予以充分肯定："这种批判态度显现为一种特定的态度，我相信它始于历史上社会治理化的巨大进程。"② 在福柯看来，正由于康德对启蒙与批判二者的含义形成错位，恰恰调动起了人们对现代科学的历史命运进行分析的热情。也许我们还可以设想一条不同的思路，把启蒙问题当作解决知识与权力之关系的途径。他提议，我们不应该认为存在着单一的知识或单一的权力，更不应该认为存在着会自行运作的单一知识或单一权力。知识和权力只是一种分析的框架，这种框架的构成一方面来自知识，另一方面来自权力。问题不在于描述知识是什么和权力是什么，以及这一个会如何压制另一个或相反，而在于构建一个知识—权力网络，从而构成一个各个方面都可接受的系统。而这一网络系统对于那种单一性、排他性和压制性的知识—权力关系的否定和拒斥无疑具有深刻的批判意义。

不过，福柯对于康德将启蒙事业放到批判规划中去进行重估的做法仍持有疑虑，他认为，相对于这种将启蒙问题引入批判中去的方式，现在是否有必要采取相反的路径？能否尝试在这条道路上朝着相反的方向前进？或者说能否将批判精神引入启蒙事业？回答是肯定的。就说知识与权力的问题，其中第一要义就是从反对曲意屈从、倡导自主决定的意志出发，"这种做出决定的意志既是个体的也是集体的态度，正如康德所说的，它意味着摆脱自身的不成熟"③。

据福柯坦承，他在此前写《什么是批判》时还不敢给他的讨论取

① ［德］康德：《什么是启蒙？》，盛志德译，《哲学译丛》1991 年第 4 期。按译文依原意有所改动。

② ［法］米歇尔·福柯：《什么是批判》，《什么是批判：福柯文选Ⅱ》，汪民安编，北京大学出版社 2016 年版，第 178 页。

③ ［法］米歇尔·福柯：《什么是批判》，《什么是批判：福柯文选Ⅱ》，汪民安编，北京大学出版社 2016 年版，第 198 页。

一个本该是"什么是启蒙?"的题目,但在六年后他做到了。这就有了与康德前作的同题论文《何为启蒙》(1984)。

需要注意的是,康德发表《什么是启蒙?》之时正是他建构"批判哲学"的阶段,因此他对于"启蒙"概念的讨论无疑有着"批判哲学"的背景。康德的"批判哲学"始终抱着一个明确的宗旨,那就是必须破除当时独断论主宰形而上学的局面,而建立一个至高无上的理性的"法庭",一切东西都必须在这一理性法庭上经受审判。康德宣称:"这个法庭能够受理理性的合法性保障的请求,相反,对于一切无根据的非分要求,不是通过强制命令,而是能按照理性的永恒不变的法则来处理,而这个法庭不是别的,正是纯粹理性的批判。"① 康德基于"批判哲学"的原则而对于理性的崇尚,正是福柯解读康德的"启蒙"概念的重要依据。不过福柯在六年前《什么是批判》中的有关讨论尚嫌粗糙,而到后来发表《何为启蒙》时则显然经过深思熟虑了。在该文中,福柯首先对康德前作的主旨进行了回顾,接着更进一步,立足于康德的"启蒙"概念与其"三大批判"的密切关系,肯定康德的"启蒙"高扬了人类运用自己的理性而不服从任何权威的精神,而"批判"在这一点上恰恰显示出其必要性和紧迫性,因为"批判"的天职就在于"确定在什么条件下运用理性才是正当的,以断定人们所能认识的、应该去做的和准许期望的东西"②。因此对人来说,理性自主的丧失往往由于对理性的不正当使用,而理性自主得到保证则是正当运用理性的结果。这就使得"启蒙"与"批判"的辩证关系得到了确切的界定:批判是方法,启蒙是观念;批判是途径,启蒙是目的;批判是工具,启蒙是结果。对此福柯如是说:"'批判'在某种程度上是一本记载在'启蒙'中已成为举足轻重的理性的日记;反之,'启蒙'则表明'批判'的时代。"③

康德在《什么是启蒙?》中曾对启蒙时代的时间性作出定位,宣称

---

① [德]康德:《纯粹理性批判》,邓晓芒译,人民出版社2002年版,第3页。

② [法]米歇尔·福柯:《何为启蒙》,杜小真编选《福柯集》,上海远东出版社2003年版,第533页。

③ [法]米歇尔·福柯:《何为启蒙》,杜小真编选《福柯集》,上海远东出版社2003年版,第533页。

"我们的时代的确是启蒙的时代"，"我们仍然还有漫长的道路要走。但是……这一前景现在已经展现在他们面前"①，从而确认了启蒙时代的现时性、现在性。福柯对此大加赞赏，觉得这就在批判的思考和历史的审视的交集点上将"今日"作为历史上的一种特异性存在来看待，作为完成特殊的哲学使命的契机来把握。"在我看来，是这篇文章的新颖之处。"② 他认为，康德的贡献在于，在将"启蒙"确定为人类从未成年走向成年的过程同时，指明了处于在人类历史总体运动之中的现时性及其基本方向，从而要求处于现时之中的每个人均应对这一总体进程负责。

福柯从中敏锐地觉察到一种新的动向，那就是将启蒙的现时性、现在性提升到"现代性"的高度来考量。按常理，人们总是在时间性意义上将现代性视为一个时代或一种时代特征。但从人类历史的总体进程来说，现代性之前有一个不无幼稚、显得陈旧的"前现代性"，而其后则是一个令人费解亦复令人不安的"后现代性"。那么在前现代性—现代性—后现代性的长链中，"现代性"何以构成启蒙的标志或名号呢？

福柯试图在质疑和反思中作出回答，他考虑，能否将现代性不只当作一个历史时期而是当作一种态度，而这种态度是由人与现时性的关系决定的，它是一种思考、感觉和行动的方式，它出自人的自我选择，它既是一种属性也是一种使命。也可以说，现代性是一种类似古希腊人称作"气质"（êthos）的东西。

福柯以波德莱尔为例，认为从他的作品中可以见出 19 世纪最突出的现代性意识。福柯指出，通常人们往往用时间的非连续性来说明"现代性"的特征，以表达对传统的断裂和对新旧交替的意识和感受，波德莱尔也正是在这个意义上用"过渡、瞬间即逝、偶然性"来对"现代性"下定义。但在福柯看来，波德莱尔并非仅仅表达对时间的恒常运动的感受，而是试图表明对这种时间运动所持的某种态度："现代性是一种态度，它使人得以把握现时中的'英雄'的东西。现代性并

---

① ［德］康德：《什么是启蒙？》，盛志德译，《哲学译丛》1991 年第 4 期。
② ［法］米歇尔·福柯：《何为启蒙》，杜小真编选《福柯集》，上海远东出版社 2003 年版，第 533 页。

不是一种对短暂的现在的敏感，而是一种使现在'英雄化'的意愿。"①

让我们暂时回到波德莱尔。波德莱尔关于"现代性"的经典性定义如是说："现代性就是过渡、短暂、偶然，就是艺术的一半，另一半是永恒和不变。"② 他认为，任何美都可以分为转瞬即逝与永恒不变两种情况，但一切都是瞬息，一切都将过去，只绝对的变化才是永恒的不变，因此绝对永恒的美根本就不存在，只有特殊、短暂、过渡的美才是永恒的存在。现代性问题亦复如此。进而言之，每一种特殊的美都来自激情，这种"特殊激情的美"就是波德莱尔竭力推崇的"英雄气概"。

波德莱尔认为，在现代生活中，伟大的传统已然消失，而新的传统尚未形成，因此必须恢复以往的伟大传统。那么，所谓伟大的传统是什么呢？那无非是古代习以为常的理想化生活。在波德莱尔看来，那就是在古希腊罗马神话传说中的英雄事迹以及在后世的作家诗人司各特、巴尔扎克、爱伦·坡等在作品中所弘扬的英雄气概。如巴尔扎克，从他阔大的胸怀中创造出来的最具英雄气概、最富于诗意的人物，甚至足以让《伊利亚特》中的英雄们甘拜下风。顺理成章，能够直抒胸臆高扬英雄气概的作家诗人本身也堪称真正的当代英雄。但是，现在那些令人感动的英雄们已经逝去，离我们很远了，而在现代生活中，所谓的"英雄"鱼龙混杂、等而下之。因此波德莱尔大声疾呼，今天是应该"有一种现代的美和英雄气概的！"③ 本雅明曾充分肯定了波德莱尔发现英雄主义并将其标举为我们时代的特征，从而使得这一口号显得格外响亮："英雄是现代主义的真正主题！"④

这样，福柯求助于波德莱尔对于现代性的英雄主义的褒獎而将"启蒙"与"现代性"联结起来，不仅激活了某种态度，更凝定了某种气

---

① ［法］米歇尔·福柯：《何为启蒙》，杜小真编选《福柯集》，上海远东出版社2003年版，第534页。

② ［法］波德莱尔：《1846年的沙龙：波德莱尔美学论文选》，郭宏安译，广西师范大学出版社2002年版，第424页。

③ ［法］波德莱尔：《1846年的沙龙：波德莱尔美学论文选》，郭宏安译，广西师范大学出版社2002年版，第265页。

④ ［德］瓦尔特·本雅明：《发达资本主义时代的抒情诗人：论波德莱尔》，张旭东、魏文生译，生活·读书·新知三联书店1989年版，第92页。

质，福柯将其称为"哲学气质"。正是这种"哲学气质"，推动了"启蒙"从时间性转向了空间性，从过程性转向了状态性，从物质性转向了精神性。这就是福柯所说："哲学气质在于：通过我们自身的历史本体论，对我们之所说、所思、所做进行批判。"① 由此可见，福柯在重提"启蒙"概念的语境下所作的现代性批判乃是一种建设性的批判，一种生成性的重建。

福柯进一步提醒，批判并不追求形而上学的至上目的，也不寻找具有普遍价值的形式，它只是旨在建构我们自身，并通过我们的所说、所思、所做的各种主体性事件而进行的一种历史性调查。在这一点上，福柯又回到了考古学/谱系学的话语秩序：

> 批判在其合目的性上是谱系学的，在其方法上是考古学的。所谓考古学的，意指：这种批判并不设法得出整个认识的或整个可能的道德行为的普遍结构，而是设法得出使我们所思、所说、所做都作为历史事件来得到陈述的那些话语。而这种批判之所以是谱系学的，是从这个意义上说的：它并不会从我们所是的形式中推断出我们不可能做或不可能认识的东西，而是从使我们成为我们之所是的那种偶然性中得出不再是、不再做或不再思我们之所是、我们之所做或我们之所思的那种可能性。②

在以上福柯对于考古学/谱系学概念所作的又一次界定中，在那些类似绕口令的重重叠叠表述中仍可以见出对于批判概念的精准界定：在考古学的意义上，批判力图得出的是陈述历史事件的话语；而在谱系学的意义上，批判力图得出的是存在于偶然性中的可能性。这两个方面保持着方法论上的连贯性，如果说前者是话语陈述的操作层面的话，后者则是总揽全局的策略层面，二者均服从和服务于启蒙的主旨。

而这一点，在福柯《何为启蒙》一文的结语中就说得很清楚了。福

---

① ［法］米歇尔·福柯：《何为启蒙》，杜小真编选《福柯集》，上海远东出版社2003年版，第539页。

② ［法］米歇尔·福柯：《何为启蒙》，杜小真编选《福柯集》，上海远东出版社2003年版，第539—540页。

柯指出，我们所经历的许多事情使我们确信，"启蒙"这一历史事件并没有使我们变成成年，而且，我们现在仍未成年。因此可以认为，康德在思考"启蒙"的意义时所提出的批判性质询在两个世纪以来仍不失其重要性和有效性。这种批判应被看作一种态度、一种气质、一种哲学境界，它"既是对我们之被确定的界限作历史性分析，也是对超越这界限的可能性作一种检验"①。总之，福柯在将批判引入启蒙的过程中，一是借助波德莱尔对于现代性的英雄主义传统的张扬，二是依循考古学/谱系学的话语秩序，从而满怀信心地瞻望现代性的可能性空间，肯定其生长性、超越性和未来性，这就充分展示了文学批评的生产性、建构性和开拓性。

不过学界对于福柯一直不乏訾议，特别对其创造的概念之间往往缺少互洽性的毛病颇多非议，他对话语与权力、考古学与谱系学的关系的论述如此，而对启蒙与批判关系的重估亦然。福柯通过将批判引入启蒙构成了现代性批判的理论基础，最终归结到波德莱尔关于现代性的经典定义及其激情美学和英雄主题，尽管他对之进行了重新界定，但是这一步逻辑推演的跨度还是大了一点，从道德、政治的视角一下转到了美学、文学的看法，中间缺少必要的环节连缀和线索穿插。可以认为这种草率和粗疏乃是福柯始终眷念文学、时时回望文学的习惯定式所致。始于文学批评，终于文学批评，不妨说这恰恰画出了福柯理论建构的逻辑圆圈。

---

① ［法］米歇尔·福柯：《何为启蒙》，杜小真编选《福柯集》，上海远东出版社 2003 年版，第 542 页。

第 十 六 章

差异/延异：生产性文学批评的解构策略

在 20 世纪中下叶文学批评大潮中，解构主义作为结构主义走向后结构主义的转折点和后续众多批评派别的策源地，无疑是备受关注且众说纷纭的一支流，说它是哲学立场的有之，说它是政治思维的有之，说它是阅读模式的有之。当然有说服力的还是这一学派的宗主德里达自己的表述："我所求索的是解构的一般策略"，"这种策略要规避简单地'调和'形而上学的二元对立，也要规避简单地通过确认而'陷入'这种二元对立的封闭领域。"① 此处德里达的解构策略所针对的是西方文化由来已久的"逻各斯中心主义"。而他在解构逻各斯中心主义的过程中所取得的种种建树恰恰极大地丰富了生产性文学批评的理论内涵。

第一节　解构何为？

"解构"一说是德里达在《论文字学》（1967）一书中首次提出的，而其解构的矛头所指在于逻各斯中心主义。原话如下：

> "理性"支配着被大大推广和极端化的文字，它不再源于逻各斯——也许正因如此，它应当被抛弃。它开始拆毁所有源于逻各斯的意义的意义，但不是毁坏，而是清淤（lá désédimentation）和解

---

① Jacques Derrida, *Positions*, Editions de Minuit, 1972, p. 56.

构（lá déconstruction）。[①]

据德里达说，最初他试图以自己的方式将一个德文词即海德格尔的 destruktion（毁坏）转译为法文，以寻求一种分析和揭示传统本体论的方法，这就是后来所说的"解构"（déconstrution）。但它没有"摧毁"的意思。"解构"的目标就是"对一些记忆，一些谱系，一些既定的等级结构进行分析和揭示"[②]。在德里达看来，从柏拉图、亚里士多德、笛卡尔、黑格尔以来，已经设定了种种等级关系，诸如理性高于感性，积极高于消极，男人高于女人等。这种等级观念不仅存在于学校和图书馆，而且还存在于社会、政治之中。而解构一说的提出，旨在通过不同的人，不同的语言，不同的文化，不同的记忆来改变这种既定的等级观念。不过德里达又强调："解构并不是纯粹的否定，它里面包含肯定，就是回到源头寻找原初的'是'（yes）。去掉传统的'中心'主义。"[③]

这是德里达晚年在访问中国进行学术交流时所言，对其学术思想带有总结意义，大致覆盖了他所提出的"解构"一说的基本内涵，包括以下几个方面：

首先，解构是反逻各斯中心主义的，它对于这种自古已然的哲学惯习具有否定性和消解性。1966 年德里达在霍普金斯大学的人文科学讨论会上发表了题为《人文科学语言中的结构、符号及游戏》的演讲，在这一被视为解构主义宣言书的演讲中，德里达对西方哲学中陈陈相因的"逻各斯中心主义"提出了挑战，他从语言学角度发难，大声疾呼"必须开始考虑根本没有中心，中心不能看作是一个正在出席者的形式，中心没有天然的所在处，它不是一个固定的地方而是一种功能，一种无处（non‑lieu），在这无处中，符号替换进行着无穷尽的游戏"[④]。他指出，在语言学方法论上，以往仅仅用能指/所指的二分法来说明语词的意义呈现过程是不确切的，语词的意义呈现并非像以往那样总是由

① ［法］雅克·德里达：《论文字学》，汪堂家译，上海译文出版社 2005 年版，第 13 页。
② 杜小真、张宁主编：《德里达中国讲演录》，中央编译出版社 2003 年版，第 155 页。
③ 杜小真、张宁主编：《德里达中国讲演录》，中央编译出版社 2003 年版，第 157 页。
④ ［法］雅克·德里达：《人文科学语言中的结构、符号及游戏》，刘自强译，《20 世纪文学评论》下册，上海译文出版社 1993 年版，第 537 页。

能指引向所指，而是在能指与能指之间进行转换，这就像查字典，要弄明白一个词的意思，就必须去查另外的词，而要弄明白这另外的词，又要去查更多的词，如此等等，永无止境，构成一条长长的语义链。而语言的符号意义就生成于这一查找过程之中，查找的过程是无穷尽的，语言符号的意义实现也是无穷尽的。因此意义的彰显只是在能指与能指之间展开的一场游戏。德里达赞同如下说法，在这场游戏中，"比起极为丰富的能指所能涉及的所指来，能指是太丰富了"，这种能指与能指之间无限的替换是一种"超量的表意法"。① 而那种超验性的"意义中心"只具有"零度的象征价值"②，这就是说，以往人文话语总是围绕"中心"来彰显意义，所谓"中心"，就是逻各斯中心主义奉为最高本体的本质、存在、实体、真理、理念、上帝之类概念。其实这种"中心"是不存在的，是理应被消解的。虽然在这一演讲中尚未使用"解构"一说，但其精义所凝，已呼之欲出了。

其次，解构不只是否定性、消解性的，它也是肯定性、建构性的，甚至后者更值得重视。无论从字面还是从词源看，"解构"都带有毁坏、拆解的意思，容易引起人们误解，以至将其归于否定性、消极性词语之列，因此德里达反复作出说明和解释："当然要强调这样一个事实，即解构的运动首先是肯定性的运动，……让我们再说一遍，解构不是拆毁或破坏"③。其实当人们以为它是说"否"时，它恰恰是在说"是"，"首先对思想说是，对那种不能被还原成某种文化、某种哲学、某种宗教的思想说是。对生活说是，也就是说对那种有某种未来的东西说是。对要来的东西说是。"④ 总之，解构是在拆解和清除的前提下所作出的一种肯定，一种投入，也是一种重新铭写。但是德里达还有更深层次的理解，解构的肯定性和建构性并不意味着以一种新款的逻各斯中

　　① ［法］雅克·德里达：《人文科学语言中的结构、符号及游戏》，刘自强译，《20世纪文学评论》下册，上海译文出版社1993年版，第554页。
　　② ［法］雅克·德里达：《人文科学语言中的结构、符号及游戏》，刘自强译，《20世纪文学评论》下册，上海译文出版社1993年版，第555页。
　　③ ［法］雅克·德里达：《一种疯狂守护着思想——德里达访谈录》，何佩群译，上海人民出版社1997年版，第18页。
　　④ ［法］雅克·德里达：《书写与差异》，张宁译，生活·读书·新知三联书店2001年版，"访谈代序"第16页。

心取代旧式的逻各斯中心，那只是原先等级制的改头换面、换汤不换药，而解构的精髓则在于彻底清除逻各斯中心主义的历史淤积，进而构建"世界的新面貌，人、民族、国家之间关系的新的面貌，以及通过解构寻求的新的规律和法则"①。

再次，解构具有广泛的共性和普适性，它适用于所有情况，而非仅限于一种目的，所以它无所不在。德里达说他更愿意用复数来指称"解构"一说，并试图证明在社会、历史、经济、技术、军事等现实中到处都存在着解构。他也不认为解构并不持有某种终极目的，从某种角度说它是无限定的，无止境的。因此不妨说，解构无处不在、无时不在。另外，解构在哲学的、司法的、政治的、美学的以及其他研究领域中被采用，但它并不仅仅是一种话语操作、哲学陈述或语义分析，它必须向社会体制、经济结构和历史传统提出挑战。因此当被问及今天是否处于一个"解构的时代"时，德里达答曰："让我们说这是一个具有某种解构主题的时代"②。

复次，正因为德里达并不将解构视为一种简单的理论姿态，当作在书斋中讨生活的生存状况，所以他往往赋予解构活动以充实而又鲜活的历史主义内涵。在他看来，那种无情境的一般性解构是不存在的，"只存在在既定文化、历史、政治情境下的一些解构姿态。针对每种情境，有某种必要的策略，这种策略依情况的不同而有别，我们应当分析的是这种具体上下文中的兴趣所在"③。一旦文化、历史、政治情境有所变动，解构的姿态、策略和方法便势必发生如影随形的变化。德里达的作为可谓现身说法，他本人曾经历过席卷法国乃至整个欧洲的"五月风暴"的洗礼，虽然他觉得这场运动并不合自己的口味，也没有感到是在参与一个伟大的变革，但却发现"在1968年5月的前进潮流中，在法国和其他地方，人们改变了自己"④。学者们已不再像以前那样来写

① 杜小真、张宁主编：《德里达中国讲演录》，中央编译出版社2003年版，第46—47页。
② ［法］雅克·德里达：《一种疯狂守护着思想——德里达访谈录》，何佩群译，上海人民出版社1997年版，第46页。
③ ［法］雅克·德里达：《书写与差异》，张宁译，生活·读书·新知三联书店2001年版，"访谈代序"第14页。
④ ［法］雅克·德里达：《一种疯狂守护着思想——德里达访谈录》，何佩群译，上海人民出版社1997年版，第37页。

作，教师们也不再像以前那样教学了，师生之间的关系发生了明显的变化，而教师之间也不再以往日的方式进行交流，尽管这一切并不是在一天、一个月内改变的。此言不啻是德里达自况之辞，透露了其自身发生的微妙变化。后来被问到"是否可以说，几年来，您的工作有一种更加肯定的政治维度？您的著作是否具有更加明显的政治效果？"时，他毫不含糊地表示肯定。① 这就决定了德里达往往一只眼盯着学术领域、哲学范畴内发生的事情，另一只眼盯着社会历史、现实政治领域内的变动，犹如同时在两个战场上作战。他说："我一直有两个战场。关于这个时期我所处的这种情况从未停止过。事实上，我一直被两种必要性拉扯着，或者说我一直尝试公平对待两种看起来相互矛盾或不兼容的必要性：解构哲学，……但无论在写作中还是在授课中，我总是始终尝试尽可能地同时采取两种姿态。"② 后来有论者对解构学说明显的政治倾向作出评价："许多（也许大多数）解构批评家认为，它们在追求一种具有政治意义的活动。他们认为自己的批评实践是与一种政治实践相连的。解构主义运动的力量和活力，离开了其政治关注点，也就不能被理清。"③

最后，在德里达的学术研究中充斥着文学兴趣，甚至惹起他的哲学同行斥之为不务正业的非议。在谈及这一话题时他承认："的确，从一开始我的工作就一直受到文学经验的吸引。"④ 他最初是从文学书写进入，但其真正的旨趣并不止于文学理论，或者说并不止于诗学本身，而在于文学作品。但真正使他感兴趣的并非一般的文学作品，而是像马拉美、阿尔托、巴塔耶、策兰、乔伊斯等文学大师的作品。因为"这些作品中常常有些比某些哲学作品更有哲学思想的东西，因此也比这些哲学作品更多地具有解构力量"⑤，他往往借助这些文学文本来展开和充

① 杜小真、张宁主编：《德里达中国讲演录》，中央编译出版社 2003 年版，第 217 页。
② ［法］雅克·德里达：《书写与差异》上册，张宁译，生活·读书·新知三联书店 2001 年版，"访谈代序"第 4—5 页。
③ ［美］理查德·罗蒂：《后哲学文化》，黄勇译，上海译文出版社 2009 年版，第 127 页。
④ ［法］雅克·德里达：《书写与差异》上册，张宁译，生活·读书·新知三联书店 2001 年版，"访谈代序"第 19 页。
⑤ ［法］雅克·德里达：《书写与差异》上册，张宁译，生活·读书·新知三联书店 2001 年版，"访谈代序"第 20 页。

实其解构的思想。在他看来，自从启蒙运动以来，现代文学建制让任何人都拥有以文学虚构的形式自由地写作和说话的权利，它也是一种摆脱了神学与教会钳制的非宗教的、世俗化的文学制度。但是，一直以来审查制度依然存在，偶像膜拜、原罪救赎等宗教意识也不绝如缕，因此对于欧洲文学史上陈规陋习的孑遗进行解构便势在必行。正是在这个意义上，德里达确认文学问题对解构来说至关重要，而这一点正是他对文学经验和文学实践倍加关注、抱有浓厚兴趣的根本原因之所在。

第二节　文字学对语言学的颠覆

综观德里达的解构之路，如果说他在霍普金斯发表的演讲是初识门径的话，那么嗣后对于文字学的重构则是登堂入室了。总的来说，德里达是从文字学出发，对于传统语言学的痼疾提出质疑，据此来解构建立在语言学之上的形而上学传统和逻各斯中心主义。以文字学颠覆语言学，这是德里达解构主义的基本策略。

1967年，德里达集束式地出版了《论文字学》《书写与差异》《声音与现象》三本著作，隆重推出了"文字学"这一新学科。在中西方学术史上，关于语言学和文字学的思想古已有之，但在现代意义上作为科学或学科的语言学和文字学的成立乃是晚近的事儿，前者以索绪尔的《普通语言学教程》为标志，后者以德里达的《论文字学》为前驱，而这两者的立场和意见恰恰是相互龃龉的，不过这并不妨碍两者之间的相互参照和发明。

在《论文字学》的第一页上，就镌刻着这样的题记："在文字学方面成就超群的人将如日中天"①，从而宣告了文字学（grammatologie）摆脱传统形而上学和逻各斯中心主义的钳制破壳而生。德里达根据利特雷（Littré）的法语词典作出注释："文字学一词意为：'讨论文字，字母，音节划分，阅读和写作'。"② 同时还借用索绪尔在《教程》中对"符号学"的界定，只是将原有的"符号学"替换为"文字学"，从而对

---

① [法] 雅克·德里达：《论文字学》，汪堂家译，上海译文出版社2005年版，第3页。
② [法] 雅克·德里达：《论文字学》，汪堂家译，上海译文出版社2005年版，第5页，注②。

"文字学"给出了如下定义：

> 我们把它称为（文字学）……由于这门科学尚不存在，我们无法说出它是什么样子，但是它有权存在，它的地位早已确定。语言学只是这门一般科学的一部分，（文字学）所发现的规律将应用于语言学。①

德里达在《论文字学》开篇的这番操作，其意无非是将文字学褐橥为一门新的学科，从其论述可见以下意旨：一是表明了文字学的反逻各斯中心主义立场；二是宣示了文字学是一门"一般科学"；三是说明文字学与有如现代语言学，尚处于草创阶段，但它的存在权利和崇高地位不容置疑；四是肯定文字学要比语言学的层次更高，语言学只是文字学的一部分，而文字学所发现的规律也可以应用于语言学；五是预设了文字学自身的学科内涵，包括对于文字、字母、音节划分以及阅读和写作等的研究。

对德里达来说，第一点无疑是根本性的，他正是从文字学一翼对西方哲学根深蒂固的逻各斯中心主义提出挑战。德里达的发难乃是基于这一现状：逻各斯中心主义在人文科学中体现为一种语言中心主义或语音中心主义，因此在以往语言学中，语言总是备受抬举，文字往往横遭贬斥。放眼历史，从柏拉图发端，中经亚里士多德、卢梭、黑格尔、海德格尔直至胡塞尔，逻各斯中心主义绵绵不绝、一脉相承，形成了语言学的一种惯习，而这一惯习在索绪尔的《普通语言学教程》中得到了学理化的表述。索绪尔认为语言和文字是两种不同的符号系统，而文字的唯一存在理由就在于表现语言，"语言学的对象不是书写的词和口说的词的结合，而是由后者单独构成的"②。语言有一种不依赖于文字的口耳相传的传统，因此没有文字，也绝不会损害语言的保存，"只这一点已足以表明语言是怎样离开文字而独立的"。③ 另外，所谓文字学只有

---

① ［法］雅克·德里达：《论文字学》，汪堂家译，上海译文出版社2005年版，第70页。
② ［瑞士］费尔迪南·德·索绪尔：《普通语言学教程》，高名凯译，商务印书馆1980年版，第47—48页。
③ ［瑞士］费尔迪南·德·索绪尔：《普通语言学教程》，高名凯译，商务印书馆1980年版，第48页。

两种文字的体系：表意体系和表音体系，索绪尔声称 "我们的研究将只限于表音体系"。① 出于以上基本立场，索绪尔毫不掩饰自己对文字的排斥和贬抑之情，他认为文字能够受到人们的关注，是因为它往往与语言紧密相连，以致篡夺了语言的主要作用；文字的暴虐并不仅乎此，它还通过欺骗大众而影响并改变语言；而文字形式既有的声望也常常遮蔽了语言的某些传统和规律。

索绪尔的上述执念归根结底出于对逻各斯中心主义的崇奉，在他看来，唯有语言的、声音的纽带才是 "自然的唯一真正的纽带"，而文字的、书写的纽带尽管是表面的，更易于为人所掌握，但它只是 "造成了一种完全虚假的统一性"。② 在他那里，所谓 "自然" "真实" 恰恰是逻各斯的代名词。总之，虽然索绪尔对文字不无眷顾，但往往对之加括号，进行冷处理，甚至无端地进行拒斥和打压，从而使文字应有的价值和地位遭到弃置。因此德里达指认："文字的弱化……是与语音中心主义和逻各斯中心主义同时出现的。"③

出于对逻各斯中心主义的逆反，德里达深感对文字与语言之间的关系必须重新进行评估，而相关的一切都必须重新加以认定。在他看来，斗转星移、时世更替，经过几乎难以察觉其必然性的缓慢运动，使得长期汇聚到语言名下的一切开始转入文字的名下。文字概念开始超越语言的范围，它不再作为一般语言的派生形式和附属成分，不再是本质、内涵、观念之类逻各斯中心的具体呈现，而是将这种颠倒了的主从关系重新颠倒过来。到此时便可以说："从任何意义上说，'文字' 一词都包含语言"④，而语言 "似乎只会成为文字的一种要素，一种基本的确定形式，一种现象，一个方面，一个种类"⑤。以往与语言、声音、听觉、语调、气息、说话相联系的东西，今天仿佛都成了文字的伪装或矫饰；

---

① ［瑞士］费尔迪南·德·索绪尔：《普通语言学教程》，高名凯译，商务印书馆1980年版，第51页。

② ［瑞士］费尔迪南·德·索绪尔：《普通语言学教程》，高名凯译，商务印书馆1980年版，第50页。

③ ［法］雅克·德里达：《多重立场》，佘碧平译，生活·读书·新知三联书店2004年版，第29页。

④ ［法］雅克·德里达：《论文字学》，汪堂家译，上海译文出版社2005年版，第8页。

⑤ ［法］雅克·德里达：《论文字学》，汪堂家译，上海译文出版社2005年版，第10页。

而以往用语言来表达的行为、情绪、思想、反省、意识、无意识、经验、激情等，现在则往往用文字来说明。能够证明上述反转的有力根据是，人们往往用书面铭文、象形文字和表意文字来实现从能指到所指的超越，而这一点也适用于电影、舞蹈、绘画、音乐、雕塑等"文字"，它也可以指竞技文字、军事和政治文字。今天生物学家已将生命细胞中最基本的信息过程与文字和程序联系起来。控制论必须保留种种痕迹、书写语言或书写符号等"文字"，以显示其历史主义的特征。数学的书写符号也一直被视为最简便、最具智慧的文字。进而言之，语言也是一种文字："语言学符号不管是否先被'书写符号''记录''描述''刻画'，都包含一种原始文字。"① 总之，文字具有自然性、本源性、原始性，文字史始终与人类学齐头并进，文字学始终与人文科学结有不解之缘。

基于以上信念，德里达对于索绪尔的语言学特别是《教程》第6章进行了深入细致的考量和辨析，而其具体操作不啻是对解构策略之真义的教科书式的演示：首先，德里达指出索绪尔对于语言学的学科定位是偏颇的、值得商榷的。索绪尔限定文字学只有"表意体系"和"表音体系"两种体系，又限定"我们的研究将只限于表音体系"，然后才形成一系列既定的观点和结论。在德里达看来，这是对其所总结的语言学的"任意性"原则的滥用，因而显得"不够慎重"。② 其次，索绪尔对于语言与文字两者是厚此薄彼的，他在给予语言以种种美誉的同时，却给文字套上了篡夺、僭越、暴虐、亵渎、欺骗、入侵等一大堆恶谥。德里达斥之为"浅薄论证"，其激愤之情溢于言表："人们违反了什么禁令呢？亵渎何在呢？为什么要防止母语受到文字的影响呢？为什么认定那种影响是一种暴力？为什么这种改造只会成为曲解呢？"③ 再次，尽管如此，德里达也并不反对借鉴吸收索绪尔的语言学理论以为我所

① ［法］雅克·德里达：《论文字学》，汪堂家译，上海译文出版社2005年版，第73页。
② ［法］雅克·德里达：《论文字学》，汪堂家译，上海译文出版社2005年版，第45页。"能指和所指的联系是任意的，或者，因为我们所说的符号是指能指的所指相联结所产生的整体，我们可以更简单地说：语言符号是任意的。"［瑞士］费尔迪南·德·索绪尔：《普通语言学教程》，高名凯译，商务印书馆1980年版，第102页。
③ ［法］雅克·德里达：《论文字学》，汪堂家译，上海译文出版社2005年版，第57页。

用，上述他通过词句上的替换对 "文字学" 给出明确的定义便是显例。第四，德里达也对索绪尔在文字学问题上相对通融的观点表示赞同。在《教程》第 6 章开头，索绪尔便开门见山地提出对 "文字表现语言" 的功用进行研究的必要性。譬如人们研究母语需要利用文献，考证历史久远甚至已经消失的语言需要书写的证据，即便是现今用录音技术记录的语言，作为保存的样本，也得求助于文字。总之，索绪尔虽然断言文字本身与语言学的内部系统无关，但也承认对文字作为表现语言之手段的效用不能不给予应有的重视。德里达认为，索绪尔对文字的专门考察能适应 "内部系统" 的要求，这绝不是偶然的，其发挥文字效用的基本原则 "恰恰是尊重和保护语言的 '内部系统' 的完整性"。①

最后也是最重要的是，德里达指出索绪尔所营构的语言学理论颇多自相矛盾之处，他在处理语言与文字的关系时，往往一面肯定二者天然统一的可能性，另一面又排除了这种可能性；一面论证了文字学服务于言说的从属地位，另一面又力图说明语言学—音位学只是文字学的一个附属领域。对此首鼠两端之状不妨作以下理解：虽然人们在索绪尔的现代语言学中更多看到的是文字学被搁置、被压制的情况，但其内在的学科生命力却在强劲地潜滋暗长。值得注意的是《教程》中对于 "文字的威望" 的列论，宣称文字 "更易于为人所掌握"，"视觉印象比音响印象更为明晰和持久"，"文学语言更增强了文字不应该有的重要性"，书写形式 "提出的任何办法都比较容易解决" 等②，这些说法都在毋庸置疑地彰明了 "普通文字系统并不外在于普通语言系统"③ 的道理。正是在这个意义上，德里达充分肯定了索绪尔的现代语言学对于现代文字学的开辟之功：

> 当索绪尔不再明确地考察文字时，当他以为这一问题已被完全悬置起来时，他也开辟了普通文字学领域。这样，文字不仅不再从普通语言学中被排除出去，而且支配它并把它纳入自身之内……于

---

① [法] 雅克·德里达：《论文字学》，汪堂家译，上海译文出版社 2005 年版，第 46 页。
② [瑞士] 费尔迪南·德·索绪尔：《普通语言学教程》，高名凯译，商务印书馆 1980 年版，第 50 页。
③ [法] 雅克·德里达：《论文字学》，汪堂家译，上海译文出版社 2005 年版，第 59 页。

是，那个没有道出的东西被铭记在索绪尔的话语中，它不过是作为语言起源的文字本身。①

与其说这是德里达对索绪尔说"否"，毋宁说这是对索绪尔说"是"，与其说这是文字学对语言学的颠覆，毋宁说这是文字学对语言学的一种重新铭写。

第三节　文字学之梦与延异论之机

德里达以文字学对语言学的颠覆来为解构主义开道，大有剑走偏锋之势，这是从哲学的边缘向形而上学传统和逻各斯中心主义发起的绝地反击。尽管他往往拿索绪尔的现代语言学说事，但他对语言学既拆解又建构的旷世之举却并未构成语言学史上的一场革命，学界从未将其人当作语言学史上的重要人物，也从未将其书当作语言学的经典之作，他自己也乐于以"文字哲学"概之。准确地说，德里达发动的这场解构运动仍属于一种哲学变革，其原动力来自胡塞尔，正是胡塞尔的现象学对文字的推崇激扬了德里达的文字学之梦，进而推动了其文学批评的后现代转折。

这一切是从德里达早期著作《胡塞尔〈几何学的起源〉引论》（1962）开始的，这是他为自己移译的胡塞尔《几何学的起源》（1936）一文的法译本所写的长篇读书笔记。该书起初并没有得到学界应有的重视，但它对德里达的整个学术生涯却不乏奠基意义，德里达曾自陈其后续的研究几乎所有问题都已从中现出端倪，当然文字学和语言学研究也不例外。需要说明的是，在胡塞尔那里，所谓"几何学"被看作一般科学的一种缩影或一个例证，其实该词是可以当作一般"科学"来读的。

相关讨论得从"语言"说起。德里达指出，语言在科学研究中往往率先显示出某种可能性，如果我们通过观念对象性来考察科学的意义的话，那么必须指出，观念对象性并不只是科学真理的特征，"它

---

① ［法］雅克·德里达：《论文字学》，汪堂家译，上海译文出版社 2005 年版，第 60 页。

还是语言一般①的要素",因此"必须始终能够在话语中得到表达"②。此处首先碰到的是"观念对象性"(又称"理念客观性")概念,这是沿用了胡塞尔的说法。那么,什么是"观念对象性"?德里达如是说:

> 在观念对象性中,我们既必须考虑对象性,又必须考虑观念性……实际上,观念性……恰恰通过其对象化才能进入到传统之中并因此而得到解放,然后被给予出来。因此,我们必须像胡塞尔所做的那样,从考虑客观性(l'objectivité)开始,也就是说,从考虑观念对象性(l'objectité)的一般的历史性开始。正是诉诸语言、书写和重新激活的权能,正是最终诉诸方法,历史性的先天结构才能得到追问。③

简言之,所谓"观念对象性"就是将主观意识转化为直接的、实显的、明见的客观对象,这是一个从语言开始,经过书写,再到方法,直至对历史性及其先天性进行追问的完整过程。它具有一种客观性,正如胡塞尔所说:"它不是个人的东西在个人意识领域之中的存在;它是对'任何人'……都客观地存在于此的存在。"④ 它也具有一种广泛性,表现为一切形式的语言和文化所共有的特征,依胡塞尔之见:"这种客观性为文化世界整个类别的精神产物所固有,属于这类精神产物的不仅有科学的构成物以及科学本身,而且也包括例如文学作品这种构成物。"⑤ 它还具有一种建构性,胡塞尔肯定,语言"完全是从理念对象

---

① 此处德里达所说"语言一般"与实际使用的具体语言相对应,类似于索绪尔所说与"言语"相对应的"语言"。

② [法]雅克·德里达:《胡塞尔〈几何学的起源〉引论》,方向红译,南京大学出版社2004年版,第57页。

③ [法]雅克·德里达:《胡塞尔〈几何学的起源〉引论》,方向红译,南京大学出版社2004年版,第125—126页。

④ [德]胡塞尔:《几何学的起源》,见德里达《胡塞尔〈几何学的起源〉引论》,方向红译,南京大学出版社2004年版,第178—179页。

⑤ [德]胡塞尔:《几何学的起源》,见德里达《胡塞尔〈几何学的起源〉引论》,方向红译,南京大学出版社2004年版,第179页。

性出发而被建构的"①，他以"Löwe"（狮子）一词为例，指出这个词的被建构在德语中仅仅出现过一次，但它在无数人所作的无数次的表达中，却始终是指同一东西。于是这个词便具有一种理想的对象性和同一性，它不会与任何一种对经验的语音或图像的物化过程相混淆。从以上德里达"言必称胡塞尔"的套路不难发现他对于语言学研究的起点所在，由此出发，德里达认为，作为观念对象性的表达，"语言便预设了对说话主体的事实存在、对词汇以及被指称的事物的自发的中立化，因此话语只不过是本质论的直接应用而已。"②

这一定位也正说明了语言本身是有局限的，在德里达看来，口头交流不足以为意义提供"永恒的存在"和"持续的在场"，因而仅凭言说是不可能充分建立意义的观念客观性的。与语言相比较，"恰恰是书写的可能性将会确保对象的绝对的传承过程及其绝对的理念客观性"③，就是说，文字书写通过表述或记载的方式将意义从语言的束缚中解放出来，以其现实的明见性达成一种持续的乃至永恒的传达方式。如果没有文字书写，那么语言就将永远囿于那种说得出但看不见、听得见但见不着的"潜在化的方式"，其客观化进程势必受到极大的限制。因而文字书写"创造了一个自主的超越论的领域，所有的现实主体都可以从这一领域抽身离开"④。就是说，文字书写具有时空超越性，它使得口头交流或个人言说作为历史遗存或异地传播成为可能，同时文字也不乏语言的唤醒和告知功能，从而打开了充分实现"观念对象性"或"理念客观性"的畅通路径。

为了说明这一点，德里达还借鉴胡塞尔，将语言与书写对理念客观性比作肉身对精神的物质体现。胡塞尔曾将语言或书写的物质部分比作一种肉体或一种身体，它们构成一种精神的肉身性（corporéité）和肉身

---

① ［德］胡塞尔：《几何学的起源》，见德里达《胡塞尔〈几何学的起源〉引论》，方向红译，南京大学出版社2004年版，第180页。

② ［法］雅克·德里达：《胡塞尔〈几何学的起源〉引论》，方向红译，南京大学出版社2004年版，第59页。

③ ［法］雅克·德里达：《胡塞尔〈几何学的起源〉引论》，方向红译，南京大学出版社2004年版，第84页。

④ ［法］雅克·德里达：《胡塞尔〈几何学的起源〉引论》，方向红译，南京大学出版社2004年版，第85页。

化（incarnation）。德里达进一步在这两者之间分出差等，认为"肉身化"较之"肉身性"要更高。在他看来，语言作为显现理念客观性的物质形式并不乏肉身性，但它出于本身可说而不可看、可听而不可见的局限只是成为一种外在的指号或外衣，无法使理念客观性得到充分的显现，从而无法企及肉身化的境界。而文字则将理念客观性铭写在世界中，这种肉身化就不再是外在的事实，而成为理念客观性的内在完善不可或缺的条件，它能够将理念客观性完整地构造出来。正是在这个意义上，德里达确认："书写行为成为一切'构造'的最高可能性。"①

但是对于文字来说，还有一种非常极端的情况，即由于种种天灾人祸，文字的铭写作为"理念客观性"的物质留存而遭到毁灭，只要文字的铭写本身存在于世间便无法完全避免这种灾厄，没有任何东西能够保护它。历史上这种例子很多，如秦始皇焚书坑儒、清季《四库全书》的被毁等。就文字的铭写而言，这种灾厄不可能只破坏意义的表面而不损害意义本身，而往往是在焚毁其物质载体的同时毁灭了它所承载的意义。但德里达认为："由于真理不依赖于任何书写，所以即使书写全部遭到毁灭，绝对观念性在其自身的含义中也不会受到影响。"②虽然真理在这种灾变中会遭到变更、歪曲和颠覆，它事实上也许会从世界的表面消失，可是真理的存在意义始终自在地巍然屹立、完好如初，对于真理的意义来说，世间的灾变永远是外在的。那么，真理何以能够如此呢？这是因为真理"它并不处于世界之中，既不在这个世界中，也不在另一个世界中"③。德里达这一理解有其现象学的背景和根据。胡塞尔说过，真理并不在世界的某处存在，也不是在天国中或在上帝的精神中存在的对象，也绝非是个人的体验。④那么，它是什么呢？在他看来，真理的存在方式是先验的实存，它一经诞生，便超越时空、超越经

① ［法］雅克·德里达：《胡塞尔〈几何学的起源〉引论》，方向红译，南京大学出版社2004年版，第86页。

② ［法］雅克·德里达：《胡塞尔〈几何学的起源〉引论》，方向红译，南京大学出版社2004年版，第93页。

③ ［法］雅克·德里达：《胡塞尔〈几何学的起源〉引论》，方向红译，南京大学出版社2004年版，第94页。

④ ［德］埃德蒙德·胡塞尔：《逻辑研究》第二卷，倪梁康译，上海译文出版社2006年版，第112—113页。

验，因而也是超越所有灾厄的。因此德里达主张对这一特例需要作一种"静态分析"，而这"正是任何一种发生现象学或历史现象学不可或缺的栏杆"。①

文字书写与口头表达还有一个不同，即它突出并实现了所有语言的两可性（l'équivocité）。德里达确认，文字在两可性的书写中将语言的总体性和统一性显现出来，但并不是从意义出发而将一种语言译成另一种语言，而是穿梭于所有的语言之间，积累力量实现最隐秘的和谐，揭示最遥远的共同视域，培养联想性的综合，并重新发现被动性的诗性价值，"以便在一种最现实的可能性中穿越并勘查可能历史的最深的距离"。② 德里达进一步指出，两可性是一条使哲学误入歧途的道路，其一般含义是模棱两可的，存在着偶然的多义性和本质的多义性之别。前者存在于习俗之中，譬如日常用语，其多义性一般不会让人出错，人们总是可以随意对它进行还原。后者具有一种主体性的起源，它取决于源初的意向及其不断更新的经验，借用胡塞尔的话来说，它"不是一种偶然的多义性，而是一种不可避免的多义性，这种多义性是无法通过人为的措施与协定而从语言中删去的"③。显而易见，胡塞尔所说"不可避免的""无法删除的"多义性亦即逻各斯中心的特点，而这正是他意欲清除和消解的，因此德里达断言："科学和哲学必须加以克服的正是这后一种两可性。"④ 于此正可见出，德里达对于文字与语言之关系的衡称和掂量仍是一以贯之地以反逻各斯中心主义作为评判标准。

德里达《胡塞尔〈几何学的起源〉引论》一书以文字书写的超越性为日后他所秉持的反逻各斯中心主义及其解构策略打开了局面，因而值得予以重视，但该书还有另一重要之处，即首次提出了"延迟"（se

---

① ［法］雅克·德里达：《胡塞尔〈几何学的起源〉引论》，方向红译，南京大学出版社2004年版，第97页。

② ［法］雅克·德里达：《胡塞尔〈几何学的起源〉引论》，方向红译，南京大学出版社2004年版，第104页。

③ ［德］埃德蒙德·胡塞尔：《逻辑研究》第二卷，倪梁康译，上海译文出版社2006年版，第91页。

④ ［法］雅克·德里达：《胡塞尔〈几何学的起源〉引论》，方向红译，南京大学出版社2004年版，第102页。

différant) 的概念，为后来"延异"（différance）一词的提出构成了始机。在该书最后一章即十一章中有这样一段话："绝对之物只有在不断的延迟（se différant）中才是在场的，这都是因为这种无能为力和不可能性表现在源初的和纯粹的差异（différence）意识之中。"① 这句话中出现了两个法文概念：se différant 是指正在进行的动作或状态，有延迟、延缓的意思。difference 一般是指差异，它原本并没有延迟、延缓的意思。但德里达则将两者联系起来，这就昭示了一种哲学反思的方法论："延迟"与"差异"在能力和可能性方面相互悬殊但又不乏彼此统一的可能，因此只有从两者既断裂又同一的关系去揭示其观念对象性才是可行的，那就是将延宕表现在差异之中，而这正是后来德里达给出的十分精当的界定："延异不是一个名称，不是一个纯粹的命名单位，它在一个区分和延搁的替代之链中永不停息地自我移位。"② 到了这个份上，德里达的理论旨趣离"延异"一词的横空出世几乎只有一步之遥了。对此还有一个重要的旁证，德里达后来在《书写与差异》中论及"延异"时指出："原初性'延异'和'延缓'这些概念从阅读胡塞尔《几何学起源导论》开始对我们来说就是必不可少的了。"③ 这就明确将"延迟""延缓"称为"原初性的'延异'"，从而将其视为"延异"的一种过渡状态、最初雏形了。由此也足可见出，德里达对"延异"概念的最早雏形的认定与他对文字学问题的关注原本就结有不解之缘。

第四节　差异与延异

关于德里达的"延异"（différance）④ 最早提出的时间有各种各样的说法，通常的说法将这一时间定于 1965 年，该年德里达在一篇评论

---

① ［法］雅克·德里达：《胡塞尔〈几何学的起源〉引论》，方向红译，南京大学出版社2004年版，第173页。
② ［法］雅克·德里达：《延异》，汪民安译，《外国文学》2000年第1期。
③ 见［法］雅克·德里达《书写与差异》，张宁译，生活·读书·新知三联书店2001年版，第368页。
④ 按在本书引用的汉译著作中，"延异"（différance）一词有延异、异延、分延、差延等不同译法，为行文一致起见，均采用"延异"的译法。

文章中第一次使用该词。① 此后"延异"在数年内成为他不断解读和撰写的一个重要问题。德里达在 1968 年 1 月 27 日在法国哲学协会以此为题作了的长篇演讲，其成文同年刊登在《相似理论》上，后收入 1972 年出版的《哲学的边缘》一书。"延异"（différance）是德里达的生造词，他把法语常用词"差异"（différence）中的"e"改成了"a"，在该词中保留了"差异"一词中区分、区别、分割的意思，但又赋予它延迟、延缓、延宕的内涵。据统计，在德里达众多生造词中，"延异"的使用频率仅次于"解构"，堪称其解构理论的"热词"。

索绪尔曾以汉语为例，指出在谈话中，如果有两个口说的词发音相同，人们就会求助于书写的词来加以区别、说明思想。② 而这一点恰恰为德里达所汲取。譬如要说汉语中"思、史、诗"三个字，如果不借助文字，就很难加以辨别。最奇葩的要算是赵元任所作的同音文《施氏食狮史》：

> 　　石室诗士施氏，嗜狮，誓食十狮。氏时时适市视狮。十时，适十狮适市。是时，适施氏适市。氏视是十狮，恃矢势，使是十狮逝世。氏拾是十狮尸，适石室。石室湿，氏使侍拭石室。石室拭，氏始试食是十狮尸。食时，始识是十狮尸，实十石狮尸。试释是事。③

这 93 字是同一发音（shi），虽分四声，但音同而形异，仅听其读音是根本无法分辨清楚的，只能借助文字，才能将其区分开来，进而厘清其叙事、确认其意思。可见在语言文字的交流中，仅靠言说发声并不能使人充分理解其内容，必须靠书写辨形才能使人明白其意思。而这一点，正是德里达生造"延异"（différance）一词的无奈之处，也是他的

---

　　① ［法］雅克·德里达等著：《明天会怎样：雅克·德里达与伊丽莎白·卢迪内斯库对话录》，苏旭译，中信出版社 2002 年版，第 27 页。
　　② ［瑞士］费尔迪南·德·索绪尔：《普通语言学教程》，高名凯译，商务印书馆 1980 年版，第 51 页。
　　③ 赵元任：《语言问题》，商务印书馆 1980 年版，第 149 页。按赵氏同时还写有《漪姨医胰》《饥鸡集机记》等同音文。

深意所在，他将 différence（差异）改为 différance（延异），二者在法语中读音相同，但文字有异，一字之差，必须求助于文字书写才能加以分辨。这一超乎寻常的神操作正贯穿了他关于文字比语言更为本原、更加优越的理念，从而为其以文字学颠覆语言学的解构策略提供了有力的学理支撑。

作为"延异"的原生词，"差异"（différence）在语言学中是一个重要的概念。索绪尔主张在语言的差异中寻求其意义："语言的差异中实隐藏着深刻的一致"，"带有意义的正是这些差别"。① 德里达吸收了上述观点并加以运用，认为"差别乃是语言学价值的根源"，"语词和概念只有在差别系列中才能获得意义"。② 对于德里达的相关思想，公认是德里达的最佳阐释者乔纳森·卡勒有过剀切的解读，就是说，在语言系统中，语词的意思并非靠同一性的符号来呈现，而是靠差异性的符号来彰显。卡勒举例说明之，例如一个洞穴野人咕噜一声表示"食物"，那么它肯定与其他咕噜声有所不同。可见作为一种言语活动，"食物"的发音是靠"非食物"发音的差异而让人明白他在说什么。又如通常所说 bat（蝙蝠）一词，作为一个词，是因为它不同于 pat（拍）、mat（垫）、bad（坏）、bet（赌）等词的发音，正是这种读音的差异才使该词的意涵得到凝定。就是说，任何语词都是通过排除相关的语词来确认自身的，从而在自身之中也就代入并固化了其他语词的规定性，这就留驻了其他语词的痕迹，进而重塑了自身的意涵。如果某个语词缺少其他语词的映衬，那么它就不会形成确定的意涵，甚至什么都不是。因此可以将这种映衬某个语词的另一个差异性语词称为"非本源性的本源"③，而这种"非本源性的本源"往往是不出现的。这在中国古代诗词中有很多例子，例如王安石"春风又绿江南岸，明月何时照我还"（《泊船瓜洲》）之句，历来作为炼字的典范而传为佳话。据说王

---

① ［瑞士］费尔迪南·德·索绪尔：《普通语言学教程》，高名凯译，商务印书馆1980年版，第143、164、164页。

② ［法］雅克·德里达：《论文字学》，汪堂家译，上海译文出版社2005年版，第74、99—100页。

③ ［美］乔纳森·卡勒：《论解构》，陆扬译，中国社会科学出版社1998年版，第82页。

安石先后修改了"到""过""去""入""满"等十多个字，最后才选定"绿"字。① 历来解读者广为称道的"绿"之一字其丰富的意蕴如果不是在诗句中缺席的"到""过""去""入""满"等字的衬托和确证，势必不能得到如此准确、传神的彰显。其实推而言之，许多由若干词组成的文本也是由不出现的文本编织而成的，例如杜甫的《望岳》："岱宗夫如何？齐鲁青未了。造化钟神秀，阴阳割昏晓。荡胸生层云，决眦入归鸟。会当凌绝顶，一览众山小。"最后两句诗化用了"孔子登东山而小鲁，登泰山而小天下"② 之意，尽管孟子之语并未出现，但如果缺少了它的确证，无疑不能充分昭彰杜诗的深层次蕴含。这其实已经涉及后来引起批评界广泛关注的"互文性"问题了。

正是有据于此，德里达将"差异"规定语词之意义的功能提升到本体论的高度来加以认定：

> 　　纯粹心理经验的领域事实上遍及胡塞尔称之为先验经验的全部领域。但是，尽管有这种完全的遍及，还是存在一种根本的差异，这种差异与其他任何差异都毫无共同之点；这实际是一种并不区别任何东西的差异，是不区分任何在者、经历、被规定的意义的差异；这种差异在没有使任何东西变质的情况下改变了所有符号，而先验问题的可能性也就是自由本身只是在这种差异中坚持着。因为这是根本的差异，所以若没有它，世界上任何其他的差异既不会有意义，也不会有幸原原本本地显现出来。③

可见德里达对于差异问题的本体论界定乃是取源于胡塞尔的先验经验论，他确认这一本体论界定也适用于语言学的问题："我们必须将现象学的还原以及对先验经验的胡塞尔式的考察确定为话语的简单要素。"④

为了进一步说明"差异"问题，德里达又提出了一个概念：痕迹

---

①　（宋）洪迈：《容斋随笔·容斋续笔》卷八，上海古籍出版社 2015 年版，第 173 页。

②　《孟子·尽心上》。

③　[法] 雅克·德里达：《声音与现象》，杜小真译，商务印书馆 2010 年版，第 12 页。

④　[法] 雅克·德里达：《论文字学》，汪堂家译，上海译文出版社 2005 年版，第 88 页。

（trace）。据德里达之说，"痕迹"是本源性的，是一种包含差别的文字，它像一件织品一样将空间和时间的差别结合起来。① 他还对痕迹作为"包含差别的文字"与语言之间的阈限作了进一步的厘定："由于文字并非言语的'图画'或'记号'，它既外在于言语又内在于言语，而这种言语本质上已经成了文字。"② 这就将图画、记号、笔录、描述、刻画等书写痕迹统统纳入文字，从而大大扩展了"痕迹"的地盘，而将语言、声音从"痕迹"中剔除出去。那么，德里达为何要坚持将痕迹悉数归于文字呢？其原因仍在于文字学与语言学之间固有的芥蒂。他指认在以往逻各斯中心时代，总是将文字斥为最难以消除的差别，贬为对意义彰显的遮蔽，污损它从一开始就威胁和破坏活生生的言语。因此，德里达信誓旦旦将对长期排斥文字学的声音中心主义和逻各斯中心主义予以质疑和解构。另一方面，他用现象学的说法在本体论意义上确认文字"痕迹"的在场性，甚至不无夸张地肯定"人的一切活动，任何事物都是一种痕（印）迹，任何在场及其结构都是一种痕（印）迹"，对于文字"痕迹"在差异中彰显意义的功能予以大力阐扬："书写不再仅仅是一个印在纸上的意义系统。我们把书写这个概念的范围扩展到无书写的文化中。"③

德里达将痕迹之间的链接和移动称为"痕迹的游戏"，不过这并非那种孩童的嬉戏，而是一项规模宏大的文字科学或文字哲学的建构事业。它要了解文字是什么？文字的多义性如何形成？在什么条件下文字学才是可能的？它要寻绎文字从何处发源？在何时出现？它要求索痕迹、一般文字、言语和文字的共同根基是什么？它在何时何处缩小了外延而变成了通常意义上的"文字"？它要鉴别在何时何处从一种文字过渡到另一种文字？如何从广义的文字过渡到了狭义的文字？或从痕迹过渡到了书写符号？它要分辨如何从一种书写符号系统过渡到了另一种系统，如何从一种书写符号话语过渡到了另一种话语？如此等等。

在德里达看来，面对如此繁多庞杂的问题，只有将之置入科学和哲

---

① ［法］雅克·德里达：《论文字学》，汪堂家译，上海译文出版社 2005 年版，第 93 页。
② ［法］雅克·德里达：《论文字学》，汪堂家译，上海译文出版社 2005 年版，第 63 页。
③ 杜小真、张宁主编：《德里达中国讲演录》，中央编译出版社 2003 年版，第 156 页。

学的范畴，才能有所谓"文字"，也才能有所谓"文字学"。创立文字科学或文字哲学是一项必要而艰巨的任务，它必须凭借痕迹、延迟、延异等范畴之间的运动和嬗递才能保持生生不息的差异状态，也只有在这种生机勃发的差异状态中才能实现认识的自我超越。尽管德里达认为现今"文字学，这种思想仍然被禁锢于在场之中"①，但它恰恰为后来的进一步探索留下了必要的空间。

第五节 延异的生产性

这就从"差异"进到了"延异"。

德里达在《论文字学》中首次论及"延异"时对之进行了初步的界定："这个经济性的概念表示双重意义上的 différer 的产生过程。"②就是说，"延异"包含双重意义上的"差异"，一是一般意义上的差别、区别，即空间上的"差异"；一是延迟、延宕，即时间上的"差异"。如前所述，德里达对于兼得"差别"与"延迟"之精义的"延异"一词的酝酿，早在《胡塞尔〈几何学的起源〉引论》一书就开始了，至此大致臻于完成。于是"延异"一词能够同时表达时空两重意义上的"差异"，符合以少胜多的经济学原则，所以德里达称之为"经济性的概念"，而它在有限的符号系统中展开无限的差异游戏，本身就是繁衍性、增殖性的，就是生产性的，这就触及了它的一个重要特性：生产性。

既然"延异"是在"差别"与"延迟"的共舞中实现，那么其延异的生产性问题必须在这两重意义中求解，以揭示"'la différance（延异）'中的'a'所包含的积极性或生产性在差异游戏中指涉生成运动"③。一方面，德里达指出，差异游戏不是从天上掉下来的，也并不处于一个封闭的系统之中。该封闭系统只是拘囿于共时性关系和分类学方法的静态

①　[法]雅克·德里达：《论文字学》，汪堂家译，上海译文出版社2005年版，第139页。
②　[法]雅克·德里达：《论文字学》，汪堂家译，上海译文出版社2005年版，第31—32页。
③　[法]雅克·德里达：《多重立场》，佘碧平译，生活·读书·新知三联书店2004年版，第32页。

结构，并不见容于差异游戏。而后者则处于变动之中，它是由多种中介环节与各异的心理活动构成的动态结构。因此延异作为一种差异游戏，与那种静态的、共时性的、分类学的和非历史结构的概念是格格不入的。正是在这一差异游戏中孕育着延异的生产性。另一方面，与客观事实相对应，主体经验作为延异的一个结果，为延异系统增添了新的一维，即直觉、知觉和完形等的心理维度，它在差异游戏中总是被延宕，从而造成了间隔、拖延、迂回和推迟。这就使之"通过差异原则来延迟"① 成为可能，进而通过隐喻、表征、指涉等传达方式实现延异的生产性。

在德里达看来，如果延异有定义的话，那么它应类似于黑格尔所说的"扬弃"一词，它可以帮我们用黑格尔式的辩证思考来寻绎解构的一般策略，以免简单化地因袭某种"中庸之道"来解释逻各斯中心主义的二元对立。自古以来，逻各斯中心主义谋求的是这样一种二元对立，它"所处理的不是面对面的和平共处，而是一个强暴的等级制。在两个术语中，一个支配着另一个……或者有着高高在上的权威"②。要消除这种二元对立，首先必须推翻其等级制，它必须经历一个翻转阶段，努力改变那种相互冲突、相互从属的对立结构而达成一种简单的"中和"状态，但假如仍然跳不出那种"非此即彼"或"非彼即此"的惯习的话，便可能坠入在推翻旧的等级制的同时又建立一种新的等级制的怪圈，以至一种新的文字学概念在推翻"文字/语言"的等级制时，可能形成一种"语言/文字"的等级制，那就复辟旧制，又回到老路上去了。德里达认为，这种循环往复的简单翻转的要害在于它并未提炼出"第三个术语"，因此不可能为以辩证法来解决问题留下余地。所谓"第三个术语"，即在"非此即彼"或"非彼即此"两极之间确立一个"非此亦非彼"的第三者。德里达对之作了如下说明：

> "药"既非补药，也非毒药，既非善又非恶，既非内也非外，

① ［法］雅克·德里达：《多重立场》，佘碧平译，生活·读书·新知三联书店2004年版，第33页。

② ［法］雅克·德里达：《多重立场》，佘碧平译，生活·读书·新知三联书店2004年版，第48页。

既非声音也非文字；"替补"既非加也非减，既非对外也非对内的补充，既非偶然也非本质，等等；……"书写物"既非能指也非所指，既非符号也非事物，既非在场也非缺失，既非肯定也非否定，等等；"间隔"既非空间也非时间；"切入"既非一个开端或一个简单裂口的整合，也非简单的次要性。既非/又非同时是或是/或是；标记也是边缘的界限、边界，等等。①

在德里达看来，该第三者类似"扬弃"，它对相持不下的矛盾进行升华和理想化，将其提升为新的东西即第三个术语。当然这第三个术语并不就是黑格尔的"扬弃"，还需要对后者加以限定。这就需要做一项工作，即找出"延异"与"扬弃"相互区别的那一点，因此德里达说："我力图区别延异（'la différance'中的'a'特别表示它的生产性和冲突性的特征）和黑格尔的差异。"② 而这一点正是德里达往往只是将"延异"认定为一种记号、一种指涉而不是一种概念、一个词的缘故，它并不希望自己像和事佬那样为了息事宁人而曲意俯就那种简单的调和折中之道。值得注意的是，德里达对那种在"非此即彼"与"非彼即此"的两极之间得到确立的"非此亦非彼"的第三者的生产性、生成性给予了大力的肯定和揄扬。

正是在延异所具备的生产性、生成性的意义上，德里达提出了"播撒"（dissemination）的一般原则。他指出，逻各斯中心主义的辩证法只允许将文本归结为有目的和整体性的意义，而文本只是仅限于对这种意义的表达和说明，这就恰恰泯灭了文本的开放性和生产性，值此境况，"播撒"只是意味着空无，它不能被定义。然而一旦延异（différance）取代差异（différence），将延宕、推迟等意思注入了"差异"的内涵之中，那么文本总是从一个能指过渡到另一个能指，那就势必在空间中形成错位，在时间上导致延宕，于是形成了一连串的"间隔"或"空隙"，而文本的意义就像种子一样"播撒"在这些"间隔"和"空隙"

---

① ［法］雅克·德里达：《多重立场》，佘碧平译，生活·读书·新知三联书店2004年版，第49—50页。

② ［法］雅克·德里达：《多重立场》，佘碧平译，生活·读书·新知三联书店2004年版，第50页。

之中，它们在语词的细节和碎片中生根、发芽、开花、结果。这就使得文本的意义彰显成为一个过程、一种进行时，而不是归结为某个终极性的所指，止步于某种超验性的中心。此时"播撒"便有可能"产生无限的语义结果"①，使得文本的开放性和生产性得到充分的张扬。

第六节　解构与生产性文学批评

"什么是文学?"这不啻是人文学科中由来已久的"哥德巴赫猜想"，古往今来众多学者、作家、批评家都思考过这一问题。德里达亦然，只不过他是将"什么是文学?"与"什么是哲学?"的问题纠缠在一起，探讨在两者之间构建一种新型关系的可能性。

德里达承认，他曾在文学与哲学之间犹豫不决，对两者都不愿放弃。一直以来让他感兴趣的是这一执念：对于某个文学文本来说，往往既不能严格地称作文学，也不能严格地称作哲学，而只能视为一种非文学亦非哲学的东西。这种以独特的方式往返于文学与哲学之间的崭新经验使他对研究对象产生了分析和解构的冲动。然而一旦接触到具体作者和特定文本时，那就立即会遇上麻烦，譬如对文学文本中的历史性叙述、文学虚构与哲学反思如何进行区分? 无疑就是个棘手的事儿。首先，对文学进行界定仍是一个绕不过去的关隘，德里达给出的定义是："文学的空间不仅是一种建制的虚构，而且也是一种虚构的建制。"② 它必须给文学确定一个使命，指定一种意义、纲领和典型，明确一种作用及批评方式，并帮助思考或界定这些概念可能的含义。最重要的是，"我们所说的文学的批评作用属于一种语言"③，而这种语言一旦离开了政治与文学的起源和建制之间的联系，便将变得毫无意义。但是，对于作为一般性写作的文学来说，关于以上诸多问题的考量还会曲折迂回地

①　[法] 雅克·德里达：《多重立场》，佘碧平译，生活·读书·新知三联书店2004年版，第52页。

②　[法] 雅克·德里达：《文学行动》，赵兴国译，中国社会科学出版社1998年版，第3页。

③　[法] 雅克·德里达：《文学行动》，赵兴国译，中国社会科学出版社1998年版，第5页。

转回这些问题上来：文学作为历史性建制有自己的惯例和规则，它可能摆脱规则或置换规则，从而去制定、创造甚至怀疑自然与制度、法则以及历史之间的传统关系，并且还会提出法律和政治的问题，而这一切恰恰都通往哲学。

因此德里达指出，哲学总是以若干方式栖息于文学文本之中，它介入了语言、语法、一般文化等诸多必要的程序，从而形成了很强的结构性，要消除它是不可能的。因此不妨说"文学文本的内容之中总存在着哲学命题。文学文本的语义学与主题学带有……某种形而上学"①。这些哲学内涵融贯于文学的不同层次，浸润在主题、语态、形式、体裁之中，无论作者、读者、批评者是否明确意识到，它都不会缺位。德里达对此也表明了自己的立场：实际上真正的作家并不问津文学的本质问题，但他认为对于文学中的哲学有所关注有所取舍至少是必要的。而他自己的兴趣就曾转向对文学形式的哲学思考，譬如他质疑言语与书写建立在逻各斯中心之上的传统关系并对这种质疑的哲学机制进行寻绎，就是显著一例。不难见出，尽管德里达在文学与哲学这两端之间不无摇摆和踌躇，但总的说来，他在对文学一端有所眷顾的同时，更多对哲学一端给予倾斜，而这种偏向并不是没来由的，说到底仍是他在哲学层面上秉持的解构主义宗旨使然。

保罗·德·曼说过，所有的文学修辞其本身最终都是解构的，德里达对此表示首肯。那么，什么是文学修辞的"解构"呢？德里达在另一处作出说明："解构也是写作和提出另一个文本的一种方式。解构不是一块擦去了文字的白板；这也是为什么解构又同怀疑或批评相区别的原因。"② 就是说，解构并非那种天马行空式的凭空构想，也并非那种白板式的无字天书，它仍与文学活动及其文本体现休戚相关，这就将文学写作以及文学文本也视为一种"解构"的方式，并以此在文学批评之外开辟了另一处诉诸解构的畛域。进而言之，这种文学的"解构"

---

① ［法］雅克·德里达：《文学行动》，赵兴国译，中国社会科学出版社 1998 年版，第 16 页。

② ［法］雅克·德里达：《一种疯狂守护着思想——德里达访谈录》，何佩群译，上海人民出版社 1997 年版，第 19 页。

较之其他文本更尖锐、更切题、也更有见地，就是说，通过实际的写作、演出和作曲的实践以及语言、修辞的处理而对传统观念和规则所造成的冲击和震撼，要比纯理论的争论更加直接更加有效。而那种理论论争即便以评论方式出现，仍不如鲜活生动的写作方式所作出的否定和消解来得更加彻底更加有力。甚至可以说，一次充满哲学意味的写作、一部寄寓深刻主题的作品，"比那种宣称激进革命而丝毫不触动传统创作规范与模式的文本，具有更强大的'解构'效应"①。

既然如此，那么对于文学写作和文本呈现的器重是否意味着在解构问题上有必要将文学本身与文学批评区分开来呢？德里达仍觉得无法定夺。鉴于文学本身和文学批评在解构问题上这种若即若离而又不即不离的微妙关系，如果对两者作出严格的区别或将两者混为一谈，他都感到不妥。然而正是在这种犹犹豫豫、莫衷一是的状态中，德里达恰恰触碰到了文学解构的深层奥秘和关键特征，那就是它牵扯着与文学相关的多重关系并处于这多重关系所形成的张力的中心。他后来在访谈中对此作了评点，认为这个被称为"解构"的东西在理论上涉及、在实践上参与了一种关乎技术—科学的、政治的、社会—经济的、人口统计等众多问题的深远的历史改革，而对于文学研究的学科来说，"这种改革影响到标准、我们与语言和翻译的关系、位于文学、文学理论、哲学、'硬'科学、心理分析、政治学等之间的边界，等等。因而解构处在了……称之为'张力'的中心"②。而当解构处于这张力中心之时，它与文学研究的学科相关联的多重性、多维性和多边性恰恰导致了它强大的生产性。

足以说明问题的是德里达对于具体的作者与文本的解构批评。其独到之处在于提出了"语境"的概念，在讨论文学解构时德里达曾有一提示，肯定了语境作为一种文学批评的机制至关重要："所有这一切尤其应当引导我们从不同的角度对'语境'进行总体的思考……有时

---

① ［法］雅克·德里达：《文学行动》，赵兴国译，中国社会科学出版社1998年版，第17页。

② ［法］雅克·德里达：《一种疯狂守护着思想——德里达访谈录》，何佩群译，上海人民出版社1997年版，第224页。

候——这依赖于独特性与语境——文学可能会有更大的潜力。"① 以莎士比亚的《罗密欧与朱丽叶》为例，德里达承认，作为一个读者，他无法将这出悲剧作为一个 16 世纪的文本进行读解，他做不到。因为他不能对这部作品进行整体读解，这并非出于对现代的文本感兴趣，而是不具备按原时代来读解这一悲剧的必要条件。不言而喻，莎士比亚该剧作为一定历史语境中产生的具有丰富历史内涵的文本是经典性的，足以使人们在离它们十分久远的历史语境中进行阅读，不仅在 20 世纪的欧洲可以阅读，而且还能转嫁到日本或中国的作品中去，这方面，能与莎士比亚比肩的人并不多。

这就是"语境"的力量。德里达有言："在语境之外无法确定意义，但语境不会达到饱和状态。"② 这就是说，历史永无尽期、语境永在流转，一部优秀的作品，它能够在某种语境中扎下根基，也能够适时地转向语境的重构，而这一切完全是如影随形地追随历史和时代前进的，这是一种历史性的创新，也是一种时代性的生产："它们能够被移植到不同的语境之中而继续具有意义和效力。"③ 德里达进一步指出，任何文本的历史性都是由重复性构成的，没有重复性就没有历史，但这种重复性并不是原地踏步，而是在改变了的历史语境下继续起作用的东西。就说《罗密欧与朱丽叶》，对于其创作的外部历史背景或作品的内部社会画面，后人在阅读中所获得的体验和感悟可能都与之迥然不同，唯有在这种生产性文学批评中，该剧才有可能持续被解读且在解读中绽放出永不枯竭的新意。

有趣的是，德里达怀抱对于往日经典的仰慕之情，倾诉了曾非常乐意作为莎士比亚经典之作的阅读者与评论者的夙愿，并因未能赶上成为一名"莎士比亚专家"而抱憾。"我知道，莎士比亚包容了一切：一切的一切，所有的或几乎所有的"，当然，不光是莎士比亚，"还有柏拉

---

① ［法］雅克·德里达：《文学行动》，赵兴国译，中国社会科学出版社 1998 年版，第10 页。

② 见汪堂家《汪堂家讲德里达》，北京大学出版社 2008 年版，第 37 页。

③ ［法］雅克·德里达：《文学行动》，赵兴国译，中国社会科学出版社 1998 年版，第30 页。

图和乔伊斯、《圣经》、维柯和卡夫卡，且不说那些仍活在世上的，遍布各地的……"① 总之，留驻在历史中的文学经典，其意义和效用得以生生不息、日新其德，一条重要途径即在于凭靠富于生产性的解构批评来加以质疑、清理和重构。

---

① ［法］雅克·德里达：《文学行动》，赵兴国译，中国社会科学出版社 1998 年版，第33 页。

第十七章

回到文学经典/服务当下现实：
生产性文学批评的功能取向

文学批评的功能何在？这无疑是文学批评的大关节目。进而言之，文学批评是有功利的还是非功利的？是关心政治还是规避政治？是崇尚经典还是凌越经典？是服务现实还是远离现实？对于这些选项的取舍予夺总是萦绕在每一个批评家的脑际，从而与文学批评的发展同起伏、共始终，而在作为"批评的时代"的20世纪得到了充分的凸显。

第一节　文化政治：一切批评都是政治性的

说到文学批评功能问题，特别值得注意的是特里·伊格尔顿，能够在近三十年中对文学批评功能问题持续进行研究的，在西方批评界可谓绝无仅有。伊格尔顿的有关思考是从对文学批评"非功利性"的质疑开始的，在《文学原理引论》（1983）关于文学批评的意识形态性和政治性的讨论中，他始终是将那种主张"非功利""非政治"的"纯"文学批评作为负面参照。在他看来，历史和现实中种种形式主义和唯美主义关于文学批评"彻底的无用性""无利害关系"以及排斥"文学的用途"、谋求"纯文学理论"等意见再清楚不过地透露出功利性、政治性的追求。他作了一个比喻，所谓"政治的"批评与"非政治的"批评的区别，就像首相和君主的区别一样：君主提出某些政治目标往往装作若无其事，而首相的政治动机却往往显得毫无顾忌。可见"这两种批评家之间的差别不是非政治的和政治的批评之间的差别。这是不同的政治形式之间的差别","这不是争论'文学'应该不应该同'历史'联系起来的问题：这是一个对历史本身作不同解释的问题"。① 在这里"政治的"与"非政治的"批评就像钱币的两面，本来就是同一个东西。据此伊格尔顿自陈其《文学原理引论》全书要说明的是，"现代文学理论的历史就是我们这个时代的政治与意识形态的历史的一部分……文学理论一直是同政治信仰与意识形态价值密切联结在一起的"，而"那种'纯'文学理论不过是学术上的神话"。② 其实在"纯文学理论"搁置历史与政治的企图中再清楚不过地表现出它们是意识形态的东西。因此对于文学批评不应因其具有政治性而横加责备。上述历史的、政治的和意识形态的诸多事项不但相互联结，而且是为了加强特定的人们在特定时间里的特定利益的。由此可以得出的结论是："我们所研究的文学理论是政治性的。"③

然而伊格尔顿肯定文学理论的政治性有其特定的指向和限度，他对此作出了明确的界定："我不准备为这样一种'政治批评'进行争论，这种批评是根据与政治信念和行动相联系的一定价值的看法来阅读文学文本的"④，"一切批评在某种意义上都是政治的，人们往往把'政治的'一词用于政见与自己不一致的批评，这里讲的不是这个意思"⑤。这些说法表明了他并非将"政治的"一词用于关乎政见或党争的批评，也不愿为那种单凭政治信念和行动来进行阅读的"政治批评"站台。那么，伊格尔顿是为何种"政治批评"进行争论呢？他所说的"政治批评"是什么意思呢？关于这一点，伊格尔顿在该书"结论"部分的开头就有过提示："我所说的政治无非是指我们组织社会生活的方式，以及它所包括的力量对比关系"，他以南非的体育运动为例，指出此事

① ［英］特里·伊格尔顿：《文学原理引论》，刘峰译，文化艺术出版社1987年版，第244—245页。
② ［英］特里·伊格尔顿：《文学原理引论》，刘峰译，文化艺术出版社1987年版，第228—229页。
③ ［英］特里·伊格尔顿：《文学原理引论》，刘峰译，文化艺术出版社1987年版，第229页。
④ ［英］特里·伊格尔顿：《文学原理引论》，刘峰译，文化艺术出版社1987年版，第244页。
⑤ ［英］特里·伊格尔顿：《文学原理引论》，刘峰译，文化艺术出版社1987年版，第247页。

"从一开始这就是一个政治问题"。① 将政治拉进体育运动，这与通常人们所理解的"政治"大相径庭，但又确乎已成当今世界见怪不怪的常规。这就有了另一种"政治"。

伊格尔顿坦承将这另一种"政治"区分开来既不是本体论的，也不是方法论的，而是策略性的。它不是先问对象是什么，或如何探讨它，而是先要问为什么我们要研究它，从而突出了这种区分的功能性。这种功能性的操作体现了一种务实态度和有效意义。他指出，一旦我们看到这一点，我们就可以用新的眼光来看待"政治批评"的理论与方法的问题："不是从某些理论的或方法论的问题开始，而是从我们想要做的事开始，然后看到哪些方法和理论最能帮助我们实现这些目标。"② 其中最重要的是"我们想要做的事"，在伊格尔顿看来，那就是最大的政治。进而言之，"在任何学术研究中，我们选择的总是自己认为重要的对象与方法，我们对它们的重要性的评价则是由深深植根于社会生活实际形式中的利益结构来支配的"③。由于社会生活实际形式中利益的多元性，"政治批评"的理论和方法就不会只有一种战略用途，而不同的战略也不会只有一种目标，总之它们不会服从某个特定的目标。因此伊格尔顿声明："我说'目标'时用的是这个词的复数形式，因为不能认为这种批评形式只有一个目标。有待实现的目标很多，实现的方法也很多。"④ 正是在这一策略支配之下，伊格尔顿在《文学原理引论》结尾之处对于当时已经显山露水的文化研究、女权主义、文化产业、工人阶级创作运动四个重大问题作出了初步的思考。他在结论中着力张扬了"政治批评"的生命力和未来性：虽然这些批评形式不能代替对莎士比亚和普鲁斯特的研究，但它们拥有后者所不具备的力量、紧迫性和热情，就此而言，这些批评形式就该受到欢呼，而不是遭到埋

---

① ［英］特里·伊格尔顿：《文学原理引论》，刘峰译，文化艺术出版社1987年版，第228页。
② ［英］特里·伊格尔顿：《文学原理引论》，刘峰译，文化艺术出版社1987年版，第246页。
③ ［英］特里·伊格尔顿：《文学原理引论》，刘峰译，文化艺术出版社1987年版，第247页。
④ ［英］特里·伊格尔顿：《文学原理引论》，刘峰译，文化艺术出版社1987年版，第248页。

怨。当然，这种乐观的情况能否出现仍是值得怀疑的，但如果真正将旧有的批评形式从那种隔绝历史、形式主义以及恪守某种"永恒真理"的桎梏中解放出来，则"可能带来文学的死亡，但也可能是它的再生"①。

进而言之，在伊格尔顿强调的"我们想要做的事"中显示了一种日常性、生活态，确认日常生活也是一种政治，而且是更为根本的政治，这一点在文学中尤显突出。他说："文学与男男女女的生活环境息息相关：它是具体的，不是抽象的；它用丰富的色彩展现生活，并且拒绝对生活的感受和体验进行枯燥乏味的概念探索。"② 因此处于自己关系的小圈子中的个人意识往往就是检验其他一切的标准。离开个人生活的丰富本质越远，感受和体验就变得越单调、机械而无个性。在伊格尔顿看来，现代文学理论有一种不良倾向，那就是以抽象的概念、枯燥的教条代替了有血有肉的日常生活，对生动活泼的真实历史实行了"飞越"："现代文学理论叙述的竟是如何飞越这些现实，而一头扎进似乎是茫茫无边的选择之中：诗作本身、有组织的社会、永恒的真理、想象、人的思维结构、神话、语言，等等。"这种概念化、教条化的做法透露了一种极端主义的倾向："它那固执、任性、无休止地多方拒绝承认社会的与历史的实际，却使研读它那些文献的学者也不免感到吃惊……在它运用文学文本时认为是很自然的那种'美学的'或'非政治的'语言中暴露出它的优越感、性别歧视或个人主义。"③

这种极端主义其实就是一种意识形态的表现，它将抽象的概念、枯燥的教条从日常生活、历史实际中提取出来、剥离开来并加以标榜。但伊格尔顿却认为，意识形态存在于日常生活、衣食住行的方方面面，甚至包括去教堂、投选票、让女人先进门等行为；它的范围可以囊括上自对君主政治深挚的忠诚这类意识的偏好，下至衣着的方式、开什么汽

① ［英］特里·伊格尔顿：《文学原理引论》，刘峰译，文化艺术出版社1987年版，第253页。
② ［英］特里·伊格尔顿：《文学原理引论》，刘峰译，文化艺术出版社1987年版，第230页。
③ ［英］特里·伊格尔顿：《文学原理引论》，刘峰译，文化艺术出版社1987年版，第230页。

车，以及这一切的无意识的深层的意象。伊格尔顿认同阿尔都塞的理论：意识形态就是这样一套信念与实践，"它远比一套明确的教条精明，具有渗透性，并且是无意识的：这正是'身在其中'的我与社会发生联系的媒介，它是符号与社会实践的王国，正是这些符号与实践把我束缚在社会的结构上，使我感觉到协调一致的目的与同一性"①。由于"政治批评"本身是由各种意识形态塑形的，所以它势必贴近日常生活和历史真实而形成自己的鲜明特色，正是在这一点上，才能够读懂伊格尔顿对于"政治批评"的这一界定："任何与人的意义、价值、语言、感觉和经验有关的理论都不可避免要涉及个人与社会的性质、权力与性的问题、对以往历史的解释、对当前的看法以及对未来的希望等等更为深广的信念。"② 其中包含在人性和美德层面的许多价值、意义和传统，有着总体概念和抽象教条所搁置的丰富的知识和经验，这些丰富多彩的东西与激进的批评家提出的"社会优先考虑事项"是相互对立的。已如上述，人们认为重要的事总是受到实际生活中的利益关系的支配，因此所谓"社会优先考虑事项"的主张不会博得多数人的认同。伊格尔顿指出了这一点："这就是为什么这些主张通常被人视为'意识形态的'东西而不予考虑的原因，因为'意识形态'经常是用以描述别人的利益，而不是自己的利益的一种方式。"③

在以上界定中已经隐约可见伊格尔顿所倡扬的另一种"政治"的基本轮廓：一方面"我们想要做的事"成为最大的政治；另一方面日常生活也是一种政治，而且是更为根本的政治。但是他在《文学原理引论》中讨论"政治批评"之际尚未提炼出一个清晰的概念，或者说此时他在这方面的表述仍是含糊其辞的。他这样说："这是不同的政治形式之间的差别——有些人赞成把历史、社会和人的现实的整体视为零碎的、任意的、没有方向的这种主张；另一些人则关注于世界状况提出

---

① ［英］特里·伊格尔顿：《文学原理引论》，刘峰译，文化艺术出版社 1987 年版，第203 页。

② ［英］特里·伊格尔顿：《文学原理引论》，刘峰译，文化艺术出版社 1987 年版，第229 页。

③ ［英］特里·伊格尔顿：《文学原理引论》，刘峰译，文化艺术出版社 1987 年版，第247 页。

另外的一些可供选择的看法。"① 至于"另外的一些可供选择的看法"是什么，仍是不明确的。

这另一种"政治"其实就是伊格尔顿后来力倡的"文化政治"。伊格尔顿最初在《文化的观念》（2000）中关注到"文化政治"或"文化政治学"的问题，后来在《理论之后》（2003）中对之进行了比较充分的论证。他先是发现了 20 世纪 60 年代以来，"文化"概念的内涵发生了重大变化，从自身的本义变成了对国家的、性别的、种族的、地域的特殊身份的认定，这种种文化身份已经从解决问题的办法一跃而成为问题本身，从而"过去几十年间支配全球议事日程的激进政治的三种形式——革命的民族主义、女权主义和种族斗争，作为符号、形象、意义、价值、身份、团结和自我表达的文化，正好是政治斗争的通货"。② "文化政治学"就此进入了伊格尔顿的理论视野，成为"政治批评"的重要方面。在他看来，从文学向文化政治学的转移乃是顺理成章之事，因为连接这两个领域的是主体性的观念。文化具有鲜明的社会主体性，那些受过主体性科学的训练的文学批评也完全有资格讨论文化问题，因而这种转移并不是不合逻辑的。

不过伊格尔顿进一步指出，"文化政治学"概念的内涵还有待于明确，任何政治变革都扎根于人们的感情和观念之中，如果这种变革得不到他们的赞同，不与他们的需求紧密相连，那是不可能持久的。而"文化政治学"研究不仅与真理、理性、信仰有关，而且与性别、种族、民族相涉，其中内涵极其丰富多彩，乃是一个完整的人性的世界。伊格尔顿说："文化理论的作用就是提醒传统的左派曾经藐视的东西：艺术、愉悦、性别、权力、性欲、语言、疯狂、欲望、灵性、家庭、躯体、生态系统、无意识、种族、生活方式、霸权。无论如何估量，这都是人类生存很大的一部分。"③ 要想忽略这些，目光得相当的短浅。这很像叙述解剖学而不提肺和胃，或者像中世纪的爱尔兰僧人编了半部字

---

① ［英］特里·伊格尔顿：《文学原理引论》，刘峰译，文化艺术出版社 1987 年版，第 245 页。

② ［英］特里·伊格尔顿：《文化的观念》，方杰译，南京大学出版社 2003 年版，第 44 页。

③ ［英］特里·伊格尔顿：《理论之后》，商正译，商务印书馆 2009 年版，第 30 页。

典，却遗漏了字母 S，让人无法解释。

其实那些激进的理论也并非像人们所理解的那样极端，如果对其作一番深入考察的话，则不难发现其中恰恰不乏对于文化政治的关切，如卢卡契、本雅明、葛兰西、赖希、霍克海默、阿多诺、马尔库塞、布洛克、戈德曼、萨特、杰姆逊等，甚至可以这样说，"这些人忽略了色情和象征、艺术和无意识、生活经验和意识转换，就难以成为思想家了"①。进而言之，就是马克思恩格斯的理论学说，也从未将性、性别、民族、种族、殖民主义等问题排除在它的研究之外。他们提出了"两种生产"的理论，肯定生活资料的生产和人类自身的生产即种的蕃衍是人类两种最基本的生产活动；他们研究过妇女解放和男女平等的问题；阐述了民族与阶级、民族解放与社会革命的关系问题；讨论了殖民主义的问题，如此等等。因此以下评价无疑是公允的："确实，20 世纪初只有共产主义运动系统提出民族主义和殖民主义重要议题——还有性别问题——并加以讨论。"② 马克思恩格斯的上述理论，构成了如今"文化政治学"的先声。

文化政治学的兴起是文化研究取得的一项重要成果，它标志着与社会政治相对应的另一种价值系统的生成。无论是社会政治还是文化政治都旨在处理和协调人际关系，区别只在于前者主要处理以社会体制体现的人际关系，诉诸国家、政府、议会、党派、外交、工会、法院、警察等；而后者则主要协调以文化身份构成的人际关系，诉诸性别、性、民族、种族、族裔、年龄、地域等。这两者都有一个核心问题——权力问题，包括权力的掌握、支配、抗衡、斗争等运作方式，只不过这种权力运作方式前者是在社会体制层面上加以实施，而后者则是在文化身份层面上得以体现。

第二节　兴盛与衰微："非功利性" 文学批评的命运

如果说伊格尔顿在《文学原理引论》中对于"非功利性"文学批

---

① ［英］特里·伊格尔顿：《理论之后》，商正译，商务印书馆 2009 年版，第 31 页。
② ［英］特里·伊格尔顿：《理论之后》，商正译，商务印书馆 2009 年版，第 32 页。

评的来历和演变尚语焉不详的话，那么次年问世的《批评的功能》
（1984）一书则是对此进行的全面、系统的专论了。该书被认为解构了
T. S. 艾略特的同名论文《批评的功能》（1923）①，伊格尔顿也坦言当
年该书中关于批评功用主张的提出，乃是出于对马修·阿诺德《当代
批评的功能》（1865）有关观点的匡正。② 伊格尔顿与上述英国批评界
前辈的争议主要集中在一个问题上，即文学批评是否涉及功利关系，或
者说是否具有"非功利性"（disinterestedness）？长期以来，人们对这些
前辈关于文学批评"非功利性"的说教已是老生常谈，不再新鲜了，
如阿诺德告诫："真正的批评，……它服从一个本能，这本能推动它去
试图知道世界上已被知道和已被想到的最好的东西，完全无关于实际、
政治和一切类此的东西；并且珍视接近这最好境地的知识和思想，不容
其他任何的考虑来侵犯。"③ 艾略特则主张文学批评的目的就在艺术本
身而不在艺术之外："批评就必须有明确的目的，这种目的，笼统说
来，是解说艺术作品，纠正读者的鉴赏能力。"④ 英国批评传统中这种
崇尚"非功利性"的文学批评，正是伊格尔顿另辟蹊径重新审视批评
功用的缘起。

伊格尔顿在《批评的功能》的"序言"中开篇就指出，每一个批
评家刚开始研究某个对象时，总会受到一些问题的困扰：这一研究的意
义何在？此书为谁而写？想要影响谁？或是给谁留下深刻印象？社会作
为一个整体，它的批评行为又有何功能？他认为，眼下这些问题是存在
危机的，危机在于"当今的批评缺乏所有实质性的社会功能"。⑤ 他试
图通过对于英国自18世纪初以来批评机制历史演变的回顾来探讨这一
问题："毋庸置疑，这一历史回顾绝不是与政治无关的，我通过研究这

---

① ［英］马修·博蒙特、特里·伊格尔顿：《批评家的任务》，王杰等译，北京大学出版
社2014年版，第7页。

② ［英］特里·伊格尔顿、［英］马修·博蒙特：《批评家的任务：与特里·伊格尔顿的
对话》，王杰等译，北京大学出版社2014年版，第182页。

③ ［英］马修·阿诺德：《当代批评的功能》，伍蠡甫等编《西方文论选》下卷，上海译
文出版社1988年版，第70页。

④ ［英］T. S. 艾略特：《批评的功能》，罗经国译《艾略特诗学文集》，国际文化出版公
司1989年版，第62页。

⑤ Terry Eagleton, *The Function of Criticism*: *From the Spectator to Post-structuralism*, London
and New York: Verso, 1984, p. 7.

段历史提出这样的问题：在我们这个时代，除了从学术内部保持对统治阶级文化的批判之外，批评到底还能履行何种实质性的社会功能？"①

伊格尔顿所瞩目的英国自 18 世纪初以来的这段历史是非常特殊的，其间在社会结构和经济体制方面发生了一些重大的变化，而这些变化都与文学批评机制的演变息息相关。一是自由资产阶级"公共领域"的兴起。这里伊格尔顿采用了哈贝马斯"公共领域"的概念，它被定义为存在于国家与公民社会之间，由俱乐部、杂志社、咖啡屋、期刊等一系列的社会机构组成，在这些机构内，个人自由集会，平等交流，从而融合成一个相对具有凝聚力的整体，这个整体的意见形成了一股强大的政治力量。当时欧洲风起云涌的启蒙运动就是最突出的，其间文学作为人们获得自尊和表达反对专制国家和等级制度之意愿的工具，服务于中产阶级的思想解放运动，如果说此前文学讨论曾作为贵族沙龙合法化的一种形式，那么此时则变成了一种为中产阶级提供政治讨论的场所。此际期刊的兴起成为新兴资产阶级公共领域的构成要件，它对于文学批评的兴盛也起到了厚植的作用。人们作为一种话语共同体互相集群和交往，以自由、自主、平等的准则适应资产阶级不同主体的言论行为。"在这个意义上说，文化在物质利益上是自治的"②。此时的意识状态表面上是非功利的，在公共领域也不存在对这种功利关系的直接讨论，但事实并非如此，"这种功利关系已经变成了支撑整个文化的不确定、无私心的隐性结构，不过只有那些真正对文化有兴趣的人才能做到无私"③。"当时公共领域既没有头衔也没有财产，有的只是理性。但事实上，这种理性只有那些既得利益者才能表达清楚。"④ 就是说，在那个看似非功利的时代，背后仍有功利关系在起作用。

二是商品化社会的兴起导致了传统公共领域的逐步瓦解。伊格尔顿

① Terry Eagleton, *The Function of Criticism: From the Spectator to Post-structuralism*, London and New York: Verso, 1984, p. 8.

② Terry Eagleton, *The Function of Criticism: From the Spectator to Post-structuralism*, London and New York: Verso, 1984, p. 28.

③ Terry Eagleton, *The Function of Criticism: From the Spectator to Post-structuralism*, London and New York: Verso, 1984, p. 16.

④ Terry Eagleton, *The Function of Criticism: From the Spectator to Post-structuralism*, London and New York: Verso, 1984, p. 26.

将英国历史上这一过程的起始时间推前得很早：18 世纪 30 年代，文学赞助人的势力开始被减弱，而书商的力量则得到增强；大约在 18 世纪中期，作家的职业初步形成，文学赞助人行将退出历史舞台，而文学产品则迅速问世并广泛传播；18 世纪五六十年代，是文学期刊得以真正繁盛的时期。有记载证明，在此期间写作正在变成英国商业中占据份额相当大的一部分，书商成为制造商或雇主，而各色作家、写家和操笔人都变成了为之雇佣的雇员。伊格尔顿认为，导致传统公共领域日渐式微的有两个因素与批评机制攸关：第一是经济因素，"资本主义的发展和市场的力量越来越强劲地决定着文学产品的命运，这不再是一种假设"①，公共领域的有限空间被私人商业和经济利益大举入侵，作家可以认为他的作品作为公开交易的产品是天经地义的，在整个社会上有一种无名却有力的"公众"的力量隐约可见，但他们并不属于作家艺术家的群体。第二是政治因素，正像所有意识形态的形成一样，商业经济和市场力量具有无限的潜力，没有任何实际利益会超出它的范围，而衡量利益的标准也出于它的垄断和占有。此时公共领域的界限已被打破，因为没有什么可以超越商业和经济的利益，而这些利益已然成为一种政治存在。

到了 19 世纪中叶，随着维多利亚时代臻于鼎盛，公共阅读以及随后期刊市场的发展壮大，提高了写作成为一门谋生职业的可能性。此时的批评家取得了双重身份，他既是自食其力的雇佣文人，又是主导意识形态的哲人，而这两种身份相互矛盾地集于批评家一身。这就让批评家面临一种两难境地：是做雇佣文人还是做哲人？如果是前者，那么他的公共品位就得迎合市场需要；如果是后者，那么他就得从社会舞台退入到相对超脱的学术领域和专业范围，从而步入了非功利性的理想主义境地。在伊格尔顿看来，这种两难选择在 19 世纪英国著名诗人和评论家马修·阿诺德那里得到充分的表现。

在阿诺德心中理想的文学批评是无党无私、崇尚公允的，它超越所有特定社会阶级的利益，主张按照事物本来的样子看待之。鉴于派系林

---

① Terry Eagleton, *The Function of Criticism*: *From the Spectator to Post-structuralism*, London and New York: Verso, 1984, p. 34.

立、争端蜂起的政治批评阻碍了人们思想的自由发挥，批评往往退缩到学术和专业之中。在这相对纯净之地，批评得以兼顾各方利益，协调各种关系，排除任何偏见，它越是没有偏见，话语越完善、甜蜜、轻松就越好。阿诺德守持这一信条："批评只有不涉功利实用，远离社会生活，才能硕果累累。"① 但与此同时，阿诺德又期望这种公正无私的批评作为一股强有力的社会力量推进社会实践和教育变革，他曾迫切希望创建一种拥有共同文化水平的公民社会，试图通过设置公立学校来重新规划 19 世纪。然而最终只是徒托空言无疾而终。很显然，在任何情况下文学批评都没有办法在考虑政治利益的同时又完全超越政治利益。二者必居其一，但无论是哪一端又各有利弊：文学批评要么不再规避政治内容，从而获得社会认可，但这又将对其努力维护的公共领域造成破坏；要么以一种超然的态度，甘于身处社会边缘、缺乏任何社会权力以保持其自身的纯洁，但这又容易陷入彻底的空无。阿诺德属于后者。

阿诺德主张文学批评的"公正无私"说到底还是在文学商品化的背景下对于经济力量和市场权力反弹的结果，而商品化的泛滥恰恰是以对于公共领域的侵蚀为代价的。伊格尔顿此话可谓鞭辟入里："只要强大的经济力量主导并决定着文化利益，或者当文化延伸到资产阶级公共领域之外的那些拥有实际或潜在利益的人手中，那么公共领域和所谓艺术自主会立即遭受破坏。"其中吊诡之处在于："促使现代批评产生的物质条件也是招致其死亡的物质条件。"②

总之，英国自 18 世纪初以来在社会结构与经济体制方面发生的两大变故即公共领域的形成与市场权力的崛起既催生了文学批评中的非功利倾向，又导致了它的式微。要打开这一死扣，必须另辟蹊径。伊格尔顿后来在回顾此事时作了完整的表述：所谓文学批评的"非功利性"已是明日黄花，不必抱残守缺，更要紧的是我们"现在应该做点儿别的什么事"。这个"别的什么事"也就是《批评的功能》"序言"中提出的问题：当今文学批评如何实现实质性的社会功能？这里只有两种选

---

① Terry Eagleton, *The Function of Criticism*: *From the Spectator to Post-structuralism*, London and New York: Verso, 1984, p. 61.

② Terry Eagleton, *The Function of Criticism*: *From the Spectator to Post-structuralism*, London and New York: Verso, 1984, p. 80.

择：要么是采取专门的、专业的专家路线，这就势必放弃所有在学术之外对社会表示关切的可能；要么是像"左派批评"那样，设法找出批评的一套其他的功用。他给出的结论是："这个问题还有待解决，从批评的结构上看，非左派批评不能解决。"① 伊格尔顿历来将自己划归"左派"阵营，因此这一结论不啻是自膺解决这一问题的天命。

第三节　生产性批评：实现实质性的社会功能

　　伊格尔顿对近世批评的总体趋向作了如下概括：在 18 世纪初期，批评冒着高度泛化的风险开始关注文化政治；在 19 世纪，批评专注于公共道德；而到了 20 世纪，批评则成了一个文学问题。此时文学俨然成为立足于一个时代的知识、文化和政治生活的重要问题，启蒙运动、浪漫主义戏剧以及《细绎》杂志的兴盛都是显例。此时只有谈及文学问题时，批评才传递人们普遍关注的整体文化形态及其命运的广泛信息。而当"文化"成为一个迫切的政治议题，"诗歌"成为社会生活质量的隐喻，"语言"成为整个社会实践的范式时，批评便有了其严肃的存在价值。时至今日，当人们身处核时代之时，确乎难以相信那种重新捡拾往昔抒情诗和爱情诗的研究有什么合理性和正当性。有鉴于此，伊格尔顿发问："批评是应该走向消亡，还是可以发挥更具生产性的功能呢？"②

　　虽说 20 世纪批评成为一个文学问题，其实真正的起点是在 20 世纪60 年代后期，此际改写了欧美历史进程的"五月风暴"其震动一直传递到整个社会的每一根神经末梢，导致了现代文学理论的浴火重生。不过文学理论有其特定的专业边界和学科规范，当其涉足政治时总是表现出某种模糊性，随着 20 世纪 70 年代的临近，这一模糊性越来越明显。它往往是用自己的一套专业术语来表达具有全球广度和历史深度的政治主题，如主体、无意识、语言、意识形态、历史、认知等，构成一个整

　　① ［英］特里·伊格尔顿、［英］马修·博蒙特：《批评家的任务：与特里·伊格尔顿的对话》，王杰等译，北京大学出版社 2014 年版，第 182 页。

　　② Terry Eagleton, *The Function of Criticism: From the Spectator to Post-structuralism*, London and New York: Verso, 1984, p. 108.

体性的符号系统。如果说这就是文学理论的主要成果的话，那么它在20世纪70年代则是有缺陷的，这套符号系统促成了一种盲目崇拜。但值得注意的是，文学理论恰恰借此对文学批评起到了有力的支撑作用。人们开始意识到，仅仅将文学理论视为文学作品的直接应对是不够的，在任何情况下文学理论的阐释都可能溢出作品本身，因此不能将文学理论贬低为作品的附庸。这里的根本问题是，究竟是理论在应对作品、说明作品呢，还是作品在触发理论、激活理论呢？理论究竟是仅限于对作品进行概括、归纳、总结呢，还是应以作品为出发点进一步去创造、建构、生产新的意义呢？回答显然是后者。因此伊格尔顿认为以下观点不应受到斥责："文学理论的存在理由并不一定都是从作品文本中来，它的实际效应能够扩展到更加广阔的表意空间和实践领域。"① 正是在这个意义上，对文学理论的推崇又不能视为盲目崇拜，理由是在当时批评的名誉江河日下之际文学理论提供了新的视角、思路和方法，从而在一定程度上取代了批评的社会功能。也正因为如此，人们此时往往将"文学批评史"称为"文学理论史"，将"批评流派"称为"理论流派"。为此伊格尔顿作为理论流派的女性主义进行了阐发和重构。

哈贝马斯曾把家庭划分为国家和公共领域之外的"第三领域"，并称其为"私密"（intimate）领域，它不属于公共领域。在这个由女性主导的领域内，特定的行为模式和情感模式赋予了文学以重要意义，使之成为私密化的家庭与政治公共领域之间的重要纽带。文学为家庭这一自主性模式提供了一种符号形式，并将其推进到公共领域。它以反思、内省及规范化的力量，在家庭这一自主性主体与政治社会制度之间占据了一个特权空间。这就是资产阶级的小说从书信形式演变而来，从家庭内部和家庭之间的私人信件，逐渐获得公开的地位，而这种新的主体性形式恰恰承担了调节家庭和政治社会这两个领域的任务。

随着资产阶级社会的现代发展，以上三个领域之间的关系发生了重大改变，公共领域中不同阶层的日益分化，私密领域逐渐被边缘化。国家教育和社会政策承担了以前保留给家庭的若干职能，进而模糊了

---

① Terry Eagleton, *The Function of Criticism*: *From the Spectator to Post-structuralism*, London and New York: Verso, 1984, p. 95.

"公共"与"私人"之间的界限，取代了家庭的社会生产功能。私密领域在这个意义上遭到破坏，被纳入了公共社会，但只是作为缩小的消费单位而存在。在此过程中，导致了一种"反公共领域"的出现，那就是女性主义的话语和实践。在这个新领域中，阶级的区别不会被忽略，但可能暂时中止；性别差异被消除，所有参与者机会均等；"文化"再次成为社会政治与个人经验之间的重要纽带。妇女运动的兴起就是"反公共领域"应运而生的重要标志。在这一领域，以往被压抑的需求、兴趣及欲望获得了政治的符号形式，从而改变了的用语、习俗等文化模式之间的协调作用。但由于它不断被商品文化渗透，趋于对商品文化的同质化，进而在政治、伦理、宗教、司法等公共形式中表现出来。这就要求当代女性主义批评家必须参与晚期资本主义的文化政治，不是孤立地关注"文学文本"，而是通过文化批评确立自己的使命，正如伊格尔顿所说："当代评论家的任务是重新搭建符号与政治间的桥梁，通过话语和实践参与这一过程，使压制利益和欲望的文化形式成为融入现实的政治力量。"①

伊格尔顿指出，摆在新一代评论家面前的是这样一个问题，当今的文学领域已然成为集聚众多取向不同、方法各异的新潮理论的场域，包括符号学、精神分析、电影研究、文化理论、性别表征、通俗写作等，当然也包括传统意义上的理论。它们所进行的探索除了对这些社会生活的符号化过程以及主观形式的社会生产表示关注之外，没有任何明显的统一性。因此将这种种探索一概贬斥为赶时髦是愚不可及的，因为这些新潮理论所创造、建构和生产的是传统批评主题的当代版本。与之相较，"此前批评主题曾被狭隘地限定在所谓'文学正典'（literary canon）的范围内"②，那是面向过去、向后看的，故不足为训。概括以上从文化历史的角度所作的分析，伊格尔顿得出的结论是，以上种种探索可能会为我们自身的生存作出一定的贡献："现在越来越明显的是，政治权力往往通过这些符号化处理来进行策划，得到加强，遭到抵抗甚至被颠覆，

---

① Terry Eagleton, *The Function of Criticism: From the Spectator to Post-structuralism*, London and New York: Verso, 1984, p. 123.

② Terry Eagleton, *The Function of Criticism: From the Spectator to Post-structuralism*, London and New York: Verso, 1984, p. 124.

如果不能对此形成更深的理解，我们将无法解决目前我们正面对的致命的权力斗争。现代批评起源于与极权制度的斗争，除非将其未来定义为与资本主义专制的斗争，否则它可能根本就没有未来。"①

总之，对伊格尔顿来说，批评如何实现实质性的社会功能是他始终萦绕在脑际拂之不去的情结，作为对"非功利性"批评的一种逆反，他将生产性批评的概念提上了文学批评功能的议事日程。其理论依据是，现代欧洲的批评是在一场反对专制制度的斗争中诞生的，18 世纪一代启蒙思想家开辟了一个独立的话语空间，启迪思想，彰明理性，将封建专制和教会神学提交到理性的法庭上接受审判，其理性之光照亮了后来的批评领域，进而铸成了一种理性传统而垂范后世。时过境迁，到了伊格尔顿重新审视批评功能的问题时，其关注的目光已转向文学批评如何与工人阶级创作活动相结合，如何参与大众的文化解放事业了。也正是这一信念，使他更愿意将激赏之情给予那些虎虎而有生气的新潮理论，它们凭借启蒙主义传统的强大基因所赋予的对专制制度的叛逆天性凤凰涅槃、满血复活，将探索的锋芒指向现时、直逼当下，而不是仅仅在与世隔绝的作品文本中讨生活，仅仅亦步亦趋对所谓"文学正典"作注脚。

第四节　"文学正典"：在旧梦中寻求慰藉

尽管伊格尔顿在《批评的功能》一书的"结论"部分对于"文学正典"概念说得风轻云淡，但却触及了 20 世纪后期批评领域中一桩影响广泛、意义深刻的学案。关于"经典"以及"文学经典"之类概念的使用由来已久，直至 20 世纪 60 年代中后期人们都不觉得这些概念的使用有什么不妥，但将其提交到 1968 年在法国爆发的"五月风暴"及此后席卷欧美的"新社会运动"的大背景下，情况却发生了翻天覆地的变化。上述社会运动标举否定现存世界、与过去决裂的批判精神，反叛传统，蔑视权威，解构体制，凌越常规，将批判的矛头直指一切既定

---

① Terry Eagleton, *The Function of Criticism*: *From the Spectator to Post-structuralism*, London and New York: Verso, 1984, p. 124.

事物，从而奠定了对待文学经典的激进立场。人们发现了一个长期习焉不察的事实，以往的文学经典几乎都是清一色出自过世的、白色人种的、欧洲的、男性的（Dead White European Man，DWEM）作家之手笔，而把活着的、有色人种的、非欧洲的、女性的作家统统排除在外。例如美国斯坦福大学原先延续既久的"西方文化"课程的核心书目大纲就是一个突出的例证①，约翰·杰洛瑞这样评价："人们扫一眼这个大纲的作品目录就能看出其中没有必读的女性作家作品是……没有非白人的作者；……越往目录的开头，作者就越有可能来自一个特权阶级，如教士或贵族。显然，为了'开放'这一经典，人们必须将它现代化，将作品的重要性从较早时期转移到较晚时期。"② 不言而喻，这一"经典壁垒"的构筑，隐含着严重的性别歧视、种族歧视、等级歧视、欧洲中心主义以及厚古薄今的偏见，在其背后，则潜伏着意识形态和文化权力的操控力量。

在这场旨在重估经典的运动中，首当其冲的是女权运动，与之几乎同步的是争取种族和阶级平等的种种社会运动，而其批评形态则表现为女性主义、新历史主义、后殖民主义、后现代主义、新马克思主义等种种新潮理论。揭开这一运动序幕的是希拉·狄兰妮编选的《反传统》（1971）和路易·坎普等编选的《文学的政治》（1972），这两部文选都是作为大学文科课程的参考书使用的，它们持续对高踞于正统地位的DWEM经典发难，对后来反思传统、解构权威的潮流起到了推波助澜的作用。这一潮流发展的一个重要节点即1979年在哈佛大学举行的关于经典问题的研讨会，会议论文后由莱斯利·菲德勒和休斯顿·贝克尔编为《打开经典》（Oponing Up the Canon，1981）一书，集中了修正经典或拓宽经典的种种意见，其中不乏思想激进、言辞激烈之作，从而拉开了这场世纪之争的大幕。

这场世纪之争最早在大学展开，后来通过传媒业界以及知识界、读书界扩大到整个社会。1988年年初，斯坦福大学学术委员会决定取消

---

① 详见［美］约翰·杰洛瑞《文化资本——论文学经典的建构》，江宁康、高巍译，南京大学出版社2011年版，第27—28页。

② ［美］约翰·杰洛瑞：《文化资本——论文学经典的建构》，江宁康、高巍译，南京大学出版社2011年版，第28页。

讲授从古希腊罗马到晚近欧洲的经典著作的"西方文化"这门传统课程，而代之以具有包容性的"文化、理念、价值"课程（Cultures, Ideas, Values, CIV），新课程的授课内容开始接纳非西方经典著作并要求借此来讨论性别、种族和阶级问题。同时也修订了自20世纪30年代以来一直沿用的必读书目，从1988—1989学年起采用包含了大量非西方经典著作的新书单，更新的幅度之大令人咋舌。① 此后众多美国高校起而效尤，质疑诸如"西方文化"之类传统课程，修订其教学内容甚至取消其课程设置而代之以对非西方文化的研修，这一风潮极一时之盛，甚至越出了高校的范围而向整个社会的教育系统泛滥。

以斯坦福为首发起的这场变革在美国可谓"一石激起千层浪"，引起了多方强烈的反应，与之对立的保守派视之为给教育界造成灾难性后果甚至葬送整个西方文化的祸殃。有人认定，这场"打开经典"运动说到底还是祸起于60年代末的"五月风暴"，当时那批大学生如今已经四十多岁，其中不少人进入了教育界，获得了大学里的终身教职。这批左翼教授如今的学术活动只是他们当年政治活动的延续。他们占领了高等学校的阵地，与他们心目中的男权主义、种族主义作殊死的较量，这批激进分子的作为严重地危害着美国的高等教育，也颠覆了传统的西方经典，女性主义和少数族裔激进人士试图从女性和有色种族的角度修正经典或拓宽经典。还有人认为，正是这种所谓的"开放性"（Openness）导致了文化上的相对主义和虚无主义，而西方文学经典正是抵制这种虚无主义思潮侵蚀的最有力武器，从荷马到乔伊斯的西方文学精品，可以把大学生培养成为心胸开阔、理智健全、沉稳刚毅、有高尚道德情操的现代国民。学校应该坚持西方经典作为学生必修课，教师应该鼓励学生尽可能多读原著。阅读经典是灵魂的畅游，是智力的训练，作为人的存在的意义，与阅读伟大作品是密不可分的。

说到对于西方经典的大力崇尚，不能不提到耶鲁学者哈罗德·布鲁姆。布鲁姆前期以"影响的焦虑"说而闻名，后期则因对"憎恨学派"的激烈抨击和对西方正典的极度推崇而引起关注，后者最早不迟于1970年亦即与他提出"影响的焦虑"几乎同时发轫。布鲁姆对女权主

---

① 见沈宗美《对美国主流文化的挑战》，《美国研究》1992年第3期。

义、新历史主义、新马克思主义、拉康心理分析学、解构主义、符号学等"憎恨学派"的种种奇谈怪论予以拒斥，认为正是其泛滥所及使得周围全是些哗众取宠的教授，充斥着法德时髦理论的克隆和各种关于性倾向和社会性别的意识形态，以及无休止的文化多元主义。"我于是明白了，文学研究的巴尔干化①已经是不可逆转的了。所有对文学作品审美价值持敌意者不会走开，他们会培养出一批体制性的憎恨者"，他们"正在摧毁人文与社会科学的一切知识和美学标准，这是以社会正义的名义进行的"。②

面对"憎恨学派"政治化操作所造成的文学颓势，布鲁姆既愤懑难平又无力回天。他悲叹自己正处在一个阅读史上最糟糕的时刻，警示人们正在经历一个文字文化的显著衰退期，而且这种衰退已难以逆转。在万般无奈之下他甚至发出生不逢时、误入歧途的哀鸣："如果我是出生在1970年而不是1930年的话，我就不会以文学批评家和大学老师为职业，就算我有十二倍的天赋也不会作此选择。"③正是在这一哀怨郁闷心情的驱使之下，布鲁姆只能求助于毕生侍奉的文学经典，从往日的旧梦中寻求一丝慰藉。布鲁姆在康德美学的"审美自主性"（esthetic autonomy）中寻求根据，认为无论西方经典是什么，都不是拯救社会的纲领，它作为一种传统并不为任何社会目的服务，即使这种具有目的性的服务在道德上如何令人赞赏。在他看来，"只有审美的力量才能透入经典，而这力量又主要是一种混合力：娴熟的形象语言、原创性、认知能力、知识以及丰富的词汇"④。因此我们必须把西方经典中的美学价值与任何精神、政治及道德的实际后果区分开来，从而维护"审美自主性"的尊严，而美学尊严正是经典作品的突出品格。

布鲁姆对于文学经典的守护走的是纯粹的精英路线，在他看来，一切经典都是精英之作，它们以美学的尊严作为自己的身份徽号。然而

① 按所谓"巴尔干化"是指某个领域因为缺少强有力的主导力量而处于分崩离析的状态。
② ［美］哈罗德·布鲁姆：《西方正典》，江宁康译，译林出版社2005年版，第409、25页。
③ ［美］哈罗德·布鲁姆：《西方正典》，江宁康译，译林出版社2005年版，中文版序言，第2页。
④ ［美］哈罗德·布鲁姆：《西方正典》，江宁康译，译林出版社2005年版，第20页。

"曲高和寡""高处不胜寒"，守护经典也就成为孤独、寂寞的事业。对此布鲁姆颇多感慨："近来我在维护审美自主性时颇觉孤单……审美批评使我们回到想象的自主性上去，回到孤独的心灵中去"。① 尽管如此，布鲁姆的抵抗仍堪称顽强不屈，他明确反对把文学经典加以政治化和意识形态化，不同意把文学经典看成阶级斗争的舞台、文化资本的表征和道德准则的道具，更不允许将它变成女权主义和民族主义的事业。值此艰难时世，布鲁姆给出的救世方案仍然坚定不移，他大声疾呼："现在我们所能做的一切只是维系审美领域的连续性"。②

布鲁姆非常清楚，自己又一次站在了历史的十字路口："或者是美学价值，或者是种族、阶级以及性别的多重决定。"③ 二者必居其一，他必须做出选择。而布鲁姆也做出了决绝的选择，他将坚守审美价值的主张书写在自己的旗帜之上，从而在文学经典的城堡上留下了一个孤独的斗士的背影。

第五节　文本性与政治性交错：
服务于当下现实

在与《文学原理引论》《批评的功能》问世相隔四分之一个世纪以后，伊格尔顿遇上了一个全面检点自己学术思想的机会，那就是与马修·博蒙特博士共同完成的访谈录《批评家的任务》（2009），对其学说生涯进行了朝花夕拾式的回顾和总结，文学批评的功能问题是其中的重头戏。但由于相隔久远、时过境迁，这种旧话重提总是带有重新阐释的性质，往往在延续已有理论观点的前提下有所修正、有所突破。就伊格尔顿而言，在经历了许多以后，一朝开新，境界全出，尽管锋芒依然、棱角不磨，但已越发成熟、越发圆融了。

首先要解决的是文学经典问题。布鲁姆对于排斥、消解和抹杀文学经典的"憎恨学派"的痛心疾首还令人记忆犹新，而在伊格尔顿的书架上又增添了几本新著。学界公认伊格尔顿为"新马克思主义"的牵

---

① ［美］哈罗德·布鲁姆：《西方正典》，江宁康译，译林出版社2005年版，第7—8页。
② ［美］哈罗德·布鲁姆：《西方正典》，江宁康译，译林出版社2005年版，第13页。
③ ［美］哈罗德·布鲁姆：《西方正典》，江宁康译，译林出版社2005年版，第412页。

头人之一，他也公开承认自己属于"文化政治"一派，按说伊格尔顿毫无疑问属于布鲁姆归入"憎恨学派"的死对头，尽管布鲁姆似乎并未指名道姓进行讨伐①。但伊格尔顿在文学经典问题上并不像布鲁姆那样激烈，他在其新著《英国小说导论》的"序言"中曾为该书固守文学经典而向读者表示歉意，当访谈者问及他为何在明知文学经典是此种旧式架构方式的产物的情况下，仍编写出这本侧重经典的教材，他坦承这是继承了剑桥的保守传统，剑桥传统的熏陶使之成为一个旧观念的捍卫者，强调并非所有的旧观念都是负面的。在他看来，作为对立面，非经典作品倒是包括很多种族主义和带有性别歧视的东西，特别是刚刚站稳脚跟的文化研究其影响所及造成大学的阅读中这样一幅场景却是令人忧虑的："讲话轻声细语的中产阶级家庭出身的学生们在图书馆里扎成一堆，勤奋地研究着像吸血鬼迷信、挖眼睛、电子人，淫秽电影这样耸人听闻的题目。"② 两相对照，伊格尔顿得出的结论是："不管怎样，你可以用激进的方式探讨经典作品，而对非经典作品则需要谨慎地进行论述。"③ 这就对经典与非经典的长短得失给出了相对客观公允、合情合理的评价。伊格尔顿潜在的固守文学经典的冲动并不仅仅来自剑桥的保守传统，也得益于理性认识的烛照，他在另一处指出，作为一个马克思主义者，传统概念无疑非常重要，雷蒙·威廉斯说过，"一个只依靠当代资源生存的社会是很贫穷的"，托洛茨基也曾说过，马克思主义者"一直活在传统里"。不过伊格尔顿在肯定传统的同时仍然给文学经典问题明确划定了一条底线："这当然不表示对在思维上有保守特征的传统不加批判或卑躬屈膝"。④ 这也就是他在肯定各色新潮理论的生产性功能之时反对将文学批评狭隘地限定在文学正典范围内的总体思想

① 布鲁姆曾不指名地攻击"英国有一位马克思主义拉拉队的头领竭力鼓噪，要称我为阅读复兴主义的吉米·斯瓦加牧师"。此处很可能是指伊格尔顿。[美] 哈罗德·布鲁姆：《西方正典》，江宁康译，译林出版社 2005 年版，中文版序言，第 1 页。
② [英] 特里·伊格尔顿、[英] 马修·博蒙特：《批评家的任务：与特里·伊格尔顿的对话》，王杰等译，北京大学出版社 2014 年版，第 268 页。参见 [英] 特里·伊格尔顿《理论之后》，商正译，商务印书馆 2009 年版，第4 页。
③ [英] 特里·伊格尔顿、[英] 马修·博蒙特：《批评家的任务：与特里·伊格尔顿的对话》，王杰等译，北京大学出版社 2014 年版，第 268 页。
④ [英] 特里·伊格尔顿、[英] 马修·博蒙特：《批评家的任务：与特里·伊格尔顿的对话》，王杰等译，北京大学出版社 2014 年版，第 164 页。

背景。

与文学经典密切相关的是文本性问题，不言而喻，重视文本性乃是文学批评的本分。伊格尔顿的讨论还是从学生开始的，他觉得，现在的大学生几乎丧失了仔细分析语言文字的习惯，但这不能责怪学生，因为从来没有人指导他们。而要读好一首诗，你必须学会听它的语调、感受它的文采、感悟它的节奏或情绪上的变化，这是最起码的要求。但现在文学专业的学生接受的教育几乎都是传统的内容分析，而对于形式的关注只求了解押韵或格律即可。伊格尔顿对此提出异议，认为内容分析本身很好，但它并不是文学批评的全部，修辞作为有记载以来最古老的批评形式，本来就兼具文本性和政治性。但 20 世纪的情况有点特殊，上半叶绝大多数批评都倾向于文本性，从 20 世纪 70 年代开始，出现了倾向于政治性的反拨。这两种倾向虽各执一端，但是有一共同缺陷，它们都不同程度地缺失了文本性与政治性的相互交错和融合。而这一点对于批评来说恰恰至关重要："在注意纸页上那些名扬四海的文字的同时，也应该注意那些构建它们的历史力量：这个关联提出了极为普遍的、有政治意义的且与文本细节密切相关的问题。"① 但实际情况恰恰与之背道而驰，现在许多理论家不做细读、无视文本几乎是公认的，包括巴赫金、阿多诺、本雅明、詹姆逊、克里斯蒂瓦、哈特曼、德里达、德曼都是如此。他们这样做，难道也对吗？

对于那种文本性与政治性的相互交错、修辞形式与历史力量的彼此融合的批评模式，伊格尔顿说起便显得非常享受："在我看来，批评最大的成就感是当这两方面聚合在一起时使读者享受到的那种醍醐灌顶的畅快感。"② 他指出，像浪漫派或剑桥学派这类批评主体的优秀传统在现今陷入困境其症结就在乎此，在他们那里这两个方面被割裂开来了："一方面，我们已经丢失了咀嚼文本的习惯；另一方面，批评家的角色不得不与公共领域的命运以及知识分子的总体境况联系

① ［英］特里·伊格尔顿、［英］马修·博蒙特：《批评家的任务：与特里·伊格尔顿的对话》，王杰等译，北京大学出版社 2014 年版，第 271 页。
② ［英］特里·伊格尔顿、［英］马修·博蒙特：《批评家的任务：与特里·伊格尔顿的对话》，王杰等译，北京大学出版社 2014 年版，第 165 页。

在一起。"① 如果说前者说的是当今时世个人经验的普遍商品化所造成的浮躁，使得文学批评疏于细读功夫的淬炼的话，那么后者则与知识分子在历史过程中的角色转换有关。知识分子的角色在历史上从来是变动不居的，从中世纪的神学家到启蒙运动中的思想家，再到 19 世纪的科学家都是如此，直至 20 世纪早期，历史的眷顾才降临到文学知识分子头上，其原因在于文化、文化产业、民族认同等问题变得日趋重要。值此际遇，那些以往偏居一隅做些无伤大雅之作的批评家，忽然找到了感觉、露出了锋芒，从奥尔巴赫、巴赫金，到燕卜荪、瑞恰慈，再到萨义德，都遇上了好时代。在这一语境下，文学成为更具普遍意义的领域，甚至获得了像哲学、政治理论或社会学这些邻近领域的突出地位，或是经验主义的，或是实证主义的，或是行为主义的，但无论是哪一种，都凸显出文学的作用。但这样一来，恰恰导致文学批评在成为主流和热点的同时丧失了文本细读的看家功夫和当行本色，导致了两者之间的断裂。据此伊格尔顿对其心目中推崇的批评家给出了明确的界定：那就是"对修辞的细析和公共话语两方面意义进行理想结合的特殊人物"②。

在肯定文学批评的政治性、历史性的同时给予文本性和修辞性以特别的关顾，使得伊格尔顿受到了莫名的攻讦，爱德华·萨义德曾批评伊格尔顿的学术研究曲高和寡，因而称之为"文学马克思主义者"或"学术马克思主义者"，他们笔耕不辍，但闭关自守，全然不理会现实政治世界的纷争。伊格尔顿并不认同萨义德的指责，宣称只要不狭隘，作为一名"文学马克思主义者"没什么不对，但萨义德这种"政治行动主义"的激进立场并不适合自己："跟很多知识分子一样，我生性不是活动家，……我无法从政治行动主义中体会到特别大的乐趣，我参加过各种小组，让我很快意识到自己无须为此感到不快，因为有太多无法不成为行动主义者的人。"③

---

① ［英］特里·伊格尔顿、［英］马修·博蒙特：《批评家的任务：与特里·伊格尔顿的对话》，王杰等译，北京大学出版社 2014 年版，第 165 页。

② ［英］特里·伊格尔顿、［英］马修·博蒙特：《批评家的任务：与特里·伊格尔顿的对话》，王杰等译，北京大学出版社 2014 年版，第 166 页。

③ ［英］特里·伊格尔顿、［英］马修·博蒙特：《批评家的任务：与特里·伊格尔顿的对话》，王杰等译，北京大学出版社 2014 年版，第 288 页。

　　且不论伊格尔顿是否属于萨义德所指的狭隘的文学马克思主义者，按说他作为马克思主义者不仅是在文学或学术上被肯定，也是在实践性、生产性的品格上被确认的。他在访谈的"结论"中回答关于"批评家的任务是什么？"这一核心问题时坚称："社会主义批评家的首要任务是要参加大众的文化解放这项事业。"① 而这一主旨可以追溯到其《瓦尔特·本雅明或走向革命批评》（1981）一书，当时他就已提出："'马克思主义批评家'的首要任务，是积极投身并帮助指导大众的文化解放"②，其社会机构及功能包括作家创作室、艺术家工作室和大众剧院的组织；文化和教育设施的改造；公众设计和建筑的事务；对日常生活的质量的关注等，所有这些工程都依然是革命文化理论的主要职责。嗣后在《文学原理引论》的结尾之处，他进一步将推动文化研究、女权主义、文化产业和工人阶级创作运动列为当代文学批评的四个重大任务。可见在伊格尔顿那里，将"参与大众的文化解放事业"认定为社会主义批评家的任务是一以贯之的。毫无疑问，伊格尔顿倡导的大众文化建设工程也是至关重要的实践活动，或者说与政治行动并行不悖、不可或缺的文化实践，显示了强大的生产性、建设性和建构性，绝非"政治行动主义"的激进偏见能够一笔勾销。而其一以贯之的批评理论或文化实践终将汇入"参与大众的文化解放事业"的时代洪流。伊格尔顿告诫社会主义批评家应牢记这一历史性的任务，而谨防只是扛着某种政治标签写写无关痛痒的文学评论文章而已。果真如此，那么批评家的真正任务尚未到来。对批评家来说，不是任何时候都能踏进弥赛亚的窄门而进入天堂，前路漫漫，任重道远，但其未来的宏图大业则是完全可以期待的。

　　鉴于伊格尔顿文学批评一以贯之的思想性、政治性、实践性与生产性，有人提出了所谓"'伊格尔顿'式的批评理论或批评实践"这一概念，其理由在于，伊格尔顿的思想不能被归结为一种静态的方法，在回应当代思想的发展时，他的理论是如此多变和具有创造力。如果把伊格

---

　　① ［英］特里·伊格尔顿、［英］马修·博蒙特：《批评家的任务：与特里·伊格尔顿的对话》，王杰等译，北京大学出版社2014年版，第288—289页。
　　② ［英］特里·伊格尔顿：《瓦尔特·本雅明或走向革命批评》，郭国良、陆汉臻译，商务印书馆2015年版，第128页。

尔顿的那些看似分散的立场串到一起，会发现他其实是在致力于探索"什么样的批评可以被新的社会和思想信仰所接纳，以及批评家在发挥社会政治功能时的责任"。① 概观伊格尔顿关于文学批评功能的取向，总体上是呼应着时代生活的风云变幻、追随着理论潮流的跌宕起伏而得到凝聚的，永不停息是其个性，与时偕行是其情怀，创造开新是其灵魂。最初伊格尔顿是以英国"非功利性"的批评传统为负面参照而展开有关思考，得出了"一切批评在某种意义上都是政治的"的判断；其次是将"政治批评"从社会政治扩展到文化政治，与当代新潮理论相结合，将生产性批评的概念提上了议事日程，而不是仅仅在"文学正典"中讨生活；再次是倾重新潮理论的生产性批评并不意味着弃置文本细读和修辞分析，而是谋求政治性与文本性兼得；最终是将"参与大众的文化解放事业"作为社会主义批评家的首要任务。而以上几个阶段的转换不仅勾勒出其文学批评功能取向的持续进展，而且使其文学批评功能取向的主旨得到充分的彰明，那就是：反对文学批评的"非功利性"，也不主张文学批评简单回到文学经典，而是力倡文学批评在文本性与政治性、修辞形式与历史力量相互交融的情况下服务于当下现实。

---

① 詹姆斯·史密斯语，见［英］特里·伊格尔顿、［英］马修·博蒙特《批评家的任务：与特里·伊格尔顿的对话》，王杰等译，北京大学出版社 2014 年版，第 6 页。

参考文献

一 中文文献

陈嘉映:《海德格尔哲学概论》,生活·读书·新知三联书店1995年版。

杜小真编选:《福柯集》,上海远东出版社2003年版。

杜小真、张宁主编:《德里达中国讲演录》,中央编译出版社2003年版。

郭宏安等著:《二十世纪西方文论研究》,中国社会科学出版社1997年版。

洪汉鼎主编:《理解与解释——诠释学经典文选》,东方出版社2001年版。

罗根泽:《中国文学批评史》,上海书店出版社2003年版。

《马克思恩格斯全集》(全50卷),人民出版社2016年版。

《马克思恩格斯文集》(1—10卷),人民出版社2009年版。

钱中文:《文学理论:走向交往对话的时代》,北京大学出版社1999年版。

钱中文主编:《巴赫金全集》,河北教育出版社1998年版。

钱锺书:《谈艺录》,中华书局1984年版。

田汝康、金重远选编:《现代西方史学流派文选》,上海人民出版社1982年版。

汪民安:《谁是罗兰·巴特》,江苏人民出版社2005年版。

汪堂家:《汪堂家讲德里达》,北京大学出版社2008年版。

王恩衷编译:《艾略特诗学文集》,国际文化出版公司1989年版。

王逢振主编:《詹姆逊文集》,中国人民大学出版社2004年版。

王岳川、尚水编:《后现代主义文化与美学》,北京大学出版社1992年版。

伍蠡甫、胡经之主编:《西方文艺理论名著选编》(下卷),北京大学出版社1987年版。

徐葆耕编:《瑞恰慈:科学与诗》,清华大学出版社2003年版。

严平编选:《伽达默尔集》,上海远东出版社2003年版。

袁可嘉等编选:《现代主义文学研究》(下册),中国社会科学出版社1989年版。

张黎编选:《布莱希特研究》,中国社会科学出版社1984年版。

张汝伦:《〈存在与时间〉释义》,上海人民出版社2012年版。

张英进、于沛编:《现当代西方文艺社会学探索》,海峡文艺出版社1987年版。

赵毅衡编选:《"新批评"文集》,百花文艺出版社2001年版。

赵毅衡:《重访新批评》,百花文艺出版社2009年版。

赵元任:《语言问题》,商务印书馆1980年版。

二 译著文献

[德] H. R. 姚斯、[美] R. C. 霍拉勃:《接受美学与接受理论》,周宁、金元浦译,辽宁人民出版社1987年版。

[德] 阿尔方斯·西尔伯曼:《文学社会学引论》,魏育青、于汛译,安徽文艺出版社1988年版。

[德] 埃德蒙德·胡塞尔:《逻辑研究》,倪梁康译,商务印书馆2015年版。

[德] 埃德蒙德·胡塞尔:《欧洲科学的危机与超越论的现象学》,王炳文译,商务印书馆2001年版。

[德] 爱克曼辑录:《歌德谈话录》,朱光潜译,人民文学出版社1978年版。

[德] 布莱希特:《布莱希特论戏剧》,丁扬忠等译,中国戏剧出版社1990年版。

[德] 费迪南德·拉萨尔:《弗兰茨·冯·济金根》,叶逢植译,人民文学出版社1976年版。

[德] 海德格尔:《存在与时间》,陈嘉映、王庆节译,商务印书馆2016年版。

［德］海德格尔：《海德格尔文集：林中路》，孙周兴译，商务印书馆2015年版。

［德］海德格尔：《海德格尔文集：在通向语言的途中》，孙周兴译，商务印书馆2015年版。

［德］海涅：《海涅文集》（批评卷），张玉书选编，人民文学出版社2002年版。

［德］汉斯－格奥尔格·伽达默尔：《哲学解释学》，夏镇平、宋建平译，上海译文出版社2004年版。

［德］汉斯－格奥尔格·伽达默尔：《哲学生涯：我的回顾》，陈春文译，商务印书馆2003年版。

［德］汉斯－格奥尔格·伽达默尔：《真理与方法：哲学诠释学的基本特征》（上卷），洪汉鼎译，上海译文出版社2004年版。

［德］汉斯－格奥尔格·伽达默尔：《真理与方法：哲学诠释学的基本特征》（下卷），洪汉鼎译，上海译文出版社2004年版。

［德］黑格尔：《历史哲学》，王造时译，上海书店出版社2006年版。

［德］黑格尔：《美学》，朱光潜译，商务印书馆1979年版。

［德］黑格尔：《小逻辑》，贺麟译，商务印书馆2009年版。

［德］康德：《纯粹理性批判》，邓晓芒译，人民出版社2004年版。

［德］康德：《纯粹理性批判》，蓝公武译，商务印书馆2009年版。

［德］康德：《判断力批判》，邓晓芒译，人民出版社2002年版。

［德］康德：《判断力批判》（上卷），宗白华译，商务印书馆2009年版。

［德］康德：《任何一种能够作为科学出现的未来形而上学导论》，庞景仁译，商务印书馆1978年版。

［德］克拉达、［德］登博夫斯基编：《福柯的迷宫》，朱毅译，商务印书馆2005年版。

［德］瑙曼等著：《作品、文学史与读者》，范大灿编，文化艺术出版社1997年版。

［德］尼采：《不合时宜的沉思》，李秋零译，华东师范大学出版社2007年版。

［德］尼采：《尼采著作全集：善恶的彼岸、论道德的谱系》（第五卷），赵千帆译，商务印书馆2015年版。

［德］施莱尔马赫：《论柏拉图对话》，黄瑞成译，华夏出版社 2011 年版。

［德］斯文·克拉默：《本雅明》，鲁路译，中国人民大学出版社 2008 年版。

［德］瓦尔特·本雅明：《发达资本主义时代的抒情诗人：论波德莱尔》，张旭东、魏文生译，生活·读书·新知三联书店 1989 年版。

［德］瓦尔特·本雅明：《作为生产者的作者》，王炳钧、陈永国译，河南大学出版社 2014 年版。

［德］威廉·狄尔泰：《精神科学引论》（第 1 卷），童奇志、王海鸥译，中国城市出版社 2002 年版。

［德］沃尔夫冈·伊瑟尔：《阅读活动：审美反应理论》，金元浦、周宁译，中国社会科学出版社 1991 年版。

［法］阿尔贝·蒂博代：《六说文学批评》，赵坚译，生活·读书·新知三联书店 2002 年版。

［法］埃尔韦·阿尔加拉龙多：《罗兰·巴尔特最后的日子》，怀宇译，中国人民大学出版社 2012 年版。

［法］安托万·孔帕尼翁：《理论的幽灵——文学与常识》，吴泓缈、汪捷宇译，南京大学出版社 2011 年版。

［法］奥诺雷·德·巴尔扎克：《巴尔扎克论文艺》，艾珉、黄晋凯选编，袁树仁等译，人民文学出版社 2003 年版。

［法］波德莱尔：《1846 年的沙龙：波德莱尔美学论文选》，郭宏安译，广西师范大学出版社 2002 年版。

［法］蒂费纳·萨莫瓦约：《互文性研究》，邵炜译，天津人民出版社 2003 年版。

［法］路易·阿尔都塞：《保卫马克思》，顾良译，商务印书馆 1984 年版。

［法］路易·阿尔都塞、［法］艾蒂安·巴里巴尔：《读〈资本论〉》，李其庆、冯文光译，中央编译出版社 2001 年版。

［法］路易·阿尔都塞：《黑格尔的幽灵：政治哲学论文集 ［Ⅰ］》，唐正东、吴静译，南京大学出版社 2005 年版。

［法］路易·阿尔都塞：《来日方长：阿尔都塞自传》，蔡鸿滨译，上海人民出版社 2013 年版。

［法］路易-让·卡尔韦：《结构与符号：罗兰·巴尔特传》，车槿山译，

北京大学出版社 1997 年版。

［法］吕西安·戈德曼：《论小说的社会学》，吴岳添译，中国社会科学出版社 1988 年版。

［法］吕西安·戈德曼：《马克思主义和人文科学》，罗国祥译，安徽文艺出版社 1989 年版。

［法］吕西安·戈德曼：《隐蔽的上帝》，蔡鸿滨译，百花文艺出版社 1998 年版。

［法］罗贝尔·埃斯卡皮：《文学社会学》，王美华、于沛译，安徽文艺出版社 1987 年版。

［法］罗兰·巴特：《S/Z》，屠友祥译，上海人民出版社 2000 年版。

［法］罗兰·巴特：《罗兰·巴特随笔选》，怀宇译，百花文艺出版社 2005 年版。

［法］罗兰·巴特：《罗兰·巴特自述》，怀宇译，百花文艺出版社 2006 年版。

［法］罗兰·巴特：《文艺批评文集》，怀宇译，中国人民大学出版社 2010 年版。

［法］罗兰·巴特：《写作的零度》，李幼蒸译，中国人民大学出版社 2008 年版。

［法］米歇尔·福柯：《必须保卫社会》，钱翰译，上海人民出版社 2010 年版。

［法］米歇尔·福柯：《词与物：人文科学考古学》，莫伟民译，上海三联书店 2002 年版。

［法］米歇尔·福柯：《规训与惩罚：监狱的诞生》，刘北城、杨远婴译，生活·读书·新知三联书店 2003 年版。

［法］米歇尔·福柯：《权力的眼睛：福柯访谈录》，严锋译，上海人民出版社 1997 年版。

［法］米歇尔·福柯：《什么是批判：福柯文选Ⅱ》，汪民安编，北京大学出版社 2016 年版。

［法］米歇尔·福柯：《知识考古学》，谢强、马月译，生活·读书·新知三联书店 2003 年版。

［法］让－伊夫·塔迪埃：《20 世纪的文学批评》，史忠义译，河南大学

出版社 2009 年版。

［法］雅克·德里达等著：《明天会怎样：雅克·德里达与伊丽莎白·卢迪内斯库对话录》，苏旭译，中信出版社 2002 年版。

［法］雅克·德里达：《多重立场》，佘碧平译，生活·读书·新知三联书店 2004 年版。

［法］雅克·德里达：《胡塞尔〈几何学的起源〉引论》，方向红译，南京大学出版社 2004 年版。

［法］雅克·德里达：《论文字学》，汪堂家译，上海译文出版社 2005 年版。

［法］雅克·德里达：《声音与现象》，杜小真译，商务印书馆 2010 年版。

［法］雅克·德里达：《书写与差异》，张宁译，生活·读书·新知三联书店 2001 年版。

［法］雅克·德里达：《文学行动》，赵兴国译，中国社会科学出版社 1998 年版。

［法］雅克·德里达：《一种疯狂守护着思想——德里达访谈录》，何佩群译，上海人民出版社 1997 年版。

［法］朱莉亚·克里斯蒂娃：《诗性语言的革命》，张颖、王小姣译，四川大学出版社 2016 年版。

［法］朱莉娅·克里斯蒂娃：《主体·互文·精神分析：克里斯蒂娃复旦大学演讲集》，祝克懿、黄蓓编译，生活·读书·新知三联书店 2016 年版。

［加］马克·昂热诺等著：《问题与观点：20 世纪文学理论综论》，史忠义等译，百花文艺出版社 2000 年版。

［加］诺思罗普·弗莱：《批评的解剖》，陈慧等译，百花文艺出版社 2006 年版。

［美］J. 希利斯·米勒：《重申解构主义》，郭英剑等译，中国社会科学出版社 1998 年版。

［美］查尔斯·E. 布莱斯勒：《文学批评：理论与实践导论》（第 5 版），赵勇等译，中国人民大学出版社 2015 年版。

［美］大卫·雷·格里芬编：《后现代精神》，王成兵译，中央编译出版社 1998 年版。

［美］弗雷德里克·詹姆逊：《布莱希特与方法》，陈永国译，中国社会科学出版社1998年版。

［美］弗雷德里克·詹姆逊：《后现代主义与文化理论——杰姆逊教授讲演录》，唐小兵译，陕西师范大学出版社1986年版。

［美］弗雷德里克·詹姆逊：《晚期资本主义的文化逻辑》，陈清侨等译，生活·读书·新知三联书店1997年版。

［美］弗雷德里克·詹姆逊：《语言的牢笼：马克思主义与形式》，李自修译，百花洲文艺出版社1995年版。

［美］弗雷德里克·詹姆逊：《政治无意识》，王逢振、陈永国译，中国社会科学出版社1999年版。

［美］哈罗德·布鲁姆：《西方正典：伟大作家和不朽作品》，江宁康译，译林出版社2005年版。

［美］哈罗德·布鲁姆：《影响的焦虑：一种诗歌理论》，徐文博译，江苏教育出版社2006年版。

［美］加里·古廷：《福柯》，王育平译，译林出版社2010年版。

［美］凯尔纳、贝斯特等著：《后现代理论：批判性的质疑》，张志斌译，中央编译出版社1999年版。

［美］勒内·韦勒克、［美］奥斯汀·沃伦：《文学理论》，刘象愚等译，江苏教育出版社2005年版。

［美］勒内·韦勒克：《批评的诸种概念》，丁泓等译，四川文艺出版社1988年版。

［美］理查德·罗蒂：《后哲学文化》，黄勇译，上海译文出版社2009年版

［美］理查德·罗蒂：《哲学和自然之镜》，李幼蒸译，商务印书馆1987年版。

［美］理查德·沃林：《瓦尔特·本雅明：救赎美学》，吴勇立、张亮译，江苏人民出版社2008年版。

［美］鲁道夫·马克瑞尔：《狄尔泰传：精神科学的哲学家》，李超杰译，商务印书馆2003年版。

［美］马克·爱德蒙森：《文学对抗哲学——从柏拉图到德里达》，王柏华译，中央编译出版社2000年版。

［美］乔纳森·卡勒：《巴尔特》，孙乃修译，中国社会科学出版社 1992
　　年版。

［美］乔纳森·卡勒：《论解构：结构主义之后的理论与批评》，陆扬译，
　　中国社会科学出版社 1998 年版。

［美］乔纳森·卡勒：《文学理论入门》，李平译，译林出版社 2008 年版。

［美］托马斯·库恩：《科学革命的结构》，金吾伦、胡新和译，北京大学
　　出版社 2003 年版。

［美］伊曼纽·华勒斯坦等著：《开放社会科学：重建社会科学报告书》，
　　刘锋译，生活·读书·新知三联书店 1997 年版。

［美］约翰·杰洛瑞：《文化资本——论文学经典的建构》，江宁康、高巍
　　译，南京大学出版社 2011 年版。

［瑞士］费尔迪南·德·索绪尔：《普通语言学教程》，高名凯译，商务印
　　书馆 1980 年版。

［瑞士］让·皮亚杰：《儿童的心理发展》，傅统先译，山东教育出版社
　　1982 年版。

［瑞士］让·皮亚杰：《发生认识论原理》，王宪钿等译，商务印书馆
　　2009 年版。

［匈］乔治·卢卡奇：《历史与阶级意识》，杜章智等译，商务印书馆
　　2009 年版。

［匈］乔治·卢卡奇：《卢卡奇早期文选》，张亮、吴勇立译，南京大学出
　　版社 2004 年版。

［意］安贝托·艾柯等著：《诠释与过度诠释》，王宇根译，生活·读书·
　　新知三联书店 1997 年版。

［意］马塞罗·默斯托主编：《马克思的〈大纲〉——〈政治经济学批判
　　大纲〉150 年》，闫月梅等译，中国人民大学出版社 2011 年版。

［英］艾·阿·瑞恰慈：《文学批评原理》，杨自伍译，百花洲文艺出版社
　　2010 年版。

［英］安纳·杰弗森、戴维·罗比等著：《西方现代文学理论概述与比
　　较》，包华富等译，湖南文艺出版社 1986 年版。

［英］戴维·洛奇编：《二十世纪文学评论》（上册），葛林等译，上海译
　　文出版社 1987 年版。

［英］戴维·洛奇编：《二十世纪文学评论》（下册），葛林等译，上海译文出版社 1993 年版。

［英］卡尔·波普尔：《猜想与反驳——科学知识的增长》，傅季重等译，上海译文出版社 1986 年版。

［英］卡尔·波普尔：《无穷的探索——思想自传》，邱仁宗、段娟译，福建人民出版社 1984 年版。

［英］凯瑟琳·贝尔西：《批评的实践》，胡亚敏译，中国社会科学出版社 1993 年版。

［英］拉曼·塞尔登等著：《当代文学理论导读》，刘象愚译，北京大学出版社 2006 年版。

［英］雷蒙·威廉斯：《关键词：文化与社会的词汇》，刘建基译，生活·读书·新知三联书店 2005 年版。

［英］雷蒙·威廉斯：《文化与社会》，吴松江、张文定译，北京大学出版社 1991 年版。

［英］斯图尔特·霍尔编：《表征——文化表象与意指实践》，徐亮、陆兴华译，商务印书馆 2003 年版。

［英］特里·伊格尔顿：《理论之后》，商正译，商务印书馆 2009 年版。

［英］特里·伊格尔顿：《马克思主义与文学批评》，文宝译，人民文学出版社 1980 年版。

［英］特里·伊格尔顿：《瓦尔特·本雅明或走向革命批评》，郭国良、陆汉臻译，商务印书馆 2015 年版。

［英］特里·伊格尔顿：《文化的观念》，方杰译，南京大学出版社 2003 年版。

［英］特里·伊格尔顿：《文学原理引论》，文化艺术出版社 1987 年版。

［英］特里·伊格尔顿、［英］马修·博蒙特：《批评家的任务：与特里·伊格尔顿的对话》，王杰、贾洁译，北京大学出版社 2014 年版。

［英］特伦斯·霍克斯：《结构主义和符号学》，瞿铁鹏译，上海译文出版社 1987 年版。

［英］维特根斯坦：《哲学研究》，李步楼译，商务印书馆 1996 年版。

［英］希·萨·柏拉威尔：《马克思和世界文学》，梅绍武等译，生活·读书·新知三联书店 1980 年版。

[英] 肖恩·霍默:《弗雷德里克·詹姆森》,孙斌等译,上海人民出版社 2004 年版。

三 外文文献

Anievas, Alexander, *Marxism and World Politics: Contesting Global Capitalism*, London and New York: Routledge, 2010.

Baudrillard, Jean, *Fatal Strategies*, Brooklyn, New York: Semiotexte, 1990.

Benjamin, Walter, *Berlin Childhood around* 1900, Cambridge, Mass.: Belknap Press of Harvard University Press, 2006.

Benjamin, Walter, *On the Concept of History*, New York: Classic Books America, 2009.

Cassirer, Ernst, *An Essay on Man: An Introduction to a Philosophy of Human Culture*, New Haven: Yale University Press, 1944.

Chandler, Y. F., *Developmental Geography and Economic Theory*, Delhi: Swastik Publications, 2010.

Duncan, James S., *A Companion to Cultural Geography*, Malden, MA: Blackwell, 2004.

Eagleton, Terry, *The Function of Criticism: From the Spectator to Post – structuralism*, London and New York: Verso, 1984.

Eagleton, Terry, *The Ideology of the Aesthetic*, Oxford: Blackwell, 1990.

Fraser, Benjamin, *Toward an Urban Cultural Studies: Henri Lefebvre and the Humanities*, New York: Palgrave Macmillan, 2015.

Godelier, Maurice, *Perspectives in Marxist Anthropology*, Cambridge: Cambridge University Press, 1972.

Goldstein, Philip, *Post – Marxist Theory: An Introduction*, Albany: SUNY Press, 2005.

Gottfried, E. Paul, *The Strange death of Marxism: the European Left in the New Millennium*, Missouri: University of Missouri Press, 2005.

Hassan, Ihab, *Ideology, Pragmatism, and the Self: Toward an Independent Criticism*, Minneapolis: Center for Humanistic Studies, College of Liberal

Arts, University of Minnesota, 1988.

Homer, Sean and Douglas Kellner, eds., *Fredric Jameson: A Critical Reader*, Palgrave Mcmillan, 2004.

Hudson, Ray, *Producing Places*, New York: Guilford Press, 2001.

Kelly Michael, *Modern French Marxism*, Baltimore, Md.: Johns Hopkins University Press, 1982.

Langer, Susanne K., *Philosophy in a New Key: a Study in the Symbolism of Reason, Rite, and Art*, Cambridge: Harvard University Press, 1957.

Lefebvre, Henri, *The Explosion: Marxism and the French Revolution*, London: Modern Reader Paperbacks, 1969.

Lefebvre, Henri, *The Sociology of Marx*, London: Allen Lane, 1971.

Lyotard, Jean – Francois, *Discourse, Figure*, trans. Antony Hudek and Mary Lydon, Minneapolis: University of Minnesota Press, 2011.

Lyotard, Jean – Francois, *The Postmodern Condition: A Report on Knowledge*, trans. Geoffrey Bennington and Brian Massumi, Minneapolis: University of Minnesota Press, 1984.

Macherey, Pierre, *A Theory of Literary Production*, London and Boston: Routledge & Kegan Paul Ltd, 1978.

Merrifield, Andy, *Henri Lefebvre: A Critical Introduction*, New York: Routledge, 2006.

Morreti, Franco, *Graphs, Maps, Trees: Abstract Models for a Literary History*, London: Verso, 2005.

Nordquist, Joan, *Henri Lefebvre and the Philosophies Group: A BibliographySanta Cruz*, CA: Reference and Research Services, 2001.

Post, Ken, *Regaining Marxism*, New York: St. Martin' s Press, 1996.

Sherman, Howard J., *Reinventing Marxism*, Baltimore: Johns Hopkins University Press, 1995.

Sim, Stuart, *Post – Marxism: A Intellectual History*, London and New York: Routledge, 2003.

Susser, Ida, *The Castells Reader on Cities and Social Theory*, Oxford, Blackwell, 2002.

Tormey, Simon and Jules Townshend, *Key Thinkers from Critical Theory to Post - Marxism*, London: Sage, 2006.

Urry, John, *Consuming Places*, London and New York: Routledge, 1995.

Williams, Raymond and M. Williams, eds., *John Clare: Selected Poetry and Prose*, *Methuen English Texts*, London and New York: Methuen, 1986.

后　记

对本人来说，2023 年底的严冬是一个寒意料峭而又紧张忙乱的时节，许多繁杂的、麻烦的事务一起奔凑而来，而盼望已久的国家社科基金重大招标项目最终结项的好事也凑热闹似的降临。先是网上公布，后是快递结项证书。打开金光闪闪的封套，证书上烫印的"优秀"两字让我久久不能平静！

这是本人主持完成的第五个国家社科基金项目，也是分量最重、难度最大、持续时间最长的项目。说来话长，该项目除了核心观点来自前一国家社科基金项目中个别章节的启发和激活之外，其他内容在开始时一点把握都没有。尽管此前申报时已从上述理念出发将"古、今、中、外、马"粗略梳理一遍，但很多方面仍朦胧未明、不得要领。后来见到网上发布的立项消息时，内心弥漫的并不是喜悦，而是莫名的恐慌。此后便开始了漫长的艰难历程，从 2018 年 3 月底项目开题到 2023 年 3 月底提交结项材料，整整五年间脑子里整天都是念兹在兹，一旦书写遇上梗阻而面临"此路不通"或"推倒重来"的局面，往往彻夜难眠、汗津津然自背而出。

不过完成该项目的大势却是山重水复、柳暗花明，否则也就没有今天的一朝功成。本人认同荷尔德林的诗句："哪里有危险，就在哪里得救"，唯有这种艰难困苦、坎坎坷坷，才能孕育深刻的思想，邂逅重大的发现。如果"成功"总是那样稀松平常、轻而易举，最后获取的可能只是浅薄和轻狂。本书的许多奇思妙想、要言妙道，恰恰是来自这种绝地逢生的际遇。

大道至简，道不远人，这种穷与通、难与易、曲与伸的辩证法其实就在完成项目期间获取的人生经验和治学感悟之中。在此愿择取数则，与大家共享：

——做学问就像走路，不可能总是一马平川，更多的是曲折顿挫，但只要大方向不错，最后总能踏上通衢大道。道路险阻重重，放眼看去，满是泥泞和坑洼，但只要坚持向前走，走稳每一步，最后总能走出这精神的泥淖。

——有言道："任凭弱水三千，我只取一瓢饮！"① 做学问不求全知全能，只求已知已能，即便是属于自己的专业领域，每个问题一旦深入下去，都是一个无比广阔的世界，到时自己也许只知道一点皮毛，甚至是无知无能的，因此一切都需要从头做起、来不得半点侥幸和马虎。

——老子说："治大国若烹小鲜"（《老子》第 60 章），反过来说也同样是大道理："烹小鲜若治大国"。治学之事，需要有大志向、大胸怀、大智慧、大胆识、大力气。哪怕是一个很小的问题，都要全力以赴。正如黄宗羲所说："狮象搏兔，皆用全力尔。"（《〈称心寺志〉序》）另一方面，学问越做到后来，越是谨慎小心，每每提出一个观点、一种想法，甚至每着一字，都如履薄冰、如临深渊。

——"新批评"最实用的理论贡献在于对"细读"方法的倡导和运用，它引导读者对作品进行更加深入、细致、透辟的解读，而这种晰毛辨发、穷幽极微的解读也适用于理论研究，在解读资料文献时往往是细读出问题、细读出思想、细读出观点。

——理论研究有两种境界，一是对已有理论持接纳的态度，进行阐释、复述和说明，一是对已有理论持怀疑态度，在此基础上进行反思、批判和重建。前者被称为"我注六经"，后者被称为"六经注我"。二者相较，无疑后者境界更高，但最高境界应是从前者进入后者。

——做学问有两种做法，一是一马当先式的，一是黄雀在后式的，前者是先锋的形象，后者是殿后的角色。前者锐意进取，志在开拓和突破，引起轰动效应；后者乐于守成，志在沉淀和总结，注重知识积累。这两种治学风格都有长处、都为学术发展之需要，但本人志趣则更倾向于后者。

这回重大项目就是在上述过程中积累的人生经验和治学感悟的加持

---

① 《红楼梦》第九十一回，贾宝玉语。

下完成的，这种经验和感悟已经成为本人从事学术研究的精神支撑，同时也塑造了一种心理定势，即在面临写作任务时往往采取"硬写"的方法。即并不指望资料搜集齐全、思路完全清晰、理念彻底澄明以后再动笔，那样将会因旷日持久而冲淡最初的研究兴趣、探索激情和创新冲动。窃以为最好是有了大致的想法，掌握了一定的材料就动笔，在写作中带着问题搜集资料、厘清思路和确立主旨。总之，做学问最好的状态是在具体操作中，在论证中、在建构中、在书写中，一句话，"我写故我在"。

说到"硬写"，让我想起鲁迅主张的"硬译"。当年鲁迅痛感"中国文本来的缺点"[①]，力图通过"硬译"引进外国的乃至欧化的表达方式以改良汉语，这是何等的抱负！今天本人在"我写故我在"的意义上倡言"硬写"一说，只是陈述一段学术经历的感受而已，点滴心得，遑论"抱负"，如果让人感到在学术研究中这种"霸王硬上弓"式的硬气还管点用，甚至能为今天正在或即将做项目的道友们提供一点参考和借鉴的话，那就大大超出本人的初心了。

拙著的出版，理应感谢中国社会科学出版社赵剑英社长的大力关照，王茵原副总编的悉心指导，张潜主任、贾森茸编辑的辛勤劳作，他们的敬业和劬劳为拙著增色多多！

姚文放

2024 年 1 月 5 日

---

① 《"硬译"与"文学的阶级性"》，《鲁迅全集》（第四卷），人民文学出版社 2005 年版，第 199 页。